Das elsaß-lothringische Gesetz,

betreffend die

Ausführung des Reichsgesetzes

über die

Angelegenheiten der freiwilligen Gerichtsbarkeit,

vom 6. November 1899

nebst

den zugehörigen Ausführungsverfügungen.

Auf amtliche Veranlassung

erläutert von

Hugo Molitor

Oberlandesgerichtsrath.

Straßburg.

Verlag von Karl J. Trübner.

1901.

Vorwort.

Die vorliegende Ausgabe des elsaß-lothringischen Landesgesetzes über die freiwillige Gerichtsbarkeit erhebt nicht den Anspruch auf den Namen eines Kommentars. Denn zu einer allseitig erschöpfenden Bearbeitung der von dem Gesetze berührten Materie wäre es erforderlich gewesen, sowohl einen großen Theil des Reichsgesetzes über die Angelegenheiten der freiwilligen Gerichtsbarkeit, welches in dem Landesgesetze seine Ergänzung findet, als namentlich auf dem Gebiete des notariellen Urkundenwesens die Vorschriften der bisherigen Landesgesetze, denen die neuen Bestimmungen vielfach nachgebildet sind, in die Erläuterung mit einzubeziehen. Beides lag außerhalb des Zweckes der Arbeit und angesichts der vorhandenen vorzüglichen Bearbeitungen des Gegenstandes in beiden Richtungen wohl auch zur Zeit außerhalb eines Bedürfnisses. Die dem Gesetzestexte beigegebenen erläuternden Bemerkungen sind aus den gesetzgeberischen Vorarbeiten und Berathungen, aus dem Zusammenhange mit dem zu Grunde liegenden Reichs- und früheren Landesrechte sowie mit verwandten Bestimmungen fremder Landesgesetze über die freiwillige Gerichtsbarkeit, die theils dem elsaß-lothringischen Entwurfe sich angeschlossen haben, theils auf die endgiltige Gestaltung des elsaß-lothringischen Gesetzes in manchen Punkten noch von Einfluß waren, endlich, soweit die kurze Lebenszeit des Gesetzes es gestattet, aus den Erfahrungen seiner praktischen Anwendung geschöpft. Nach der ganzen Anlage des Buches, das wesentlich einer leichten Orientirung der Praxis zu dienen bestimmt ist, hatte ich mich in Inhalt und Fassung auf das zu diesem Zwecke Nöthige zu beschränken. Andererseits wird es die Zweckdienlichkeit erhöhen, daß die sämmtlichen, theils zerstreut, theils noch gar nicht veröffentlichten, auf das Verfahren der freiwilligen Gerichtsbarkeit bezüglichen Ausführungsverfügungen der Justizverwaltung und der Aufsichtsbehörden, namentlich auch die für die Herren Notare bestimmten, in einem Anhange gesammelt und nach Materien geordnet, soweit in der praktischen Handhabung hervorgetretene Zweifel dies erforderlich machten, auch mit Anmerkungen versehen worden sind. Läßt sich auch ein förmlicher Stillstand in dem Erlasse weiterer Anordnungen der Natur der Sache nach nicht erwarten — zu ihrer handschriftlichen Vermerkung können die am Schlusse eingehefteten Blätter benutzt werden — so ist doch, insbesondere was die eigentlichen Ausführungsbestimmungen anlangt, ein gewisser Abschluß jetzt eingetreten. Dies auch der Grund, warum die Ausgabe des Buches nicht früher erfolgt ist. Einzelne größere Verfügungen, so die nur für 6 Amtsgerichte bestimmten Verfügungen betr. die Einrichtung und Führung des Handels-, Genossenschafts- und Schiffsregisters, sowie die vorzugsweise für das streitige Verfahren in Betracht kommenden Bestimmungen über die (gerichtliche) Zustellung von Amtswegen, sind, um den Umfang des Buches nicht zu sehr anschwellen zu lassen, nicht aufgenommen; der geeigneten Ortes gegebene Hinweis auf die Stellen ihrer Veröffentlichung möchte genügen.

Die Ausführungsvorschriften, betr. das Grundbuchwesen, sind, obzwar für Elsaß-Lothringen Angelegenheit der freiwilligen Gerichtsbarkeit, nicht mit aufgenommen worden, da sie ihre Grundlage in der Hauptsache in besonderen Gesetzen haben.

Straßburg im Januar 1901.

Molitor.

Inhaltsverzeichniß.

E. Registersachen.

(Die Abkürzungen sind die gebräuchlichen.)

Wir Wilhelm, von Gottes Gnaden Deutscher Kaiser, König von Preußen ꝛc.

verordnen im Namen des Reichs, für Elsaß-Lothringen, nach erfolgter Zustimmung des Bundesraths und des Landesausschusses, was folgt:

Vorbemerkung.

Das Reichgesetz über die Angelegenheiten der freiwilligen Gerichtsbarkeit vom 17. Mai 1898 hat das Verfahren insoweit einheitlich geregelt, als es zur gleichmäßigen Durchführung der Vorschriften des Bürgerlichen Gesetzbuchs und der anderen Reichsgesetze erforderlich ist. Der Landesgesetzgebung läßt es zum Eingreifen auf dem Gebiete der freiwilligen Gerichtsbarkeit unter einem zweifachen Gesichtspunkte Raum. In erster Linie werden diejenigen Angelegenheiten, welche durch Landesgesetz den Gerichten übertragen sind, von dem Reichsgesetze nicht berührt. In zweiter Linie gewährt das letztere in den §§ 189 bis 199 der Landesgesetzgebung die Möglichkeit, in einzelnen Punkten von der reichsgesetzlichen Regelung abweichende Bestimmungen zu treffen, und im § 200 Abs. 1 erklärt es die Landesgesetzgebung für befugt, Vorschriften zur Ergänzung und Ausführung des Reichsgesetzes mit Einschluß der erforderlichen Uebergangsvorschriften auch insoweit zu erlassen, als es Vorbehalte für die Landesgesetzgebung nicht enthält.

Demgemäß bezeichnet auch die Begründung zu dem Entwurfe des Ausführungsgesetzes dessen Aufgabe als eine doppelte. Einmal soll es das in Kraft bleibende Landesrecht auf dem Gebiete der freiwilligen Gerichtsbarkeit sowohl mit Rücksicht auf die bereits mit dem Ausführungsgesetze zum Bürgerlichen Gesetzbuch angestrebte Aufhebung des Code civil und des Code de procédure civile, in welchen es bisher zum Theil enthalten war, als auch im Interesse der Klarheit und Einheitlichkeit des Rechts neu ordnen und mit den grundsätzlichen Vorschriften des Reichsgesetzes in Einklang bringen. Sodann hat es diejenigen Bestimmungen, welche zur Ausführung und Ergänzung des Reichsgesetzes und auf Grund der in demselben gemachten besonderen Vorbehalte geboten sind, sowie die erforderlichen Uebergangsvorschriften zu treffen.

I. Allgemeine Vorschriften.

§ 1.

Die Vorschriften des ersten Abschnitts des Reichsgesetzes über die Angelegenheiten der freiwilligen Gerichtsbarkeit vom 17. Mai 1898 (Reichs-Gesetzbl. S. 771), mit Ausnahme des § 28 Abs. 2 und 3, finden, soweit nicht in diesem Gesetz ein Anderes bestimmt ist, auch auf diejenigen Angelegenheiten der freiwilligen Gerichtsbarkeit[1]) Anwendung, welche durch Landesgesetz den Gerichten übertragen sind.[2]) [3])

Auf die Führung des Grundbuchs, des Eigenthumsbuchs und des vorläufigen Grundbuchs[4]) kommt die Vorschrift des Abs. 1 nur insoweit zur Anwendung, als nicht die Grundbuchordnung (Reichs-Gesetzbl. 1898 S. 754) und das Gesetz, betreffend die Ausführung der Grundbuchordnung, abweichende Vorschriften[5]) enthalten. Die Anwendung des § 12 des Reichsgesetzes über die Angelegenheiten der freiwilligen Gerichtsbarkeit ist ausgeschlossen.

Entw. § 1, K.B. S. 1911.

1. Die Vorschriften des I. Abschnitts des Reichsgesetzes gelten auch für nicht streitige Angelegenheiten des öffentlichen Rechtes, soweit nicht besondere Bestimmungen entgegenstehen (§ 13).

2. Eine Thätigkeit der Gerichte auf Grund der Landesgesetze tritt insbesondere in folgenden Fällen ein, unter denen des Zusammenhangs wegen auch solche Angelegenheiten aufgeführt sind, welche dem öffentlichen Rechte angehören:

I. Die Amtsgerichte sind zuständig:

a) für die Geschäfte des Grundbuchamts (einschl. Führung der Eigenthums- und vorläufigen Grundbücher), Ausf.-Ges. z. B.G.B. § 88, Ausf.-Ges. z. G.O. § 3;

b) für die Ernennung von Sachverständigen zur Abschätzung von Liegenschaften gemäß Art. 18, 19 Ges. über das Enregistrement vom 22. Frimaire VII und Art. 1 Ges. vom 15. November 1808, sowie bei Vernehmung von Zeugen im Falle des Art. 8 Ges. vom 22. Pluviôse VII in Verb. mit § 13 Ausf.-Ges. z. G. V. G. vom 4. November 1878;

c) für die Entscheidung über die Ertheilung von Auszügen aus den Registern der Verkehrssteuerverwaltung auf Grund des Art. 58 des Enregistrementsgesetzes vom 22. Frimaire VII;

d) für die Ernennung eines Notars in den Fällen der §§ 28 Abs. 3, 31 unten;

e) für die Entscheidung über die Kenntnißgabe von Notariatsurkunden oder die Ertheilung von Ausfertigungen oder Abschriften solcher Urkunden an Berechtigte bei Weigerung des Notars oder an Nichtbetheiligte sowie für die Entscheidung über die Ertheilung der Abschrift einer nicht registrirten oder unvollendeten Notariats-Urkunde (unten §§ 57, 58);

f) — neben den Landgerichtspräsidenten — für die Beglaubigung von Unterschriften der Notare und Standesbeamten auf Grund des Gesetzes vom 2. Mai 1861;

g) für die Siegelung nach dem Tode eines öffentlichen Verwahrers (unten § 29); zu vgl. auch die Art. 16 und 37 des Dekrets vom 6. November 1813, betr. die Erhaltung und Verwaltung der Güter, welche die Geistlichkeit in mehreren Theilen des Reiches besitzt;

h) für die Ernennung eines dritten Sachverständigen im Falle des § 3 des Gesetzes vom 11. Mai 1877, betr. Abänderung der Gesetzgebung hinsichtlich des Wasserrechts, in der Fassung des § 78 Ausf.-Ges. z. B. G. B.

i) für die Abnahme der eidesstattlichen Versicherung und die Verhängung einer Ordnungsstrafe im Falle des § 29 des Erbschaftssteuergesetzes vom 17. Juni 1900;

k) für die Ermächtigung eines Vormundes zum Antrag auf Aenderung des Namens eines Mündels (Ausf.-Ges. z. B. G. B. § 5);

l) für die bei der religiösen Erziehung der Kinder im Falle des § 121 Ziffer 3 Ausf.-Ges. z. B. G. B. zu treffende Entscheidung;

m) für die Anordnung der Zwangserziehung Minderjähriger (Ausf.-Ges. z. B. G. B. § 123, unten § 14);
n) für die Bestätigung und Beaufsichtigung der Gemeindewaisenräthe (Ausf.-Ges. z. B. G. B. §§ 131, 133);
o) für die Feststellung des Erbrechts der Pflege- und Krankenhäuser (Ausf.-Ges. z. B. G. B. § 168);
q) für die Abnahme von Eiden oder Versicherungen an Eidesstatt zur Wahrnehmung von Rechten im Auslande (unten § 42);

II. Das Landgericht bezw. der Landgerichtspräsident ist zuständig:
a) für die Verhängung von Geldstrafen gegen Standesbeamte (unter §§ 18, 19 Abs. 2, 23 Abs. 2);
b) für die Entscheidung über die Entlassung einer Person aus einer Irrenanstalt im Falle des Art. 29 des Gesetzes vom 30. Juni 1838 (vgl. dazu unten § 13 Abs. 2);
c) für die Ermächtigung zum öffentlichen Verkaufe von Waaren im Großen, soweit nach dem Dekret vom 22. November 1811, Art. 1 Ges. vom 28. Mai 1858, Art. 1 Ges. vom 3. Juli 1861 es einer solchen Ermächtigung bedarf, sowie für die Entscheidung in gewissen Fällen solcher Verkäufe auf Grund des Art. 21 Abs. 3 und des Art. 25 Abs. 3 des Ausführungsdekrets vom 12. März 1859;[1]) desgleichen für die Ermächtigung zu öffentlichen Einzelverkäufen neuer Waaren (unten § 40);
d) für die nach Art. 3 Ges. vom 28. Mai 1858 über die öffentlichen Verkäufe von Waaren im Großen, Art. 14 des Ausführungsdekrets vom 12. März 1859, den Art. 2, 3, 4, 5, 6, 8 Ges. vom 18. Juli 1866 über die Mäkler, den Landgerichten übertragenen Verrichtungen;[1])

[1]) Der Uebergang der Zuständigkeit von den früheren Handelsgerichten auf die Landgerichte (Kammern für Handelssachen) ist ausgesprochen in den §§ 17, 21 Ausf.-Ges. z. G. V. G. vom 4. November 1878. Da nach dem Reg.-Entw. die Zuständigkeit auf die Amtsgerichte übergehen sollte (vgl. Bem. zu § 40), war im Entw. des Ges. betr. die Aufhebung von Landesgesetzen die Aufhebung des cit. § 17 vorgeschlagen. Nachdem der L. A. die Beibehaltung der landgerichtlichen Zuständigkeit beschlossen, blieb infolge eines Versehens die ausgesprochene Aufhebung dieser Bestimmung des § 17 im Aufhebungsgesetze vom 29. November 1899 stehen. Die Zuständigkeit der Landgerichte, welche an die Stelle der früheren Handelsgerichte getreten sind, ergiebt sich trotzdem von selbst, da eine Zuweisung der fraglichen Angelegenheiten an die Amtsgerichte nicht erfolgt ist, insbes. § 23 G. V. G. hierauf keine Anwendung findet.

e) für die Ernennung eines dritten Sachverständigen im Falle des Art. 19 Abs. 2 des Dekrets vom 10. November 1864, betreffend die Wiederbewaldung und die Berasung der Berge;

f) (der Landgerichtspräsident) für die Ernennung eines dritten Sachverständigen zur Abschätzung des von einer Versicherungsgesellschaft auf Gegenseitigkeit zu ersetzenden Brandschadens im Falle des § 41 unten;

g) für die vollstreckbare Festsetzung von Notariatsgebühren nach §§ 2 ff. des Ges. v. 4. Dezember 1899, betr. die Notariatsgebühren.

III. Hierzu kommen für sämmtliche Gerichte die ihnen nach den Vorschriften des G. K. G. für Els.-Lothr. obliegenden Angelegenheiten, ferner die Befugniß, die Vorlage einer Notariatsurkunde gemäß § 56 Abs. 1 Ausf.-Ges. anzuordnen.

IV. Den Gerichten liegt sodann in mehrfachen Fällen die Vereidigung von Beamten ob. Außer der Abnahme des Staatseides von den Beamten der Justizverwaltung (Gesetz vom 20. September 1871, Erlasse des Reichskanzlers vom 27. September 1871 und vom 14. September 1872) vgl.

Art. 2 der Verordnung vom 7. Brumaire IX in Verbindung mit den §§ 17, 21 Ausf.-Ges. z. G. V. G. (Vereidigung der Wäge- und Meßmeister durch die Landgerichte), sofern man der bezüglichen Vorschrift noch Gültigkeit neben den §§ 25, 28 Abs. 2 der Gemeindeordnung beimißt;

Art. 12 des Gesetzes vom 21. April 1832, betreffend die Rheinschifffahrt (Vereidigung des Inspektors der Rheinschifffahrt durch das Landgericht Straßburg und der übrigen in dem Artikel bezeichneten Angestellten durch das Rheinzollgericht ihres Wohnsitzes);

Art. 2 Abs. 5 des Gesetzes vom 18. Juli 1866, bereits oben aufgeführt (Vereidigung der eingetragenen Mäkler durch das Landgericht);

§ 4 des Gesetzes vom 30. Dezember 1871, betreffend die Einrichtung der Forstverwaltung (Vereidigung der Forstschutzbeamten durch das Amtsgericht); auch auf die nach Art. 117 des Code forestier zu vereidigenden Privatforstschutzbeamten anwendbar:

§ 19 des Fischereigesetzes vom 2. Juli 1891 (Vereidigung

der von öffentlichen Anstalten und sonstigen Fischereiberechtigten bestellten Fischereiaufseher durch das Amtsgericht); im Uebrigen siehe § 28 Abs. 2 der Gemeindeordnung;

§ 2 der Ministerialverfügung vom 18. September 1889 (Vereidigung der ständigen Uebersetzer durch die Amtsgerichte und bezw. die Landgerichte).

V. Außerdem kommen für eine längere oder kürzere Uebergangszeit in Betracht die Verrichtungen der Gerichte in Abwesenheitssachen, in Güterrechts- und Nachlaß- sowie in Adoptionssachen, soweit dieselben, auch wenn sie am 1. Januar 1900 noch nicht anhängig sind, zufolge der Vorschriften der Art. 161, 200 und 213 Einf.-Ges. z. B. G. B., der §§ 72—74 Ausf.-Ges. z. R. G. F. G. und nach den Bemerkungen zu den Uebergangsbestimmungen S. 110 f. dem bisherigen Rechte unterstehen.

3. Insoweit bestimmte Verrichtungen an Stelle der Gerichte den Notaren übertragen sind (vgl. § 30) gelten die allgemeinen Vorschriften des R. G. F. G. auch im Verfahren vor diesen, soweit nicht abweichende Bestimmungen getroffen sind (R. G. F. G. § 194). Abweichende Vorschriften sind getroffen im § 194 Abs. 2 R. G. F. G., ferner in § 195 R. G. F. G. in Verb. mit § 35 Ausf.-Ges. Vgl. auch Bem. 1 zu § 33 und Bem. 9 zu § 57.

4. Grundbuchsachen sind vom Standpunkte des Reichsgesetzes aus nicht Angelegenheiten der freiwilligen Gerichtsbarkeit, da das Grundbuchamt nicht nothwendig ein Gericht ist; wohl aber nach elsaß-lothr. Landesgesetz, das den Amtsgerichten die Führung des Grundbuchs und Eigenthumsbuchs zugewiesen hat; vgl. obige Bem. 2 Ia.

5. Als abweichende Vorschriften für Grundbuchsachen kommen insbesondere in Betracht die Vorschriften der G. O. über die Beschwerde (§§ 71 ff.) und über die Ausschließung und Ablehnung der Gerichtspersonen in der Beschwerdeinstanz (§ 81 Abs. 2), ferner gegenüber den §§ 13 und 34 R. G. F. G. die §§ 11, 30, 94 G. O. über die Einsicht des Grundbuchs (vgl. hierzu die Verordnung des Ministeriums vom 5. Dezember 1899, Samml. XXIV S. 917), und die Vollmacht zur Stellung eines Eintragungsantrags. Selbstverständlich ist auch nicht etwa die Wirksamkeit einer Eintragung in das Grundbuch, das Eigenthumsbuch oder das vorläufige Grundbuch von

einer Bekanntmachung an die Betheiligten nach § 16 Abs. 1 R. G. F. G. abhängig (vgl. G. O. § 55). Ausdrücklich ausgeschlossen ist die Vorschrift des § 12 des zuletzt genannten Gesetzes, wonach das Gericht von Amtswegen den Sachverhalt festzustellen und die Beweise aufzunehmen hat. Diese Bestimmung eignet sich für Grundbuchangelegenheiten nicht, da die Grundbuchordnung darüber, wann eine Eintragung von Amtswegen vorzunehmen ist, im Einzelnen ausdrückliche Bestimmung trifft, im Allgemeinen aber die Eintragung und die Beschaffung der hierfür erforderlichen Grundlagen von dem Betreiben der Betheiligten abhängig macht; vgl. insbesondere die §§ 13 und 18 Abs. 1, 29 G. O. (Begr.). Hierdurch wird jedoch andererseits nicht ausgeschlossen, daß der Grundbuchrichter bei der erstmaligen Eintragung eines Grundstücks in das Eigenthumsbuch zur ordnungsmäßigen Bezeichnung desselben von Amtswegen mitzuwirken hat, und daß bestimmte Anweisungen ihm in dieser Beziehung auf Grund der §§ 2 ff. Grdb.-O., §§ 103 Abs. 2, 169 Ausf.-Ges. z. B. G. B. durch das Ministerium gegeben werden. Es handelt sich hierbei weniger um die *Führung des Buches als um eine der Anlegung des Grundbuchs entsprechende Thätigkeit.*

6. Die Vertheilung der Geschäfte der freiw. Gerichtsbarkeit erfolgt bei den mit mehreren Richtern besetzten Amtsgerichten durch das Präsidium des Landgerichts. Hinsichtlich der Grundbuchsachen ist dies ausdrücklich ausgesprochen in den §§ 3, 27 Ausf.-Ges. zur Grdb.-O.; das Gleiche gilt aber mangels einer abweichenden Vorschrift auch für andere Angelegenheiten. Vgl. § 2 der Verordn. des Reichskanzlers vom 13. Juni 1879 (Gesetzbl. S. 61).

§ 2.

Eine Mitwirkung der Staatsanwaltschaft findet in Angelegenheiten der freiwilligen Gerichtsbarkeit nur in den durch dieses Gesetz bestimmten Fällen statt.

Im Verfahren vor den Amtsgerichten werden die der Staatsanwaltschaft obliegenden Verrichtungen von der Staatsanwaltschaft bei dem vorgeordneten Landgerichte wahrgenommen.

Entw. § 2, K. B. S. 1911.

Eine Mitwirkung der Staatsanwaltschaft findet nur noch statt bei der Entscheidung über die Entlassung von Geisteskranken aus Irrenhäusern (§ 13 Abs. 2), über die Zwangserziehung (§ 14) und in Angelegenheiten des Personenstandes (§§ 18, 19, 22, 23 Abs. 2); außerdem bei der Festsetzung von Gebühren der Notare im Streitfalle nach §§ 2, 3 Ges. über die Notariatsgebühren. Vorübergehend kommt ihr sodann noch eine Mitwirkung zu in solchen beim Inkrafttreten der neuen Justizgesetze anhängigen Sachen, deren Erledigung nach den bisherigen Vorschriften zu erfolgen hat; vgl. im Einzelnen die Bemerkungen zu den Uebergangsbestimmungen.

§ 3.

Die Vorschriften des § 6 Abs. 1 und des § 7 des Reichsgesetzes über die Angelegenheiten der freiwilligen Gerichtsbarkeit finden auf den Gerichtsschreiber,[1]) soweit es sich bei dessen Mitwirkung nicht um die Beurkundung eines Rechtsgeschäfts handelt, und auf den Gerichtsvollzieher[2]) entsprechende Anwendung.

Die Zuziehung des Gerichtsschreibers kann in den Fällen, in welchen das Gesetz sie nicht vorschreibt, erfolgen, wenn sie zur sachgemäßen Erledigung eines Geschäfts zweckmäßig ist.[3])

Entw. § 3, K. B. S. 1911.

1. Ueber die Ausschließung des Gerichtsschreibers trifft das R. G. F. G. nur für diejenigen Fälle Bestimmung, in denen der Gerichtsschreiber bei Beurkundung eines Rechtsgeschäftes mitzuwirken hat (§§ 170, 171). Auch in sonstigen Angelegenheiten der freiwilligen Gerichtsbarkeit kann aber eine Mitwirkung des Gerichtsschreibers eintreten, sei es, daß dessen Mitwirkung in besonderen Fällen vorgesehen ist (z. B. §§ 11, 21 Abs. 2, 29 R. G. F. G.), sei es, daß der Richter einen Gerichtsschreiber im Interesse der ordnungsmäßigen und angemessenen Erledigung eines Geschäftes heranzieht (vgl. Bem. 3). Für diese Fälle gelten die § 6 Abs. 1, § 7 R. G. F. G.; dagegen steht dem Gerichtsschreiber ein Ablehnungsrecht wegen Befangenheit (§ 6 Abs. 2 R. G. F. G.) nicht zu. Erscheint es

in einzelnen Fällen angezeigt, daß der Gerichtsschreiber sich der Mitwirkung enthält, so entscheidet darüber der Richter.

2. Die Vorschrift des § 31 Ausf.-Ges. z. G. V. G. v. 4. November 1878 über die Anwendung des § 156 G. V. G. in den zur ordentlichen streitigen Gerichtsbarkeit nicht gehörenden Angelegenheiten hat daher nur noch insofern Bedeutung, als sie sich auf die vor besonderen Gerichten oder in besonderem Verfahren zu erledigenden streitigen Angelegenheiten bezieht.

3. In Angelegenheiten der freiwilligen Gerichtsbarkeit bedarf es der Zuziehung des Gerichtsschreibers regelmäßig nicht. Vorgeschrieben ist sie — abgesehen von den Fällen, in denen der Gerichtsschreiber zu einer selbständigen Thätigkeit berufen ist (R. G. F. G. §§ 11, 16 Abs. 2, 21 Abs. 2, 29; unten §§ 4, 34; Ausf.-Ges. z. G. O. §§ 6, 27) — nur ausnahmsweise: R. G. F. G. § 169, B. G. B. 2233, 2276. Vgl. auch die Vorschriften der Minist.-Verf. vom 26. Dezember 1899 und 8. Februar 1900 über Zustellungen von Amtswegen, die Geschäftsordnung für die Gerichtsschreibereien sowie die Vorschriften über die Führung der Handels-, Vereins-, Güterrechtsregister und der Geschäftsregister. Wo die Zuziehung nicht vorgeschrieben ist, liegt sie im Ermessen des Gerichts. Nothwendig ist sie auch nicht bei Zeugenvernehmungen trotz der im § 15 R. G. F. G. erklärten Anwendbarkeit der bezüglichen Vorschriften der C. P. O.; denn die Mitwirkung des Gerichtsschreibers bei Zeugenvernehmungen im Civilprozeß beruht nicht auf einer ausdrücklichen Vorschrift im Zeugenvernehmungsverfahren, sondern auf einer allgemeinen, für alle mündlichen Verhandlungen im streitigen Prozeßverfahren geltenden Vorschrift.

§ 4.

Die Ausfertigungen gerichtlicher Verfügungen sind von dem Gerichtsschreiber zu unterschreiben und mit dem Gerichtssiegel zu versehen.[1] [2])

Zur Beglaubigung von Abschriften und Auszügen aus den bei den Gerichten geführten oder verwahrten Akten,

Registern und Urkunden ist außer dem Richter auch der Gerichtsschreiber befugt.

K. B. S. 1912.

1. Bei Beurkundung von Rechtsgeschäften vgl. R. G. F. G. § 182.

2. Als Gerichtssiegel im Sinne des § 4 ist sowohl das einfache Farbdrucksiegel (Stempel) als das durch Aufdrücken eines Stoffes (Siegellacks, Oblaten) hergestellte Siegel zu verstehen. Vgl. im Uebrigen die allgemeine Verfügung des Ministeriums vom 11. April 1900 betr. die Herstellung der Siegel für Urkunden der freiwilligen Gerichtsbarkeit (Anhang F. I.).

§ 5.

Insoweit in einer durch Landesgesetz den Gerichten übertragenen Angelegenheit das Landgericht, der Landgerichtspräsident oder der Vorsitzende einer Kammer in erster Instanz entscheidet,[1]) findet, unbeschadet der Vorschrift des § 41 Abs. 2, die Beschwerde an das Oberlandesgericht statt. Die weitere Beschwerde ist ausgeschlossen.

Entw. § 74, K. B. S. 1925.

1. Vgl. Bem. 2 zu § 1. Die Vorschrift gilt auch für Entscheidungen, welche auf Grund der Uebergangsbestimmungen nach bisherigem Rechte ergehen. Sie gilt nicht für Entscheidungen, welche der Landgerichtspräsident im Verwaltungswege trifft, z. B. bei Anweisung nicht dringender Gerichtskosten nach der Instruktion betr. das Gerichtskostenwesen vom 6. Oktober 1894 (Just.-Samml. XIX S. 226 § 55), gegen welche — soweit nicht gerichtliche Entscheidung zugelassen ist (z. B. §§ 499 Abs. 2, 496 Abs. 2 Str. P. O.) — Beschwerde an das Ministerium stattfindet.

§ 6.[1])

Im Verfahren der freiwilligen Gerichtsbarkeit sind die Kosten, soweit nicht ein Anderes gesetzlich bestimmt ist,[2]) von demjenigen zu tragen, in dessen Angelegenheiten sie entstanden sind. Dies gilt auch von den einem anderen Betheiligten erwachsenen Kosten,[3]) soweit sie zur zweckentsprechenden Erledigung einer Angelegenheit nothwendig waren.

Das Gericht kann[4]) die durch unbegründeten Widerspruch, unbegründete Gesuche oder Beschwerden oder durch Verschulden eines anderen Betheiligten entstandenen Kosten ganz oder theilweise diesem zur Last legen. Das Gleiche gilt gegenüber einem Betheiligten, der eine Frist oder einen Termin versäumt hat, von den durch die Versäumniß entstandenen Kosten.[5])

Sind Kosten der im Abs. 2 bezeichneten Art durch eine Behörde oder einen Beamten des Staates, eines Bezirkes oder einer Gemeinde in Ausübung des Amtes verursacht[6]) worden, so fallen dieselben der Staatskasse zur Last.[7]) Kosten, welche durch die Bestellung eines Bevollmächtigten oder eines Beistandes entstanden sind, können dem Vollmachtgeber persönlich zur Last gelegt werden.

Die Vorschriften des § 102 Abs. 1 und 2 der Civilprozeßordnung[8]) finden entsprechende Anwendung.

Haben mehrere Personen die Kosten zu tragen oder einem andern Betheiligten Kosten zu erstatten, so haften dieselben nach Kopftheilen. Ist jedoch die Betheiligung der einzelnen Schuldner an der Sache eine erheblich verschiedene, so bestimmt das Gericht, zu welchem Antheile die einzelnen haften.[9]) Die den Betheiligten erwachsenen Kosten können, wenn die Umstände es rechtfertigen, gegeneinander aufgehoben werden.[10])

Entw. § 4, K. B. S. 1912.

1. Vgl. mit § 6 die §§ 1, 2 des elſ.-lothr. G. K. G.:

§ 1. Zur Zahlung der Kosten ist, soweit nicht für besondere Fälle gesetzlich ein Anderes bestimmt ist, bei Geschäften, die nur auf Antrag vorzunehmen sind, der Antragsteller, bei Geschäften, die von Amtswegen vorzunehmen sind, derjenige verpflichtet, dessen Interesse dabei wahrgenommen wird. Soweit einem Betheiligten durch richterliche Entscheidung die Kosten auferlegt sind, trifft diesen die Zahlungspflicht; ein nach Satz 1 Verpflichteter bleibt jedoch für die einem anderen Betheiligten auferlegten Kosten haftbar, vorbehaltlich seines Anspruchs gegen den anderen Betheiligten auf Erstattung.

Neben dem nach Absatz 1 Verpflichteten haftet derjenige, welcher die Kosten durch eine gegenüber dem Gericht oder dem mit der Verrichtung betrauten Notar abgegebene Erklärung übernommen hat.

§ 2. Mehrere Kostenschuldner haften, unbeschadet anderweitiger gerichtlicher Entscheidung, nach Kopftheilen.

Die Vorschriften der beiden Gesetze verhalten sich zu einander so, daß die Vorschriften des § 6 die Pflicht zur Kostentragung beim Vorhandensein mehrerer Betheiligter in einer Sache im Verhältnisse dieser Betheiligten unter einander regeln und für den Richter die Grundlage für eine Entscheidung über die Kostentragung bieten, während die §§ 1 und 2 G. K. G. sich auf das Verhältniß der Betheiligten zur Staatskasse in Betreff der Kostenzahlung beziehen und dem Gerichtsschreiber in den in Angelegenheiten der freiwilligen Gerichtsbarkeit häufigen Fällen, in denen eine Gerichtsentscheidung über die Kosten nicht ergeht, die Richtschnur für die Einweisung der Kosten geben.

Die Entscheidung des Gerichts zum Kostenpunkt unterliegt im Gegensatze zu § 99 Abs. 1 C. P. O. selbständiger Anfechtung mittels der Beschwerde und zwar der einfachen Beschwerde, auch wenn die Entscheidung in der Hauptsache der Anfechtung mit sofortiger Beschwerde unterliegt. Vgl. die Bem. 7 zu § 7. Anders Art. 11 des Preuß. Ges. über die freiw. Gerichtsbarkeit.

2. Besondere Vorschriften enthalten z. B. § 84 des Gesetzes vom 15. Juni 1895, betreffend die privatrechtlichen Verhältnisse der Binnenschifffahrt, hinsichtlich der Kosten für die Ermittelung der Schäden und die Aufstellung der Dispache, die §§ 138, 140, 159 R. G. F. G. hinsichtlich der Kosten des Verfahrens bei Festsetzung einer Ordnungsstrafe in bestimmten Fällen, ferner der § 261 Abs. 3 B. G. B. hinsichtlich der Kosten der Abnahme des Offenbarungseides, die §§ 1034, 1035, 1067, 1093, 1372, 1528 (1439, 1550 Abs. 2), 2122 B. G. B. hin-

sichtlich der Kosten der Ernennung, Beeidigung und Vernehmung von Sachverständigen zur Feststellung des Zustandes oder des Werthes einer Sache oder der Kosten der Aufnahme eines Bestandsverzeichnisses, der § 1217 B. G. B. hinsichtlich der durch die Hinterlegung oder Verwahrung eines Pfandes entstehenden Kosten, die §§ 1667 Abs. 3, 1672 Abs. 2 und 1844 Abs. 3 B. G. B. hinsichtlich der Kosten der dem Vater oder dem Vormund obliegenden Sicherungsmaßregeln, die §§ 2121 Abs. 4 und 2314 Abs. 2 B. G. B. hinsichtlich der Kosten der Inventarisirung eines Nachlasses. Auch die Vorschriften des § 1308 Abs. 2 Satz 2, des § 1673 Abs. 2 Satz 2, des § 1847 Abs. 2 und des § 1877 B. G. B. gehören insoweit hierher, als sie das von dem Kinde oder dem Mündel zu Erstattende auf die Auslagen der berechtigten Personen beschränken, den Begriff der einem Anderen entstandenen Kosten (vgl. unten Bem. 3) also einschränken. In Betracht kommen ferner die Vorschriften des § 127 Ausf.-Ges. z. B. G. B. über die Kosten der Zwangserziehung. Unberührt bleiben selbstverständlich auch die durch § 15 R. G. F. G. für entsprechend anwendbar erklärten Vorschriften der §§ 380, 390, 409 C. P. O. über die Kostenpflicht ungehorsamer Zeugen und Sachverständigen und die ähnliche auf Mitglieder des Familienraths bezügliche Vorschrift des § 1875 B. G. B. Besondere Bestimmungen über die Kostentragungspflicht enthalten auch die §§ 9 Abs. 4, 36, 69 Abs. 3 des gegenwärtigen Gesetzes. (Begr.)

3. Daß zu den einem anderen Betheiligten zu erstattenden Kosten auch die Entschädigung für die durch nothwendige Reisen oder durch Wahrnehmung eines Termins verursachte Zeitversäumniß gehört, bedurfte mit Rücksicht auf die Fassung des § 91 Abs. 1 (früheren § 87 Abs. 1) C. P. O., welche lediglich einer Streitfrage ein Ende macht und daher eine allgemeine Bedeutung beansprucht, eines besonderen Ausspruchs nicht. (Begr.)

4. „kann" — Ermessen des Gerichts unter billiger Abwägung der Umstände.

5. Werden einem Betheiligten die Kosten eines vereitelten Termins zur Last gelegt, so ist nach § 104 els.-lothr. G. K. G. neben den entstandenen baaren Auslagen eine Gebühr von 1—20 Mark zu erheben. Voraussetzung ist die Zurlastlegung der Kosten, nicht die (vielleicht entschuldigte) Versäumniß an sich.

6. Z. B. durch den Gemeindewaisenrath oder den Bürgermeister, Lehrer u. s. w., wenn sie auf Grund des § 57 Nr. 9 R. G. F. G. Beschwerde erheben oder sonst vorstellig werden.

7. Nur in dem besonderen Falle des Abs. 3, wenn also eine Behörde oder ein Beamter der bezeichneten Art am Verfahren betheiligt ist, dürfen die Kosten der Staatskasse zur Last gelegt werden. Eine Ueberbürdung der Kosten auf die Staatskasse in anderen Fällen, z. B. wenn ein Beschwerdeführer, dem ein anderer Betheiligter nicht gegenübersteht, mit einer begründeten Beschwerde obsiegt, kennt das Gesetz so wenig wie im Civilprozeß. In einem Falle der letzteren Art werden Gebühren nicht erhoben (els.-lothr. G. K. G. § 102 Abs. 1 Satz 2), die Auslagen des Gerichts können nach § 16 Abs. 2 els.-lothr. G. K. G. erlassen werden, aber die eigenen Auslagen bleiben dem Beschwerdeführer zur Last. Vgl. die Entsch. des O. L. G. Colmar in der Jur. Zeitschr. für Els.-Loth. XVI S. 162, XVII S. 161). In anderen Fällen kann § 16 Abs. 1 els.-lothr. G. K. G. zur Anwendung kommen.

Werden die Kosten gemäß Abs. 3 der Staatskasse zur Last gelegt, so ist die Entscheidung gemäß § 16 R. G. F. G. dem Ministerium (vgl. Ausf.-Ges. zur C. P. O. u. s. w. § 1) bekannt zu machen. Es steht ihm die Beschwerde nach §§ 19 ff. R. G. F. G. zu.

8. Ueber die Belastung von Gerichtsschreibern, gesetzlichen Vertretern, Rechtsanwälten oder anderen Bevollmächtigten mit den Kosten im Falle groben Verschuldens und das Verfahren hierbei. Dagegen findet § 103 Abs. 3 C. P. O. (sofortige Beschwerde) keine Anwendung. Es findet die einfache fristlose Beschwerde nach § 1 in Verb. mit § 19 ff. R. G. F. G. statt; vgl. Bem. 7 zu § 7.

9. Vgl. C. P. O. § 100 Abs. 1 und 2, R. G. K. G. § 91, els.-lothr. G. K. G. § 2.

10. Vgl. C. P. O. § 92 Abs. 1. Eine Entscheidung des Gerichts auf Grund Abs. 5 Satz 2, 3 kann z. B. erforderlich werden im gerichtlichen Verfahren zur Bestätigung der Dispache (R. G. F. G. § 153), um eine Vertheilung der Kosten unter die Betheiligten nach dem Verhältnisse ihrer Beitragspflicht zum Havareischaden herbeizuführen. Für die Kosten des gerichtlichen Bestätigungsverfahrens ist nicht etwa § 84 Binnenschifffahrtsges. v. 15. Juni 1895 (Reichsgesetzbl. 1898 S. 868)

maßgebend; denn in das Bestätigungsverfahren brauchen nicht alle Betheiligten gezogen zu werden.

§ 7.

Die Kosten, welche einem Betheiligten zu erstatten sind, werden auf Antrag durch das Gericht erster Instanz festgesetzt.[1]) An Stelle des Vormundschaftsgerichts tritt, wenn ein Familienrath die Rechte und Pflichten desselben ausübt,[2]) soweit nicht ein Anderes gesetzlich bestimmt ist,[3]) der Vorsitzende des Familienraths.[4])

Zur Berücksichtigung eines Ansatzes genügt, daß er glaubhaft gemacht ist.[5])

Im Verfahren vor den Amtsgerichten kann der Betrag der zu erstattenden Kosten, wenn er sofort zu ermitteln ist, in der Entscheidung über die Hauptsache festgesetzt werden.[6]) [7])

Entw. § 5.

1. Vgl. die entsprechenden Bestimmungen der §§ 104 ff. C. P. O.

2. Vgl. §§ 1858 ff., 1872 B. G. B.

3. Vgl. § 1872 verb. mit 1847 Abs. 2. B. G. B., wonach der Familienrath selbst über den Auslagen-Ersatz an Verwandte und Verschwägerte des Mündels entscheidet. Bezüglich der Auslagen der Familienrathsmitglieder selbst vgl. dagegen § 1877.

4. D. i. der Vormundschaftsrichter, B. G. B. § 1860.

5. Vgl. § 105 Abs. 3 C. P. O.

6. Vgl. § 103 Abs. 1 Satz 1 C. P. O.

7. Gegen die Kostenfestsetzung ist die einfache Beschwerde zulässig. Das Gesetz hat die §§ 102 Abs. 3 und 105 Abs. 4 C. P. O., wonach gegen die bezüglichen Entscheidungen nur die sofortige Beschwerde stattfindet, nicht für anwendbar erklärt, weil, wie die Begründung bemerkt, „es sich nicht empfehlen möchte, ein von der sofortigen Beschwerde des Reichsgesetzes vom 17. Mai 1898 (§ 22) in mancher Beziehung verschiedenes Rechtsmittel der Civilprozeßordnung in Angelegenheiten der freiwilligen Gerichtsbarkeit einzuführen. Andererseits dürfte

überhaupt kein Anlaß bestehen, von der in Angelegenheiten der freiwilligen Gerichtsbarkeit befolgten Regel, wenn nicht besondere Gründe das Gegentheil erheischen, die einfache fristlose Beschwerde zu gewähren, für Kostensachen eine Ausnahme zu machen." Vgl. Bem. 1 und 8 zu § 6.

§ 8.

Aus einer Entscheidung, durch welche die einem Betheiligten zu erstattenden Kosten festgesetzt werden,[1]) findet die Zwangsvollstreckung nach den Vorschriften der Civilprozeßordnung statt.[2]) [3])

Entw. § 6.

1. Zu den hier in Frage kommenden Entscheidungen gehören neben denen, welche auf Grund der allgemeinen Vorschriften des § 5 ergehen, insbesondere die Verfügungen des Vormundschaftsgerichts in den Fällen des § 1308 Abs. 2, des § 1673 Abs. 2, des § 1847 Abs. 2 und des § 1877 B. G. B. Dagegen gehört nicht hierher die Verfügung des Gerichts, durch welche gemäß § 1836 B. G. B. dem Vormund oder Gegenvormund eine angemessene Vergütung bewilligt wird. In diesem Falle entscheidet das Gericht nicht über einen Anspruch des Vormundes oder Gegenvormundes, sondern es begründet erst einen solchen, der im Prozeßwege geltend gemacht werden kann (vergl. Mot. zum B. G. B. IV S. 1183, ferner die Begründung zu § 41 des Entwurfs eines Reichsgesetzes über das Verfahren in Vormundschaftssachen 2c. von 1881). (Begr.)

2. Die Vorschrift bezieht sich nur auf die Beitreibung der einem Betheiligten zu erstattenden Kostenbeträge und entspricht den Vorschriften im streitigen Verfahren (vgl. § 105 Abs. 4 in Verb. mit § 794 Nr. 3 C. P. O.).

3. Die Beitreibung der Gerichtskosten erfolgt aus den gerichtlich für vollstreckbar erklärten Zwangsbefehlen der Verkehrssteuerverwaltung (Ausf.-Ges. zur C. P. O. 2c. § 5).

Vorbemerkung zu den §§ 9—11.

Allgemeine Vorschriften über die Zwangsgewalt der Gerichte in Angelegenheiten der freiwilligen Gerichtsbarkeit hat das R. G. F. G. nicht gegeben. Die §§ 98 und 158 Abs. 2 enthalten wohl Bestimmungen über die Zwangsvollstreckung aus rechtskräftig bestätigten Vereinbarungen und Auseinandersetzungen in Theilungssachen sowie aus der rechtskräftig bestätigten Dispache. Dagegen sind die Vorschriften über den zwangsweisen Vollzug der gerichtlichen Verfügungen der Landesgesetzgebung überlassen (vgl. Bericht der Reichstagskommission S. 4). Hinsichtlich der Entscheidungen über die Kostenerstattungspflicht ist im § 8 oben das Erforderliche bestimmt. In vielen Fällen ist durch Gesetz dem Gerichte die Befugniß beigelegt, die Verpflichteten durch Verhängung von Ordnungsstrafen zur Befolgung der durch das Gesetz unmittelbar oder durch das Gericht getroffenen Anordnungen anzuhalten. Vgl. z. B. die §§ 78, 1788 (1694, 1792 Abs. 4, 1915), 1837 B. G. B., die §§ 14, 37, 319 Abs. 1, 325 Nr. 9 H. G. B., die §§ 83, 132, 151, 159 R. G. F. G., § 160 des Genossenschaftsgesetzes. Ein weiterer Zwang zur Vornahme oder Unterlassung einer Handlung ist damit regelmäßig, wenn auch nicht in allen Fällen (z. B. nicht in dem Falle des § 2259 B. G. B., § 83, R. G. F. G.) ausgeschlossen.

In den Fällen, in welchen das Vormundschaftsgericht dem Vater oder (§ 1686) der Mutter zur Vorbeugung einer Gefährdung des Kindesvermögens Sicherheitsleistung auferlegen kann (§ 1668), schließt das B. G. B. die Erzwingbarkeit der Sicherheitsleistung durch andere Maßregeln als durch Entziehung der Vermögensverwaltung ausdrücklich aus (§ 1670), wogegen die dem Vormunde, dem Beistand oder Pfleger nach den §§ 1844, 1915, 1693 B. G. B. obliegende Sicherheitsleistung zufolge des § 54 R. G. F. G. durch Eintragung einer Sicherungshypothek auf unmittelbare Veranlassung des Vormundschaftsgerichts erfolgen kann.

In Anwendung kommen sodann auf Grund der §§ 8, 15 R. G. F. G. die Vorschriften des G. V. G. und der C. P. O. über die Befugniß zu Zwangsmaßregeln bei Ausübung der Sitzungspolizei und gegenüber Zeugen und Sachverständigen (vgl. jedoch Bem. 2 zu § 42).

Außerdem können jedoch Fälle der verschiedensten Art eintreten, in denen das Gericht eine Anordnung trifft, zu deren Durchführung es der zwangsweisen Vollstreckung bedarf. Insbesondere wird die zwangsweise Durchführung von Anordnungen des Vormundschaftsgerichts in Frage kommen. Für alle Fälle solcher Art gelten die §§ 9 bis 11.

§ 9.

Die Verfügungen des Gerichts sind in Angelegenheiten der freiwilligen Gerichtsbarkeit, soweit sich nicht aus dem Gesetz ein Anderes ergiebt,[1]) nach Maßgabe der §§ 10, 11 zu vollstrecken.

Bei der Zwangsvollstreckung gegen Militärpersonen sind die Vorschriften des § 752[2]) und des § 790 Abs. 1[3]) der Civilprozeßordnung entsprechend anzuwenden.

Vollstreckungsbeamte sind die Gerichtsvollzieher.[4]) In Betreff des Verfahrens und der Befugnisse derselben finden die Vorschriften der Civilprozeßordnung sinngemäße Anwendung.[5])

Die Kosten der Vollstreckung hat derjenige zu tragen, dessen Verpflichtung erzwungen wird.[6])

Entw. § 7.

1. Vgl. obige Vorbemerkung, wonach die Anwendung von Zwang in gewissen Fällen reichsgesetzlich ausschließend geregelt ist. In anderen Fällen ergiebt sich aus dem Gesetze, daß eine zwangsweise Durchführung ausgeschlossen ist. So kann im Erbauseinandersetzungsverfahren ein Betheiligter nicht zum Erscheinen gezwungen werden (R. G. F. G. § 91 Abs. 3, § 93 Abs. 2). Ferner hat z. B. das Gericht im Falle des § 432 B. G. B. auf Antrag eines Gläubigers zwar einen Verwahrer zu bestellen (R. G. F. G. § 165), aber es kann nicht den Schuldner zwingen, die geschuldete Sache dem Verwahrer herauszugeben, und somit über das Bestehen der Schuld entscheiden. Ebensowenig sind die gemäß den §§ 2216, 2224 B. G. B. erlassenen Entscheidungen (Außerkraftsetzung von Anordnungen des Erblassers, Entscheidung bei Meinungsverschiedenheit mehrerer Testamentsvollstrecker) der Vollstreckung im Wege der freiwilligen Gerichtsbarkeit fähig; die Durchführung kann nur von den Betheiligten im Wege des Prozesses erzwungen werden, unbeschadet der Befugniß des Nachlaßgerichts, einen Testamentsvollstrecker zu entlassen (B. G. B. § 2227).

2. Vorherige Benachrichtigung der vorgesetzten Militärbehörde.

3. Ersuchen der zuständigen Militärbehörde bei Vollstreckung in Kasernen oder anderen militärischen Dienstgebäuden um Ausführung der Vollstreckung.

4. Der Vollzug einer die Zwangserziehung anordnenden Verfügung ist durch die besondere Vorschrift des § 125 Ausf.-Ges. zum B. G. B. einer Verwaltungsbehörde überlassen, nach § 8 der Minist.-Verordn. vom 10. Januar 1900 dem Vorstande der Gefängnißverwaltung, der seinerseits polizeiliche Hülfe in Anspruch nehmen kann.

5. Insbesondere die §§ 758 bis 763 C. P. O. für die Fälle des Widerstands, die Vollstreckung zur Nachtzeit und die Errichtung eines Protokolles. Zunächst ist für das Verfahren und die Befugnisse des Vollstreckungsbeamten der Inhalt der durchzuführenden Verfügung maßgebend.

6. Sondervorschrift gegenüber § 6. Dieselbe bezieht sich auf jede Art von Zwang, z. B. auch auf die Kosten, die durch Androhung oder Verhängung von Ordnungsstrafen entstehen. Der nach Abs. 3 Kostenpflichtige hat auch die einem anderen Betheiligten durch die Vollstreckung erwachsenen Kosten zu tragen (vgl. § 6 Abs. 1).

§ 10.

Ist die Herausgabe einer Sache oder einer Person angeordnet oder ist eine Anordnung ohne die Anwendung unmittelbaren Zwanges nicht ausführbar,[1]) so kann unmittelbarer Zwang angewendet werden.

Die Anwendung von Zwang erfolgt, sofern sie nicht von dem Gerichte von Amtswegen veranlaßt wird, auf Grund einer mit der Bescheinigung der Vollstreckbarkeit versehenen Ausfertigung der auszuführenden Verfügung,[2]) welche der Gerichtsschreiber auf Anordnung des Richters ertheilt.[3])

Wird die herauszugebende Sache oder Person nicht vorgefunden, so kann der Verpflichtete zur Leistung des Offenbarungseides angehalten werden; die Vorschriften des § 883 Abs. 2, 3, des § 900 Abs. 1, der §§ 901, 902, 904 bis

910, 912, 913 der Civilprozeßordnung finden entsprechende[4]) Anwendung.

Entw. § 8.

1. Hierher gehört z. B. der Fall, wenn das Vormundschaftsgericht abweichend von der Regelung des § 1635 B. G. B. einem geschiedenen Ehegatten die Sorge für die Person eines Kindes zuweist und der andere Ehegatte das Kind zurückhält, oder der Fall, wenn der Vormund einer Mutter, welcher die Sorge für die Person eines Kindes zusteht, das Kind oder Sachen, auf welche er einen privatrechtlichen Anspruch nicht erhebt, vorenthält, sowie der Fall, wenn die Unterbringung eines Kindes in eine Familie, eine Erziehungs- oder Besserungsanstalt auf Grund der §§ 1666, 1838 B. G. B. obervormundschaftlich angeordnet, die Herausgabe des Kindes aber verweigert wird (für den Fall der öffentlichen Zwangserziehung vergl. dagegen Bem. 4 zu § 9). Ferner gehören hierher die Fälle, in denen z. B. zur Unterstützung des elterlichen oder vormundschaftlichen Zuchtrechts (§§ 1631, 1800 B. G. B.) oder zur Zurückführung eines entlaufenen Kindes — soweit nicht im letzteren Falle die eigene Macht des Erziehungsberechtigten oder die Inanspruchnahme polizeilicher Hülfe von seiner Seite (vgl. Mot. z. B. G B. IV. S. 754, Prot. IV. S. 547 VII) genügt — die zwangsweise Ausführung gerichtlicher Maßregeln erforderlich ist. Die Anwendung von Zwang kann ferner nothwendig werden, wenn der Vater oder die Mutter durch Ordnungsstrafen nicht dazu gebracht werden können, vor dem Vormundschaftsgerichte zu erscheinen, um über die Erfüllung der ihnen gegenüber einem Kinde obliegenden Pflichten Rechenschaft zu geben; ferner wenn ein Gesellschafter sich weigert, nach den §§ 157, 166, 339 H. G. B., § 145 R. G. F. G. dem bestellten Dritten oder einem Mitgesellschafter Bücher und Papiere vorzulegen oder herauszugeben, oder, wenn dem Beamten, der eine Nachlaßsiegelung ausführen will, thätlicher Widerstand entgegengesetzt wird, oder, wenn sich ein Erbe oder Erbschaftsbesitzer weigert, verschlossene Behältnisse zum Zwecke der Aufnahme eines Vermögensverzeichnisses zu öffnen. Auch in den Fällen der §§ 2259, 2361 B. G. B. ist das Nachlaßgericht zur Erzwingung der Herausgabe des Testaments oder des Erbscheins auf die Verhängung einer Ordnungsstrafe nicht beschränkt; nach den

Umständen kann die Wegnahme des Testaments durch den Gerichtsvollzieher vorzuziehen sein.

2. Das Gericht ist in Angelegenheiten der freiwilligen Gerichtsbarkeit regelmäßig nicht von einem Parteibetrieb abhängig. Wo es gesetzlich zum Einschreiten berufen ist, kann es auch seine Verfügungen von Amtswegen vollstrecken, soweit nicht, wie im Falle des § 125 Ausf.-Ges. z. B. G. B. ein Anderes bestimmt ist. Nach Abs. 2 kann sich aber das Gericht auf die Anordnung einer Maßregel beschränken und den Berechtigten die Ausführung überlassen. Bedarf der Letztere hierbei der zwangsweisen Durchführung, z. B. im Falle der Scheidung der erziehungsberechtigte Vater, wenn ihm die Herausgabe des Kindes von der Mutter verweigert wird, so wäre es eine unnöthige Erschwerung, oft auch im Hinblick auf den Zeitverlust eine Gefährdung des Vollzugs, wenn derselbe sich zum Zwecke der zwangsweisen Durchführung nochmals an das Gericht wenden müßte. (Begr.)

3. Die Anordnung des Richters ist für erforderlich gehalten, weil einerseits die Vollziehbarkeit einer Verfügung in Angelegenheiten der freiwilligen Gerichtsbarkeit nicht erst nach Ablauf einer Rechtsmittelfrist, sondern mit der Bekanntmachung eintritt (R. G. F. G. § 16 Abs. 1), aber andererseits das Gericht unter Umständen die Aussetzung der Vollziehung anordnen kann. (R. G. F. G. §§ 18, 24 Abs. 2).

4. Die Anwendung dieser Bestimmungen ist namentlich insofern nur eine entsprechende, als die Anordnung der Eidesleistung und der Haft im Falle des § 901 C. P. O. von Amtswegen erfolgen kann und in das Ermessen des Gerichts gestellt ist.

§ 11.

Ist Jemandem die Verpflichtung zur Vornahme einer Handlung auferlegt, welche durch einen Anderen vorgenommen werden kann,[1]) so kann das Gericht[2]) einen Anderen[3]) zur Vornahme der Handlung ermächtigen.[4])

Ist Jemandem die Verpflichtung zur Vornahme einer Handlung auferlegt, deren Vornahme ausschließlich von dem Willen des Verpflichteten abhängt, so kann das Gericht[2]) den Verpflichteten zur Befolgung seiner Anordnung durch Ordnungsstrafen bis zum Gesammtbetrage von fünfzehnhundert Mark[5]) anhalten.[6]) Das Gleiche gilt, wenn Jemandem die Verpflichtung zur Unterlassung oder zur Duldung einer Handlung auferlegt ist, unbeschadet der Befugniß des Gerichts, in geeigneten Fällen dieser Art die Anwendung unmittelbaren Zwanges anzuordnen.[7])

Die Vorschrift des § 892 der Civilprozeßordnung findet in den Fällen des Abs. 1 und des Abs. 2 entsprechende Anwendung.

Entw. § 9, R. B. S. 1913.

1. Z. B. die Errichtung eines Vermögensverzeichnisses, die Aufstellung einer Bilanz.

2. Von Amtswegen sowohl wie auf Antrag.

3. Der Andere kann derjenige sein, der ein Recht auf die Vornahme der Handlung hat, aber auch ein an dem Verfahren Unbetheiligter.

4. Das Gericht wird unter Umständen die Wahl haben zwischen der Ermächtigung eines Anderen oder der unmittelbaren Anwendung von Zwang nach § 10.

5. Für die Höhe der einzelnen Strafe ist § 33 R. G. F. G. (§ 1 oben) maßgebend (nicht über 300 Mark!); desgleichen für die Nothwendigkeit vorausgehender Androhung. Die Geldstrafe kann nicht in Freiheitsstrafe umgewandelt werden.

6. Sowohl gegen die Anordnung nach Abs. 1 wie gegen jene nach Abs. 2 ist Beschwerde zulässig, im zweiten Falle mit aufschiebender Wirkung (R. G. F. G. § 24, Ausf.-Ges. § 1).

7. Die den §§ 888, 890 C. P. O. nachgebildete Vorschrift des Abs. 2 wird zur Anwendung kommen, z. B. wenn das Gericht das persönliche Erscheinen eines Betheiligten bei den ihm nach § 12 R. G. F. G. obliegenden Ermittelungen für erforderlich hält und dieses verweigert wird, wenn der Vater oder die Mutter den zum geistigen oder leiblichen Wohle oder zum Schutze des Vermögens des Kindes getroffenen Anordnungen nicht nachkommen (vorbehaltlich § 1670 Satz 2 B. G. B.), ferner bei Verweigerung der Herausgabe eines Erbscheins an das Nachlaßgericht oder der Vorlage eines Schiffsbriefs beim

Registergericht oder eines Hypothekenbriefs beim Grundbuchamte behufs des Vermerkes einer im Schiffsregister oder im Grundbuche bewirkten Eintragung (B. G. B. §§ 2361, 1507, 2368; R. G. F. G. § 120 Abs. 1; G. O. § 62 Abs. 2, § 70 Abs. 1); desgleichen bei Anordnung der Mittheilung einer Bilanz oder der Vorlage der Bücher oder Papiere an einen Kommanditisten nach § 166 Abs. 3 H. G. B., § 145 R. G. F. G. u. A. — Bedenklich ist die Annahme der Begründung zu dem dem obigen Abs. 2 entsprechenden § 15 des Preuß. Gesetzes über die freiwillige Gerichtsbarkeit, es stehe den Betheiligten frei, auf Grund der in dem Verfahren der freiwilligen Gerichtsbarkeit ergangenen Entscheidung eine Klage anzustellen und sodann die Vollstreckung nach Maßgabe der Vorschriften der C. P. O. zu betreiben (Wellstein, Note 4 zu § 15). Jedenfalls läßt sich die Entsch. des R. G. Bd. XXIII S. 385 für diese Meinung kaum mehr anführen.

§ 12.

Die Vollstreckung der in Angelegenheiten der freiwilligen Gerichtsbarkeit ausgesprochenen Geldstrafen erfolgt nach den Vorschriften über die Vollstreckung von Geldstrafen in Strafsachen.[1])

Die Vollstreckung in den Nachlaß des Verurtheilten findet nicht statt.[2])

Entw. § 10, K. B. S. 1913.

1. Eine gesetzliche Vorschrift über die zwangsweise Beitreibung der außerhalb des Strafverfahrens von den Gerichten erkannten Geldstrafen (Ordnungsstrafen) bestand bisher nicht. Die Zwangsvollstreckung erfolgte thatsächlich in gleicher Weise wie wegen der im ordentlichen Strafverfahren erkannten Geldstrafen (§ 495 der Strafprozeßordnung); vgl. den § 32 der Instruktion für die Gerichtsbehörden, betreffend das Gerichtskostenwesen und die Einweisung von Geldstrafen, vom 6. Oktober 1894 (Justiz-Samml. XIX S. 226). Durch § 12 wird diese Uebung bestätigt und aufrecht erhalten. In Betracht kommen insbesondere die im B. G. B. (z. B. §§ 78, 1788, 1837, 1875), im H. G. B. (z. B. §§ 14, 37, 319, 325 Nr. 9), im G. V. G. (§§ 179, 180), im R. G. F. G. (§§ 15, 83, 132, 151, 159) sowie die im

§ 11 Abs. 2 oben und unten in den §§ 18, 23 Abs. 2 angedrohten Ordnungsstrafen, ferner die nach § 19 Abs. 2 zu erkennende Geldstrafe. Vgl. auch Bem. 2b zu § 13.

2. Die Vorschrift begründet aus Billigkeitsgründen eine Ausnahme von dem nach Abs. 1 an sich anwendbaren § 30 Str.G.B.

§ 13.

Ist die Mitwirkung der Gerichte in einer nichtstreitigen Angelegenheit des öffentlichen Rechtes[1]) vorgeschrieben, so finden die Vorschriften des ersten Abschnitts des Reichsgesetzes über die Angelegenheiten der freiwilligen Gerichtsbarkeit, mit Ausnahme des § 28 Abs. 2 und 3, sowie die Vorschriften der §§ 2 bis 12 dieses Gesetzes insoweit entsprechende Anwendung, als nicht das Gesetz, welches die Mitwirkung des Gerichts vorschreibt, besondere Vorschriften über das Verfahren enthält.[2])

In den Fällen des Artikels 29 des Gesetzes über die Geisteskranken vom 30. Juni 1838 ist vor der Entscheidung die Staatsanwaltschaft zu hören. Alle Verfügungen sind ihr bekannt zu machen. Sie ist befugt, den zur Feststellung des Sachverhalts bestimmten Terminen beizuwohnen und gegen die Verfügungen des Gerichts Beschwerde zu erheben. Der Abs. 4 des genannten Artikels wird aufgehoben.[3])

Entw. § 11.

1. Eine Begriffsbestimmung der Angelegenheiten der freiwilligen Gerichtsbarkeit und somit eine Abgrenzung derselben von den Angelegenheiten des öffentlichen Rechtes enthält weder das Reichsgesetz noch das Landesgesetz. Schwierigkeiten hieraus sind nicht zu befürchten, da besondere Vorschriften im Sinne des § 13 nur in wenigen Gesetzen bestehen, über deren öffentlichrechtliche Natur sich nicht leicht ein Zweifel ergiebt.

2. Besondere Vorschriften, welche hiernach aufrecht erhalten bleiben, finden sich insbesondere

a) im Art. 1 des Gesetzes vom 15. November 1808 über die Zuständigkeit für die Anordnung der Abschätzung und die Ernennung von Sachverständigen gemäß Art. 18, 19 des Gesetzes vom 22. Frimaire VII für den Fall, daß die abzuschätzenden Liegenschaften in verschiedenen Gerichtsbezirken liegen, und im Art. 18 des letzterwähnten Gesetzes bezüglich der Kosten;

b) im § 29 des Erbschaftssteuergesetzes vom 17. Juni 1900, wonach zur Abnahme einer eidesstattlichen Versicherung der Erbbetheiligten auf Antrag der Verkehrssteuerverwaltung das Amtsgericht zuständig ist. Gegen den Beschluß des Gerichts findet die sofortige Beschwerde, jedoch im Sinne des R. G. F. G. § 22, nicht der C. P. O., statt. Aufrecht erhalten bleibt insbesondere die vom § 33 R. G. F. G. abweichende Regelung des Abs. 4 bezüglich der Verhängung von Ordnungsstrafen;

c) im § 33 der Gemeindeordnung vom 6. Juni 1895 sowie im § 5 des Gesetzes, betreffend die Wahlen der Mitglieder der Bezirksvertretungen und der Kreisvertretungen, vom 15. Juli 1896, worin den Amtsgerichten die Entscheidung über die Beschwerde und den Landgerichten die Entscheidung über die weitere Beschwerde gegen die Entscheidungen der Gemeindekommission über Einwendungen gegen die Richtigkeit der Wählerliste übertragen und nähere Bestimmung über das Verfahren, insbesondere über die Fristen getroffen ist.

d) Auch die Vorschrift des Art. 29 des Gesetzes über die Geisteskranken vom 30. Juni 1838, wonach mit Rücksicht auf den Schutz der persönlichen Freiheit das Landgericht in Konkurrenz mit der Verwaltungsbehörde (Art. 16, Art. 20 Abs. 2) zur Entscheidung über die Entlassung einer Person aus der Irrenanstalt berufen ist, ist dem öffentlichen Rechte beizuzählen. Es bleibt daher insbesondere die Bestimmung des erwähnten Artikels aufrecht erhalten, daß auch die Staatsanwaltschaft zu dem Antrag auf Entlassung befugt ist. Die Mitwirkung der Staatsanwaltschaft ist (an Stelle des Art. 83 Code de procéd. civ. und Art. 40 des Irrengesetzes) im § 13 Abs. 2 näher geregelt.

3. Die Vorschrift betraf die Form der Entscheidung. An

ihre Stelle treten jetzt die allgemeinen Vorschriften des R. G. F. G. und des Ausf.-Ges. hierzu.

II. Vormundschaftssachen.

§ 14.

Auf das Verfahren, welches die Zwangserziehung eines Minderjährigen[1]) zum Gegenstande hat, finden, soweit nicht ein Anderes vorgeschrieben ist, die für Vormundschaftssachen geltenden Vorschriften des Reichsgesetzes über die Angelegenheiten der freiwilligen Gerichtsbarkeit[2]) Anwendung.[3])

Das Gericht hat vor jeder Entscheidung über die Anordnung oder die Aufhebung der Zwangserziehung die Staatsanwaltschaft zu hören.

Die Entscheidung ist in allen Fällen der Staatsanwaltschaft bekannt zu machen. Der Staatsanwaltschaft steht die Beschwerde zu.

Entw. § 12 K. B. S. 1913.

1. Die Vorschrift bezieht sich nur auf die im Art. 135 Einf.-Ges. z. B. G. B. zugelassene und in den §§ 123ff. Ausf.-Ges. z. B. G. B. geregelte öffentliche Zwangserziehung. Die im Vormundschaftswege erfolgende Unterbringung steht als durch Reichsgesetz den Gerichten übertragene Angelegenheit unter den Vorschriften der R. G. F. G. Vgl. Molitor, Ausf.-Ges. z. B. G. B. Bem. 1a zu § 123.

2. Insbesondere über die Zuständigkeit (§§ 36, 43) sowie über das Beschwerderecht jeder Person, die ein berechtigtes Interesse an der Angelegenheit hat (§ 57 Nr. 9) und des Kindes selbst (§ 59). Anwendung finden ferner auf Grund und im Umfange des § 1 die allgemeinen Vorschriften des R. G. F. G. (insbes. § 16 über die Bekanntmachung, §§ 19ff. über die einfache, fristlose Beschwerde), sowie die Vorschriften der §§ 1673, 1847 B. G. B. Vgl. das Nähere in meinem Kommentar des Ausf.-Ges. zum B. G. B. Bem. 8—11 zu § 123.

3. Das Gericht kann auf Antrag und von Amtswegen einschreiten. Anträge der Polizeiorgane und anderer Behörden

sind an die Staatsanwaltschaft zu richten. Vgl. § 1 ff. der Minist.-Verord. v. 10. Januar 1900 (Centr.- und Bez.-Amtsbl. S. 34).

§ 15.[1])

Eine Verfügung, durch welche die Bestätigung eines Gemeindewaisenraths abgelehnt wird (§ 131 Abs. 1 des Ausführungsgesetzes zum Bürgerlichen Gesetzbuche, Gesetzbl. S. 43), ist dem Bürgermeister bekannt zu machen.[2])

Entw. § 13.

§ 16.[1])

Eine Verfügung, durch welche an Stelle des Verwaltungsraths des Pflegehauses ein anderer Vormund bestellt wird (§ 136 des Ausführungsgesetzes zum Bürgerlichen Gesetzbuch), ist dem Vorsitzenden des Verwaltungsraths bekannt zu machen.[3])

Entw. § 14.

1. Zu §§ 15, 16: Nach § 16 Abs. 1 R. G. F. G. wäre eine Verfügung des Vormundschaftsgerichts, durch welche die Bestätigung eines vom Gemeinderathe vorgeschlagenen Gemeindewaisenraths abgelehnt wird (§ 131 Abs. 1 Ausf.-Ges. z. B. G. B.), dem Gemeinderathe und eine Verfügung, durch welche an Stelle des Verwaltungsrathes eines Pflegehauses ein anderer Vormund ernannt wird (§ 136 desselben Gesetzes), dem Verwaltungsrathe bekannt zu machen. Ob der Gemeinderath und der Verwaltungsrath eines Pflegehauses zu den im § 171 Abs. 2 C. P. O. bezeichneten Korporationen gehören, und somit nach § 16 Abs. 2 R. G. F. G. die Bekanntmachung an den Bürgermeister und den Vorsitzenden des Verwaltungsrathes genügend oder ob die letztere nicht vielmehr an jedes einzelne Mitglied erforderlich wäre, kann zweifelhaft erscheinen (Begr.); deshalb die ausdrücklichen Vorschriften der §§ 15, 16.

2. Dem Bürgermeister steht die sofortige Beschwerde zu; vgl. § 17 Bem. 2.

3. Ob dem Verwaltungsrath die Beschwerde gegen die Verfügung zusteht, ist aus dem R. G. F. G. zu beantworten. Das Landesgesetz kann hierüber, als in einer durch Reichsgesetz ge-

regelten Angelegenheit, eine Bestimmung nicht treffen. Aus § 20 R. G. F. G. wird ein Beschwerderecht nicht herzuleiten sein, wohl aber unter Umständen aus § 57 Nr. 9 desselben Gesetzes, wenn nämlich im einzelnen Falle das Interesse des Kindes verletzt erscheint.

§ 17.

Die sofortige Beschwerde[1]) findet statt:

1. gegen die im § 15 bezeichnete Verfügung;
2. gegen eine Verfügung, durch welche die Weigerung, das Amt eines Gemeindewaisenraths zu übernehmen, zurückgewiesen wird;
3. gegen eine Verfügung, durch welche ein Gemeindewaisenrath entlassen wird.

In dem Falle des Abs. 1 Ziffer 1 wird das Beschwerderecht von dem Bürgermeister[2]) ausgeübt. Eine Ermächtigung[3]) zur Einlegung der Beschwerde ist nicht erforderlich.

Entw. § 15.

1. Daß in den im § 17 bezeichneten Fällen nur die sofortige Beschwerde zugelassen wird, findet seine Rechtfertigung in dem Gegenstande der fraglichen Entscheidungen, über welchen im Interesse einer geordneten vormundschaftlichen Verwaltung und obervormundschaftlichen Aufsicht alsbald Gewißheit geschaffen werden muß. (Begr.)

2. Der Bürgermeister ist zur Einlegung der Beschwerde auch dann befugt, wenn er selbst als Gemeindewaisenrath vorgeschlagen und seine Bestätigung versagt ist; ein Gegensatz der Interessen liegt nicht vor. Es könnte sich vielmehr sogar fragen, ob nicht Jeder, dessen Bestätigung als Gemeindewaisenrath abgelehnt wird, auf Grund § 20 R. G. F. G. die Beschwerde hat. Dies wird jedoch zu verneinen sein, da der Vorschlag des Gemeinderaths dem Vorgeschlagenen ein Recht, das durch die Ablehnung beeinträchtigt würde, nicht giebt.

3. Weder des Gemeinderaths noch der Aufsichtsbehörde. Die Vorschrift dient der Beschleunigung des Verfahrens.

§ 18.

Das dem Vormundschaftsgerichte vorgeordnete Landgericht kann auf Antrag der Staatsanwaltschaft gegen einen Standesbeamten, welcher die im § 48 des Reichsgesetzes über die Angelegenheiten der freiwilligen Gerichtsbarkeit vorgeschriebene Anzeige[1]) unterläßt, eine Ordnungsstrafe bis zu dreißig Mark aussprechen.[2]) Vor der Verfügung ist der Standesbeamte zu hören.

Entw. § 16, K.B.S. 1914.

1. Ueber Bevormundungsfälle.

2. Vgl. § 6 des aufgehobenen Gesetzes vom 22. Oktober 1873 betr. die Beaufsichtigung und die Kosten der Vormundschafts-Verwaltung. Nach dem Entwurfe sollte entsprechend dieser Bestimmung und der Natur der Angelegenheit das Vormundschaftsgericht zur Verhängung der Strafe (bis 50 Mark) zuständig sein. Die L. K. beschloß die Zuständigkeit des Landgerichts und die Herabsetzung der angedrohten Strafe.

III. Personenstand.

§ 19.

Die Aufsicht über die Amtsführung der Standesbeamten (§ 11 Abs. 1 des Gesetzes über die Beurkundung des Personenstandes und die Eheschließung vom 6. Februar 1875, Reichs-Gesetzbl. S. 23) wird von der Staatsanwaltschaft bei den Landgerichten, in höherer Instanz von der Staatsanwaltschaft bei dem Oberlandesgerichte geübt. Oberste Aufsichtsbehörde ist das Ministerium.[1])

Zur Verhängung von Geldstrafen gegen Standesbeamte auf Grund des § 11 Abs. 2 des Gesetzes vom 6. Februar 1875 ist das Landgericht[2]) zuständig, in dessen Bezirke der Standesbeamte seinen Amtssitz hat. Dasselbe verfügt auf

Antrag der Staatsanwaltschaft. Vor der Entscheidung ist der Standesbeamte zu hören.[3])

Entw. § 17 K. B. S. 1914.

1. Die Vorschrift des Abs. 1 entspricht dem bisherigen Rechte.

2. Der Entwurf hatte mit Rücksicht darauf, daß § 69 R. G. F. G. auch in allen übrigen Beziehungen die in Personenstandssachen bisher den Gerichten erster Instanz obliegenden Verrichtungen den Amtsgerichten übertragen hat, die Zuständigkeit des Amtsgerichts vorgeschlagen.

3. Das Verfahren richtet sich zufolge § 1 nach den allgemeinen Vorschriften für Angelegenheiten der freiwilligen Gerichtsbarkeit. Das bisherige Recht erforderte mündliche Verhandlung.

§ 20.

Das Ministerium erläßt die erforderlichen Bestimmungen über die Prüfung der Standesregister.[1])

Dasselbe kann den Amtsrichtern eine Mitwirkung bei der Aufsicht über die Registerführung übertragen.[2])

Entw. § 18.

1. Abs. 1 dient zum Ersatze der bisher in den Ordonnanzen vom 26. November 1823 und 10. März 1825 enthaltenen Bestimmungen. § 1 Abs. 2 der Dienstanweisung für die Standesbeamten vom 2. Dezember 1899 bestimmt, daß wie bisher die im § 19 bezeichneten Aufsichtsbehörden zur Prüfung der Register befugt sind. Vgl. ferner die aus Anlaß der jährlichen Prüfungen bisher erlassenen Verfügungen des Oberstaatsanwalts.

2. Abs. 2 entspricht den schon bisher bestehenden Bestimmungen (Minist.-Verf. v. 21. April 1881 und 3. Oktober 1888) und schafft hierfür die gesetzliche Grundlage gemäß § 4 Einf.-Ges. z. G. V. G. Vgl. jetzt die Ausf.-Bestimmungen im Art. 21 der allgemeinen Verfügung des Ministeriums vom 6. Dezember 1899 (s. Anhang).

§ 21.

Ist das Haupt- oder das Nebenregister ganz oder theilweise zerstört oder verloren, so kann die oberste Aufsichtsbehörde (Ministerium) die Herstellung einer Abschrift von dem vorhandenen Register anordnen. Die Richtigkeit der Abschrift ist von dem Standesbeamten oder dem zuständigen Gerichtsbeamten gemäß § 15 Abs. 2 des Gesetzes über die Beurkundung des Personenstandes und die Eheschließung zu bestätigen.

Die Kosten der Herstellung fallen der Gemeinde, im Falle der Zerstörung oder des Verlustes eines beim Gericht aufbewahrten oder bei der Aufsichtsbehörde befindlichen Registers jedoch der Staatskasse zur Last.

Entw. § 19.

Die Begründung bemerkt: „Ueber den Ersatz verlorener oder zerstörter Standesregister enthält das Personenstandsgesetz keine Bestimmungen. In einer Verfügung des Generalprokurators vom 27. Mai 1873 (Just.-Samml. II S. 104) sind gemäß der französischen Praxis die Vorschriften über die Berichtigung von Standesurkunden (Art. 99, 100 des Code civil) maßgebend erklärt. Nach Maßgabe dieser Verfügung wurde auch nach Erlaß des Personenstandsgesetzes in Elsaß-Lothringen verfahren. Dieses Verfahren ist jedoch jedenfalls vom 1. Januar 1900 ab ausgeschlossen. Für das Berichtigungsverfahren sind in Zukunft nur die reichsgesetzlichen Vorschriften zulässig und diese haben nur die Berichtigung vorhandener Urkunden zum Gegenstande, nicht den Ersatz abhanden gekommener. Ist nur das eine Exemplar, das Haupt- oder das Nebenregister, verloren, so kann Ersatz durch eine beglaubigte Abschrift des noch vorhandenen Exemplars beschafft werden. Nothwendig wird dies nicht immer sein, wie auch bisher in solchen Fällen von Anfertigung von Abschriften Abstand genommen wurde, in denen der Verlust sich auf eine Reihe von Jahren erstreckte und die Kosten der Abschriften in keinem Verhältniß zu dem Werthe der Neubeschaffung gestanden hätten. Um hiernach eine Prüfung des thatsächlichen Bedürfnisses zu sichern, stellt § 19 des Entwurfs [§ 21] die Anordnung in das Ermessen der obersten Aufsichtsbehörde (des Ministeriums). Je nachdem der Verlust oder die Zerstörung bei dem Standesamt oder aber bei Gericht oder bei der Aufsichtsbehörde eingetreten ist, sind nach der weiteren Bestimmung des § 19 [21] die Kosten von der Gemeinde oder von der Staatskasse zu tragen. Dadurch wird jedoch der Rückgriff gegenüber demjenigen Organ der Gemeinde oder des Staates, welches etwa den Verlust verschuldet hat, nicht ausgeschlossen. Maßgebend hierfür ist, ohne daß es eines besonderen Ausspruchs bedarf, die Vorschrift des § 823 B. G. B. — Eines Gerichtsbeschlusses, daß das neue Register als Ersatz des früheren zu dienen habe, wie er nach französischem Rechte erlassen wird, bedarf es nicht.

Für den Fall, daß beide Exemplare eines Registers in Verlust gerathen sind, trifft der Entwurf keine Bestimmung. Nach dem Personenstandsgesetz ist zur Beurkundung von Standesthatsachen nur der Standesbeamte berufen, auch wenn es sich um nachträgliche Beurkundungen handelt. Hiernach muß auch verfahren werden, wenn die Wiederherstellung von Eintragungen wegen Verlusts eines Registers nothwendig wird. Der Standesbeamte bedarf hierbei der Genehmigung der Aufsichtsbehörde nach Maßgabe der §§ 27, 60 des Personenstandsgesetzes und deren Sache wird es auch gegebenenfalles sein, den Standesbeamten auf Mittel und Wege hinzuweisen, um eine thunlichste Gewähr für die Zuverlässigkeit der Verhandlungen zu erzielen."

§ 22.

In den durch das Gesetz über die Beurkundung des Personenstandes und die Eheschließung sowie durch § 19 Abs. 2 dieses Ausführungsgesetzes den Gerichten übertragenen Angelegenheiten ist vor der Entscheidung des Gerichts die Staatsanwaltschaft zu hören.[1])

Die Entscheidung ist der Staatsanwaltschaft in allen Fällen bekannt zu machen.[2]) [3])

Entw. § 20.

1. § 22 hält die im bisherigen Rechte vorgeschriebene Mitwirkung der Staatsanwaltschaft in den den Personenstand betreffenden Angelegenheiten auch insofern aufrecht, als er ihre Anhörung vor der gerichtlichen Entscheidung allgemein vorschreibt. Handelt es sich um die Verhängung einer Geldstrafe gegen einen Standesbeamten (§ 19 Abs. 2) oder um die Berichtigung einer Standesurkunde (§ 66 des Personenstands-

gesetzes), so ergiebt sich die Mitwirkung der Staatsanwaltschaft schon aus der gesetzlichen Regelung des Verfahrens in diesen Fällen. Denn im ersteren Falle ist sie allein antragsberechtigt, im letzteren kann zwar in Zukunft (vgl. § 66 des Personenstandsgesetzes, § 186 R. G. F. G.) außer ihr Jedermann den Antrag auf Berichtigung stellen. Der Antrag ist aber in diesem Falle bei ihr als der Aufsichtsbehörde einzureichen, und sie hat das Berichtigungsverfahren einzuleiten und die abgeschlossenen Verhandlungen dem Gerichte vorzulegen. Dagegen würde in den erwähnten Fällen ohne die Vorschrift des § 22 Abs. 1 eine Anhörung der Staatsanwaltschaft in der Beschwerdeinstanz, wenn die Beschwerde nicht von ihr selbst eingelegt ist, nicht erforderlich sein und in den Fällen, wo die Anweisung eines Standesbeamten zur Vornahme einer abgelehnten Amtshandlung in Frage steht (§ 11 Abs. 3 des Personenstandsgesetzes), überhaupt nicht eintreten. Mit Rücksicht auf die den Beamten der Staatsanwaltschaft in Folge ihrer fortwährenden Aufsichtsthätigkeit innewohnende Erfahrung und Sachkenntniß in Sachen des Personenstandes wird aber, wie die Begründung hervorhebt, durch ihre Mitwirkung im gerichtlichen Verfahren in allen Fällen die Richtigkeit und Einheitlichkeit der Rechtsprechung auf diesem Gebiete gefördert.

2. Auch wenn die Staatsanwaltschaft nicht betreibender Theil ist und somit nach § 16 Abs. 1 R. G. F. G. ein Recht auf Bekanntmachung nicht hat. Ueber die Art der Bekanntmachung vgl. die allgem. Verf. des Ministeriums vom 6. Dezember 1899 Art. 2.

3. Die Beschwerde steht der Staatsanwaltschaft im Falle des § 19 Abs. 2 auf Grund ihres Antragsrechtes zufolge § 20 R. G. F. G. zu. Dieselbe Vorschrift des Reichsgesetzes ist auch maßgebend für die Frage, wann der Staatsanwaltschaft in anderen Fällen das Beschwerderecht zusteht. Hieraus wird sich ihre Berechtigung zur Beschwerde gegen Verfügungen des Gerichts im Berichtigungsverfahren (§ 66 des Personenstandsgesetzes) auch dann ergeben, wenn sie den Antrag auf Berichtigung nicht gestellt hat, da das allgemeine Aufsichtsrecht und das Recht der Staatsanwaltschaft, den Antrag auf Berichtigung einer Eintragung zu stellen, die Befugniß in sich schließt, auf die Beseitigung unrichtiger Eintragungen auch im Beschwerdewege hinzuwirken. (Begr.)

IV. Nachlaß- und Theilungssachen. Vermögensverzeichnisse.

Vorbemerkung.

A. Die Zuständigkeit der Behörden.

Das B. G. B. steht ebenso wie der Code civil grundsätzlich nicht auf dem Boden der gerichtlichen Verlassenschaftsregulirung. Es weist jedoch dem Gericht in weiterem Umfang als das bisherige Recht Verrichtungen verschiedener Art in Nachlaßsachen zu und bezeichnet das mit Wahrnehmung dieser Obliegenheiten betraute Gericht als Nachlaßgericht (nach § 72 R. G. F. G. sind Nachlaßgerichte die Amtsgerichte).

1. Nach dem **B. G. B.** liegen dem Nachlaßgerichte folgende Verrichtungen ob (Begr.):

a) die Anordnung der Nachlaßfürsorge im Bedürfnißfall und die Anordnung der Nachlaßverwaltung auf Antrag des Erben oder eines Gläubigers (§§ 1960 bis 1962, 1981, 1983);

b) die Entgegennahme und weitere Mittheilung von Erklärungen
über die Anfechtung der Ehe im Falle des § 1342, der Ehelichkeit eines verstorbenen Kindes (§ 1597), einer letztwilligen Verfügung (§ 2081) und eines Erbvertrags (§ 2281),
über den Verzicht auf den Antheil am Gesammtgut und über die Aufhebung der Gemeinschaft im Falle der fortgesetzten Gütergemeinschaft (§§ 1491, 1492),
über die Ausschlagung einer Erbschaft und die Anfechtung der Ausschlagung oder der Annahme der Erbschaft (§§ 1945, 1953, 1955, 1957),
über den Eintritt der Nacherbfolge (§ 2146) und den Verkauf der Erbschaft (§ 2384);

c) die Eröffnung und Bekanntgabe von Testamenten und Erbverträgen (§§ 2259, 2260, 2261, 2262, 2264, 2273, 2300);

d) die Entgegennahme des Nachlaßinventars, Bestimmung der Inventarfristen, Aufnahme des Inventars (§§ 1993 bis 1996, 1999, 2003, 2004, 2010), die Abnahme des Offenbarungseides (§ 2006);

e) die Bestimmung von Erklärungsfristen bei alternativen, bei Wahl- und Gattungsvermächtnissen (§§ 2151, 2153, 2154, 2155);

f) die Mitwirkung bei der Ernennung des Testamentsvollstreckers (§§ 2198, 2199, 2200), die Entgegennahme der Erklärungen über Annahme, Ablehnung und Kündigung des Amtes eines Testamentsvollstreckers (§§ 2202, 2226), die Entscheidung bei Meinungsverschiedenheit mehrerer Testamentsvollstrecker (§ 2224), die Entlassung des Testamentsvollstreckers (§ 2227), die Außerkraftsetzung von Anordnungen des Erblassers über die Verwaltung des Nachlasses im Falle des § 2216;

g) die Ausstellung des Erbscheins und des Zeugnisses über die Fortsetzung der Gütergemeinschaft sowie über die Ernennung eines Testamentsvollstreckers (§§ 1507, 2353, 2368, vgl. auch §§ 37, 38 der Grundbuchordnung);

h) die Einholung der Genehmigung des Stiftungsgeschäftes im Falle des § 83 und die Entgegennahme der Anmeldung von Forderungen an den Nachlaß im Falle des § 2061;

i) die Feststellung, daß der Fiskus Erbe ist (§§ 1964 bis 1966; vgl. auch §§ 166—168 Ausf.-Ges. z. B.G.B.).

2. Nach den §§ 86, 99 **des Gesetzes über die Angelegenheiten der freiwilligen Gerichtsbarkeit** hat das Nachlaßgericht bezw. das im § 99 Abs. 2 bezeichnete Amtsgericht auf Antrag die Auseinandersetzung eines Nachlasses oder einer ehelichen Gütergemeinschaft zu vermitteln.

Hierzu (zu 1 und 2) machen das Einf.-Ges. z. B.G.B. und das R.G.F.G. gewisse Vorbehalte:

a) Nach Art. 147 Einf.-Ges. können durch die Landesgesetze die dem Nachlaßgericht obliegenden Verrichtungen mit Ausnahme der Abnahme des Offenbarungseides (§ 2006 B.G.B.) anderen als gerichtlichen Behörden übertragen werden und nach Art. 148 Einf.-Ges. können die Landesgesetze die Zuständigkeit des Nachlaßgerichts zur Aufnahme des Inventars (§ 2003 B.G.B.) ausschließen.

α) Von dem Vorbehalte des Art. 147 hat das Ausf.-Ges. zum R.G.F.G. nur insofern Gebrauch gemacht, als es in dringlichen Fällen den Ortsbehörden in gewissem Umfange die Anordnung von Sicherungsmaßregeln überträgt (§ 25). Auch im Uebrigen ist die Ausführung der vom Nachlaßgericht angeordneten Sicherungsmaßregeln durch andere Organe, Notare und Bürgermeister zugelassen (§ 24). Diese letztere Vorschrift gründet sich indessen nicht auf den besonderen Vorbehalt des

Art. 147 Einf.-Ges.; denn sie begründet nicht eine selbständige Zuständigkeit der Notare und Bürgermeister (vgl. Mot. V S. 542).

Die Einholung der Genehmigung des in einer Verfügung von Todeswegen errichteten Stiftungsgeschäfts (§ 83 B. G. B. — vgl. oben unter h —) wird in vielen Fällen zweckmäßig dem Notar überlassen werden. Ebenso wird es den Wünschen der Erben häufig entsprechen, wenn die Anmeldung von Forderungen an den Nachlaß statt bei dem Nachlaßgericht (§ 2061 B. G. B.) bei dem mit der Nachlaßregulirung betrauten Notar geschieht. Allein in beiden Fällen bedurfte es keiner besonderen Vorschrift, da nach § 83 B. G. B. der Erbe selbst die Genehmigung einholen und nach § 2061 B. G. B. der Erbe in der Aufforderung bestimmen kann, daß die Forderungen bei ihm anzumelden seien. In beiden Fällen kann er selbstverständlich einen Notar bevollmächtigen bezw. als Bevollmächtigten bezeichnen.

β) Von dem Vorbehalte des Art. 148 ist im § 37 Gebrauch gemacht.

b) Nach § 193 R. G. F. G. können die Landesgesetze bestimmen, daß an Stelle der Gerichte oder neben diesen die Notare die Auseinandersetzung zu vermitteln haben. Von diesem Vorbehalte hat das Ausf.-Ges. im § 30 Gebrauch gemacht.

c) Nach § 2356 Abs. 2 B. G. B. sind die Notare unmittelbar (neben den Gerichten) zuständig zur Entgegennahme der eidesstattlichen Versicherung des Erben über sein Erbrecht.[1])

B. Die Nachlaßfürsorge.

1. Nach bisherigem Rechte fand von Amtswegen die Siegelung eines Nachlasses statt, wenn ein Erbe minderjährig oder entmündigt und ohne Vormund oder wenn ein Erbe oder der Ehegatte des Verstorbenen abwesend war (Art. 819 Code civil, Art. 909 Nr. 3, 911 Nr. 1 und 2 Code de procéd. civ.). Doch konnte das Gericht nach § 3 des aufgehobenen Gesetzes vom 22. Oktober 1873 von der Siegelung absehen, wenn der Nachlaß sich im Gewahrsam gewisser Verwandten befand

---

[1]) Diese Versicherung ist frei von Staatsgebühren (Verf. des Direktors der Verkehrssteuern v. 7. Mai 1900 Ziff. 8, Verf. des Oberstaatsanwalts vom 16. Juni 1900 I).

oder die Summe von 800 ℳ nicht überstieg. Ein weiteres Einschreiten des Gerichts von Amtswegen in Ansehung einer Verlassenschaft war dem bisherigen Rechte fremd. Es konnten aber die mit einem vollstreckbaren Titel oder mit einer Erlaubniß des Gerichts versehenen Gläubiger des Erblassers sowie Alle, welche auf die Erbschaft ein Recht zu haben behaupteten, die Siegelung verlangen (Art. 820 Code civil, Art. 909 Nr. 1 und 2 Code de procéd. civ.).

In weiterem Umfange findet nach dem B. G. B. ein Einschreiten des Gerichts von Amtswegen zur Sicherung des Nachlasses statt. Nach § 1960 hat das Nachlaßgericht von Amtswegen für die Sicherung zu sorgen, wenn die Erbschaft noch nicht angenommen ist, wenn der Erbe unbekannt oder wenn ungewiß ist, ob er die Erbschaft angenommen hat, in allen diesen Fällen aber nur, soweit ein Bedürfniß besteht. Durch diese Vorschrift werden hinsichtlich der Voraussetzung der Fürsorge die Bestimmungen des bisherigen Rechtes, welche dem Schutze abwesender, minderjähriger oder entmündigter Erben oder der abwesenden Ehefrau — diese gehört nach dem B. G. B. zu den Erben — dienten, gedeckt mit der Abweichung, daß immer die Frage des thatsächlichen Bedürfnisses entscheidet. Dagegen tritt zum Schutze der Gläubiger eine Nachlaßfürsorge in der Weise des bisherigen Rechtes nicht ein. Ihrem Interesse dienen, so lange die Erbschaft nicht angenommen ist, der § 1961 und nach der Annahme der § 1981 B. G. B.; es kann jedoch bei der Beurtheilung, ob thatsächlich ein Bedürfniß für die Sicherung vorliegt, das Vorhandensein von Gläubigern in Betracht kommen. Darüber hinaus ermächtigt der Art. 140 Einf.-Ges. mit Rücksicht auf die bestehenden Einrichtungen in einigen Bundesstaaten die Landesgesetzgebung zu einer weiteren Schutzmaßregel: Es kann bestimmt werden, daß das Nachlaßgericht auch unter anderen Voraussetzungen als jenen des § 1960 B. G. B. die Anfertigung eines Nachlaßverzeichnisses sowie bis zu dessen Vollendung die erforderlichen Sicherungsmaßregeln, insbesondere die Anlegung von Siegeln, von Amtswegen anordnen kann oder soll. Das Ausf.-Ges. hat von diesem Vorbehalte keinen Gebrauch gemacht, wie auch dem bisherigen Rechte die obligatorische Aufnahme eines Inventars außer dem Falle des Vorhandenseins Bevormundeter oder Abwesender fremd war. Dem Schutze der genannten Personen wird aber durch die Nachlaßsicherung im Sinne des § 1960 B. G. B., welche für den Erbfall das Wesentliche ist, genügend Rechnung getragen. Die Vorschrift obligatorischer Inventarisirung des diesen Personen durch Erbschaft angefallenen Vermögens in allen Fällen ist, wie die Begr. hervorhebt, um so entbehrlicher, als die Verpflichtung zur Aufzeichnung des Vermögens Minderjähriger und Entmündigter und, sofern eine Abwesenheitspflegschaft besteht, auch Abwesender schon durch die familienrechtlichen Vorschriften gesichert ist (§§ 1640, 1802, 1897, 1915 B. G. B.).

Ueber die Art der Maßregeln zur Sicherung des Nachlasses trifft § 1960 B. G. B. Bestimmung. Während das bisherige Recht als solche Maßnahmen nur die Siegelanlage, und, sofern diese unthunlich war, die Beschreibung der Nachlaßgegenstände und bei Abnahme der Siegel die Inventarisirung kannte und sowohl über Siegelung wie Inventar, soweit nicht ausnahmsweise ein Privatinventar zugelassen war, genaue Formvorschriften aufstellte (Art. 912—944 Code de procéd. civ.), unterliegt es nach dem B. G. B. dem Ermessen des Gerichts, wie es die Sicherung bewirken will; die nächstliegenden Mittel, Siegelung, Hinterlegung, Aufnahme eines Nachlaßverzeichnisses, Bestellung eines Pflegers, werden aufgeführt. Besondere Formvorschriften sind weder hinsichtlich der Siegelung noch — abgesehen von der Vorschrift des § 2001 B. G. B. über den Inhalt des Inventars — hinsichtlich des Nachlaßverzeichnisses reichsgesetzlich aufgestellt. Bei der grundsätzlich dem Gericht eingeräumten Freiheit hinsichtlich der Art der Sicherung bestand auch kein Bedürfniß für den Erlaß solcher Vorschriften durch Landesgesetz. Daß das Gericht bei Ausübung seiner Thätigkeit in der Nachlaßfürsorge ein Protokoll aufnimmt, ist als ebenso selbstverständlich vorauszusetzen, wie im Falle der Siegelung nach § 112 K. O. (vgl. § 114 K. O.), übrigens durch § 15 der unten erwähnten Ministerialverfügung vom 6. Dezember 1900 vorgeschrieben. Ebensowenig bedarf es einer ausdrücklichen Vorschrift, daß das Gericht zur Bewachung der angelegten Siegel einen Hüter bestellen kann. Ob eine den Art. 914 Nr. 9 und 943 Nr. 8 Code de procéd. civ. ähnliche Vorschrift, daß die thatsächlichen Inhaber des Nachlasses einen Manifestationseid zu leisten haben, unter dem Gesichtspunkt einer Ausführungsbestimmung im Sinne des § 200 R. G. F. G. zulässig wäre, muß bezweifelt werden. Einen theilweisen Ersatz bilden die Vorschriften der §§ 2003 Abs. 2, 2006, 2028 B. G. B., wonach der Erbe, welcher das Inventarrecht in Anspruch nimmt, gegenüber den Gläubigern und jeder Hausgenosse des Erblassers gegenüber dem Erben zur Auskunftsertheilung und zur Leistung des Offenbarungseides verpflichtet ist. Eine Vorschrift, daß das Nachlaßverzeichniß in Gegenwart bestimmter Betheiligter errichtet werden müsse (Art. 942 Code de procéd. civ.), würde der Absicht des Gesetzes, welches das Nachlaßverzeichniß als Mittel zur sofortigen Sicherung auch bei Abwesenheit oder Unbekanntheit der Erbbetheiligten auffaßt, widersprechen. Soweit die Beiziehung Betheiligter bei Ausführung der Sicherungsmaßregeln übrigens thunlich erscheint, ist in § 26 Bestimmung getroffen, welcher auch den Art. 917 Code de procéd. civ. über die Verpflichtung des Richters zur Aufsuchung eines Testaments ersetzt. Daß schließlich auf die vom Notar aufgenommenen Nachlaßverzeichnisse, wie für alle anderen Urkunden desselben, die allgemeinen Vorschriften über notarielle Urkunden Anwendung finden, bedarf besonderer Hervorhebung nicht.

Nähere Bestimmungen, welche ein ordnungsmäßiges Vorgehen bei der Nachlaßfürsorge, wie bei der Vornahme von Siegelungen und der Aufnahme von Vermögensverzeichnissen überhaupt, nach einheitlichen Gesichtspunkten zu fördern geeignet sind, sind im § 38 der Ausführungsverfügung des Ministeriums vorbehalten und durch Verfügungen vom 6. und 15. Dezember 1900 getroffen (s. Anhang D).

2. Ueber die Sicherung des Nachlasses von Angehörigen des Heeres vgl. §§ 3, 4 des Entw. eines Reichsgesetzes, betr. die Ausübung der freiwilligen Gerichtsbarkeit und die Leistung von Rechtshülfe im Heere.

§ 23.[1])

Wird bei einem Standesbeamten der Tod einer Person angezeigt, an deren Nachlaß ein Erbe betheiligt ist, welcher abwesend,[2]) geschäftsunfähig[3]) oder in der Geschäftsfähigkeit beschränkt[4]) und ohne gesetzlichen Vertreter[5]) ist, so hat der Standesbeamte hiervon dem Nachlaßgericht[6]) unverzüglich

Anzeige zu machen.[7]) Die gleiche Verpflichtung liegt dem Standesbeamten ob,

1. wenn ein Erbe unbekannt ist,[8]) [9])
2. wenn die Person, deren Tod angezeigt wird, Vermögen, welches dem Staate, einem Bezirke, einer Gemeinde oder einer anderen öffentlichen Anstalt [10]) gehört, oder öffentliche Urkunden [11]) in Verwahrung hatte.

Im Falle der Unterlassung der Anzeige kann das dem Nachlaßgerichte vorgeordnete Landgericht auf Antrag der Staatsanwaltschaft gegen den Standesbeamten eine Ordnungsstrafe bis zu dreißig Mark aussprechen.[12]) Vor der Verfügung ist der Standesbeamte zu hören.

Entw. § 21, K. B. S. 1915.

1. Während § 48 R. G. F. G. durch die dem Standesbeamten auferlegte Anzeigepflicht die Bestellung eines Vormundes oder Pflegers, wo eine solche erforderlich ist, zu gewährleisten sucht, will § 23 Ausf.-Ges. im Anschluß an das aufgehobene Gesetz vom 22. Oktober 1873 das Gericht in die Lage setzen, Fürsorge-Maßregeln für einen Nachlaß, für dessen Sicherung ein Bedürfniß besteht, zu treffen. Die Anzeige wird in vielen Fällen nach beiden Vorschriften zu erstatten sein. § 23 beschränkt sich auf die Bezeichnung der Hauptfälle; in den verhältnißmäßig seltenen Fällen, wo außerdem ein Bedürfniß für die Nachlaßsicherung besteht, ist die Anregung hierzu den Betheiligten und den Gläubigern überlassen. Andererseits ist in den Fällen des § 23 die Nachlaßsicherung nicht immer erforderlich. Das Gericht hat das thatsächliche Bedürfniß zu prüfen; vgl. obige Vorbemerkung S. 37.

2. D. h. nicht an dem Orte des Todesfalls anwesend, wenn auch nur vorübergehend abwesend (non présent im Sinne des bisherigen Rechtes und abwesend im Sinne der §§ 121, 130, 147 B. G. B., nicht bloß im Sinne des § 1911).

3. Vgl. B. G. B. § 104.

4. Vgl. B. G. B. §§ 106, 114.

5. Inhaber der elterlichen Gewalt, Vormund, Pfleger, Beistand im Falle des § 1693 B. G. B.

6. Oertliche Zuständigkeit nach § 73 R. G. F. G.

7. Zu diesem Zwecke hat der Standesbeamte, soweit ihm die bezüglichen Verhältnisse nicht aus eigener Wissenschaft bekannt sind, den Anzeigenden sachgemäß zu befragen (Dienstanweisung v. 2. Dezember 1899 § 73).

8. D. h. wenn unbekannt ist, wer als Erbe berufen ist, z. B. weil der Erbe oder die Erben überhaupt nicht bekannt sind oder weil dem Standesbeamten bekannt ist, daß ein zunächst berufener Erbe die Erbschaft ausschlagen will oder daß eine Schwangerschaft besteht, infolge deren ein Erbberechtigter geboren werden kann.

9. Bei Unbekanntheit des Erben hat das Nachlaßgericht nicht nur im Falle des Bedürfnisses für die Sicherung des Nachlasses zu sorgen (insbes. wird Nachlaßpflegschaft in Frage kommen), sondern auch den Erben zu ermitteln und gegebenen Falles festzustellen, daß ein anderer Erbe als der Fiskus nicht vorhanden ist (B. G. B. 1964, 1965). Vgl. wegen der Erbberechtigung der Pflegehäuser an Stelle des Fiskus die §§ 166 bis 168 Ausf.-Ges. z. B. G. B.

10. Z. B. einer öffentlichen Sparkasse, einem Pflegehause, einer Kirchenfabrik.

11. Insbes. Notare, Gerichtsvollzieher.

12. Die Zuständigkeit des Landgerichts und das Höchstmaß der Strafe beruht auch hier, wie im Falle des § 18, auf einem Beschlusse der L. K.

§ 24.

Das Gericht kann [1]) die Ausführung der in den Fällen des § 1960 des Bürgerlichen Gesetzbuchs zur Sicherung des Nachlasses angeordneten Maßregeln,[2]) insbesondere die Aufnahme eines Nachlaßverzeichnisses,[3]) einem Notar übertragen.[4]) Der Notar hat das in Ausführung der gerichtlichen Anordnung aufgenommene Nachlaßverzeichniß [5]) bei dem Nachlaßgericht einzureichen.

Befindet sich der Nachlaß nicht am Sitze des Gerichts, so kann die Anlegung sowie die Abnahme von Siegeln [6]) dem Bürgermeister [7]) übertragen werden.[8])

Entw. § 22, K. B. S. 1916.

1. Sowohl das eigentliche Nachlaßgericht (R. G. F. G. § 73) wie das nach § 74 R. G. F. G. für die Sicherung zuständige Amtsgericht. Pflichtmäßiges Ermessen des Gerichts nach Lage der Umstände entscheidet. Bei Ausführung durch das Gericht hängt auch die Zuziehung des Gerichtsschreibers von dem Ermessen des Richters ab. Vgl. Minist.-Verf. v. 6. Dezember 1900 (Anhang D) § 6.

2. Vgl. über die möglichen Maßregeln obige Vorbemerkung unter B und die Minist.-Verf. v. 6. Dezember 1900 § 3.

3. Es handelt sich hier regelmäßig nicht um ein genaues Inventar (mit Angabe der Eigenthumsnachweise, Schulden, Ersatzansprüche der Ehegatten u. s. w.), sondern um die Aufzeichnung des Vorhandenen behufs dessen Feststellung und Sicherung. Vgl. Minist.-Verf. v. 6. Dezember 1900 § 26.

4. Vgl. §§ 6 ff. der Minist.-Verf. v. 6. Dezember 1900. Häufig wird dem Notar die Wahl unter mehreren Sicherungsmaßregeln je nach den Umständen des Falles zu lassen sein (vgl. §§ 8, 12, 13, 26 der Minist.-Verf.).

5. Nach §§ 15, 23, 24, der Minist.-Verf. v. 6. Dezember 1900 ist über die Ausführung aller Sicherungsmaßregeln ein Protokoll zu errichten; der Notar hat eine Abschrift des Protokolls unverzüglich dem Gericht einzusenden. Die Abschrift ist stempelfrei, darf aber den Betheiligten nicht ausgehändigt werden. (§ 31 der Verf.)

6. Nicht andere Sicherungsmaßregeln.

7. In Fällen seiner Verhinderung auch der Stellvertreter (vgl. Gem.-Ord. § 9).

8. Die Vorschrift dient der Kostenersparniß, namentlich bei geringfügigen Nachlässen.

§ 25.

Besteht ein dringendes Bedürfniß für die Sicherung des Nachlasses, so soll der Bürgermeister für die Sicherung durch Anlegung von Siegeln vorläufig sorgen und dem Gerichte[1]) hiervon unverzüglich Mittheilung machen.[2]) [3])

Diese Vorschrift findet an Orten, an denen das Gericht seinen Amtssitz hat, keine Anwendung.

Entw. § 23, K. B. S. 1917.

1. Dem nach § 73 R. G. F. G. zuständigen Nachlaßgericht oder, wenn im Bezirk eines anderen Amtsgerichts das Bedürfniß der Fürsorge hervortritt, z. B. wenn Jemand auf der Reise stirbt, dem Amtsgericht des Bezirks (§ 74 R. G. F. G.).

2. Die Vorschrift des § 25 bezweckt, in schleunigen Fällen, besonders um Verschleppungen zu vermeiden, eine rasche Sicherung des Nachlasses herbeizuführen. Nähere Ausführungsbestimmungen s. in der Ministerialverfügung vom 15. Dezember 1900 (s. Anhang D. IX).

3. Es ist in das Ermessen des Gerichts gestellt, es bei der Siegelung der Ortsbehörde zu belassen, dieselbe wieder aufzuheben oder andere Sicherungsmittel anzuordnen. Vgl. § 4 der Verfügung v. 6. Dezember 1900.

§ 26.

Bei der Anlegung und Abnahme von Siegeln sowie bei der Aufnahme des Nachlaßverzeichnisses sind, soweit dies ohne Verzug geschehen kann, die bekannten Betheiligten zuzuziehen.[1])

Wird die Siegelung von dem Richter oder von dem Notar vorgenommen, so hat derselbe[2]) auf Ansuchen eines Betheiligten, nach Befinden auch von Amtswegen, nach einem Testamente des Erblassers zu suchen.

Ist eine zur Sicherung des Nachlasses angeordnete Maßregel in Abwesenheit eines Betheiligten vorgenommen worden, so soll das Nachlaßgericht[3]) denselben, soweit thunlich, davon in Kenntniß setzen.[4])

Entw. § 24, K. B. S. 1917.

1. Gleichviel, ob sie am Orte der Siegelung anwesend sind oder nicht, vorausgesetzt letzterenfalls, daß ihre Theilnahme ohne Verzug für die Sache möglich ist. Vgl. § 14 der Min.-Verf. v. 6. Dez. u. § 4 der Verf. v. 15. Dez.

2. Der Bürgermeister, der auf Grund der §§ 24 Abs. 2, 25 die Siegelung vornimmt, hat nicht die Befugniß, nach einem Testamente zu suchen.

3. Nicht etwa der ausführende Beamte (Notar, Bürgermeister); dieser hat dem Nachlaßgericht bezw. dem nach § 74 R. G. F. G. zuständigen Gericht über die Ausführung Bericht zu erstatten.

4. Ohne besondere Förmlichkeit — vgl. Allgem. Verf. des Minist. vom 6. Dezember 1899 Art. 1.

§ 27.

Die Vorschriften der §§ 6[1]) und 7[2]) des Reichsgesetzes über die Angelegenheiten der freiwilligen Gerichtsbarkeit finden auf den Bürgermeister[3]) in den Fällen des § 24 Abs. 2 und des § 25 entsprechende Anwendung.[4])

Entw. § 25.

1. Ueber die Ausschließung des Richters wegen Betheiligung.

2. Wonach die Amtshandlung eines ausgeschlossenen Richters nicht unwirksam ist.

3. Auch auf dessen nach § 9 der Gemeindeordnung eintretenden Stellvertreter (Beigeordneter, Gemeinderathsmitglied).

4. Bezüglich des Notars gilt nach § 50 dasselbe.

§ 28.

Das vor einem Notar errichtete Testament[1]) ist in besondere amtliche Verwahrung[2]) des Notars zu nehmen.[3]) Das Gleiche gilt von einem Erbvertrage, sofern nicht die Parteien das Gegentheil verlangen (§ 2277 des Bürgerlichen Gesetzbuchs).[4])

Das vor einem Gemeindevorsteher[5]) errichtete Testament (§§ 2249, 2250 des Bürgerlichen Gesetzbuchs) ist bei einem Notar des Amtsgerichtsbezirkes, in welchem es errichtet ist, in besondere amtliche Verwahrung zu bringen. Haben mehrere Notare in dem Bezirk ihren Sitz, so erfolgt die Bezeichnung des Notars durch das Amtsgericht.

Ein eigenhändiges Testament (§ 2231 Nr. 2 des Bürgerlichen Gesetzbuchs) hat jeder Notar auf Verlangen des Erblassers in besondere amtliche Verwahrung[6]) zu nehmen.[7]) [8]) [9])

Entw. § 26.

1. Wegen Errichtung der öffentlichen Testamente vgl. §§ 2232 B. G. B., § 44 unten. Vgl. dazu die Minist.-Verf., betr. die Anwendung der Stempel- und Registrirungsgesetze auf die von Notaren aufgenommenen oder entgegengenommenen Testamente und Erbverträge vom 19. Januar 1900 (Anhang D. III Anl. Nr. 2).

2. D. h. in eine von der Verwahrung der übrigen Urkunden getrennte, besondere Gewähr bietende Verwahrung. Vgl. die §§ 2246 B. G. B. und die Verfügung des Oberstaatsanwalts vom 24. März 1900, betr. die amtliche Verwahrung von Testamenten und Erbverträgen. (Anhang D. III.)

3. Nach § 2246 Abs. 2 B. G. B. soll der Notar dem Erblasser über das in amtliche Verwahrung genommene Testament einen Hinterlegungsschein ertheilen. Vgl. dazu die Minist.-Verf., betr. die Registrirungsabgabe von notariellen Hinterlegungen über Testamente und Erbverträge, vom 19. Januar 1900 (Verwendung von Stempelmarken); s. Anhang D. III.

4. Das Gegentheil gilt nach § 2277 im Zweifel als verlangt, wenn der Erbvertrag mit einem anderen Vertrag, z. B. einem Ehevertrag, in derselben Urkunde verbunden wird. Wegen Ablieferung der Erbverträge an das Nachlaßgericht vgl. Bem. 8.

5. Dem Bürgermeister. In Ortschaften, welche einem mit der Vertretung des Bürgermeisters betrauten Beigeordneten besonders zugetheilt sind, kann dieser Beigeordnete auch bei Aufnahme von Noth-Testamenten den Bürgermeister vertreten.

6. Vgl. § 2248 B. G. B.

7. Der Erblasser kann die Rückgabe sowohl des öffentlichen als des eigenhändigen Testaments jederzeit verlangen (§ 2256 B. G. B.), ein gemeinschaftliches Testament kann aber nur von beiden Ehegatten zurückgenommen werden (§ 2272 B. G. B.).

8. Ueber die Ablieferungspflicht nach dem Tode des Erblassers an das Nachlaßgericht vgl. § 2259 B. G. B. (§ 83 R. G. F. G. ist gegenüber dem verwahrenden Notar nicht anwendbar); ferner Art. 24 ff. der allgem. Verf. des Minist. vom 6. Dezember 1899 (s. Anhang D).

Die Ablieferungspflicht nach § 2259 B. G. B. besteht unterschiedslos, mag es sich um das Testament eines vor oder nach dem 1. Januar 1900 Verstorbenen handeln.

Streitig ist die Frage, ob auch die nicht in besondere Verwahrung genommenen Erbverträge nach dem Tode des Erblassers an das Nachlaßgericht abzuliefern sind. Der Wortlaut des § 2300 B. G. B. spricht für die Bejahung, Entstehungsgeschichte und Zweck der Vorschrift (was soll die „Eröffnung" eines den Betheiligten längst bekannten, vielleicht mit einem gleichzeitigen Ehevertrag bereits ausgefertigten Erbvertrags bedeuten?) für die Verneinung. Vgl. hierwegen die Verfügung des Oberlandesgerichtspräsidenten und des Oberstaatsanwalts in Colmar vom 15. März 1900 (s. Anhang D), welche die Ablieferungspflicht hinsichtlich der nach neuem Rechte errichteten Erbverträge, welche nicht in besondere amtliche Verwahrung genommen sind, sowie hinsichtlich der nach altem Rechte in einem Ehevertrage errichteten Erbverträge (andere gab es nicht) verneint. Auf demselben Standpunkte steht außer dem in der Verfügung enthaltenen Citat bei Jastrow eine Verfügung des Oberlandesgerichtspräsidenten in Köln vom 24. April 1900 (Rhein. Not.-Zeitschr. 1900 S. 125) und eine Entscheidung des Kammergerichts in Berlin vom 9. Juli 1900 (Zusammenstell. des Reichsjustizamts I S. 97), abw. „das Recht" IV S. 526.

9. Bezüglich der Bewirkung der Registrirung der an das Nachlaßgericht abgelieferten Testamente und Erbverträge sowie wegen der Verpflichtung des Gerichtsschreibers, dem Verkehrssteueramte wegen der Erbschaftssteuer von dem Inhalte der abgelieferten Verfügungen von Todes wegen Mittheilung zu machen, vgl. die Verf. des Minist. vom 27. September 1900 (Anhang D. VI).

§ 29.[1])

Stirbt eine Person, welche Vermögen des Staates, eines Bezirkes, einer Gemeinde oder einer öffentlichen Anstalt[2]) oder öffentliche Urkunden[2]) in Verwahrung hatte, so hat das Nachlaßgericht für die Sicherung des Vermögens oder der Urkunden, insbesondere durch Anlegung von Siegeln, zu sorgen, soweit ein Bedürfniß besteht.[3]) [4])

Die Vorschriften der §§ 24 Abs. 2, 25 und 27 finden Anwendung.

Entw. § 27, K. B. S. 1918.

1. Dieser Paragraph ersetzt die Vorschrift des Art. 911 Nr. 3 Code de procéd. civ., welche im Falle des Todes eines öffentlichen Verwahrers die Anlegung von Siegeln auf das Depositum vorschreibt. Die Vorschrift, welche ihrer Natur nach dem öffentlichen Rechte angehört, bleibt vom B. G. B. unberührt und bedurfte eines Ersatzes nur wegen der förmlichen Aufhebung des Code de procéd. civ., soweit derselbe bisher noch galt.

2. Vgl. Bem. 10, 11 zu § 23.

3. Besondere für den Fall der Erledigung einer Amtsstelle gegebene Vorschriften gelten selbstverständlich neben dem § 29 weiter. Insbesondere hat daher der Richter im Falle des Todes eines Gerichtsvollziehers zu prüfen, ob den übrigen in der Minist.-Verf. vom 19. März 1886 vorgeschriebenen Maßnahmen eine Sicherstellung etwa durch Siegelung oder Hüterbestellung in Gemäßheit des § 29 vorauszugehen hat.

4. Die besonderen Vorschriften der Art. 16 und 37 des Dekrets vom 6. November 1813 über die Siegelanlage nach dem Tode eines im Besitze einer Pfründe gewesenen Pfarrers und eines Bischofs werden, wie die Begründung bemerkt, durch den § 29 nicht berührt; dem entspricht § 46 Abs. 3 G. K. G. für Els.-Lothr. Zu diesen Vorschriften vgl. die Verf. des Minist. vom 15. Juni 1885 (Just.-Samml. X S. 146).

§ 30.

In den Fällen der §§ 86 und 99 des Reichsgesetzes über die Angelegenheiten der freiwilligen Gerichtsbarkeit[1]) haben an Stelle der Gerichte die Notare die Auseinandersetzung zu vermitteln.[2]) Die nach diesem Gesetze den Gerichten obliegenden Verrichtungen werden, soweit nicht in den §§ 31 bis 36 ein Anderes bestimmt ist, den Notaren übertragen.[3])

Entw. § 28.

Vgl. obige Vorbemerkung S. 35, 36.

1. Nämlich in den Fällen der Erbengemeinschaft und der beendigten ehelichen Gütergemeinschaft. Für andere

Fälle von Gemeinschaft oder Miteigenthum (B. G. B. §§ 741, 1008) ist das Auseinandersetzungsverfahren des R. G. F. G. nicht gegeben. In solchen Fällen ist, falls Uneinigkeit unter den Genossen über den Theilungsanspruch besteht, Klage erforderlich. Bezieht sich die Uneinigkeit nur auf die Art der Auseinandersetzung, so erfolgt die Aufhebung der Gemeinschaft durch Pfandverkauf bezw. bei Grundstücken durch Zwangsversteigerung (B. G. B. §§ 752 ff.).

2. Durch die hiernach gewährte Möglichkeit für Miterben oder die an einer ehelichen Gütergemeinschaft Betheiligten, sich unter Vermittelung eines Notars auseinanderzusetzen, wird denselben die Befugniß nicht genommen, die Auseinandersetzung vor einem freigewählten Notar vertragsmäßig vorzunehmen; dann treten aber die Versäumnißfolgen des R. G. F. G. (§ 91 Abs. 3, § 93 Abs. 2) nicht ein. Auch ohne Notar, in privater Weise, kann die Auseinandersetzung erfolgen, und zwar auch bei Betheiligung Minderjähriger oder Entmündigter, vorbehaltlich der unter Umständen nothwendigen Genehmigung des Vormundschaftsgerichts (B. G. B. § 1822 Nr. 2), und in allen Fällen, in denen über Grundstücke verfügt werden soll, vorbehaltlich der in dieser Beziehung nach allgemeinen sachenrechtlichen Grundsätzen erforderlichen Förmlichkeiten (z. B. Auflassung!). Die Auseinandersetzung unter vermittelnder Mitwirkung eines Notars wird sich namentlich dann empfehlen, wenn ein Betheiligter sich von der Theilung fern hält, da ein im Termin nicht Erschienener als zustimmend angesehen wird (§ 91 Abs. 3, § 93 Abs. 2 R. G. F. G.).

3. Wegen der Fälle, in denen der Erblasser vor dem 1. Januar 1900 gestorben ist, vgl. § 76.

§ 31.

Der Notar, welcher die Auseinandersetzung zu vermitteln hat, wird durch das Gericht ernannt.

Auf die Berechtigung, den Antrag auf Ernennung eines Notars zu stellen, findet die Vorschrift des § 86 Abs. 2 des Reichsgesetzes über die Angelegenheiten der freiwilligen Gerichtsbarkeit entsprechende Anwendung.[1])

Vor der Entscheidung über den Antrag hat das Gericht

den übrigen Betheiligten Gelegenheit zur Aeußerung innerhalb einer angemessenen Frist [2]) zu geben. [3])

Entw. § 29.

1. Hiernach ist antragsberechtigt jeder Miterbe, der Erwerber eines Erbtheils sowie derjenige, welchem ein Pfandrecht oder ein Nießbrauch an einem Erbtheile zusteht, bezw. im Falle des § 99 der an einer ehelichen Gütergemeinschaft Betheiligte.

2. Die Länge der Frist bleibt, wie nach dem Theilungsgesetze vom 14. Juni 1888, dem Ermessen des Gerichts überlassen (vgl. die allgemeine Verfügung des Oberlandesgerichtspräsidenten an die Amtsgerichte vom 25. Juni 1888, Just.-Samml. XIII. S. 191).

3. Für die Form der Mittheilung gilt Art. 1 der allgem. Verf. des Minist. vom 6. Dezember 1899 (s. Anhang A. I).

§ 32.

Gegen die Verfügung des Gerichts, durch welche ein Notar zur Vermittelung der Auseinandersetzung ernannt wird, findet die sofortige Beschwerde [1]) statt. Die Verfügung tritt erst mit der Rechtskraft in Wirksamkeit. [2])

Nach eingetretener Rechtskraft hat das Gericht dem Notar Abschrift der Verfügung mit der Bescheinigung der Rechtskraft zu übersenden. [3])

Entw. § 30.

1. R. G. F. G. § 22.

2. Ausnahme von § 16 Abs. 1. R. G. F. G. in Verb. mit § 1 Ausf.-Ges.

3. Daß bei thatsächlicher oder rechtlicher Verhinderung des ernannten Notars das Gericht einen anderen Notar nach Maßgabe des § 31 Abs. 3 und des § 32 zu ernennen hat, wird in der Begründung als selbstverständlich angenommen.

§ 33.

Auf die Bekanntmachung der Verfügungen des Notars findet, unbeschadet der Vorschrift des § 34 Abs. 1 Ziffer 3 und Abs. 2 dieses Gesetzes, der § 16 Abs. 2 des Reichsgesetzes über die Angelegenheiten der freiwilligen Gerichtsbarkeit entsprechende Anwendung.[1])

Für die Bewirkung einer Zustellung hat an Stelle des Gerichtsschreibers der Notar Sorge zu tragen; an Stelle des Gerichtsdieners tritt der Gerichtsvollzieher. Der § 174 Abs. 1 der Civilprozeßordnung bleibt außer Anwendung. Bei einer Zustellung durch Aufgabe zur Post kann sich der Notar der Vermittelung eines Gerichtsvollziehers bedienen.[2])

Entw. § 31, K. B. S. 1918.

1. Ohne ausdrückliche Vorschrift fände § 16 Abs. 2 R. G. F. G. keine Anwendung (R. G. F. G. § 194 Abs. 3, ferner Bem. 3 zu § 1 Ausf.-Ges.) — Vgl. des Näheren Art. 1 der allgem. Verf. des Ministeriums vom 6. Dezember 1899 und dazu die Verf. des Oberstaatsanwalts vom 8. Januar 1900 (Anhang A. I, IV), ferner die Ministerialverfügung, betr. die Zustellungen von Amtswegen im Verfahren vor den Notaren, vom 8. Februar 1900 (Anhang A. V).

2. D. h. der Notar kann die Zustellung durch Aufgabe zur Post entweder selbst bewirken oder er muß sich der Vermittelung eines Gerichtsvollziehers bedienen. Die Zustellung durch Aufgabe zur Post besteht in der Uebergabe an die Post; mit dieser Uebergabe treten alle Wirkungen der Zustellung ein. Zu einer Zustellung, mithin auch zu einer Uebergabe, welche die Zustellung ersetzt, ist aber nur der Gerichtsvollzieher oder wenn sie von Amtswegen erfolgt, nach § 213 C. P. O. der Gerichtsschreiber, daher im Falle des § 31 an dessen Stelle der Notar, befugt. Dieser kann sich der Vermittelung eines Gerichtsvollziehers, nicht aber etwa eines Gehülfen, bedienen. Anders bei der Zustellung durch die Post. Hier hat die Uebergabe an die Post noch nicht die Bedeutung einer Zustellung (diese wird erst durch den Postboten bewirkt); hier ist es deshalb zulässig, die Uebergabe an die Post durch einen Gehülfen ausführen zu lassen. Vgl. §§ 5, 8 der in Bem. 1 angeführten Verfügung vom 8. Februar 1900.

§ 34.[1])

Das Gericht ist zuständig:

1. für die Bestellung eines Pflegers für einen abwesenden Betheiligten[2]) (§ 88, 99 des Reichsgesetzes über die Angelegenheiten der freiwilligen Gerichtsbarkeit);
2. für die Bewilligung und die Entziehung des Armenrechts;
3. für die Bewilligung einer öffentlichen Zustellung;
4. für die Ernennung und Beeidigung eines Sachverständigen, sofern die Betheiligten über dessen Person nicht einig sind, für die Verurtheilung eines Zeugen oder Sachverständigen zu Strafe oder Kosten sowie für die Anordnung von Zwangsmaßregeln gegen einen Zeugen;
5. für die Bestätigung[3]) einer Vereinbarung oder der Auseinandersetzung, wenn ein Betheiligter nicht erschienen war und nicht nachträglich zugestimmt hat (§ 91 Abs. 3, § 93 Abs. 2, § 99 des Reichsgesetzes über die Angelegenheiten der freiwilligen Gerichtsbarkeit);
6. für die Entscheidung über die Wiedereinsetzung eines nicht erschienenen Betheiligten in den vorigen Stand in den Fällen der §§ 92, 93 Abs. 2, § 99 desselben Gesetzes;
7. für die Genehmigung, deren ein Betheiligter, welcher im Inlande keinen Vormund, Pfleger oder Beistand hat, zu einer Vereinbarung oder zur Auseinandersetzung bedarf (§ 97 Abs. 2, § 99 desselben Gesetzes).[4])

Im Falle des Abs. 1 Ziffer 3 wird die Zustellung durch den Gerichtsschreiber besorgt.

Der Notar hat in den Fällen des Abs. 1 Ziffer 4 bis 7 dem Gerichte die aufgenommenen Verhandlungen in Urschrift zur Beschlußfassung vorzulegen.[5]) Die Zurückbehaltung einer Abschrift[6]) ist nicht erforderlich. Nach Rechtskraft der gerichtlichen Entscheidung sind die Verhandlungen nebst einer Abschrift der Entscheidung dem Notar zurückzusenden.

Entw. § 32, K. B. S. 1918.

1. § 34 weist eine Anzahl von Verfügungen, welche in der Hauptsache die Rechtslage abwesender oder im Verfahren ausgebliebener oder nicht unbeschränkt geschäftsfähiger Betheiligter berühren oder aus anderen Gründen weniger in den Rahmen der die Auseinandersetzung bezielenden Vermittelungsthätigkeit als in das Gebiet richterlicher Entscheidung fallen, in grundsätzlicher Uebereinstimmung mit dem bisherigen Rechte dem Gerichte zu. Dagegen sind die sonstigen im Auseinandersetzungsverfahren erforderlichen Verfügungen dem Notar zugewiesen, so die Auflage weiterer Aufklärung oder der Ergänzung des Theilungsantrags gemäß § 87 Abs. 2 R. G. F. G., ferner die Bestätigung einer Vereinbarung über vorläufige Maßregeln oder der Auseinandersetzung (§§ 91, 93 R. G. F. G.) in den Fällen, wo alle Betheiligten erschienen und einverstanden sind. Hier hat die Bestätigung eine rein formale Bedeutung und macht namentlich die Genehmigung des Vormundschaftsgerichts (bezw. nach § 34 Ziff. 7 des Theilungsgerichts), wenn Bevormundete 2c. betheiligt sind, nicht entbehrlich; vgl. § 1822 Nr. 2 B. G. B.

Selbstverständlich tritt auch an die Stelle der Einsichtnahme der Urkunden auf der Gerichtsschreiberei in den Fällen des § 89, des § 91 Abs. 3 und des § 93 Abs. 2 R. G. F. G. die Einsichtnahme in dem Amtszimmer des Notars.

Wird bei der Auseinandersetzung ein Eigenthumsübergang an Grundstücken vereinbart, so wird der Uebergang nicht etwa bereits auf Grund der bestätigten Auseinandersetzung bewirkt, sondern es muß nach allgemeinen Grundsätzen die Auflassung hinzutreten, die im Gebiete des Eigenthumsbuchs nach § 89 Ausf.-Ges. z. B. G. B vor einem Notar zu erfolgen hat, im Grundbuchgebiete nach § 12 Ausf.-Ges. z. G. O. vor Notar erfolgen kann. Zum Nachweise der Erbfolge ist ein Erbschein erforderlich (G. O. § 36), der bei Theilungen von Grundbesitz zweckmäßig schon im notariellen Verfahren beizubringen ist. Die Theilungsurkunde selbst genügt nicht (vgl. früher § 18 des Grundbuchgesetzes vom 22. Juni 1891). Bezüglich des Falles, wenn der Erbfall vor dem 1. Januar 1900 eingetreten ist, vgl. die Bem. 3 zu § 76 (Auflassung ist solchen Falles nicht erforderlich).

2. Als Pfleger kann auch (dem bisherigen Rechte entsprechend) ein Notar bestellt werden; die Pflegschaft ist aber nach §§ 1915, 1836 B. G. B. grundsätzlich unentgeltlich. Wegen der sonst durch die Pflegschaft entstehenden Kosten vgl. § 36 Abs. 1.

3. Der Bestätigung hat bei Betheiligung Bevormundeter die Genehmigung des Vormundschaftsgerichts bezw. nach Ziff. 7 des Theilungsgerichts vorauszugehen (vgl. oben unter 1).

4. Das Theilungsgericht handelt hier an Stelle des ausländischen Vormundschaftsgerichts im Interesse der Vereinfachung für die Betheiligten.

5. Daß die Urkunde über eine Vereinbarung oder über die Auseinandersetzung behufs Ertheilung der nach § 1822 Nr. 2 B. G. B. erforderlichen Genehmigung dem Vormundschaftsgericht in Urschrift vorgelegt werden darf, ist im Gesetze nicht gesagt. Die Zulässigkeit wird nach der im § 34 zum Ausdruck gekommenen Absicht des Gesetzes, in Abweichung von § 56 eine Erleichterung im Verkehr zwischen dem Theilungsgericht und seinem delegierten Notar zu schaffen, anzunehmen sein, wenn das Theilungsgericht zugleich das Vorm.-Gericht ist. Noch unbedenklicher ist die Zulässigkeit zu bejahen, wenn es sich um die nach § 88 R. G. F. G. erforderliche Genehmigung des Theilungsgerichts bei Betheiligung eines Abwesenden handelt (arg. § 34 Ziff. 7). Ist dagegen die Urkunde an ein anderes Gericht als Vormundschaftsgericht zu senden, so wird § 56 zu gelten haben. Ist in solchen Fällen nicht etwa schon vor endgültiger Beurkundung des Vertrags die Genehmigung auf Grund eines Verhandlungsentwurfs ertheilt, so kann dem Vorm.-Ger. eine zugleich zum Aufsichtszwecke bestimmte Abschrift auf Frei-Papier vorgelegt werden (§ 14 V. A. z. Stpl.-Ges., § 19 elf. G. K. G.).

6. Vgl. § 56 Abs. 3.

§ 35.

Die Abänderung einer Entscheidung des Notars ist bei dem Gerichte nachzusuchen.[1]) Die Vorschriften des § 34 Abs. 3 finden entsprechende Anwendung.

Entw. § 33.

1. Vgl. R. G. F. G. § 195. Auf das Verfahren finden die Vorschriften der §§ 20 bis 25 R. G. F. G. über die Beschwerde entsprechende Anwendung. Erst gegen die Entscheidung des Amtsgerichts findet die Beschwerde statt. Durch § 35 wird der Notar nicht gehindert, eine Entscheidung, die er nachträglich für ungerechtfertigt hält, gemäß § 18 R. G. F. G. wieder aufzuheben; vgl. Bem 3 zu § 1.

§ 36.

Die Kosten der Auseinandersetzung fallen der Masse zur Last. Die Vorschrift des § 6 Abs. 2 findet Anwendung.[1]) Die durch Bestellung eines Bevollmächtigten entstandenen Kosten sind von dem Vollmachtgeber, die Kosten einer für das Verfahren angeordneten Abwesenheitspflegschaft[2]) von dem Abwesenden zu tragen.

Die besonderen Kosten, welche dadurch entstehen, daß ein Betheiligter eine Herausgabe zu leisten hat, fallen dem Letzteren zur Last.

Entw. § 34, K. B. S. 1919.

1. Nicht blos entsprechende Anwendung; die Entscheidung in den besonderen Fällen des § 6 Abs. 2 steht also dem Gerichte zu, nicht dem Notar.

2. Die Führung der Pflegschaft geschieht regelmäßig unentgeltlich; vgl. Bem. 2 zu § 34.

§ 37.

Für die Aufnahme von Verzeichnissen in den Fällen, in welchen nach reichsgesetzlicher Vorschrift die Aufnahme durch eine zuständige Behörde oder durch einen zuständigen Beamten oder Notar zu geschehen hat, desgleichen für die Mitwirkung bei Aufnahme des Inventars im Falle des § 2002 des Bürgerlichen Gesetzbuchs sind nur die Notare zuständig.[1])

Die Zuständigkeit der Amtsgerichte zur Aufnahme von

Vermögensverzeichnissen in den Fällen des § 1960 des Bürgerlichen Gesetzbuchs wird hierdurch nicht berührt.[2])

Entw. § 35.

1. In den Fällen, in denen nach den Vorschriften des B. G. B. ein Vermögensverzeichniß aufzunehmen ist, kann dies im Allgemeinen durch die Verpflichteten selbst, nach Befinden auch unter Zuziehung sachverständiger Hülfe geschehen. Ausnahmsweise ist die Aufnahme durch eine zuständige Behörde, einen zuständigen Beamten oder Notar erforderlich, wenn dies wegen Unvollständigkeit des eingereichten Verzeichnisses durch das Gericht angeordnet, oder wenn es von bestimmten Betheiligten verlangt wird (§§ 1035, 1372, 1528, 1640, 1667, 1692, 1760, 1802, 2121, 2215, 2314 B. G. B).

Nach der besonderen Vorschrift des § 2002 B. G. B. muß der Erbe zur Aufnahme des Inventars eine zuständige Behörde oder einen zuständigen Beamten oder Notar zuziehen und nach § 2003 B. G. B. hat auf Antrag des Erben das Nachlaßgericht entweder das Inventar selbst aufzunehmen oder einer zuständigen Behörde oder einem zuständigen Beamten oder Notar die Aufnahme zu übertragen; die Zuständigkeit des Nachlaßgerichts zur Aufnahme des Inventars kann jedoch zufolge Art. 148 Einf.-Ges. z. B. G. B. landesgesetzlich ausgeschlossen werden. Durch § 37, welcher entsprechend dem bisherigen Rechte für alle Fälle die Notare als die allein zuständigen Inventar-Beamten bezeichnet, wird zugleich von diesem Vorbehalte des Art. 148 Gebrauch gemacht und die Zuständigkeit des Nachlaßgerichts — vorbehaltlich der Bestimmung im Abs. 2 — ausgeschlossen; denn der Ausdruck „eine zuständige Behörde" begreift hier auch das Nachlaßgericht in sich; die Begründung und die Fassung des Abs. 2 läßt hierüber keinen Zweifel. — Nimmt der Erbe unter Zuziehung eines Notars das Inventar auf (§ 2002), so handelt es sich auf Seite des Notars um eine reine Beurkundungsthätigkeit auf Grund der Angaben des Erben. Wird auf Antrag des Erben vom Gericht die Aufnahme des Inventars einem Notar übertragen (§ 2003), so liegt dem Notar die Inventarisirung und die Beurkundung ob. Vgl. die Minist.-Verf. v. 6. Dez. 1900 § 33 Ziff. 5.

2. Vgl. § 24. Das von dem Amtsgericht in den Fällen des § 1960 B. G. B. aufgenommene Vermögensverzeichniß

kann daher unter Umständen als Inventar im Sinne des § 2004 B. G. B., oder wenigstens als Theil desselben dienen (vgl. Bem. 3 zu § 24).

§ 38.

Das Ministerium kann über das Verfahren bei der Sicherung eines Nachlasses sowie bei Siegelungen, Entsiegelungen und bei Aufnahme von Vermögensverzeichnissen in anderen Fällen Bestimmungen erlassen.

Entw. § 36.

Vgl. die Verfügungen des Ministeriums vom 6. Dez. 1900 an die Amtsgerichte und Notare und vom 15. Dez. 1900 an die Bürgermeister. (Anhang D)

V. Handelssachen. Sonstige Angelegenheiten. Registerführung.

§ 39.

Das Ministerium ertheilt

1. die Ermächtigung von Handelsmäklern zum freihändigen Verkaufe von Sachen, welche einen Börsen- oder Marktpreis haben,[1])
2. die Ermächtigung von Lageranstalten zur Ausstellung von Lagerscheinen und Lagerpfandscheinen (§ 363 Abs. 2 des Handelsgesetzbuchs, Artikel 1, 2 des Gesetzes vom 28. Mai 1858, betreffend den Geschäftsverkehr in Ansehung der in den allgemeinen Lagerhäusern hinterlegten Waaren).[2])

Die Ermächtigung ist widerruflich.

Der ermächtigte Handelsmäkler hat vor dem Amtsgericht, in dessen Bezirk er seinen Wohnsitz hat, den Eid zu leisten, daß er die ihm obliegenden Pflichten getreu erfüllen werde.[3]) Die Ermächtigung wird erst mit der Eidesleistung wirksam.

Entw. § 37.

1. Die Begründung bemerkt: „Das neue Handelsgesetzbuch kennt nicht mehr das Institut der amtlichen Handelsmäkler zur Vermittelung von Rechtsgeschäften. Es kennt nur Privathandelsmäkler, welche es, soweit sie die im § 93 Abs. 1 H. G. B. bezeichneten Vermittelungsgeschäfte gewerbsmäßig betreiben, den allgemeinen für die Kaufleute geltenden Bestimmungen (§ 1 Nr. 7 H. G. B.) und den besonderen Vorschriften der §§ 93—104 unterstellt. Durch die Beseitigung der amtlichen Handelsmäkler zur Vermittelung von Rechtsgeschäften wird jedoch die öffentliche Bestellung von Handelsmäklern zur Wahrnehmung von Verrichtungen, die nicht in der Vermittelung von Geschäften bestehen, nicht ausgeschlossen. Eine solche Bestellung erfolgt auf Grund des § 30 des Börsengesetzes vom 22. Juni 1896 zur Mitwirkung bei der amtlichen Kursfestsetzung (Kursmakler). Nach Landesrecht steht den auf Grund des Gesetzes vom 18. Juli 1866 in die Liste eingetragenen oder in Ermangelung einer Liste gerichtlich bezeichneten Waarenmäklern die Befugniß zur Versteigerung von Waaren in gewissen Fällen zu. Vgl. das Dekret vom 22. November 1811 und das Ausführungsdekret hierzu vom 17. April 1812, die Art. 6, 10 des Gesetzes vom 25. Juni 1841, die Art. 1, 2 des Gesetzes vom 28. Mai 1858 nebst den Dekreten vom 30. Mai 1863 und 29. August 1863 und Tit. III des Ausführungsdekrets vom 12. März 1859, ferner die Art. 1, 2 des Gesetzes vom 3. Juli 1861 und Art. 4 des Gesetzes vom 18. Juli 1866. Diese Bestimmungen sowie die in den genannten Gesetzen enthaltenen Vorschriften über die sachliche Zulässigkeit öffentlicher Waarenversteigerungen sind aufrecht erhalten durch § 1 Nr. 3 Einf.-Ges. zum Allgemeinen Deutschen Handelsgesetzbuch vom 19. Juni 1872 und durch Art. 5 Einf.-Ges. zur Gewerbeordnung in Elsaß-Lothringen vom 27. Februar 1888, haben jedoch, soweit sie die Befugniß der Mäkler zur Vornahme von Versteigerungen betreffen, nur mehr geringe praktische Bedeutung.

Sodann bestimmt das B. G. B. sowie das H. G. B., daß in gewissen Fällen der Verkauf von Sachen, die einen Börsen- oder Marktpreis haben, aus freier Hand durch einen zu solchen Verkäufen öffentlich ermächtigten Handelsmäkler oder eine zur öffentlichen Versteigerung befugte Person zu erfolgen habe. Vgl. §§ 385, 1221, 1235, 1295 B. G. B., §§ 373 Abs. 2,

376 Abs. 3, 379, 437 H. G. B. Auch die Kursmakler sind zu solchen Verkäufen nach § 34 des Börsengesetzes (in der Fassung des Art. 14 I Einf.=Ges. z. H. G. B.) befugt. Sind ermächtigte Handelsmäkler oder Kursmäkler nicht vorhanden, so können in Elsaß=Lothringen die Verkäufe in den fraglichen Fällen durch die im Allgemeinen zu Mobiliarversteigerungen befugten Notare und Gerichtsvollzieher erfolgen. Es erscheint jedoch angezeigt, die Ermächtigung von Handelsmäklern zu ermöglichen. § 37 (jetzt § 39) bezeichnet das Ministerium als Behörde, welche die Ermächtigung zu ertheilen hat."

2. Durch Art. 16 Einf.=Ges. z. H. G. B. werden die landesgesetzlichen Vorschriften über Lagerscheine und Lagerpfandscheine aufrecht erhalten, die Vorschriften über Lagerscheine jedoch nur insoweit, als sie den § 363 Abs. 2 und die §§ 364, 365, 424 des Handelsgesetzbuchs ergänzen. Hierzu ist zu bemerken: Das Lagergeschäft ist im neuen H. G. B. im Gegensatz zum bisherigen Allgemeinen Deutschen Handelsgesetzbuch, welches dasselbe nicht behandelte, geregelt (§§ 416 bis 424). Ergänzt werden diese Vorschriften durch § 363 Abs. 2, wonach zur Ausstellung von durch Indossament übertragbaren Lagerscheinen nur eine staatlich zur Ausstellung solcher Urkunden ermächtigte Anstalt befugt ist, und durch den angeführten Art. 16 Einf.=Ges., wonach die Vorschriften des H. G. B. über Lagerscheine ergänzt werden können und diejenigen der Landesgesetze über Lagerpfandscheine unberührt bleiben. In Betracht kommen das Gesetz vom 28. Mai 1858, betreffend den Geschäftsverkehr in Ansehung der in den allgemeinen Lagerhäusern hinterlegten Waaren, und Tit. I und II des Ausführungsdekrets vom 12. März 1859.

Unter den Vorbehalt des Art. 16 Einf.=Ges. fallen Art. 1 Abs. 3 und die Art. 2 bis 15 des Gesetzes vom 28. Mai 1858. Dagegen ist Art. 1 Abs. 1 und 2, worin Bestimmung über die der staatlichen Ermächtigung unterliegende Errichtung von Lagerhäusern getroffen wird, mit den reichsgesetzlichen Vorschriften nicht wohl vereinbar. Denn der Betrieb des Lagergeschäfts ist schon nach den Vorschriften der Gewerbeordnung von einer staatlichen Genehmigung unabhängig. Soweit aber die staatliche Genehmigung des Betriebs zur Ausstellung von indossabelen Lagerscheinen nach Art. 302 des früheren H. G. B. Vorbedingung war, ist nach § 363 Abs. 2 des neuen H. G. B.

nur die staatliche Ermächtigung zur Ausstellung solcher Urkunden erforderlich, und das Gesetz stellt eine andere Voraussetzung auch nicht für die Ausstellung der dem Landesrecht vorbehaltenen Lagerpfandscheine auf. Es bedurfte nur einer Bestimmung, durch welche die zur Ertheilung der Ermächtigung zur Ausstellung von Lagerscheinen und Lagerpfandscheinen zuständige Behörde bezeichnet wird. (Begr.)

3. Vgl. Art. 2 des Gesetzes vom 18. Juli 1866 über die Waarenmäkler.

§ 40.

Für die Ertheilung der Genehmigung öffentlicher Einzelverkäufe neuer Waaren (Artikel 5 des Gesetzes über den öffentlichen Verkauf neuer Waaren vom 25. Juni 1841) ist das Landgericht und zwar, wenn eine Kammer für Handelssachen gebildet ist, diese zuständig.

Entw. § 38, K. B. S. 1919.

Die Vorschrift beruht auf einem Beschlusse der L. K. Der Reg.-Entw. (§ 38) hatte nicht nur die im Gesetze vom 10. Mai 1886 begründete Zuständigkeit des Amtsgerichts im Falle des § 40 aufrecht erhalten, sondern im Einklange mit der Tendenz der Reichsgesetze (vgl. u. A. R. G. F. G. §§ 125, 145) auch andere, bisher den Landgerichten oder den Landgerichtspräsidenten obliegende Verrichtungen den Amtsgerichten übertragen.[1]) Die

---

[1]) § 38 des Entwurfs lautete:

„Für die in den nachstehenden Dekreten und Gesetzen bezeichneten, den Gerichten oder dem Vorsitzenden obliegenden Verrichtungen sind die Amtsgerichte zuständig:

Dekret vom 22. November 1811, welches bestimmt, daß öffentliche Waarenverkäufe in allen Fällen von den Handelsmäklern vorgenommen werden dürfen, insoweit dieses Dekret sich auf öffentliche Waarenverkäufe an den Meistbietenden bezieht;

Art. 5 des Gesetzes vom 25. Juni 1841 über den öffentlichen Verkauf neuer Waaren;

Art. 3, 6 des Gesetzes vom 28. Mai 1858 über die öffentlichen Verkäufe von Waaren im Großen;

Art. 14, 21, 25 des Dekrets vom 12. März 1859, enthaltend eine Staatsverwaltungsverordnung zur Ausführung der Gesetze vom 28. Mai 1858 über den Geschäftsverkehr in Betreff der in den allgemeinen Lagerhäusern hinterlegten Waaren und über die öffentlichen Waarenverkäufe im Großen;

L. K. beschloß die Streichung des § 38 Entw. und die Einstellung der obigen, das Gesetz vom 10. Mai 1886 abändernden Vorschrift.

§ 41.

Ist in einem die Versicherung gegen Feuersgefahr bezweckenden Vertrage bedungen, daß behufs Schätzung des im Falle des Brandes entstandenen Schadens ein Sachverständiger gerichtlich zu ernennen sei, so ist für die Ernennung und Beeidigung des Sachverständigen das Amtsgericht zuständig, in dessen Bezirke der Brand stattgefunden hat. Durch eine ausdrückliche Vereinbarung der Betheiligten kann die Zuständigkeit eines anderen Amtsgerichts oder in Ansehung der Ernennung des Sachverständigen die Zuständigkeit eines Landgerichtspräsidenten begründet werden. Vor der Entscheidung ist der Gegner soweit thunlich zu hören.

Eine Anfechtung der Verfügung, durch welche dem Antrage stattgegeben wird, ist ausgeschlossen.

Entw. § 39, K. B. S. 1920.

Die Vorschrift, welche sich dem § 164 R. G. F. G. anschließt, verallgemeinert die bisher nur für Versicherungsgesellschaften auf Gegenseitigkeit geltende Vorschrift des Art. 35 des Dekrets vom 22. Januar 1868, welche ihrerseits durch § 41 hinfällig geworden ist. Die wahlweise Zuständigkeit des Landgerichtspräsidenten für die Ernennung des Sachverständigen wurde mit Rücksicht auf die bezügliche Bestimmung vieler Policen in der L. K. beschlossen.

Art. 1, 2 des Gesetzes vom 3. Juli 1861 über die öffentlichen Waarenverkäufe im Großen, welche mit Genehmigung oder auf Anordnung der Handelsgerichte vorgenommen werden;

Art. 19 Abs. 2 des Dekrets vom 10. November 1864, enthaltend eine Staatsverwaltungsverordnung zur Ausführung der zwei Gesetze vom 28. Juli 1860 und 8. Juni 1864 über die Wiederbewaldung und die Berasung der Berge;

Art. 2, 3, 4, 5, 6, 8 des Gesetzes vom 18. Juli 1866 über die Waarenmäkler."

§ 42.

Ist zur Wahrnehmung von Rechten im Auslande die Leistung eines Eides oder eine Versicherung an Eidesstatt erforderlich,[1]) so ist zur Abnahme des Eides oder der Versicherung an Eidesstatt[2]) sowohl das Amtsgericht als auch der Notar befugt.[3]) [4]) [5])

Entw. § 40.

1. Von besonderer Bedeutung für die nach englischem Rechte vielfach erforderlichen Affidavits.

2. Es kann sich um Zeugenverhöre handeln, wie auch z. B. um eidesstattliche Versicherungen über Zustellungen. Bei Zeugenverhören wird dem Richter oder dem Notar eine Zwangsgewalt mit Anwendung von Ordnungsstrafen nicht zustehen. Denn der Beamte hat hier nur die Stellung einer Urkundsperson; es handelt sich nicht um eine Beweisaufnahme innerhalb eines anhängigen Verfahrens. § 15 R. G. F. G. erscheint daher hier nicht anwendbar.

3. Die Vorschriften über die Abnahme von Eiden im Wege der Rechtshülfe zwischen den Gerichten des Aus- und Inlands werden durch § 42 nicht berührt.

4. Keine Bestimmung enthält das Gesetz über die Zuständigkeit zur Ertheilung sogenannter „certificats de coutume", d. h. Bescheinigungen über das Bestehen oder die Gültigkeit von Gesetzen oder über den in Ansehung eines bestimmten Verhältnisses bestehenden Rechtszustand. Zur Ausstellung derartiger Zeugnisse sind die Rechtsanwälte und die Notare befugt, nicht aber die Gerichtsbehörden. Vgl. Dalloz Rép. v. certificat de coutume 1 und bezüglich der belgischen Praxis die allgem. Verf. des preußischen Justizministers vom 14. Februar 1882, Just.-Minist.-Bl. 1882 S. 28. Vgl. auch wegen der Gleichstellung der Notare mit den Rechtsanwälten in Angelegenheiten der freiwilligen Gerichtsbarkeit § 12 der Gebührenordnung für Notare vom 4. Dezember 1899. Vielfach wird die Ausstellung solcher Zeugnisse vom Ministerium verlangt, aber in ständiger Praxis abgelehnt, insoweit mehr bezeugt werden soll, als daß eine bestimmte genau bezeichnete Gesetzesvorschrift in Elf.-Lothr. Geltung hat. Vgl. Minist.-Verf. v. 27. März 1885 (Just.-Samml. X S. 59). Dagegen wird auf Ersuchen die Befugniß

des Ausstellers zur Ertheilung der fraglichen Zeugnisse, nicht aber die inhaltliche Richtigkeit des Zeugnisses, vom Ministerium bescheinigt.

5. Seitens der Regierung der Vereinigten Staaten von Amerika wird bei Pensionsbezügen Fremder die Beglaubigung einer in englischer Sprache aufgenommenen Verhandlung mit eidlich zu vernehmenden Auskunftspersonen nach Maßgabe eines feststehenden Vordrucks verlangt. Dem Amtsrichter oder Notar, die sich im Interesse der Betheiligten der verlangten Amtshandlung nicht entziehen können, bleibt es überlassen, außerdem die Beibringung einer beglaubigten deutschen Uebersetzung der englischen Verhandlung zu verlangen.

§ 43.

Die Bestimmungen über die Einrichtung und Führung der Register, deren Führung den Amtsgerichten obliegt, werden, soweit erforderlich, von dem Ministerium erlassen.

Entw. § 41.

1. Das R. G. F. G. hat das Verfahren bei der Führung der Handelsregister in den §§ 122—127 nicht vollständig geregelt, vielmehr der Landesgesetzgebung die Ergänzung der gegebenen Vorschriften überlassen (vgl. § 200 Abs. 1 und Denkschrift S. 69). Dasselbe gilt von dem Vereins- und Güterrechtsregister, für deren Führung nach § 159 die auf das Handelsregister bezüglichen Bestimmungen gelten, sowie von den anderen von den Amtsgerichten zu führenden Registern. Zum Theil sind jedoch die Vorschriften über die Registerführung vom Bundesrath erlassen. Vgl. die Bekanntmachungen des Reichskanzlers vom 9. Oktober 1896, betreffend die Führung des Börsenregisters und vom 1. Juli 1899 betr. das Genossenschaftsregister. Auch über die Einrichtung und Führung des Vereins- und Güterrechtsregisters ist auf Grund einer Vereinbarung der Bundesstaaten eine einheitliche Regelung durch den Bundesrath erfolgt (Reichs-Centralbl. 1898 S. 438); s. Anhang E. Doch können auch in diesen Richtungen ergänzende landesrechtliche Bestimmungen erlassen werden.

2. Auf Grund des § 43 sind ergangen:

a) ergänzende Bestimmungen betr. die Führung des Vereins- und Güterrechtsregisters in den Art. 31 bis 49 der allgemeinen Verfügung des Ministeriums vom 6. Dezember 1899;

b) die Verfügung des Ministeriums, betr. die Führung des Schiffsregisters, vom 30. Dezember 1899;

c) die Verfügung des Ministeriums, betr. die Einrichtung und die Führung des Handelsregisters und des Genossenschaftsregisters, vom 4. Januar 1900,

sowie einige ergänzende Verfügungen hierzu (vgl. Anhang E).

3. Auf Grund besonderer reichsgesetzlicher Vorbehalte in den §§ 125 Abs. 2 und 197 R. G. F. G. ist die Führung des Handelsregisters den am Sitze der Landgerichte befindlichen Amtsgerichten und die Aufbewahrung der standesamtlichen Nebenregister den Landgerichten übertragen worden. Vgl. die Verfügungen des Minist. vom 9. November 1899 und vom 6. Dezember 1899 Art. 20 (s. Anhang E, C).

VI. Oeffentliche Urkunden.

§ 44.

Für die Beurkundung von Rechtsgeschäften, welche nach den Vorschriften der Reichsgesetze gerichtlicher oder notarieller Beurkundung bedürfen,[1]) sind, soweit nicht ein Anderes gesetzlich bestimmt ist,[2]) nur die Notare zuständig.[3])

Entw. § 42, Sitz-B. S. 1893 ff.

1. Gleichgültig, ob die gerichtliche oder notarielle Beurkundung wahlweise ausschließlich vorgeschrieben oder ob neben gerichtlicher oder notarieller Beurkundung eine andere Beurkundungsform zugelassen ist.

In erster Richtung kommen insbesondere aus dem B. G. B. in Betracht (Begr.):

§ 126 (Ersatz der vorgeschriebenen schriftlichen Form durch gerichtliche oder notarielle Beurkundung),

§ 129 (Ersatz der vorgeschriebenen öffentlichen Beglaubigung einer Erklärung durch gerichtliche oder notarielle Beurkundung),

§ 311 (Vertrag über die Verpflichtung zur Uebertragung oder Belastung des gegenwärtigen Vermögens oder eines Bruchtheils desselben),

§ 312 (Vertrag der künftigen Erben über den gesetzlichen Erbtheil oder einen Pflichttheil),
§ 313 (Vertrag über die Verpflichtung zur Uebertragung eines Grundstücks),
§ 518 (Schenkungsversprechen),
§ 1434 (Ehevertrag),
§ 1491 Abs. 2 (Vertrag über den Verzicht eines Abkömmlings auf seinen Antheil am ehelichen Gesammtgut),
§ 1492 Abs. 2 (Vertrag über die Aufhebung der fortgesetzten Gütergemeinschaft),
§ 1501 Abs. 2 (Vertrag über die Abfindung eines Abkömmlings für den Verzicht auf seinen Antheil am ehelichen Gesammtgut),
§§ 1516, 1517 (Zustimmungserklärung des einen Ehegatten zu gewissen Verfügungen oder Verträgen des anderen Ehegatten),
§ 1730 (Antrag auf Ehelichkeitserklärung eines Kindes und Zustimmungserklärung des Kindes und der Mutter),
§ 1748 (Einwilligung zur Annahme an Kindesstatt),
§ 1750 (Vertrag über die Annahme an Kindesstatt),
§ 1770 (Vertrag über die Aufhebung der Annahme an Kindesstatt),
§ 2033 (Vertrag, durch den ein Miterbe über seinen Antheil am Nachlasse verfügt),
§ 2271 Abs. 1 (Widerruf einer in einem gemeinschaftlichen Testament enthaltenen mit der Verfügung des anderen Ehegatten im Abhängigkeitsverhältniß stehenden Verfügung),
§ 2276 (Erbvertrag),
§ 2282 Abs. 3 (Erklärung der Anfechtung des Erbvertrags durch den Erblasser),
§ 2290 (Vertrag über die Aufhebung eines Erbvertrags),
§ 2291 (Zustimmungserklärung des anderen Vertragschließenden zur Aufhebung einer Verfügung des Erbvertrags, durch die ein Vermächtniß oder eine Auflage angeordnet ist),
§ 2296 (Rücktritt vom Erbvertrag),
§ 2348 (Erbverzichtsvertrag),
§ 2351 (Aufhebung des Erbverzichts durch Vertrag),

§ 2352 (Vertrag über den Verzicht auf eine letztwillige Zuwendung),

§ 2371 (Erbschaftskauf).

In der zweiten Richtung (gerichtliche oder notarielle Beurkundung oder eine andere Form) kommen in Betracht: die §§ 873 Abs. 2, 877, 880, 1154 B. G. B. (Bindung an die Einigung über eine Rechtsänderung in Ansehung eines Grundstücks oder eines Rechtes an einem Grundstück), ferner die §§ 2231, 2254 (Errichtung und Widerruf eines Testaments). — Wegen der Errichtung einer öffentlichen Urkunde in den Fällen der §§ 1718, 1720 Abs. 2 B. G. B. vgl. § 46.

Auch das H. G. B. schreibt in einigen Fällen gerichtliche oder notarielle Beurkundung vor, z. B. für die Feststellung des Inhalts des Gesellschaftsvertrags der Gründer einer Aktiengesellschaft und die Uebernahme der Aktien durch dieselben (§§ 182, 188), für die Feststellung des Inhalts des Gesellschaftsvertrags bei der Kommanditgesellschaft auf Aktien (§ 321). Vgl. ferner § 2, § 15 Abs. 3 und 4, § 53 Abs. 2 des Reichsgesetzes vom 20. April 1892, betreffend die Gesellschaften mit beschränkter Haftung (Reichsgesetzbl. 1898 S. 846).

2. Vgl. die §§ 45 bis 47. — Besondere Bestimmungen enthält auch der Entw. eines Gesetzes, betr. die Ausübung der freiw. Gerichtsbarkeit und die Leistung von Rechtshülfe im Heere.

3. Die Bestimmung des § 44 beruht auf der im Art. 141 Einf.-Ges. z. B. G. B. der Landesgesetzgebung vorbehaltenen Befugniß, die sich nicht nur auf die Beurkundungsfälle des B. G. B., sondern auch der anderen Reichsgesetze bezieht (vgl. Denkschr. zu dem Entw. des R. G. F. G. § 163, Gareis, H. G. B. Note 4 zu § 182, u. A.). Die Begründung bemerkt hierzu: „Für die Entscheidung der Frage, ob und inwieweit von dieser Befugniß für Elsaß-Lothringen Gebrauch zu machen sei, fällt vor allem die Thatsache ins Gewicht, daß nach dem dermaligen Rechtszustande das gesammte freiwillige Beurkundungswesen fast ausschließlich zu dem Geschäftsgebiet der Notare gehört. Es könnte nun für die Landesgesetzgebung in Frage kommen, die Einrichtung des Notariats überhaupt zu beseitigen und die seitherigen Aufgaben der Notare den Amtsgerichten zuzuweisen. Diesen Weg hat jedoch schon das Ausf.-Ges. z. B. G. B. nicht betreten (vgl. die §§ 74, 106). Er erscheint auch in der That nicht gangbar, nicht nur wegen der

mit einer solchen Organisationsveränderung verbundenen bedeutenden Kosten für Vermehrung der Richter und Vergrößerung der Amtsgerichtsräume, sondern auch namentlich deshalb, weil die Bevölkerung den Notar, der nach der Ausbildung, die das Notariat in den Ländern des französischen Rechts genommen, ihr nicht nur als der beurkundende Beamte, sondern auch als Berather und Vertrauensmann entgegentritt, schwer entbehren würde, und dies um so mehr, wenn, was zu erwarten stände, eine Ersparniß an Kosten für die Rechtsuchenden schon deshalb im Allgemeinen nicht einträte, weil sie vor dem Gang an das Gericht einen Rechtsverständigen über die Art der Abwickelung ihrer Angelegenheiten zu Rathe ziehen würden. Muß man sonach von dem Gedanken an die Aufhebung des Notariats Umgang nehmen, so ergiebt sich die Nothwendigkeit, dasselbe in lebenskräftigem Zustande zu erhalten und nicht durch Verkümmerung seiner Thätigkeit die Notare und, was unausbleiblich wäre, damit auch die Rechtsuchenden zu schädigen. Gegen die gleichzeitige Zuständigkeit der Gerichte und der Notare sprechen dieselben Gründe, welche gegenüber der Aufhebung des Notariats hervorgehoben wurden."

§ 45.

Zur Beurkundung der in dem § 313 des Bürgerlichen Gesetzbuchs[1]) und dem § 74 Abs. 1 des Ausführungsgesetzes zum Bürgerlichen Gesetzbuche[2]) bezeichneten Verträge sind außer den Notaren zuständig:[3]) [4])

1. wenn der Reichsfiskus,[5]) der Landesfiskus[6]) oder ein elsaß-lothringischer Bezirk als Erwerber oder Veräußerer betheiligt[7]) ist, der Bezirkspräsident, in dessen Bezirke die zu veräußernden Grundstücke gelegen sind, oder dessen gesetzlicher Stellvertreter, sofern jedoch die Voraussetzungen zur Zwangsenteignung erfüllt sind[8]) oder es sich um die Abtretung von Verlandungen, von trocken gelegten Wasserläufen, verlassenen Straßentheilen oder sonstigen bei Ausführung öffentlicher Arbeiten entbehrlich ge-

worbenen Grundstücken handelt, auch ein sonstiger, vom Bezirkspräsidenten bestellter Beamter;[9])

2. im Falle der Betheiligung von in Elsaß-Lothringen bestehenden Flußbauverbänden oder autorisirten Genossenschaften der Kreisdirektor, in dessen Bezirke die zu veräußernden Grundstücke gelegen sind, oder dessen gesetzlicher Stellvertreter;

3. im Falle der Betheiligung einer elsaß-lothringischen Gemeinde[10]) der Bürgermeister oder dessen gesetzlicher Stellvertreter;

4. im Falle der Betheiligung der Reichseisenbahnen ein Mitglied oder ein für den höheren Justiz- oder Verwaltungsdienst befähigter Hülfsarbeiter der Generaldirektion der Reichseisenbahnen;

5. im Falle der Betheiligung der Reichsmilitärverwaltung ein Mitglied der Korpsintendantur oder ein für den höheren Justizdienst befähigter Militärbeamter (Auditeur).

Die errichteten Urkunden stehen den notariellen Urkunden im Sinne der §§ 74 und 106 Abs. 1 des Ausführungsgesetzes zum Bürgerlichen Gesetzbuche gleich.[11]) [12]) [13])

Entw. § 43, K. B. S. 1921 ff., Sitz.-B. S. 1989.

1. Der (obligatorische) Vertrag, durch den sich der eine Theil verpflichtet, das Eigenthum an einem Grundstücke zu übertragen (Kauf, Tausch, Schenkung).

2. Der (dingliche) Vertrag, durch den der bisherige Eigenthümer das Eigenthum **an einem Grundstücke, das im Grundbuch nicht eingetragen ist und auch nach der Uebertragung nicht eingetragen zu werden braucht** (Kais. Verordn. vom 11. Dezember 1899) auf den Erwerber überträgt.

3. Die Erweiterung der Zuständigkeit beruht, soweit es sich um Verträge nach § 313 B. G. B. handelt, auf dem Vorbehalte des Art. 142 Einf.-Ges. z. B. G. B. Soweit es sich um Ver-

träge nach § 74 Ausf.-Ges. z. B. G. B. handelt, ist die Landesgesetzgebung zufolge Art. 127 Einf.-Ges. in der Regelung unbeschränkt. Die Begr. bemerkt: „Nach dem bisherigen Rechte, das die Uebertragung des Eigenthums an einem Grundstücke durch Rechtsgeschäft unter Lebenden an die Beurkundung des Rechtsgeschäfts durch einen elsaß-lothringischen Notar knüpft, sind den notariellen Urkunden alle Urkunden gleichgestellt, bei deren Errichtung der Reichsfiskus, der Landesfiskus, ein elsaß-lothringischer Bezirk oder eine elsaß-lothringische Gemeinde als Erwerber oder Veräußerer mitgewirkt hat (§ 1 Abs. 3 des Gesetzes vom 24. Juli 1889 in der Fassung des Gesetzes vom 14. Juli 1895). Diese Bestimmung wird durch den Vorbehalt des Art. 142 nicht gedeckt, weil sie die Vertreter des Fiskus, der Bezirke und der Gemeinden nicht als Urkundspersonen beruft, sondern nur deren Mitwirkung als Parteivertreter erfordert. Außerdem geht sie auch insofern zu weit, als sie sich nicht bloß auf den obligatorischen Vertrag oder die dingliche Bindung der Parteien bezieht, sondern die Uebertragung des Eigenthums zum Gegenstand hat, für welche, abgesehen von dem Falle des § 74 Ausf.-Ges. z. B. G. B., überall die Eintragung in das Buch erforderlich ist. Die Bestimmung kann somit für das Grundbuchgebiet nur in der Form aufrecht erhalten werden, daß im Falle der Betheiligung der im § 43 [jetzt 45] genannten Körperschaften ein Verwaltungsbeamter zur Beurkundung des obligatorischen Vertrags und in den Fällen des angeführten § 74 auch zur Beurkundung des dinglichen Vertrags für zuständig erklärt wird, und auch außerhalb des Grundbuchgebietes wäre die erwähnte Bestimmung des Gesetzes vom 24. Juli 1889 hinsichtlich des obligatorischen Vertrages mit der Vorschrift des § 313 B. G. B. nicht vereinbar. Daß die Ausnahmen nach wie vor angezeigt sind, möchte nicht zu bezweifeln sein. Es liegt im öffentlichen Interesse, daß dem Staate, den Bezirken und den Gemeinden die hohen Notariatsgebühren soweit angängig erspart bleiben, und es kann dies um so eher geschehen, als die besondere Gewähr für die Ernstlichkeit und Lauterkeit der Willenserklärung, welche durch das Erforderniß der notariellen oder gerichtlichen Beurkundung hergestellt wird, bei der Mitwirkung von öffentlichen Behörden entbehrlich ist. Bei schwierigen Geschäften werden übrigens die Behörden, wie gegenwärtig, die notarielle Beurkundung freiwillig veranlassen.

Dem Staate, den Bezirken und den Gemeinden werden die Flußbauverbände und die autorisirten Genossenschaften gleichgestellt. Es handelt sich bei den Erwerbungen und Veräußerungen derselben in der Regel nur um kleine Grundstückstheile; auch ist die Erleichterung der Abtretung hier durch das Interesse der Landeskultur geboten."

4. Der Entw. hatte (mit Ausnahme des Falles der Ziff. 4 — Ziff. 5 wurde erst in der L. K. eingestellt —) einheitlich die Zuständigkeit des Kreisdirektors bestimmt. In der L. K. führte der Regierungsvertreter hierzu aus, „zwischen der bisherigen und der künftigen Rechtslage bestehe ein wesentlicher Unterschied. Nach bisherigem Rechte seien die Urkunden, bei deren Errichtung der Fiskus, ein Bezirk, eine Gemeinde als Veräußerer oder Erwerber mitgewirkt haben, obwohl sie ihrem Wesen nach Privaturkunden seien, den notariellen Urkunden gleichgestellt; d. h. sie genügten, wie wenn sie notarielle Urkunden wären, um Eigenthum zu übertragen. In Zukunft müßten Urkunden, durch welche die Verpflichtung zur Uebertragung von Grundeigenthum übernommen oder buchungsfreie Grundstücke übertragen würden, vor einer öffentlichen Behörde aufgenommen werden. Der Vertreter des Fiskus, des Bezirks oder der Gemeinde komme also bei der Vertragsverbriefung nur als Partei in Betracht. Daher habe es der Entwurf für richtig gehalten, als Urkundsperson einen Beamten, der nicht zugleich Vertreter der erwähnten Körperschaften sei, zu bezeichnen." Demgegenüber beschloß die L. K. die jetzige, die Zuständigkeit unter verschiedene Behörden vertheilende Fassung. Es muß also bei Verträgen der im § 45 bezeichneten Art außer dem beurkundenden Beamten noch ein Beamter derselben Behörde oder Gemeinde mitwirken, der den Fiskus oder die Gemeinde in ihrer Parteistellung vertritt.

Wegen der Abfassung der Urkunden sowie der Verpflichtungen der Urkundbeamten vgl. unten § 65, ferner die in Bem. 13 bezeichneten Ausführungsbestimmungen des Ministeriums.

5. Soweit nicht § 45 Ziff. 4 oder 5 zutrifft.

6. Bei Veräußerung von Staatsgut ist die Einwilligung oder Genehmigung der gesetzgebenden Faktoren nöthig, es sei denn, daß die Veräußerung im Wege öffentlicher Versteigerung erfolgt und das zu veräußernde Grundstück weder zu den Staatswaldungen gehört noch zu einem höheren Werthe als 100000

Mark abgeschätzt ist, oder daß es sich um gewisse geringfügigere Parzellen handelt (Ausf.-Ges. z. B. G. B. § 49). Im Falle der öffentlichen Versteigerung von Staatsgut kommt § 45 nicht in Anwendung, sondern die Sondervorschrift des § 49 Abs. 2 Ausf.-Ges. z. B. G. B. mit den hierzu erlassenen Bestimmungen des Ministeriums vom 22. Dezember 1899 (Centr.- u. Bezirks-Amtsbl. S. 430).

7. Ist auf der einen Seite der Landesfiskus, auf der anderen Seite z. B. die Verwaltung der Reichseisenbahnen betheiligt, so ist sowohl der Bezirkspräsident als der unter Ziff. 4 genannte Beamte zuständig. Entsprechend verhält es sich in den anderen Fällen des § 45. Die Zuständigkeit der einen Behörde schließt solchen Falles die der anderen nicht aus; sonst wäre die Möglichkeit einer Beurkundung nach § 45 überhaupt ausgeschlossen.

8. Vgl. Ges., betr. die Zwangsenteignung, vom 3. Mai 1841, insbes. Art. 2 ff., 11; ferner Ges. vom 16. September 1807 Art. 50 ff., wenn der im Art. 52 vorgesehene Baufluchtplan genehmigt ist. Vgl. auch Bem. 10.

9. Die hier bestimmte Erleichterung trägt dem Umstande Rechnung, daß es sich in diesen Fällen meist um geringfügige Parzellen und oft um eine größere Anzahl Betheiligter handelt, die vom Amtssitze des Bezirkspräsidenten entfernt wohnen.

10. Im Falle des Erwerbs von Grund und Boden, welcher in die festgesetzte Breite einer Vizinalstraße fällt, geht das Eigenthum der Angrenzer durch den gemäß Art. 15 des Ges. vom 21. Mai 1836 erlassenen Beschluß des Bezirkspräsidenten auf die Gemeinde über und dem Angrenzer verbleibt nur ein Entschädigungsanspruch. Eines Veräußerungsvertrags bedarf es nur, wenn ein solcher Beschluß des Bezirkspräsidenten nicht erlassen ist.

11. § 74 Abs. 2 und § 106 Abs. 2 Ausf.-Ges. z. B. G. B. bestimmen, daß den im Abs. 1 der beiden Paragraphen bezeichneten notariellen Urkunden diejenigen gleichstehen, welche von elsaß-lothr. Gerichten oder Verwaltungsbehörden in Gemäßheit der bestehenden Gesetze errichtet sind. § 45 Abs. 2 ergänzt diese Bestimmungen dahin, daß die in Gemäßheit des § 45 auch von nicht elsaß-lothr. Behörden oder Beamten errichteten Urkunden den bezeichneten notariellen Urkunden ebenfalls gleichstehen. Was das Verhältniß zum § 106 Abs. 1 Ausf.-Ges. z. B. G. B. anlangt, so bezieht sich die Gleichstellung

nur auf Urkunden, durch welche die Verpflichtung zur Uebertragung des Eigenthums oder zur Bestellung oder Uebertragung eines Erbbaurechts beurkundet wird. Für die Errichtung von Urkunden über die Verpflichtung zur Hypothekbestellung gewährt § 45 keine Zuständigkeit.

12. Die Auflassung erfolgt in den Fällen des § 45 im Gefolge der gemäß § 313 B. G. B. geschlossenen obligatorischen Verträge vor dem Amtsgericht (Ausf.-Ges. z. B. G. B. § 89 Abs. 2 in Verb. mit § 106). Nach § 48 Abs. 2 unten ist der Beamte, der einen der im § 45 bezeichneten Verträge beurkundet hat, auch für die öffentliche Beurkundung oder Beglaubigung einer Vollmacht zur Abgabe der Auflassungserklärung zuständig; die Beglaubigung erfolgt frei von Staatsgebühren (els.-lothr. G. K. G. § 150 Abs. 1, 2). Wird die Vollmacht in der Haupturkunde beurkundet, so giebt sie zu besonderer Registrirungsabgabe keinen Anlaß (els.-loth. G. K. G. § 150 Abs. 3). Handelt es sich um einen Vertrag im Sinne des § 74 Abs. 1 Ausf.-Ges. z. B. G. B., so findet eine Auflassung nicht statt, da in diesem Falle das Eigenthum schon durch den Vertrag übergeht.

13. Eine Anweisung wegen Form der Beurkundung, Vornahme der Auflassung u. s. w. giebt eine Verfügung des Minist. an die Bezirkspräsidenten vom 11. Januar 1900.

§ 46.

Für die Aufnahme der im § 1718 und im § 1720 Abs. 2 des Bürgerlichen Gesetzbuchs vorgesehenen öffentlichen Urkunden über die Anerkennung der Vaterschaft ist, unbeschadet der Vorschriften des § 167 Abs. 2 des Reichsgesetzes über die Angelegenheiten der freiwilligen Gerichtsbarkeit im Uebrigen,[1]) der Standesbeamte, welcher die Geburt des Kindes oder die Eheschließung seiner Eltern beurkundet hat, zuständig, auch wenn[2]) die Anerkennung der Vaterschaft nicht bei der Anzeige der Geburt des Kindes oder bei der Eheschließung erfolgt.[3]) [4])

Entw. § 44.

1. Wonach — ohne daß in dieser Beziehung das Landesgesetz zu einer Ausschließung befugt ist — zuständig sind: die Notare, die Amtsgerichte und, wenn die Anerkennung der Vaterschaft bei der Geburt eines Kindes oder bei der Eheschließung seiner Eltern erfolgt, der Standesbeamte, welcher die Geburt oder die Eheschließung beurkundet.

2. Erweiterung der durch § 167 R. G. F. G. begründeten reichsgesetzlichen Zuständigkeit auf Grund des Vorbehalts im § 191 R. G. F. G. Die Begründung bemerkt: „Die durch § 44 [jetzt § 46] erweiterte Zuständigkeit des Standesbeamten wird eine nennenswerthe Belastung der Standesämter nicht zur Folge haben, dagegen die Anerkennung unehelicher Kinder, welche erfahrungsgemäß auch bei der Eheschließung nicht immer erklärt wird, in wünschenswerther Weise erleichtern."

3. Sowohl im § 167 R. G. F. G. wie im § 46 handelt es sich um die Aufnahme besonderer Urkunden über die Anerkennung der Vaterschaft auf Verlangen der Betheiligten. Vgl. hierüber § 16 der Ausführungsvorschriften des Bundesraths zum Personenstandsgesetz (Reichsgesetzbl. 1899 S. 225) und § 28 der Dienstanweisung für die els.-lothr. Standesbeamten vom 2. Dezember 1899. Die im Personenstandsgesetze vom 5. Februar 1876 begründete Befugniß des Standesbeamten zur Beurkundung der Anerkennung im Geburtsregister (§§ 25, 26) bezw. die auf einer anerkannten Praxis beruhende Beurkundung der Anerkennung in der Eheschließungsurkunde (vgl. die Erläuterungen zu § 15 der erwähnten Vorschriften des Bundesraths) werden weder durch § 46 noch durch § 167 Abs. 2 R. G. F. G. berührt. Vgl. §§ 34, 35, 59 der Dienstanw. für die Standesbeamten.

4. Ist derjenige, welcher die Vaterschaft anerkennen will, in der Geschäftsfähigkeit beschränkt (B. G. B §§ 106, 114), so bedarf er dazu der Einwilligung seines gesetzlichen Vertreters (B. G. B. § 107); denn die Anerkennung der Vaterschaft ist rechtsgeschäftlicher Natur (vgl. Prot. Gutt. VI S. 304 und die Entsch. des Preuß. Obertribunals auf Grund des § 13 Nr. 2 des früheren Preußischen Gesetzes vom 24. April 1854, bei Rehbein Bd. IV S. 594 f.); jedenfalls ist sie eine Rechtshandlung. Die Einwilligung bedarf keiner besonderen Form (B. G. B. § 182 Abs. 2). Aber, wenn die Anerkennung am Rande der Geburtsurkunde beigeschrieben werden soll, so

ist die Einwilligung, sofern sie nicht von dem Standesbeamten selbst beurkundet ist, diesem durch öffentliche Urkunde (in Elsaß-Lothr. durch notarielle Urkunde) nachzuweisen; vgl. Personenstandsgesetz §§ 25, 26. Zu vgl. ferner die allgem. Verf. des Oberstaatsanwalts an die Standesbeamten vom 11. Mai 1900.

§ 47.[1])

Ist nach den Vorschriften des Bürgerlichen Gesetzbuchs eine Erklärung gegenüber dem Vormundschaftsgericht oder dem Nachlaßgericht in öffentlich beglaubigter Form abzugeben, so wird die öffentliche Beglaubigung außer durch notarielle Beurkundung auch durch Beurkundung des Vormundschaftsgerichts oder des Nachlaßgerichts ersetzt.

Entw. § 45.

§ 48.[1])

Für die öffentliche Beglaubigung[2]) der in den Fällen des § 1577 Abs. 2 und 3 und des § 1706 Abs. 2 des Bürgerlichen Gesetzbuchs abzugebenden Erklärungen ist, sofern nicht die Erklärung von dem Aussteller mittelst Handzeichens unterzeichnet ist, außer den Notaren derjenige Standesbeamte und diejenige Staatsanwaltschaft zuständig, gegenüber welchen die Erklärung über die Aenderung des Namens abzugeben ist (§§ 117, 118 des Ausführungsgesetzes zum Bürgerlichen Gesetzbuch).

Der Beamte, welcher einen der im § 45 bezeichneten Verträge beurkundet hat, ist auch für die öffentliche Beurkundung oder Beglaubigung einer Vollmacht zur Abgabe der Auflassungserklärung auf Grund des beurkundeten Vertrags zuständig.

Für die Beglaubigung einer Unterschrift in anderen Fällen, in denen durch Gesetz öffentliche Beglaubigung einer Erklärung vorgeschrieben ist,[3]) sind, vorbehaltlich der Bestimmungen der §§ 9 und 10 des Gesetzes, betreffend das Hinterlegungswesen und den Geschäftskreis der Staatsdepositenverwaltung, nur die Notare zuständig.

Wird eine Erklärung, für welche öffentliche Beglaubigung oder schriftliche Form vorgeschrieben ist, von dem Aussteller mittelst Handzeichens unterzeichnet, so sind zur Beglaubigung des Handzeichens ausschließlich die Notare zuständig.

Entw. § 46.

1. Zu den §§ 47, 48 führt die Begr. aus: „Ist durch Gesetz für eine Erklärung öffentliche Beglaubigung vorgeschrieben (vgl. z. B. die §§ 77, 371, 403, 411, 1035, 1154, 1155, 1342, 1372, 1491 Abs. 1, 1492 Abs. 1, §§ 1528, 1560, 1577 Abs. 2 und 3, § 1597 Abs. 1, §§ 1662, 1706 Abs. 2, §§ 1945, 1955, 2120, 2121 Abs. 1, 2198, 2199 Abs. 3, 2215 Abs. 2 B. G. B., §§ 12, 33 u. a. H. G. B., § 29 u. a. Grundb.-Ord.), so muß nach § 129 B. G. B., die Erklärung schriftlich abgefaßt und die Unterschrift des Erklärenden von der zuständigen Behörde oder einem zuständigen Beamten oder Notar beglaubigt werden. § 167 Abs. 2 R. G. F. G. erklärt außer den Notaren die Amtsgerichte für zuständig. Nach § 191 desselben Gesetzes kann die Landesgesetzgebung auch andere Behörden oder Beamte für zuständig erklären und die Zuständigkeit der Amtsgerichte ausschließen. Ein Bedürfniß, neben den Notaren auch die Zuständigkeit der Amtsgerichte zur Beglaubigung zuzulassen, liegt im Allgemeinen nicht vor. Noch weniger dürfte ein Grund bestehen, andere Behörden oder Beamten allgemein für zuständig zu erklären. Bei der erhöhten Wichtigkeit, die im Grundbuchverkehr allen Eintragungen über Veränderungen im dinglichen Rechtszustande zukommt, empfiehlt es sich auch nicht, die den Bürgermeistern im Gesetze vom 24. Juli 1889 eingeräumte beschränkte Zuständigkeit aufrecht zu erhalten. Grundsätzlich schließt daher der Entwurf die Zuständigkeit anderer Behörden oder Beamten, als die Notare, zu der gesetzlich vorgeschriebenen Beglaubigung von Willenserklärungen aus. Da jedoch die ausnahmslose Zuständigkeit der Notare sowohl für die Beurkundung von Rechtsgeschäften wie für Beglaubig-

ungen in einigen besonderen Fällen unverkennbare Erschwerungen im Gefolge haben würde, so sind Einschränkungen dieser grundsätzlichen Regelung in gewissem Umfange geboten:

a) „Mehrfach ist nämlich im B. G. B. vorgeschrieben, daß eine Erklärung gegenüber dem Vormundschaftsgericht oder gegenüber dem Nachlaßgericht in öffentlich beglaubigter Form abzugeben ist (vgl. die §§ 1342, 1491 Abs. 1, 1492 Abs. 1, 1597 Abs. 1, 1662, 1945 Abs. 1, 1955, 2198, 2199 Abs. 3). In solchen Fällen wäre es eine nicht gerechtfertigte Weitläufigkeit, wenn die Betheiligten ihre Erklärung vor Einreichung bei Gericht durch einen Notar beglaubigen oder (vgl. § 129 Abs. 2 B. G. B. und § 42 — jetzt 44 —) vor einem Notar beurkunden lassen müßten. § 45 [jetzt 47] bestimmt daher, daß in Fällen dieser Art die öffentliche Beglaubigung nicht nur durch notarielle, sondern auch durch gerichtliche Beurkundung ersetzt werden kann. Es steht daher denjenigen, welche die Erklärung abzugeben haben, die Möglichkeit offen, dieselbe vor dem Amtsgericht, bei welchem sie abzugeben ist, zu gerichtlichem Protokoll zu geben (§§ 167 ff. des Reichsgesetzes vom 17. Mai 1898).

b) „Aehnlich verhält es sich in den Fällen des § 1577 Abs. 2 und 3 und des § 1706 Abs. 2 B. G. B.; hier sind die Erklärungen über die Aenderung von Namen, im Falle des § 1706 Absatz 2 auch die Einwilligungserklärung des Kindes, gegenüber der zuständigen Behörde in öffentlich beglaubigter Form abzugeben. Zuständig für die Entgegennahme der Erklärungen ist nach den §§ 117, 118 Ausf.-Ges. z. B. G. B. der Standesbeamte, unter Umständen auch die Staatsanwaltschaft. Es besteht für diese Fälle das gleiche Bedürfniß, der vorgeschriebenen Form und der Abgabe der Erklärung vor derselben Behörde genügen zu können. Diesem Bedürfniß trägt § 46 [jetzt § 48] Abs. 1 dadurch Rechnung, daß er diejenige Behörde, gegenüber welcher die Erklärung abzugeben ist, auch für die Beglaubigung derselben zuständig erklärt.

c) „Aus Zweckmäßigkeitsgründen sind ferner im § 48 Abs. 2 die nach § 43 des Entwurfs [jetzt § 45] für die Beurkundung gewisser Verträge zuständigen Verwaltungsbeamten auch für die öffentliche Beurkundung oder Beglaubigung von Vollmachten, welche zur Abgabe der Auflassungserklärung auf Grund der beurkundeten Verträge dienen sollen, zuständig erklärt.

„In allen übrigen Fällen soll es bei der ausschließlichen Zuständigkeit der Notare sein Bewenden haben (§ 46 — jetzt 48 — Abs. 3)“, [vorbehaltlich der Bestimmungen des Hinterlegungs-Gesetzes, wonach die Beglaubigung von Anträgen auf Herausgabe hinterlegter Gegenstände sowie von Urkunden über Abtretung von Forderungen durch Bürgermeister oder andere Verwaltungsbehörden und im Falle der Zustellung durch Gerichtsvollzieher genügt].

„Wird eine Erklärung, für welche schriftliche Form oder öffentliche Beglaubigung durch Gesetz vorgeschrieben ist, mittels Handzeichens unterzeichnet, so ist die amtsgerichtliche oder die notarielle Beglaubigung des Handzeichens erforderlich (§ 126 Abs. 1, § 129 Abs. 1 B. G. B., § 167 Abs. 1 R. G. F. G.). Dasselbe gilt im Zweifel auch, wenn schriftliche Form durch Rechtsgeschäft bestimmt ist (§ 127 B. G. B.). Die Zuständigkeit der Amtsgerichte kann auch hier ausgeschlossen werden (§ 191 Abs. 2 R.G.F.G.). Dagegen steht dem Landesrecht die Erweiterung der Zuständigkeit nicht zu. Von der Befugniß der Ausschließung der Amtsgerichte macht § 46 [jetzt 48] Gebrauch, indem er im Abs. 4 die Notare ausschließlich für zuständig erklärt.“

2. Ueber das Verfahren bei der Beglaubigung s. R. G. F. G. § 183. Für die Standesbeamten vgl. die entsprechende Vorschrift im § 37 Abs. 4 der Dienstanweisung v. 2. Dez. 1899.

3. § 48 regelt nur die Fälle, in denen zufolge Gesetzes die öffentliche Beglaubigung einer Unterschrift oder eines Handzeichens unter einer Willenserklärung erforderlich ist. Unberührt bleiben daher z. B. die Vorschriften des Gesetzes vom 2. Mai 1861, betreffend die Beglaubigung der Unterschriften der Notare und Standesbeamten. Unberührt bleiben ferner die auf Reichsrecht beruhenden Bestimmungen des § 8 Abs. 2 der Bekanntmachung des Reichskanzlers vom 1. Juli 1899, betr. die Führung des Genossenschaftsregisters. Auch die Beglaubigung von Namensunterschriften, welche von Behörden, öffentlichen Kassen u. dgl. vielfach verlangt wird, fällt nicht unter die Bestimmung des § 48. In solchen Fällen wird die Beglaubigung durch den Bürgermeister oder eine Polizeibehörde oder eine andere zur Führung eines Amtssiegels berechtigte Person oft als genügend angesehen. (Begr.) Daneben wird gegenüber der strengeren franz. Jurisprudenz (Franz 5 V) auch die Zuständigkeit der Notare anzuerkennen sein.

Vorbemerkung zu den §§ 49 bis 63.
(Notarielle Urkunden).

Die Errichtung notarieller Urkunden wird reichsgesetzlich nur zum Theil geregelt, nämlich für Testamente und Erbverträge in den §§ 2232 bis 2246 und 2276 B. G. B., für sonstige Rechtsgeschäfte in den §§ 168 bis 182 R. G. F. G. und für Beglaubigungen im § 183 desselben Gesetzes.[1]) Daneben gelten die Landesgesetze

a) unbedingt für alle nicht unter die genannten Gruppen fallenden Beurkundungen (z. B. Aufnahme von Vermögensverzeichnissen, Ausstellung von

---

[1]) Die §§ 168 bis 183 R. G. F. G. lauten:

168. Für die gerichtliche und die notarielle Beurkundung eines Rechtsgeschäfts gelten, unbeschadet der Vorschriften des Bürgerlichen Gesetzbuchs über die Errichtung von Testamenten und Erbverträgen, die §§ 169 bis 182. Als Betheiligter im Sinne der §§ 169 bis 182 ist derjenige anzusehen, dessen Erklärung beurkundet werden soll.

169. Ist ein Betheiligter nach der Ueberzeugung des Richters oder des Notars taub, blind, stumm oder sonst am Sprechen verhindert, so muß der Richter einen Gerichtsschreiber oder zwei Zeugen, der Notar einen zweiten Notar oder zwei Zeugen zuziehen.

170. Als Richter, Notar, Gerichtsschreiber oder Zeuge kann bei der Beurkundung nicht mitwirken:

1. wer selbst Betheiligter ist sowie derjenige, für welchen ein Betheiligter als Vertreter handelt;
2. der Ehegatte eines Betheiligten, auch wenn die Ehe nicht mehr besteht;
3. wer mit einem Betheiligten in gerader Linie oder im zweiten Grade der Seitenlinie verwandt oder verschwägert ist;
4. wer zu demjenigen, für welchen ein Betheiligter als Vertreter handelt, in einem Verhältnisse der unter Nr. 2, 3 bezeichneten Art steht.

171. Als Richter, Notar, Gerichtsschreiber oder Zeuge kann bei der Beurkundung nicht mitwirken:

1. derjenige, zu dessen Gunsten in der Urkunde eine Verfügung getroffen wird;
2. wer zu demjenigen, zu dessen Gunsten in der Urkunde eine Verfügung getroffen wird, in einem Verhältnisse der im § 170 Nr. 2, 3 bezeichneten Art steht.

Die Mitwirkung einer hiernach ausgeschlossenen Person hat zur Folge, daß die Beurkundung insoweit nichtig ist, als sie eine Verfügung zu Gunsten einer der im Abs. 1 Nr. 1, 2 bezeichneten Personen zum Gegenstande hat.

172. Als Gerichtsschreiber oder zweiter Notar oder Zeuge kann bei der Beurkundung nicht mitwirken, wer zu dem Richter oder dem beur-

Lebensscheinen, Beurkundung thatsächlicher Vorgänge in den Fällen der §§ 259, 320 Abs. 3 H. G. B. u. a.)

b) in gewissem Umfange, nämlich soweit sie Vorschriften allgemeiner Natur enthalten, für alle Beurkundungen, mit der Maßgabe jedoch, daß Verstöße gegen solche Vorschriften — abgesehen von den Folgen sachlicher Unzuständigkeit — auf die Gültigkeit der Beurkundung ohne Einfluß sind; vgl. Art. 151 Einf.-Ges. z. B. G. B., § 200 R. G. F. G.

Die landesgesetzlichen Vorschriften, welchen hiernach eine theils unbeschränkte, theils beschränkte Weitergeltung zukäme, sind enthalten im II. Abschnitt des Titel I des Gesetzes vom 25. Ventôse XI über die Notariatsverfassung.

---

kundenden Notar in einem Verhältnisse der im § 170 Nr. 2, 3 bezeichneten Art steht.

173. Als Zeuge soll bei der Beurkundung nicht mitwirken:
1. ein Minderjähriger;
2. wer der bürgerlichen Ehrenrechte für verlustig erklärt ist, während der Zeit, für welche die Aberkennung der Ehrenrechte erfolgt ist;
3. wer nach den Vorschriften der Strafgesetze unfähig ist, als Zeuge eidlich vernommen zu werden;
4. wer als Gesinde oder Gehülfe im Dienste des Richters oder des beurkundenden Notars steht.

174. Die bei der Beurkundung mitwirkenden Personen müssen bei der Vorlesung, Genehmigung und Unterzeichnung der Urkunde zugegen sein.

175. Ueber die Verhandlung muß ein Protokoll in deutscher Sprache aufgenommen werden.

176. Das Protokoll muß enthalten:
1. Ort und Tag der Verhandlung;
2. die Bezeichnung der Betheiligten und der bei der Verhandlung mitwirkenden Personen;
3. die Erklärung der Betheiligten.

Wird in der Erklärung auf eine Schrift Bezug genommen und diese dem Protokoll als Anlage beigefügt, so bildet sie einen Theil des Protokolls.

Das Protokoll soll eine Angabe darüber enthalten, ob der Richter oder der Notar die Betheiligten kennt oder, sofern dies nicht der Fall ist, in welcher Weise er sich Gewißheit über ihre Persönlichkeit verschafft hat. Kann er sich diese Gewißheit nicht verschaffen, wird aber gleichwohl die Aufnahme der Verhandlung verlangt, so sollen der Sachverhalt und dasjenige, was zur Feststellung der Persönlichkeit beigebracht ist, in das Protokoll aufgenommen werden.

177. Das Protokoll muß vorgelesen, von den Betheiligten genehmigt und von ihnen eigenhändig unterschrieben werden. Im Protokolle muß festgestellt werden, daß dies geschehen ist. Das Protokoll soll den Betheiligten auf Verlangen auch zur Durchsicht vorgelegt werden.

Ein derartiges Nebeneinanderbestehen verschiedener sich ergänzender Vorschriften wäre jedoch, wie die Begründung hervorhebt, höchst störend und verwirrend. Zudem sind die fraglichen Vorschriften des Ventôse-Gesetzes selbst zum Theil veraltet, zum Theil schon durch die am 1. Oktober 1879 eingeführten Prozeßgesetze hinfällig geworden. Um die erforderliche Klarheit auf dem Gebiete des notariellen Urkundenwesens zu erreichen, sind

1. auch die dem Landesrechte unterworfenen Beurkundungen (oben a) den Vorschriften des R. G. F. G. über die Beurkundung von Rechtsgeschäften unterstellt — § 51;
2. die für alle Beurkundungen, gleichviel, ob sie unmittelbar vom B. G. B. oder vom R. G. F. G. oder vom

---

Erklärt ein Betheiligter, daß er nicht schreiben könne, so muß diese Erklärung im Protokolle festgestellt werden. Bei der Vorlesung und der Genehmigung muß der Richter oder der Notar einen Zeugen zuziehen. In den Fällen des § 169 bedarf es dieser Zuziehung nicht; das Gleiche gilt, wenn in anderen Fällen ein Gerichtsschreiber oder ein zweiter Notar zugezogen wird.

Das Protokoll muß von den mitwirkenden Personen unterschrieben werden.

178. Ist nach der Ueberzeugung des Richters oder des Notars ein Betheiligter stumm oder sonst am Sprechen verhindert und eine schriftliche Verständigung mit ihm nicht möglich, so muß bei der Beurkundung ein vereideter Dolmetscher zugezogen werden.

Im Protokolle muß festgestellt werden, daß der Richter oder der Notar die Ueberzeugung gewonnen hat, daß der Betheiligte am Sprechen verhindert und eine schriftliche Verständigung mit ihm nicht möglich ist. Das Protokoll muß von dem Dolmetscher genehmigt und unterschrieben werden.

Der Zuziehung eines Zeugen, eines Gerichtsschreibers oder eines zweiten Notars bedarf es in diesem Falle nicht.

179. Erklärt ein Betheiligter, daß er der deutschen Sprache nicht mächtig sei, so muß bei der Beurkundung ein vereideter Dolmetscher zugezogen werden. Der Zuziehung des Dolmetschers bedarf es nicht, wenn der Richter oder der Notar der Sprache, in der sich der Betheiligte erklärt, mächtig ist; die Beeidigung des Dolmetschers ist nicht erforderlich, wenn der Betheiligte darauf verzichtet.

Das Protokoll muß dem der deutschen Sprache nicht mächtigen Betheiligten durch den Dolmetscher oder, wenn ein Dolmetscher nicht zugezogen worden ist, durch den Richter oder den Notar in der fremden Sprache vorgetragen werden und die Feststellung enthalten, daß dies geschehen ist.

Im Protokolle muß festgestellt werden, daß der Betheiligte der deutschen Sprache nicht mächtig ist.

Der Dolmetscher muß das Protokoll unterschreiben.

Landesrechte beherrscht werden, geltenden instruktionellen Vorschriften neu formulirt — §§ 52 bis 61.

Außerdem wird

3. im § 49 eine ergänzende Bestimmung zu den Vorschriften des R.G.F.G. über die Beurkundung von Rechtsgeschäften getroffen;
4. im § 50 die Frage der Ausschließung der Notare wegen Betheiligung in den Fällen geregelt, in welchen nicht das R. G. F. G. zutrifft.

Die in Wegfall kommenden Vorschriften des Ventôse-Gesetzes (Art. 8 bis 30, 49, 68) sind aufgehoben im Gesetze vom 29. November 1899 Ziff. 31.

§ 49.

Ist ein bei der Beurkundung eines Rechtsgeschäfts[1]) Betheiligter[2]) taub,[3]) so soll[4]) das Protokoll ihm zur Durchsicht vorgelegt werden, auch wenn er es nicht verlangt. Im

---

Eine Beurkundung ist nicht aus dem Grunde unwirksam, weil den Vorschriften des Abs. 1 zuwider die Zuziehung eines Dolmetschers unterblieben ist.

180. Auf den Dolmetscher finden die nach den §§ 170 bis 173 für einen Zeugen geltenden Vorschriften entsprechende Anwendung.

181. Bei der gerichtlichen oder notariellen Beurkundung von Versteigerungen gelten Bieter nicht als Betheiligte; ausgenommen sind solche Bieter, die an ihr Gebot gebunden bleiben. Entfernt sich ein solcher Bieter vor dem Schlusse der Verhandlung, so genügt an Stelle seiner Unterschrift die Angabe des Grundes, aus welchem sie unterblieben ist.

182. Die Ausfertigung der Protokolle über die gerichtliche Beurkundung eines Rechtsgeschäfts ist von dem Gerichtsschreiber zu unterschreiben und mit dem Gerichtssiegel zu versehen.

Auf Antrag können die Protokolle auch auszugsweise ausgefertigt werden.

183. Die gerichtliche oder notarielle Beglaubigung einer Unterschrift darf nur erfolgen, wenn die Unterschrift in Gegenwart des Richters oder des Notars vollzogen oder anerkannt wird.

Die Beglaubigung geschieht durch einen unter die Unterschrift zu setzenden Vermerk. Der Vermerk muß die Bezeichnung desjenigen, welcher die Unterschrift vollzogen oder anerkannt hat, enthalten und den Ort und den Tag der Ausstellung angeben sowie mit Unterschrift und Siegel oder Stempel versehen sein.

Diese Vorschriften finden auf die gerichtliche oder notarielle Beglaubigung eines Handzeichens entsprechende Anwendung.

Protokolle soll[4]) festgestellt werden, daß die Vorlegung geschehen ist.

Ist ein tauber Betheiligter nicht im Stande, Geschriebenes zu lesen,[5]) so soll[4]) eine Vertrauensperson zugezogen werden, die sich mit ihm zu verständigen vermag. Im Protokolle soll[4]) festgestellt werden, daß der Betheiligte nach der Ueberzeugung des Notars die Vertrauensperson verstanden hat.[6]) Das Protokoll soll[4]) auch von der Vertrauensperson genehmigt und unterschrieben werden. Als Vertrauensperson kann auch eine der bei der Beurkundung neben dem Notar mitwirkenden Personen oder ein Betheiligter dienen.[7])

K. B. S. 1922.

1. Die Vorschrift ergänzt die §§ 169, 177 R. G. F. G.
2. D. h. eine Person, deren Erklärung beurkundet werden soll (R. G. F. G. § 168 Satz 2).
3. Ob dies der Fall ist, entscheidet die Ueberzeugung des Notars bezw. Richters (vgl. R. G. F. G. § 169).
4. Instruktionelle Vorschrift nach R. G. F. G. § 200 Abs. 2.
5. Es genügt, wenn der taube Betheiligte sein Unvermögen erklärt (vgl. R. G. F. G. § 177 Abs. 2).
6. Ist eine Verständigung nicht möglich, so hat der Notar die Beurkundung abzulehnen und den Parteien die Bestellung eines Pflegers zu überlassen (B. G. B. § 1910).
7. Die Vorschriften der §§ 170 bis 173 R. G. F. G. finden auf die Vertrauensperson als solche keine Anwendung; doch ist bei der Wahl Betheiligter mit besonderer Vorsicht zu verfahren.

§ 50.

In Ansehung von Amtshandlungen eines Notars, welche nicht die Beurkundung eines Rechtsgeschäfts zum Gegenstande haben,[1]) finden die Vorschriften des § 6 des Reichsgesetzes über die Angelegenheiten der freiwilligen Gerichtsbarkeit entsprechende Anwendung.[2]) [3]) [4])

Amtshandlungen eines Notars sind im Falle des Abs. 1

nicht aus dem Grunde unwirksam, weil der Notar von der Ausübung seines Amtes kraft Gesetzes ausgeschlossen war.

Entw. § 47, K. B. S. 1922.

1. z. B. Siegelungen, Inventaraufnahmen, vgl. Bem. 1 zu § 51. Ob es sich um (nicht rechtsgeschäftliche) Beurkundungen oder um sonstige Amtshandlungen handelt, macht keinen Unterschied.

2. Das R. G. F. G. enthält im § 6 allgemeine Vorschriften über die Ausschließung der Richter und in den §§ 170 und 171 besondere Vorschriften über die Unfähigkeit der Richter, Notare, Gerichtsschreiber und Zeugen zur Mitwirkung bei der Beurkundung von Rechtsgeschäften (für Testamente und Erbverträge vgl. B. G. B. §§ 2234 ff., 2276). Während ein Verstoß gegen die erstgenannten Vorschriften die Wirksamkeit der gerichtlichen Handlungen nicht ausschließt (R. G. F. G. § 7), hat eine Verletzung der §§ 170, 171 die Nichtigkeit der Beurkundung zur Folge. Eine Vorschrift über die Ausschließung der Notare von den Amtshandlungen, welche nicht die Beurkundung eines Rechtsgeschäfts zum Gegenstande haben, insbesondere also von den Verrichtungen, welche ihnen an Stelle der Richter übertragen sind (vgl. § 30), enthält das Reichsgesetz nicht; § 194 Abs. 3 desselben schließt die Anwendung des § 6 vielmehr ausdrücklich aus. Für solche Fälle würde sonach die Vorschrift des Art. 8 des Gesetzes vom 25. Ventôse XI Geltung behalten. An dessen Stelle erklärt § 50 die für Richter und nach den §§ 3, 27 auch für Gerichtsschreiber und Bürgermeister geltenden Vorschriften der §§ 6 und 7 (letzterer ist inhaltlich im Abs. 2 wiederholt) für entsprechend anwendbar.

3. Was insbesondere die Thätigkeit im Auseinandersetzungsverfahren anlangt, so sind, wie die Begründung hervorhebt, Schwierigkeiten daraus, daß zum Theil — soweit es sich um die Beurkundung eines Rechtsgeschäfts handelt — die §§ 170, 171 R. G. F. G., zum anderen Theil § 6 desselben Gesetzes Anwendung finden, nicht zu besorgen. Denn die Ausschließungsgründe der §§ 170, 171, die sich, abgesehen von der Nichtigkeitsfolge, von denen des § 6 wesentlich nur durch eine andere Begriffsbestimmung der „Betheiligung" (§ 168) unterscheiden, sind sachlich im § 6 enthalten. Gleicher Ansicht hinsichtlich der Anwendbarkeit der beiderlei Vorschriften ist mit Recht

Rausnitz Anm. 3 zu § 91; a. M. Dorner Anm. 4 zu § 91, der nur die allgemeinen Vorschriften der §§ 6, 7 für anwendbar hält.

4. Dadurch, daß ein Notar Besitzer einer Aktie ist, ist er nicht gehindert, das Protokoll über die Generalversammlung der Aktiengesellschaft (H. G. B. §§ 258, 259, 320 Abs. 3) zu beurkunden. Denn die Mitgliedschaft bei einer Gesellschaft begründet solchen Falles nicht eine Betheiligung im Sinne des § 6 R. G. F. G. Auch Beziehungen der im § 6 R. G. F. G. bezeichneten Art zwischen dem Notar und den in der Versammlung abstimmenden Mitgliedern hindert die Mitwirkung des Ersteren als Urkundbeamten nicht. Denn die abstimmenden Mitglieder sind ihrerseits ebenfalls nicht Betheiligte. Nicht die in der Stimmabgabe der einzelnen Theilnehmer liegende Erklärung wird zum Gegenstande der Protokollirung gemacht, sondern das Ergebniß der Abstimmung als der durch die Abstimmung erzeugte Gemeinwille der Gesellschaft. Betheiligt sind nur die Mitglieder des mit der Leitung der Versammlung betrauten Gesellschaftsorgans. Das Gleiche gilt entsprechend bei Generalversammlungen von Genossenschaften, Gesellschaften mit beschränkter Haftung und Vereinen, hinsichtlich deren übrigens gesetzlich eine notarielle Protokollführung nicht vorgeschrieben, die Form der Beurkundung vielmehr der Bestimmung der Satzung oder sonstiger Bestimmung der betreffenden Korporationen überlassen ist. — Vgl. hierzu die Entsch. des R. G. Bd. XXV S. 195 und den Bericht der Komm. zur Berathung des Preuß. Gesetzes über die freiwillige Gerichtsbarkeit, S. 43.

§ 51.

Auf die Beurkundungen der Notare, welche nicht ein Rechtsgeschäft zum Gegenstande haben,[1]) finden, soweit nicht ein Anderes bestimmt ist,[2]) die Vorschriften der §§ 173 bis 176[3]) und, sofern eine Erklärung beurkundet wird, auch die Vorschriften der §§ 169, 178 bis 180[4]) des Reichsgesetzes über die Angelegenheiten der freiwilligen Gerichtsbarkeit entsprechende Anwendung.[5])

Die Urkunde soll den Betheiligten zum Zwecke der Genehmigung vorgelesen und von ihnen unterschrieben werden.[6]) Auf Verlangen eines Betheiligten soll ihm die Urkunde zur Durchsicht vorgelegt werden.

Entw. § 48, K. B. S. 1922.

1. z. B. Siegelungen (§ 24), Aufnahme von Vermögensverzeichnissen (§§ 24, 37), Aufnahme von Wechselprotesten (W. O. Art. 87) oder sonstigen Protesten (Binnenschiffahrtsgesetz §§ 28, 39, 47, 51), und Offenkundigkeitsurkunden, Lebensscheine u. s. w.

2. Vgl. H. G. B. §§ 259, 320 Abs. 3, R. G. F. G. § 183, Wechselordn. Art. 88. Vgl. auch wegen der Geschäftssprache die folgende Bem. 4.

3. Nicht die §§ 170—172. An Stelle dieser gilt § 50.

4. Es finden also auch Anwendung die Vorschriften der §§ 178—180 über die Geschäftssprache, die an sich (reichsgesetzlich) nur für Beurkundungen von Rechtsgeschäften gelten (vgl. dazu für Testamente und Erbverträge B. G. B. §§ 2243—2245, 2276) — soweit nicht ein Anderes bestimmt ist (Bem. 2). Eine besondere Bestimmung ist enthalten im § 194 R. G. F. G., wonach in Ansehung der an Stelle der Gerichte den Notaren übertragenen Angelegenheiten neben anderen allgemeinen Vorschriften des R. G. F. G. diejenigen des § 8 über die Gerichtssprache, d. h. also die §§ 186—193 des Gerichtsverfassungsgesetzes, Anwendung finden. Dies gilt hiernach für die Verrichtungen des Notars im Auseinandersetzungsverfahren gemäß § 30 oben. Für die in diesem Verfahren zu errichtenden Urkunden über rechtsgeschäftliche Erklärungen gelten jedoch wieder unmittelbar die Vorschriften der §§ 178—180 R. G. F. G. Vgl. den ähnlichen Fall in Bem. 3 zu § 50. — Als die Vorschriften über die Gerichts- und Geschäftssprache ergänzende Bestimmung (R. G. F. G. § 200) gilt außerdem noch § 6 Ges. vom 12. Juni 1889, betr. die Geschäftssprache der gerichtlichen Behörden in Elsaß-Lothringen. — Wegen Registrirung von Privaturkunden in französischer Sprache vgl. § 2 Ges. v. 31. März 1872, betr. die amtliche Geschäftssprache, und insbesondere bezüglich der eigenhändigen Testamente die Verf. des Minist. vom 27. September 1900 (Anhang D).

5. Die Anwendung kann nur eine entsprechende sein, da die

angezogenen Vorschriften sich unmittelbar nur auf die Beurkundung von Rechtsgeschäften beziehen. Es hat also z. B. bei Beurkundung eines thatsächlichen Vorgangs an Stelle der Erklärung der Betheiligten (R. G. F. G. § 176 Abs. 1 Nr. 3) die Darstellung des beurkundeten Vorgangs zu treten. In manchen Fällen wird von der Aufnahme eines Protokolls (R. G. F. G. § 176) überhaupt nicht die Rede sein können, so bei Ausstellung von Lebensscheinen, bei der Beglaubigung von Abschriften. Die letztere besteht wesentlich in einem die Uebereinstimmung mit der Haupturkunde und die rechtliche Natur und Beschaffenheit der Haupturkunde bezeugenden Vermerke. Bezüglich der Protokolle über Siegelungen, Entsiegelungen und über Vermögensverzeichnisse vgl. die Verf. des Minist. v. 6. Dez. 1900 über das Verfahren bei der Nachlaßsicherung §§ 15, 23, 24, 26, 33, 34.

6. Instruktionelle Bestimmung an Stelle des § 177 R. G. F. G. unbeschadet besonderer Vorschriften, z. B. Wechselordn. Art. 88, H. G. B. § 259, wo nur die Unterschrift des Urkundbeamten gefordert wird. Auch in anderen Fällen kann sich die Vorlesung und die Unterschrift des Betheiligten als unthunlich erweisen; der Notar wird dies gegebenenfalls in der Urkunde zu konstatiren haben.

Vgl. übrigens bezüglich der „Betheiligten" in der Generalversammlung einer Aktiengesellschaft u. s. w. Bem. 4 zu § 50.

§ 52.[1])

Die Bezeichnung der Betheiligten und der bei der Verhandlung mitwirkenden Personen in einer notariellen Urkunde soll den Vor- und Familiennamen, den Wohnort sowie Stand oder Gewerbe enthalten. [2]) [3])

Entw. § 49, K. B. S. 1923.

1. Die §§ 52—61 gelten als instruktionelle Vorschriften für alle notariellen Urkunden, gleichviel, ob sie Rechtsgeschäfte zum Gegenstande haben oder nicht. Vgl. Vorbem. S. 79 Ziffer 2.

2. Die Vorschrift ergänzt den § 176 Ziffer 2 R. G. F. G. im Anschluß an die Art. 11, 12 des Ventôse-Gesetzes.

3. Die Vorschrift enthielt im Entwurf folgenden Abs. 2:

„Werden von dem Notar Wahrnehmungen gemacht, die geeignet sind, Zweifel an der zur Abgabe der Willenserklärung erforderlichen Geschäftsfähigkeit eines Betheiligten zu begründen, so soll dies in der Urkunde festgestellt werden."

Hierzu war in der Begründung bemerkt: „Die Vorschrift des Abs. 2 ist neu. Der Grundsatz des Art. 3 des Ventôse-Gesetzes, daß die Notare verpflichtet sind, ihr Amt zu leihen, greift zwar dann nicht Platz, wenn die Partei, deren Erklärung beurkundet werden soll, offensichtlich nicht zurechnungsfähig ist. Allein nicht schon bei jedem Zweifel an der Zurechnungsfähigkeit ist der Notar zur Verweigerung seiner Amtsthätigkeit befugt. Immerhin ist es von der höchsten Bedeutung, um die Rechtswirksamkeit einer Erklärung würdigen zu können (vgl. namentlich § 104 Nr. 2, § 105 Abs. 2 des B. G. B.), wenn die Wahrnehmungen des beurkundenden Beamten in Fällen, in denen ein Zweifel an der Geschäftsfähigkeit einer Partei hervortritt, in der Urkunde festgestellt werden." Die Bestimmung wurde in der L. K. gestrichen.

§ 53.

Die Urkunden sollen deutlich, ohne Abkürzungen und Lücken geschrieben werden. Es soll nichts zwischen die Zeilen eingeschaltet, nichts überschrieben, ausgeschabt oder unlesbar gemacht werden.

Der Tag der Errichtung sowie andere wichtige Zahlenangaben sollen in Buchstaben geschrieben werden, bei Berechnungen und Abschätzungen jedoch nur die Gesammtsumme, bei Versteigerungen nur das Meistgebot. Bei Wiederholungen soll dieselbe Zahl nur einmal in Buchstaben geschrieben werden.

Zusätze, Abänderungen und Streichungen sollen unter Angabe der zugesetzten oder gestrichenen Worte am Rande der Urkunde vermerkt und von den Betheiligten und den bei der Verhandlnng mitwirkenden Personen mit Unterschrift oder Handzug (Anfangsbuchstabe des Namens) versehen werden. Ist der Vermerk am Rande unthunlich, so soll er an den Schluß der Urkunde gesetzt werden; in der Urkunde ist solchen

Falles festzustellen, daß der Zusatz, die Aenderung oder die Streichung von den Betheiligten genehmigt worden ist.

Entw. § 50, K. B. S. 1923.

Die Vorschrift ersetzt die bezüglichen Bestimmungen in den Art. 13, 15, 16 des Ventôse-Gesetzes, soweit nicht schon das R. G. F. G. Ersatzvorschriften enthält. Die Vorschriften über die Abfassung der Urkunden werden noch ergänzt durch die Bestimmungen im Art. 14 § 4 des Münzgesetzes vom 9. Juli 1873 über die Ausdrückung von Geldbeträgen in Reichswährung und in den §§ 51, 58 des Katastergesetzes vom 31. März 1884 über die katastermäßige Bezeichnung von Grundstücken (vgl. hierzu auch die Verfügung des Oberstaatsanwalts vom 16. September 1886, Justiz-Sammlung XI 389) und insbesondere für das Liegenschaftszwischenrecht durch § 107 Ausf.-Ges. z. B. G. B.

§ 54.

Vollmachten der Betheiligten sollen der Urschrift beigeheftet werden, sofern nicht entweder die Vollmacht sich unter den von dem Notar verwahrten Urschriften befindet oder bereits einer andern von dem Notar verwahrten Urschrift in Urschrift oder Ausfertigung beigeheftet ist; gegebenen Falles ist dieser Umstände in der Urkunde Erwähnung zu thun.

Entw. § 51.

Vgl. Art. 13 des Ventôse-Gesetzes. Die Vorschrift steht nicht im Widerspruch mit § 175 B. G. B. Dieser gilt für das Verhältniß zwischen dem Vollmachtgeber und dem Bevollmächtigten; § 54 dagegen gilt im Falle des Gebrauchs einer Vollmacht vor dem Urkundbeamten gegenüber Beiden, er bezweckt die Möglichkeit der jederzeitigen Prüfung der Legitimation des Vollmachtträgers.

§ 55.[1])

Der Notar hat, soweit nicht gesetzlich ein Anderes bestimmt ist,[2]) die Urschriften aller von ihm aufgenommenen Urkunden in Verwahrung zu behalten.

Dieser Vorschrift unterliegen nicht:

Vollmachten, Einwilligungen, insbesondere Bewilligungen, welche zur Herbeiführung einer Eintragung oder Löschung im Grundbuch, im Eigenthumsbuch oder im vorläufigen Grundbuche bestimmt sind, ferner Ermächtigungen, einfache Quittungen, Wechselproteste, Offenkundigkeitsurkunden, Lebensscheine, Beglaubigungen sowie sonstige Bescheinigungen.

Entw. § 52, K. B. S. 1924.

1. Vgl. die Vorschrift des Art. 20 des Ventôse-Gesetzes.

2. Die Begründung zählt als Fälle der reichsgesetzlich vorgeschriebenen Herausgabe der Urschrift die Einreichung der dem Vater, der Mutter, dem Adoptanten, dem Vormund u. s. w. obliegenden Vermögensverzeichnisse (B. G. B. §§ 1640, 1667, 1692, 1760, 1802) sowie die Einreichung des gemäß § 24 oben vom Notar aufgenommenen Vermögensverzeichnisses an das Gericht auf. Im Falle des § 24 war auch nach dem Entwurf ausdrücklich die Einreichung in Urschrift vorgeschrieben. Die Worte „in Urschrift" sind dort in der L. K. gestrichen worden, wobei unter Zustimmung der Regierung festgestellt wurde, daß das Verzeichniß in Ausfertigung oder im Auszuge (?) dem Gericht einzureichen sei (K. B. S. 1916). Vgl. hierzu § 15 Abs. 6 der Minist.-Verf. betr. das Verfahren bei der Nachlaßsicherung (Anhang D VIII). Das Gleiche wird dementsprechend jetzt auch von den anderen obenerwähnten Vermögensverzeichnissen zu gelten haben, zumal auch der Vorschrift der Reichsgesetze, daß eine gerichtliche oder notarielle Urkunde dem Gericht einzureichen sei, soweit nicht das Gegentheil ausdrücklich aus dem Gesetz erhellt, genügt wird, wenn die Ausfertigung einer Urkunde eingereicht wird. Vgl. Willenbücher, Grdb.-O. Bem. 1 zu § 9, Denkschr. an den Reichst. zur G. O. § 9.

§ 56.[1])

Außer in den gesetzlich vorgesehenen Fällen[2]) darf der Notar keine in seiner Verwahrung befindliche Urschrift[3]) herausgeben. Den Gerichten steht jedoch die Befugniß zu, zur Aufklärung einer Sache die Vorlage der Urschrift einer Urkunde anzuordnen.[4]) Auf die Verfügung finden die Vorschriften der §§ 9 bis 11 Anwendung.[5])

Die Vorschrift des Abs. 1 Satz 2 und 3 findet auf Testamente und in besondere amtliche Verwahrung genommene Erbverträge[6]) zu Lebzeiten des Erblassers[7]) keine Anwendung.

Vor Herausgabe einer Urschrift hat der Notar eine getreue Abschrift derselben zu fertigen und zu unterzeichnen. Dieselbe tritt bis zur Rückkehr der Urschrift an deren Stelle.[8])

Entw. § 53, K. B. S. 1924.

1. § 53 ersetzt im Allgemeinen den Art. 22 des Ventôse-Gesetzes.

2. Besondere Vorschriften, nach welchen die Herausgabe der Urschrift aus der Verwahrung des Notars zulässig ist, enthalten die §§ 2256 Abs. 2, 2272 B. G. B. (Rückgabe von Testamenten), § 34 Abs. 3 und § 35 oben. Außerdem können Staatsverträge besondere Bestimmungen enthalten, so die Deutsch-Russische Convention vom 12. November 1874 über die Regulirung von Verlassenschaften, Reichsgesetzbl. S. 136. Eine Abgabe von Urschriften aus der Verwahrung des Notars in diejenige des Gerichts ist vorgeschrieben für Testamente und Erbverträge nach dem Tode des Erblassers in den §§ 2259, 2300 B. G. B. (vgl. hierzu Bem. 8 zu § 28 oben.) Vgl. ferner § 80 Abs. 2, § 83 G. K. G. für Els.-Lothr. (Vorlage der Urschrift zum Zwecke einer Eintragung oder Löschung im Grund- oder Eigenthumsbuch). — Im Gegensatze zu diesen Ausnahmen von § 56 stehen die Fälle des § 55 Abs. 2, der die Urkunden bezeichnet, die überhaupt nicht in Verwahrung zu nehmen sind, sondern in Urschrift ausgehändigt werden.

3. Den Urschriften stehen gleich die hinterlegten Urkunden.

4. Die Befugniß der Gerichte, die Vorlage einer Urschrift im Interesse der Aufklärung einer Sache anzuordnen, war auch im bisherigen Rechte anerkannt (zu vgl. Franz „Das Notariat in Elsaß-Lothringen" Nr. 62).

5. Ueber die Verpflichtung öffentlicher Behörden oder öffentlicher Beamten, in einem Civilprozeß, in dem sie nicht Partei sind, eine in ihren Händen befindliche Urkunde vorzu-

legen, und über die Anhaltung der Behörde oder des Beamten hierzu, bestimmt § 432 in Verbindung mit § 422 C. P. O. und § 810 B. G. B. Ob außerhalb der Fälle des § 422 C. P. O. eine Pflicht zur Vorlage einer Urkunde besteht, bestimmt sich nach Landesrecht. Vgl. Wilmovski und Levy, C. P. O. 7. Aufl., Note 2 zu § 397. Eine weitergehende Vorschrift der fraglichen Art enthielt Art. 201 Code de procéd. civ., welcher die Verwahrer von Urkunden in einem Streit über die Echtheit einer Urkunde zur Vorlage des Vergleichstücks verpflichtete. Einen Ersatz dieser Vorschrift enthielt der Entwurf hinsichtlich der Notare im Abs. 2. Derselbe legte den Notaren die Pflicht auf, dem Ersuchen eines ordentlichen Gerichts um Vorlage einer Urkunde zu entsprechen, auch wenn eine solche Verpflichtung nach den Vorschriften der Civilprozeßordnung nicht besteht. Für den Fall einer unberechtigten Weigerung sollte dem Beweisführer im Civilprozeß ein Klagerecht entsprechend § 432 Abs. 3 in Verbindung mit § 429 C. P. O. zustehen. In der L. K. wurde der Abs. 2 gestrichen mit dem ausgesprochenen Zwecke, daß die im Abs. 1 bestimmte Befugniß des Gerichts auch auf den Fall des Civilprozesses Anwendung finde, obwohl es sich hier lediglich um einen Streit der Parteien und um die Urkundenvorlage auf Verlangen einer Partei handelt. Liegen die Voraussetzungen des § 422 C. P. O. (§ 810 B. G. B.) vor, so kommen die Vorschriften der §§ 432, 429 C. P. O. zur Anwendung, d. h. der die Mittheilung der Urkunde verweigernde Notar kann im Klagewege dazu angehalten werden.

5. Durch die Bezugnahme auf die §§ 9 bis 11 wird klargestellt, daß — wenn auch das anordnende Gericht an sich nicht mit einer Angelegenheit der freiwilligen Gerichtsbarkeit befaßt ist — die Anordnung und Erzwingung der Vorlage einer Urkunde selbst als Angelegenheit der freiwilligen Gerichtsbarkeit zu betrachten ist. Es steht daher auch, wie die Regierung auf Befragen erklärte, dem Notar nach dem allgemeinen Grundsatz des § 1 in Verbindung mit § 19 R. G. F. G. gegen die Anordnung des Gerichts das Rechtsmittel der Beschwerde zu. (K. B.)

6. Vgl. B. G. B. §§ 2246, 2248, 2256 Abs. 2, 2277; Ausf.-Ges. z. R. G. F. G. §§ 28, 57 Abs. 5.

7. Nach dem Tode des Erblassers s. B. G. B. § 2259, Abs. 2, §§ 2273, 2300 (Ablieferung an das Nachlaßgericht).

8. Abs. 3 ersetzt den Art. 203 Code de procéd. civ. und Art. 22 Abs. 2 des Ventôse-Gesetzes. Die Begründung bemerkt hierzu: „Soweit Art. 203 noch überdies die Vorschrift enthält, daß die Vergleichung der Abschrift mit der Urschrift durch Errichtung eines Protokolls des Landgerichtspräsidenten stattzufinden hat, erscheint ein Ersatz entbehrlich, wie auch die ausgesprochene Befugniß zur Errichtung von Haupt- und anderen Ausfertigungen auf Grund der Abschrift eines besonderen Ausdrucks nicht bedarf, da eine „copie figurée“ die Urschrift in jeder Hinsicht vertritt, was im Abs. 4 [jetzt 3] ebenfalls zum Ausdruck gelangt ist. Auf diejenigen Fälle, in denen es sich um eine dauernde Abgabe der Urschrift in die Verwahrung des Gerichts auf Grund gesetzlicher Vorschrift handelt, bezieht sich Abs. 4 [jetzt 3] nicht.“ (Vgl. obige Bem. 2.) Ebensowenig bezieht sie sich auf den Fall der Rückgabe des Testaments (B. G. B. § 2256). Selbstverständlich bezieht sich die Vorschrift auch nicht auf die im § 55 bezeichneten Urkunden, welche in die „Verwahrung“ des Notars überhaupt nicht zu nehmen sind. Ueber die Repertoriums- und Registrirungspflichtigkeit der „copie figurée“ vgl. Franz, Notariat, Note 62 a. E. Ausnahmen von der Vorschrift Abs. 3 siehe in den §§ 34 Abs. 3, 35. Eine Ausnahme ist auch anerkannt im Falle der Mittheilung der Urschrift an das Verkehrssteueramt zur Registrirung; vgl. Franz, Notariat, Note 61. Ob die Anfertigung einer Abschrift im Falle des § 80 Abs. 2, § 83 G. K. G. für Elf.-Lothr. unterbleiben kann, ist nicht ausdrücklich bestimmt; es ist aber anzunehmen, da die genannten Vorschriften eine Erleichterung im Grundbuchverkehr bezwecken. Vgl. die Begründung zu dem dem § 80 G. K. G. vorbildlichen § 13 des Gesetzes, betreffend die Kosten in Grundbuchsachen, vom 22. Juni 1891 (Leoni S. 199).

§ 57.[1])

Von den in Verwahrung des Notars befindlichen Urkunden hat der Notar den Berechtigten auf Verlangen Einsicht zu gewähren und Ausfertigung oder Abschrift zu ertheilen; auf Verlangen ist eine Urkunde auszugsweise auszufertigen.[2]) [3]) Im Weigerungsfall entscheidet auf Antrag das Amtsgericht, in dessen Bezirke der Notar seinen Amtssitz hat.[4]) [5])

Von den gemäß § 10 des Gesetzes vom 26. Dezember 1873, betreffend das Notariat (Gesetzbl. S. 435), in den Bezirksarchiven verwahrten Urkunden ertheilen die Bezirksarchivare den Berechtigten auf Verlangen beglaubigte Abschrift gegen Erstattung der den Notaren zustehenden Aufsuchungs- und Schreibgebühren.[6])

Berechtigt im Sinne dieser Vorschriften sind, unbeschadet der Bestimmungen des § 792 der Civilprozeßordnung[7]) und des § 110 Abs. 2 des Ausführungsgesetzes zum Bürgerlichen Gesetzbuche,[8]) [9]) diejenigen, in deren Namen eine Erklärung beurkundet oder in deren Angelegenheiten eine Urkunde aufgenommen ist, sowie die Erben und sonstigen Rechtsnachfolger dieser Personen.[10])

Das den Beamten der Verkehrssteuerverwaltung gesetzlich zustehende Recht auf Einsichtnahme der Urkunden bleibt unberührt.[11])

Von den in besonderer Verwahrung des Notars befindlichen Testamenten[12]) darf anderen Personen als dem Erblasser[13]) nur mit Einwilligung des Erblassers, von den in besonderer Verwahrung des Notars befindlichen Erbverträgen[14]) darf anderen Personen als den Vertragschließenden nur mit Einwilligung der Vertragschließenden Kenntniß gegeben werden. Die Einwilligung ist, wenn sie nicht persönlich gegenüber dem Notar erklärt wird, durch eine öffentliche Urkunde[15]) nachzuweisen.

Entw. § 54, K. V. S. 1924.

1. Die Vorschrift ersetzt im Allgemeinen die Art. 21, 23 des Ventôse-Gesetzes und Art. 839 Code de procéd. civ., soweit dieser Artikel noch Gültigkeit hatte. Die im Art. 23 Ventôse-Gesetz ausgesprochene Androhung einer Disciplinarstrafe für unbefugte Kenntnißgabe ist nicht wiederholt.

2. Das Recht, Ausfertigung von einer Urkunde zu ertheilen,

steht demjenigen Notar zu, welcher die Urkunde in Verwahrung hat, sei es, daß sie vor ihm aufgenommen, sei es, daß sie eine Privaturkunde ist, welche bei ihm hinterlegt wurde, oder daß es sich um die Ausfertigung einer der Urschrift einer anderen Urkunde beigehefteten Urkunde oder Ausfertigung handelt. Fertigt der Notar beglaubigte Abschrift einer nicht in seiner Verwahrung befindlichen Urkunde an, so hat diese Abschrift nicht den Charakter einer Ausfertigung, sondern eines selbstständigen Aktes, welcher der Repertoriums- und Registrirungspflicht unterworfen ist. — Soweit es sich um die Ertheilung einer vollstreckbaren Ausfertigung handelt, ist Art. 21 des Ventôse-Gesetzes bereits durch § 797 (fr. 705) Abs. 2 C. P. O. ersetzt. (Begr.)

3. Vor der Registrirung darf der Notar keine Urschrift, Ausfertigung oder Abschrift ertheilen (Ges. vom 22. Frimaire VII Art. 41); Ausnahmen s. in §§ 80, 83 elf.-lothr. G. K. G.

4. Die Anrufung des Amtsgerichts im Wege der freiwilligen Gerichtsbarkeit tritt an die Stelle der im Art. 839 Code de procéd. civ. vorgesehenen Klage. Das Amtsgericht entscheidet nicht als Beschwerdegericht, sondern auf einfache Anrufung, ähnlich wie nach Art. 195 R. G. F. G. und § 35 Ausf.-Ges. gegen Entscheidungen des mit richterlichen Verrichtungen betrauten Notars. Gegen die Entscheidung des Amtsgerichts ist die einfache Beschwerde nach § 19 R. G. F. G. zulässig.

5. Ueber das Verweigerungsrecht des Notars bis zur Bezahlung der Kosten vgl. § 59.

6. Vgl. die Vorschrift des § 10 Satz 2 des Notariatsgesetzes vom 26. Dezember 1873, welche des Zusammenhangs wegen hier wiederholt ist.

7. § 792 C. P. O. lautet:

„Bedarf der Gläubiger zum Zwecke der Zwangsvollstreckung eines Erbscheins oder einer anderen Urkunde, die dem Schuldner auf Antrag von einer Behörde, einem Beamten oder einem Notar zu ertheilen ist, so kann er die Ertheilung an Stelle des Schuldners verlangen."

8. § 110 Ausf.-Ges. z. B. G. B. giebt dem dinglich Berechtigten die Befugniß, das belastete Grundstück ohne Zustimmung des Eigenthümers zur Eintragung in das Eigenthumsbuch zu bringen. Bedarf er zum Nachweise des Eigenthums eines Erbscheins oder einer andern Urkunde, die dem Verpflichteten

(Eigenthümer) auf Antrag von einer Behörde oder einem Notar zu ertheilen ist, so kann er die Ertheilung an Stelle des Verpflichteten verlangen. Vgl. hierüber Molitor, Ausf.-Ges. z. B. G. B. zu § 110.

9. Eine weitere Sondervorschrift besteht hinsichtlich der notariellen Verhandlungen im Auseinandersetzungsverfahren (§§ 30 oben). Die Zulassung zur Akteneinsicht sowie die Ertheilung von Abschriften bemißt sich in diesem Verfahren zufolge § 194 R. G. F. G. lediglich nach § 34 R. G. F. G. (Ermessen des Gerichts bei glaubhaft gemachtem berechtigtem Interesse!).

10. Wegen der den Notaren obliegenden Pflicht, von den beurkundeten Schenkungen und Verfügungen von Todeswegen zu Gunsten von juristischen Personen die Berechtigten und, sofern die Zuwendung zu ihrer Wirksamkeit der staatlichen Genehmigung bedarf, den Bezirkspräsidenten zu benachrichtigen, vgl. Molitor, Ausf.-Ges. z. B. G. B. Bem. 4 zu § 6.

11. Vgl. Art. 54 Ges. vom 22. Frimaire VII. Wegen der Pflicht der Notare, den Beamten der Verkehrssteuerverwaltung ihr Repertorium vorzulegen, vgl. Art. 51, 52 ebendaselbst.

12. Vgl. § 28.

13. Der Erblasser kann die Rückgabe des Testaments jederzeit verlangen (B. G. B. §§ 2256 Abs. 2, 2272).

14. Vgl. B. G. B. § 2277, oben § 28.

15. Nicht durch bloß öffentlich beglaubigte Urkunde.

§ 58.

Eine Anordnung des Amtsgerichts,[1]) in dessen Bezirke der Notar seinen Amtssitz hat, ist erforderlich:

1. wenn ein nach § 57 Abs. 3 nicht Berechtigter Kenntniß von dem Inhalt einer Urkunde oder eine Ausfertigung oder Abschrift verlangt,[2])
2. wenn die Ertheilung der Abschrift einer noch nicht registrirten oder nicht vollendeten Urkunde verlangt wird.[3])

In dem Falle der Ziffer 1 ist die Anordnung nur dann zu treffen, wenn der Antragsteller ein rechtliches Interesse[4]) glaubhaft macht. Die Vorschrift des § 57 Abs. 5 bleibt unberührt.

Entw. § 55, K. B. S. 1924.

1. Auf die Anordnung finden die allgemeinen Vorschriften gemäß § 1 Anwendung.

2. Die Vorschrift der Ziff. 1 stimmt sachlich überein mit Art. 23 Satz 1 des Ventôse-Gesetzes in Verbindung mit § 11 des Gesetzes vom 10. Mai 1886, betreffend die Ausstellung gerichtlicher Erbbescheinigungen und die Zuständigkeit der Amtsgerichte. Die Androhung einer Disziplinarstrafe ist hier, wie in den anderen durch diesen Abschnitt geregelten Fällen als entbehrlich unterblieben (vgl. Bem. 1 zu § 57).

3. Die Vorschrift unter Ziffer 2 ersetzt die Art. 841, 842 Code de procéd. civ. in Verbindung mit § 11 des Gesetzes vom 10. Mai 1886.

Wegen Gestattung der Ertheilung von Ausfertigungen, Abschriften und Auszügen, welche bei den Anlagen des Grundbuchs oder Eigenthumsbuchs verbleiben, vor der Registrirung vgl. G. K. G. für Elf.-Lothr. § 80 Abs. 1, § 83; wegen Vorlage der Urschrift vor der Registrirung das. § 80 Abs. 2, § 83. Vgl. bezüglich der „actes imparfaits", Franz, Anm. 277 Ziff. 3.

4. Nicht „berechtigtes" Interesse! Vgl. z. B. das R. G. F. G. § 34, ferner § 57 Nr. 9 gegenüber § 57 Nr. 1 ebendort.

§ 59.

Der Notar kann die Ertheilung einer Ausfertigung, einer Abschrift oder eines Auszugs bis zur Bezahlung der dadurch entstehenden oder durch die Beurkundung entstandenen Kosten verweigern.

Entw. § 56, K. B. S. 1924.

Vgl. Art. 851 Code de procéd. civ., den die Vorschrift ersetzt. Hat das Gericht die Vorlage einer Urschrift angeordnet, so steht dem Notar der Anspruch auf Ersatz der Kosten für die nach § 56 Abs. 4 zu fertigende Abschrift gegenüber der Staatskasse zu (G. K. G. für Elf.-Lothr. § 106 Ziff. 1 in Verb. mit § 79 Nr. 6 R. G. K. G.).

§ 60.

Die Eingangsformel der vollstreckbaren Ausfertigungen[1]) der notariellen Urkunden[2]) ist die gleiche, wie die der Ausfertigungen gerichtlicher Urtheile.[3])

Die Vorschrift des § 42 des Gesetzes vom 8. Juli 1879, betreffend die Ausführung der Civilprozeßordnung, der Konkursordnung und der Strafprozeßordnung (Gesetzbl. S. 67), über die vollstreckbare Ausfertigung der im § 22 des Einführungsgesetzes zur Civilprozeßordnung[4]) bezeichneten Urkunden bleibt unberührt.[5])

Entw. § 57.

Vgl. Ventôse-Gesetz Art. 25.

1. Vgl. über den Begriff „vollstreckbare Ausfertigungen" gegenüber sonstigen Ausfertigungen und Abschriften, Franz, Notariat Nr. 52—56.

2. Gleichviel ob die Urkunde unter der Herrschaft des alten oder des neuen Rechts errichtet ist. Vgl. jedoch Bem. 4, 5.

3. Die Vollstreckungsklausel ist wenigstens für die nach 1. Oktober 1879 errichteten Notariatsurkunden schon nach § 795 (früher § 703) C. P. O. die gleiche wie die der Urtheile; vgl. § 725 C. P. O. Dagegen hatte die Eingangsformel bisher noch die im § 8 Ges. vom 14. Juli 1871 vorgeschriebene Form. Die Eingangsformel lautet jetzt: „Im Namen des Kaisers".

4. D. h. der vor dem 1. Oktober 1879 errichteten Notariatsurkunden, aus welchen nach dem damaligen Rechte die Zwangsvollstreckung zulässig war.

5. Nach § 42 Abs. 1 des Ges. vom 8. Juli 1879 erfolgt die Zwangsvollstreckung der in Bem. 4 bezeichneten (alten) Urkunden auf Grund einer nach den „bisherigen Gesetzen" (Art. 2 Dekr. vom 2. Dezember 1852) ertheilten vollstreckbaren Ausfertigung. Die Beibehaltung dieser Form der übrigens nur noch selten zu ertheilenden Ausfertigungen empfiehlt sich, wie die Begründung bemerkt, um diese Urkunden, welche regelmäßig nur eine auf Elsaß-Lothringen beschränkte Vollstreckbarkeit haben, den Betheiligten und dem Vollstreckungsbeamten sofort erkennbar zu machen.

§ 61.[1])

Der Notar soll die Ausfertigungen mit Unterschrift und Dienstsiegel[2]) [3]) versehen. Mit dem Dienstsiegel sollen auch die in Urschrift auszuhändigenden Urkunden[4]) versehen werden.

Entw. § 58.

1. Vgl. Ventôse-Gesetz Art. 27. — Die allgemeine Vorschrift des § 61 ist erforderlich, weil § 182 R. G. F. G. nur hinsichtlich der gerichtlichen Urkunden über Rechtsgeschäfte, nicht aber hinsichtlich notarieller Urkunden, entsprechende Bestimmung trifft.

2. Das R. G. F. G. sowie die Grdb.-O. unterscheiden zwischen „Siegel", das aus einem mit der Urkunde zu verbindenden Stoffe (Lack, Oblate) herzustellen ist, und dem „Stempel" (Farbdruckstempel, Trockenstempel). Diese Unterscheidung liegt dem Ausdruck „Dienstsiegel" im § 61 nicht zu Grunde. Als Dienstsiegel kann hiernach der einfache Farbdruckstempel verwendet werden. Wo aber der Notar eine Urkunde aufnimmt, welche den reichsgesetzlichen Vorschriften über die Anbringung des Siegels im engeren Sinne unterliegt, hat er nach diesen Vorschriften zu verfahren (Grdb.-O. §§ 61, 70, Ausf.-Ges. z. Grdb.-O. § 11). Vgl. des Näheren hierüber sowie über das Dienstsiegel im Allgemeinen die Verfügung des Oberstaatsanwalts vom 26. Juni 1900 (Anhang F).

3. Ueber die Beschaffenheit des Dienstsiegels bestimmt eine Verfügung des Generalprokurators vom 16. Dezember 1871 (Just.-Samml. I S. 150): „Das von den Notarien in allen vom Gesetze vorgeschriebenen Fällen zu gebrauchende Dienstsiegel hat den Reichsadler (cf. Reichsgesetz vom 3. August 1871, Reichsgesetzbl. S. 318) zu enthalten und als Umschrift den Vor- und Zunamen des Notars mit der Bezeichnung „Kaiserl. Notar" und dem Wohnsitz".

4. Vgl. § 55.

§ 62.

Die Notare haben vor dem Amtsantritt ihre Unterschrift und ihren Handzug (Anfangsbuchstaben des Namens) auf der Gerichtsschreiberei des Landgerichts, in dessen Bezirke sie ihren Amtssitz haben, und, sofern dieser sich nicht im Amtsgerichtsbezirke des Landgerichtssitzes befindet, auch auf der Gerichtsschreiberei des Amtsgerichts, in dessen Bezirke sie ihren Amtssitz haben, zu hinterlegen.

Entw. § 59.

Vgl. Ventôse-Gesetz Art. 49 Abs. 1, Ges. v. 2. Mai 1861, betr. die Beglaubigungen der Unterschriften der Notare und Standesbeamten durch die Friedensrichter.

§ 63.

Die Notare haben, unbeschadet der Vorschriften des § 4 Abs. 3 der Kaiserlichen Verordnung vom 17. März 1886, betreffend die Disziplin des Notariats (Gesetzbl. S. 57), folgende Register zu führen:[1] [2])

1. ein Gebührenregister, in welches nach ununterbrochener Zeitfolge und ohne Zwischenraum die Gebühren und Auslagen sowie die erhaltenen Zahlungen, letztere in einer besonderen Abtheilung, einzutragen sind,
2. ein Repertorium, in welches alle der Registrirung unterliegenden Urkunden einzutragen sind,
3. ein Wechselprotestregister.

Das Gebührenregister ist vierteljährlich dem Amtsgerichte zum Abschluß einzureichen.

Die näheren Anordnungen über die Einrichtung und Führung dieser Register werden von der Aufsichtsbehörde erlassen.[3])

Entw. § 60, K. B. S. 1924 f.

1. Im Anschluß an die Vorschriften über das notarielle Urkundenwesen trifft der § 63 zusammenfassende Bestimmung über die von den Notaren zu führenden Register. Vgl. hierzu Art. 29 des Ventôse-Gesetzes, die Art. 49, 50 des Enregistrementsgesetzes vom 22. Frimaire VII, § 4 Abs. 1 des Notariatsgesetzes vom 26. Dezember 1873, Art. 90 der Wechselordnung und § 16 Abs. 2 Einf.-Ges. z. H. G. B. vom 19. Juni 1872.

Das im Art. 5 des Dekrets vom 21. August 1806 vorgeschriebene Register der Lebensscheine ist, weil ohne praktische Bedeutung, in Wegfall gekommen.

2. Art. 18 des Ventôse-Ges. machte den Notaren die Führung eines Verzeichnisses der Entmündigten und Verbeistandeten ihres Amtsbezirks zur Pflicht. Ueber die Fortführung dieses Verzeichnisses nach Einführung der deutschen C. P. O. traf eine Ministerialverfügung vom 13. Juli 1886, mitgetheilt den Notaren durch Verf. des Oberstaatsanwalts vom 23. Juli 1886 (Just.-Sammlg. XI S. 351 ff.) Bestimmung. Diese Verfügungen sind ersetzt durch Art. 10 der allgem. Verf. des Ministeriums vom 6. Dezember 1899 betr. das Verfahren in Angelegenheiten der freiw. Gerichtsbarkeit (Anhang B II u. A IV).

3. Vgl. die allgemeine Verfügung des Oberstaatsanwalts vom 16. Dezember 1899, betreffend die Einrichtung und Führung der Dienstbücher der Notare (Anhang F).

§ 64.

Auf die Beurkundung von Rechtsgeschäften durch die Gerichte[1]) finden die Vorschriften der §§ 52 bis 55 Abs. 1 entsprechende Anwendung.[2]) [3])

Entw. § 61.

1. Gerichtliche Beurkundung von Rechtsgeschäften findet (wahlweise mit der Beurkundung durch andere Beamten) statt nach § 167 Abs. 2 R. G. F. G. (Anerkennung der Vaterschaft) und § 47 Ausf.-Ges. z. R. G. F. G. (Ersatz für die öffentliche Beglaubigung der dem Vormundschaftsgericht oder dem Nachlaßgericht gegenüber abzugebenden Erklärungen). Gerichtliche Beurkundung von Rechtsgeschäften kommt ferner vor in Grundbuchsachen, z. B. über die dingliche Einigung nach §§ 873 Abs. 2, 877 vor dem Amtsgericht als Grundbuchamt, insbesondere die Auflassung, Bestellung oder Uebertragung eines Erbbaurechts im Grundbuchgebiet, (B. G. B. §§ 925, 1015, Ausf.-Ges. z. Grdb.-O. § 12), bei Beurkundung von Einwilligungserklärungen nach Grd.-O. § 29, Ausf.-Ges. z. B. G. B. § 103, im Grundbuchanlegungsverfahren nach § 32 der K. Verordnung, betr. die Anlegung von Grundbüchern, vom 18. April 1900; ferner im Falle des § 1892 B. G. B. (Beurkundung des Anerkennt-

nisses der Vormundschafts-Schlußrechnung). Dagegen gehören nicht hierher die Beurkundungen, welche das Gericht in einem anhängigen Rechtsstreite vornimmt (Vergleiche, Anerkenntnisse, Verzichte). Hierfür sind auch nicht die Vorschriften der §§ 168ff. R. G. F. G., sondern lediglich die Vorschriften der C. P. O. (§ 160) maßgebend. Vgl. die Denkschr. zum Entw. des R. G. F. G. zum 10. Abschnitt. — Wegen des besonderen Falles einer Beurkundung nach § 155 Abs. 3 R. G. F. G. vgl. Bem. 2.

2. Die unmittelbar anzuwendenden Vorschriften sind enthalten in den §§ 168—182 R. G. F. G. Zu § 182 das. betr. die Anbringung des Gerichtssiegels auf den Ausfertigungen s. die Verf. des Minist. vom 11. April 1900 (Anhang F); vgl. hierzu auch Bem. 2 zu § 61. Außer den erwähnten Vorschriften des 10. Abschnitts R. G. F. G. (§ 168ff.) kommen für die gerichtliche Beurkundung von Rechtsgeschäften zur Anwendung die allgemeinen Vorschriften des 1. Abschnitts R. G. F. G., soweit sie nicht mit den besonderen Vorschriften des 10. Abschnitts in Widerspruch stehen. Dies ergiebt sich aus § 1 R. G. F. G. zwar nur für die Beurkundungen nach § 167 Abs. 2 und B. G. B. § 1892; denn nur diese sind reichsgesetzlich den Gerichten übertragen; im Uebrigen ergiebt es sich aus § 1 Ausf.-Ges. z. R. G. F. G. In Anwendung kommt daher z. B. § 34 R. G. F. G. über die Einsichtgabe von Gerichtsakten und Abschriftertheilung, der jedoch für Grundbuchsachen ersetzt wird durch die besonderen Bestimmungen der Minist.-Verf. über die Einsicht des Grundbuchs u. s. w. vom 5. Dezember 1899 (Centr.-Amtsbl. S. 313). — Soweit eine Beurkundung Bestandtheil eines im R. G. F. G. geregelten besonderen Verfahrens ist, so die Beurkundung einer Einigung über die Dispache (§ 155 Abs. 3 R. G. F. G.) kommen die Vorschriften des 10. Abschnitts R. G. F. G. zur Anwendung neben den allgemeinen Vorschriften. Wenn die Verrichtungen den Notaren übertragen sind (im Auseinandersetzungsverfahren), kommen die Vorschriften des 1. Abschnitts R. G. F. G. nur insoweit zur Anwendung, als sie ausdrücklich für anwendbar erklärt sind (vgl. Bem. 3 zu § 1, Bem. 3 zu § 50 und Bem. 4 zu § 51).

3. Die Vorschriften über die Beurkundung von Rechtsgeschäften kommen nicht zur Anwendung bei anderen Beurkundungen, welche lediglich bezwecken, innerhalb eines Verfahrens

das Ergebniß einer Verhandlung aktenkundig zu machen, z. B. in Vormundschafts- oder Nachlaßsachen, wo die Aufnahme eines förmlichen Protokolls über jede Verhandlung oft zu unnöthigen Schreibereien führen würde und häufig ein Aktenvermerk genügen wird (vgl. R. K. B. zu § 8 Entw. des R. G. F. G.). S. jedoch die besonderen Vorschriften in §§ 15, 23, 24, 26 der Verf. des Minist. vom 6. Dez. 1900, betr. das Verfahren bei der Sicherung von Nachlässen und der Errichtung von Vermögensverzeichnissen (Anhang D).

§ 65.

Auf die Beurkundung von Rechtsgeschäften nach Maßgabe des § 45 finden die Vorschriften der §§ 168 bis 182 des Reichsgesetzes über die Angelegenheiten der freiwilligen Gerichtsbarkeit und die Vorschriften der §§ 52 bis 55 Abs. 1, der §§ 56 Abs. 1 Satz 1 und 2, 57 Abs. 1, 3, 4 und des § 58 dieses Ausführungsgesetzes entsprechende Anwendung. In den Fällen des § 169 des Reichsgesetzes über die Angelegenheiten der freiwilligen Gerichtsbarkeit muß der Beamte zwei Zeugen zuziehen. Die Ausfertigung ist von einem zur Aufnahme der Urkunde befugten Beamten zu ertheilen.

Die im § 45 bezeichneten Behörden haben ein Repertorium zu führen, in welchem die von ihnen beurkundeten Verträge zu vermerken sind.

Entw. § 62, K. B. S. 1925.

Vgl. hierzu die Ausf.-Verf. des Minist. an die Bezirkspräsidenten vom 11. Januar 1900.

VII. Uebergangs- und Schlußbestimmungen.

§ 66.

Für die Anfechtung einer Entscheidung, welche vor dem Inkrafttreten dieses Gesetzes ergangen ist, bleiben, unbeschadet Rechtsmittel.

der Vorschrift des § 67, die bisherigen Vorschriften maßgebend.

Entw. § 63.

§ 67.

Zwangserziehung.

Auf ein zur Zeit des Inkrafttretens dieses Gesetzes anhängiges Verfahren, welches die Unterbringung eines Minderjährigen in eine Familie oder in eine Erziehungs- oder Besserungsanstalt zum Gegenstande hat,[1]) finden von dieser Zeit an die Vorschriften der §§ 124 bis 127 des Ausführungsgesetzes zum Bürgerlichen Gesetzbuche, sowie die Vorschriften des Reichsgesetzes über die Angelegenheiten der freiwilligen Gerichtsbarkeit und dieses Gesetzes Anwendung.[2])

Entw. § 64.

1. Das Verfahren auf Anordnung der öffentlichen Zwangserziehung. Ueber das Verhältniß dieses Verfahrens zum Verfahren auf obervormundschaftliche Unterbringung vgl. Molitor, Ausf.-Ges. z. B. G. B. § 123 Bem. 1.

2. Die künftige Regelung weicht von den Vorschriften des Gesetzes vom 18. Juli 1890 in den Voraussetzungen nur in ganz untergeordneten Punkten uud in dem Verfahren im Wesentlichen nur in der Regelung der Beschwerde ab. Während nach § 4 des Gesetzes vom 18. Juli 1890 für die Beschwerde gegen die Entscheidung des Amtsgerichts eine Nothfrist von 2 Wochen und für die weitere Beschwerde eine solche von einem Monat gesetzt ist, findet nach dem Reichsgesetz über die Angelegenheiten der freiwilligen Gerichtsbarkeit die fristlose Beschwerde und weitere Beschwerde statt. Ferner ist die Befugniß des Vormundschaftsgerichts zur Aufhebung der angeordneten Maßregeln im Gegensatze zum bisherigen Rechte (§ 6 des Gesetzes vom 18. Juli 1890) an keine bestimmte Voraussetzung gebunden. (Begr.)

§ 68.

Vormundschaftssachen.

Die gesetzliche Hypothek des Mündels ist erloschen, soweit sie zur Zeit des Inkrafttretens des Bürgerlichen Gesetzbuchs nicht eingetragen ist.

Entw. § 65.

§ 69.

Uebersteigt die Eintragung der Mündelhypothek dasjenige Maß, welches zur Sicherung der beim Inkrafttreten des Bürgerlichen Gesetzbuchs begründeten Ansprüche des Mündels erforderlich ist, so hat das Vormundschaftsgericht auf Antrag des Vormundes oder, sofern der Mündel unter die elterliche Gewalt tritt, des Inhabers der elterlichen Gewalt die Beschränkung auf dieses Maß und gegebenenfalls die Aufhebung oder die Umschreibung der Hypothek anzuordnen.

Die zur Beschränkung, Aufhebung oder Umschreibung erforderliche Mitwirkung des Mündels wird durch die Anordnung des Vormundschaftsgerichts ersetzt.

Die Kosten der Löschung, der Minderung oder der Umschreibung der Hypothek fallen dem Mündel zur Last.

Entw. § 66, K. B. S. 1925.

§ 70.

Auf die Hypothek an den Liegenschaften des auf Grund des Artikels 32 des Gesetzes über die Geisteskranken vom 30. Juni 1838 ernannten vorläufigen Verwalters finden die Vorschriften der §§ 68, 69 entsprechende Anwendung.

Entw. § 67.

§ 71.

Die Vorschriften des § 54 des Reichsgesetzes über die Angelegenheiten der freiwilligen Gerichtsbarkeit finden, bis das Grundbuch als angelegt anzusehen ist, mit der Maßgabe Anwendung, daß an Stelle der Eintragung in das Grundbuch die Eintragung in das Eigenthumsbuch und in das vorläufige Grundbuch tritt.

Entw. § 68.

Zu den §§ 68 bis 71.

Nach näherer Bestimmung der Art. 203 bis 210 Einf-Ges. z. B. G. B. finden auf das Rechtsverhältniß zwischen den Eltern und einem vor dem Inkrafttreten des Bürgerlichen Gesetzbuchs geborenen ehelichen Kinde, auf die rechtliche Stellung eines vor diesem Zeitpunkte geborenen unehelichen Kindes, sowie auf eine zur Zeit des Inkrafttretens des B. G. B. bestehende Vormundschaft oder Pflegschaft von dieser Zeit an die Vorschriften des Bürgerlichen Gesetzbuchs Anwendung. So unterliegt z. B. eine beim Inkrafttreten des B. G. B. anhängige Theilung, bei welcher ein bevormundeter Minderjähriger betheiligt ist, obwohl nach § 76 das Auseinandersetzungsverfahren selbst in solchem Falle nach den bisherigen Vorschriften zu erledigen ist, nicht mehr der Genehmigung des Familienraths und der Bestätigung des Theilungsgerichts auf Antragstellung der Staatsanwaltschaft, sondern es ist, falls der Minderjährige auch nach dem neuen Rechte unter Vormundschaft steht, nach § 1822 Nr. 2, gegebenenfalls auch, und zwar hinsichtlich eines jeden Minderjährigen, nach § 1821 und § 1643 B. G. B., lediglich die Genehmigung des Vormundschaftsgerichts erforderlich; die Zuständigkeit des letzteren, sowie das Verfahren und das Beschwerderecht richten sich nach den Vorschriften des R. G. F. G.

Hiernach ist zu Uebergangsbestimmungen in Vormundschafts- und Pflegschaftssachen für die Landesgesetzgebung nur in beschränktem Maße Raum. (Begr.)

§ 68. 1. Die frühere Mündelhypothek. — In der Begr. zu § 68 ist ausgeführt: „Das B. G. B. kennt eine gesetzliche Hypothek des Mündels an den Liegenschaften des Vormunds im Sinne des geltenden Rechtes nicht. Es bewirkt die erforderliche Sicherstellung des Mündelvermögens, soweit sie nicht schon durch die die Freiheit des Vormunds beschränkenden Vorschriften über dessen Vermögensverwaltung erreicht wird, durch die Befugniß des Vormundschaftsgerichts, den Vormund zur Sicherheitsleistung anzuhalten (§ 1844 B. G. B., auch § 54 R. G. F. G.). Die zur Zeit des Inkrafttretens des B. G. B. durch die bisherige Hypothek gesicherten Ansprüche des Mündels gegen den Vormund behalten zwar auch nach dieser Zeit die hypothekarische Deckung. Aber aus dem sofortigen Inkrafttreten des Vormundschaftsrechts des B. G. B. folgt, daß die erlangte Sicherung sich nur auf die unter der Herrschaft des alten Rechts entstandenen und im Uebergangszeitpunkt bestehenden Ansprüche des Mündels erstreckt. Sodann kommt in Betracht, daß eine wirksame Hypothek nur besteht, wenn sie eingetragen ist (§ 9 des Gesetzes vom 24. Juli 1889). Nach § 77 Abs. 2 und § 109 Abs. 2 Ausf.-Ges. z. B. G. B. begründen zwar nicht eingetragene Hypotheken den Anspruch auf Einräumung einer Sicherungs-Hypothek. Allein ob dieser Grundsatz in Anwendung auf die Mündelhypothek durchführbar ist, kann in Zweifel gezogen werden, schon deshalb, weil nach geltendem Rechte der Mündel nicht stets einen Anspruch auf Eintragung einer Hypothek hat. Beim Vorliegen bestimmter Voraussetzungen ist die Eintragung zu unterlassen und in allen Fällen kann der Familienrath anordnen, daß die Eintragung unterbleibt (vgl. § 13 Abs. 1—3 des Gesetzes vom 24. Juli 1889). Es hätte also, wenn man die Erwirkung der Eintragung nach dem Inkrafttreten des B. G. B. durch das Vormundschaftsgericht vorschreiben wollte, dieses nicht sowohl die Verwirklichung eines begründeten Anspruchs auf Eintragung der Hypothek zu veranlassen, als über die Begründung eines solchen Anspruchs zu entscheiden, und es unterliegt erheblichen Bedenken, ob dies zulässig wäre, da unter der Herrschaft des B. G. B. der Mündel einen Anspruch auf hypothekarische Sicherung nicht erlangt. Mindestens würde die Untersuchung, ob der Mündel bereits vor Inkrafttreten des B. G. B. nicht nur einen Vermögensanspruch gegen den Vormund, sondern einen begründeten Anspruch auf Erwirkung der hypothekarischen Eintragung gehabt hat, oft schwierig sein. Aber abgesehen von diesen Bedenken besteht ein praktisches Bedürfniß für die spätere Eintragung der Mündelhypothek nicht. In den bestehenden Vormundschaften wird die Eintragung erfolgt oder aus den im Gesetze vorgesehenen Gründen unterblieben sein. Es kämen in der Hauptsache nur solche Vormundschaften in Betracht, die in der letzten Zeit vor dem Inkrafttreten des B. G. B. entstanden sind. In solchen Fällen werden aber Ansprüche gegen den Vormund, die immer die Voraussetzung für die Zulässigkeit der Eintragung bilden würden, regelmäßig noch nicht begründet sein. Sollte aber in solchen oder in anderen Fällen die Erwirkung der Eintragung sich als nothwendig erweisen, so ist es

Sache der Vormundschaftsgerichte, und es kann ihnen in dieser Beziehung das Erforderliche überlassen werden, die Eintragung vor dem 1. Januar 1900 zu veranlassen."

Auf die rechtzeitige Eintragung der vor dem 1. Januar 1900 begründeten Mündelhypothek sind die Amtsgerichte durch Verfügung des Oberlandesgerichtspräsidenten vom 11. November 1899 Ziff. 12 (s. Anhang B I) hingewiesen worden.

Nach § 21 des Ges. v. 24. Juli 1889 sind die eingetragenen gesetzlichen Hypotheken der Mündel bis zum Ablauf eines Jahres nach Beendigung der Vormundschaft von der Erneuerung befreit und nach § 8 des Grundbuchgesetzes v. 22. Juni 1891 erlischt die Wirkung der Eintragung dieser Hypotheken, wenn sie nicht bis zum Ablauf eines Jahres nach Beendigung der Vormundschaft erneuert ist. Die Worte „Beendigung der Vormundschaft" sind aus den zur Zeit des Erlasses jener Gesetze geltenden Rechtsnormen zu erläutern und bedeuten demnach Erreichung der Volljährigkeit oder Tod des Mündels. Mit dem Uebergange der gesetzlichen Vormundschaft in die elterliche Gewalt am 1. Januar 1900 ist die Beendigung im Sinne jener Gesetze nicht eingetreten. Vgl. in diesem Sinne die Verf. des Oberlandesgerichtspräsidenten vom 10. Dezember 1900 an die Gerichte (Anhang B).

§ 69. Nach § 13 Abs. 4 des Gesetzes vom 24. Juli 1889 war die Einschreibung der Mündelhypothek, wenn sie das zur Sicherung des Mündels erforderliche Maß dem Betrage oder dem Gegenstande nach überstieg, auf Antrag des Vormunds durch Beschluß des Familienraths, welcher der landgerichtlichen Bestätigung unterlag, zu beschränken. Auch in dieser Beziehung konnte das bisherige Verfahren schon um deswillen nicht beibehalten werden, weil ein Familienrath in Zukunft nur ausnahmsweise eingesetzt wird. § 69 weist daher im Anschluß an § 1844 Abs. 1 B. G. B. die bezügliche Anordnung dem Vormundschaftsgerichte zu. Dagegen unterliegt die Beschränkung oder Aufhebung nicht wie im Falle des § 1844 B. G. B. dem freien Ermessen des Vormundschaftsgerichts, denn der Mündel hat mit der vor dem Inkrafttreten des B. G. B. bewirkten Einschreibung ein Recht auf hypothekarische Sicherung erworben. Eine Beschränkung oder Aenderung der im alten Rechte entstandenen Mündelhypothek findet daher auch unter der Herrschaft des B. G. B. nur statt unter der vom Vormundschaftsgerichte festzustellenden Voraussetzung, daß die Einschreibung das zur Sicherung dieser Ansprüche erforderliche Maß übersteigt oder Ansprüche nicht bestehen. Antragsberechtigt ist, wie bisher, der Vormund, oder, sofern der Mündel mit dem Inkrafttreten des B. G. B. unter die elterliche Gewalt tritt (Art. 203, 210 Einf. Ges. z. B. G. B., § 1626 B. G. B.), der Inhaber der elterlichen Gewalt, der bis dahin die Vormundschaft geführt hat.

Die Anordnung der Beschränkung oder Aufhebung der Hypothek genügt in Ansehung der in das Grundbuch, in das Eigenthumsbuch oder das vorläufige Grundbuch eingetragenen Hypotheken zur Löschung nicht. Vielmehr ist nach allgemeinen Grundsätzen hierzu die Erklärung des Berechtigten, daß er das Recht aufgebe, und die Einwilligung des Eigenthümers der Grundstücke erforderlich (§§ 875, 1183 B. G. B.). Die Erklärung des Mündels wird jedoch entbehrlich durch die Vorschrift des § 69 Abs. 2, welcher den Abs. 2 des § 144 B. G. B. übernimmt, wonach die Mitwirkung des Mündels durch die Anordnung des Vormundschaftsgerichts ersetzt wird.

Daß die Kosten der Löschung oder Minderung der Hypothek dem Mündel zur Last fallen, entspricht dem bisherigen Rechte (vgl. auch § 1844 Abs. 3 B. G. B.) und ist im Abs. 3 ausdrücklich ausgesprochen, da aus der allgemeinen Bestimmung des § 4 die Kostenpflicht des Vormundes gefolgert werden könnte. (a. d. Begr.)

2. Nach § 54 R. G. F. G. kann das Vormundschaftsgericht § 71.
unter bestimmten Voraussetzungen das Grundbuchamt um die Eintragung einer Sicherungshypothek an Grundstücken des Vormundes, des Pflegers oder des Beistandes ersuchen; die Hypothek entsteht mit der Eintragung. Ohne die Bestimmung des § 71 würde diese Vorschrift erst mit der Anlegung des Grundbuchs in Wirksamkeit treten. Vgl. die §§ 88, 111 Ausf.-Ges. z. B. G. B.

3. Bezüglich der geschäftlichen Behandlung der beim Inkrafttreten des B. G. B. bestehenden Vormundschaften und Pflegschaften vgl. außer der Verfügung des Oberlandesgerichtspräsidenten vom 11. November 1899 (Anhang B I) den § 19 der allgemeinen Verfügung des Ministeriums vom 6. Dezember 1899, betr. das Verfahren in Angelegenheiten der freiwilligen Gerichtsbarkeit und die Registerführung bei den Amtsgerichten (Anhang B II).

§ 72.

Abwesenheitssachen.

Soweit nach den bisherigen Vorschriften die vorläufig in den Besitz des Vermögens eines Verschollenen Eingewiesenen zur Verfügung über Gegenstände dieses Vermögens der Mitwirkung oder der Anordnung des Gerichts bedürfen, ist vom Inkrafttreten dieses Gesetzes an die Genehmigung des Vormundschaftsgerichts zur Verfügung sowie zur Eingehung einer Verpflichtung zur Verfügung erforderlich und genügend.

Die örtliche Zuständigkeit des Gerichts bestimmt sich nach § 39 des Reichsgesetzes über die Angelegenheiten der freiwilligen Gerichtsbarkeit.

Die bisherigen Vorschriften über das Verfahren bei Veräußerungen und Belastungen treten außer Kraft.

Entw. § 69.

§ 73.

Für die Entscheidung über die endgültige Einweisung des muthmaßlichen Erben in den Besitz des Vermögens eines Verschollenen ist, sofern der Antrag beim Inkrafttreten dieses Gesetzes noch nicht gestellt ist, das Vormundschaftsgericht zuständig. Die Vorschrift des § 72 Abs. 2 findet entsprechende Anwendung.

Das Verfahren bestimmt sich nach den allgemeinen Vorschriften dieses Gesetzes.

Entw. § 70.

Zu den §§ 72, 73.

I. Aus der Bestimmung des Art. 210 Einf.-Ges. z. B. G. B., daß auf eine zur Zeit des Inkrafttretens des B. G. B. bestehende Pflegschaft die Vorschriften des B. G. B. Anwendung finden, und daß die bisherigen Pfleger im Amte bleiben, folgt, daß in allen Abwesenheitsfällen, in denen nach dem bisherigen Rechte ein Kurator ernannt worden ist (Art. 112, 113

Code civil, § 334 Str. Pr. O.), dessen Befugnisse und Pflichten sich nach den Vorschriften des B. G. B. über die Pflegschaft bemessen. Sofern ein Kurator nicht ernannt ist, hat es gleichfalls bei den Vorschriften des B. G. B. sein Bewenden, wonach das Vormundschaftsgericht einen Abwesenheitspfleger bestellen kann (§ 1911); vgl. auch jetzt den Sonderfall des § 88 R. G. F. G. (Pfleger bei einer Auseinandersetzung) in Verbindung mit § 34 Ausf.-Ges.

Ist zur Zeit des Inkrafttretens des B. G. B. ein Verfahren auf Verschollenheitserklärung (Art. 115 Code civil, Gesetz vom 21. Oktober 1873) oder auf Einweisung der muthmaßlichen Erben in den vorläufigen oder endgültigen Besitz des Vermögens des Verschollenen (Art. 120, 129 Code civil) anhängig, so ist dasselbe nach den bisherigen Gesetzen zu erledigen (Einf.-Ges. z. B. G. B. Art. 161 Abs. 1). Desgleichen sind, falls die Einweisung in den vorläufigen Besitz zu dem erwähnten Zeitpunkte bereits erfolgt ist, für die Einweisung in den endgültigen Besitz die bisherigen Vorschriften maßgebend (Art. 161 Abs. 2) und in beiden Fällen bestimmen sich die Wirkungen der ergehenden Entscheidungen nach dem bisherigen Rechte (Art. 161 Abs. 3).

Eine Nothwendigkeit zum Erlasse landesgesetzlicher Uebergangsbestimmungen hat hiernach nicht bestanden. Aus Zweckmäßigkeitsgründen haben jedoch die §§ 72, 73 auf Grund des Art. 218 Einf.-Ges. z. B. G. B. die aufrechterhaltenen Vorschriften insoweit geändert, als

1) die gerichtliche Mitwirkung bei Verfügungen des vorläufig in den Besitz Eingewiesenen über das Vermögen des Verschollenen in Uebereinstimmung mit den für den Abwesenheitspfleger geltenden Vorschriften des B. G. B. (§§ 1821, 1911, 1915) geregelt ist und die bisherigen Vorschriften über das Verfahren bei Veräußerungen und Belastungen aufgehoben sind, da auch der Abwesenheitspfleger des B. G. B. solchen erschwerenden Formen nicht unterworfen ist; § 72.

2) für die Entscheidung über die endgültige Einweisung in den Besitz, sofern der Antrag beim Inkrafttreten des B. G. B. noch nicht gestellt ist, an Stelle des Landgerichts das Vormundschaftsgericht zuständig erklärt ist. Die Begründung bemerkt in dieser Beziehung: „Wenn auch das Abwesenheitsverfahren, welches mit der Verschollenheits- § 73.

erklärung und der vorläufigen Einweisung in den Besitz des Vermögens des Verschollenen beginnt und mit der endgültigen Einweisung in den Besitz endigt, als Einheit zu betrachten ist (Mot. z. Einf.-Ges. z. B. G. B. S. 240), so liegen doch die beiden Stadien des Verfahrens zeitlich so weit auseinander und stehen dieselben prozessual so wenig im Zusammenhange, daß es unzweckmäßig wäre, die Zuständigkeit und das Verfahren bei der 30 Jahre nach der vorläufigen Einweisung eintretenden Entscheidung über die endgültige Besitzeinweisung nach den bisherigen Vorschriften zu bestimmen."

Aeltere Vorschriften.

Im Uebrigen bleiben die bisherigen Vorschriften in Geltung, nämlich:

a) hinsichtlich der Pflicht der Eingewiesenen, Bürgschaft für die gute Führung ihrer Verwaltung zu leisten, und hinsichtlich des Verfahrens der Bürgschaftsstellung (Code civil Art. 120, Code de procéd. civ. Art. 517 ff.);
b) hinsichtlich des Rechtes der Betheiligten und der Staatsanwaltschaft, die Eröffnung eines etwaigen Testamentes zu beantragen (Code civil Art. 123);
c) hinsichtlich der Verpflichtung der Eingewiesenen zur Aufnahme eines Vermögensverzeichnisses sowie hinsichtlich der Befugniß der Eingewiesenen, den Zustand der Grundstücke feststellen zu lassen (Code civil Art. 126, der auch für das Verfahren und die Zuständigkeit maßgebend bleibt);
d) hinsichtlich der Frage, wann der vorläufig in den Besitz Eingewiesene einer gerichtlichen Entscheidung bedarf (vgl. bezüglich der Verfügung über Grundstücke: Art. 128, 2126 Code civil, dazu wegen Erforderlichkeit der gerichtlichen Genehmigung zur Erhebung einer Immobiliarklage Aubry & Rau § 153 Anm. 15; bezüglich der Verfügung über Mobilien: Art. 126 Code civil und über dessen in dieser Beziehung bestrittene Auslegung Aubry & Rau § 153 Anm. 5, 9 und Zachariä-Crome § 193).

II. Nach §§ 20, 27 Ausf.-Ges. z. Grdb.-O. ist der endgültig in den Besitz des Vermögens eines Verschollenen Eingewiesene berechtigt, auf Grund der Einweisung seine Eintragung als Eigenthümer in das Grundbuch, vorl. Grundbuch oder Eigenthumsbuch zu verlangen.

III. Wegen der geschäftlichen Behandlung der beim Inkrafttreten des B. G. B. bestehenden Abwesenheitspflegschaften vgl. die Verfügung des Oberlandesgerichtspräsidenten vom 11. November 1899 Ziff. 9, 10 und die allgemeine Verfügung des Ministeriums vom 6. Dezember 1899 Art. 19, 54 Abs. 2 (s. Anhang B, G).

§ 74.

Annahme an Kindesstatt.

Ist beim Inkrafttreten dieses Gesetzes die im Artikel 353 des Code civil vorgesehene Urkunde über die Annahme einer Person an Kindesstatt errichtet, so sind für das weitere Verfahren und für die Wirkungen der Annahme an Kindesstatt die bisherigen Vorschriften maßgebend. Wird die Annahme an Kindesstatt rechtskräftig zugelassen, so wirkt die Entscheidung auf den Zeitpunkt der gegenseitigen Einwilligung zurück.

Entw. § 71.

Die Voraussetzungen der Adoption im Sinne des französischen Rechts decken sich nicht mit jenen der Annahme an Kindesstatt im Sinne des B. G. B. Auch die Wirkungen sind nicht völlig die gleichen. Nach beiden Rechtssystemen erfolgt aber die Annahme durch urkundliche Erklärungen der beiden Theile, welche der gerichtlichen Bestätigung unterliegen (Art. 353 ff. Code civil, § 1741 B. G. B.). Während aber nach Art. 353 Code civil diese Erklärungen vor Gericht abzugeben waren, erfolgen sie jetzt vor Notar (§ 1750 B. G. B., § 42 Ausf.-Ges. z. R. G. F. G.). Nach welchem Rechte sich die Wirkungen der Annahme an Kindesstatt bemessen, hängt davon ab, ob das Kind vor oder nach dem Inkrafttreten des B. G. B. angenommen worden ist. Die Vorschrift des § 74 geht davon aus, daß die beiderseitige Einwilligung das Wesentliche ist und erklärt deshalb für das weitere Verfahren (und vermöge der Rückwirkung der Entscheidung) für die Folgen der Annahme das zur Zeit der erklärten Einwilligung geltende frühere Recht als maßgebend.

§ 75.

Personenstandssachen.

Ein beim Inkrafttreten dieses Gesetzes anhängiges Verfahren, welches die Verhängung einer Geldstrafe über einen

Standesbeamten,[1]) die Anweisung eines Standesbeamten zur Vornahme einer Amtshandlung[2]) oder die Berichtigung einer Standesurkunde[3]) zum Gegenstande hat, ist nach den bisherigen Vorschriften zu erledigen.

Entw. § 72.

1. Vgl. Art. 50 Code civil gegenüber § 19 Abs. 2 verb. mit § 1, § 22 Ausf.-Ges. z. R. G. F. G.

2. Vgl. §§ 1—4 Ges. v. 16. Mai 1892 gegenüber § 69 R. G. F. G., § 22 Ausf.-Ges. verb. mit § 11 Abs. 3 des Personenstandsgesetzes.

3. Vgl. § 66 des Personenstandsgesetzes: Art. 99, 100 Code civil und Art. 855 ff. Code de procéd. civ. gegenüber § 69 R. G. F. G., § 22 Ausf.-Ges.

§ 76.[1])

Theilungssachen.

Auf die Auseinandersetzung eines vor dem Inkrafttreten dieses Gesetzes eröffneten Nachlasses oder einer vor diesem Zeitpunkt aufgelösten Gütergemeinschaft finden, unbeschadet der Vorschriften des Artikels 213 des Einführungsgesetzes zum Bürgerlichen Gesetzbuch und des § 156 des Ausführungsgesetzes zum Bürgerlichen Gesetzbuch[2]) im Uebrigen,[3—5]) die Vorschriften der §§ 752[6]) bis 754 des Bürgerlichen Gesetzbuchs, der §§ 86 bis 99 des Reichsgesetzes über die Angelegenheiten der freiwilligen Gerichtsbarkeit, sowie die Vorschriften dieses Ausführungsgesetzes Anwendung.

Ein beim Inkrafttreten dieses Gesetzes anhängiges Verfahren ist, sofern der im § 6 des Gesetzes vom 14. Juni 1888, betreffend das Theilungsverfahren und den gerichtlichen Verkauf von Liegenschaften (Gesetzbl. S. 51), bezeichnete Termin in diesem Zeitpunkte stattgefunden hat, nach den bisherigen Gesetzen zu erledigen.

Entw. § 73.

1. Die **Begründung** bemerkt zu dieser Vorschrift: „Während nach Art. 173 des Einf.-Ges. z. B. G. B. auf die Theilung sonstiger zur Zeit des Inkrafttretens des letzteren bestehender Gemeinschaften nach Bruchtheilen im Allgemeinen die Vorschriften des B. G. B. Anwendung finden, beläßt Art. 200 des Einf.-Ges. die eheliche Gütergemeinschaft und Art. 213 desselben Gesetzes die Erbengemeinschaft auch hinsichtlich der Liquidation unter den bisherigen Vorschriften. Hinsichtlich der ehelichen Gütergemeinschaft kommen jedoch nach den Ueberleitungsvorschriften zum ehelichen Güterrecht im Ausf.-Ges. z. B. G. B. die bisherigen Vorschriften nur noch in Ansehung solcher Gemeinschaften in Anwendung, welche beim Inkrafttreten des B. G. B. bereits aufgelöst, aber noch nicht auseinandergesetzt sind, während an der Weitergeltung der bisherigen erbrechtlichen Bestimmungen auf Grund des Art. 213 des Einf.-Ges. z. B. G. B. landesgesetzlich nichts geändert ist.

Die hiernach in den beiden erwähnten Richtungen aufrecht erhaltenen Vorschriften des Landesrechts erfahren allerdings insofern eine bedeutende Modifikation, als die Frage, inwieweit die Betheiligung Minderjähriger, Entmündigter und (vorbehaltlich der Vorschrift des Art. 161 des Einf.-Ges.) Abwesender eine Genehmigung erforderlich macht, sich sofort nach den Vorschriften des B. G. B. bestimmt [vgl. die Bem. zu den §§ 68 bis 71 im Eingang]. Aber im Uebrigen würde sich das Auseinandersetzungsverfahren noch auf unbestimmte Zeit nach den bisherigen Vorschriften, insbesondere also nach dem Theilungsgesetze vom 14. Juni 1888, bestimmen. Durch ein begründetes Interesse der Betheiligten möchte dies nicht geboten sein. Der Entwurf erklärt daher im § 73 [jetzt § 76] hinsichtlich der Theilung der gemeinschaftlichen Gegenstände die Vorschriften des B. G. B. (§§ 752, 753) und hinsichtlich der Vermittelung der Auseinandersetzung diejenigen des R. G. F. G. (§§ 86—99) und des vorliegenden Entwurfs [jetzt §§ 30—36] auf die Auseinandersetzung der zur Zeit des Inkrafttretens des B. G. B. eröffneten Erbschaften und der zu diesem Zeitpunkt aufgelösten Gütergemeinschaften anwendbar. Diese Vorschriften lassen im Uebrigen die materiellen Rechtsbeziehungen der Theilungsgenossen, insbesondere auch die rückwirkende Kraft der Theilung und das Theilungsprivileg, für welches die Vorschriften der

§§ 77 und 109 des Ausf.-Ges. z. B. G. B. maßgebend sind, unberührt.

Ein zu dem erwähnten Zeitpunkte bereits anhängiges gerichtliches Theilungsverfahren soll nach Abs. 2 des § 73 [jetzt 76], sofern der im § 6 des Theilungsgesetzes vom 14. Juni 1888 bezeichnete Verhandlungstermin vor dem Notar schon stattgefunden hat, nach den bisherigen Vorschriften erledigt werden. Haben jedoch die Betheiligten mit der Auseinandersetzung thatsächlich noch nicht begonnen, ist also lediglich der Theilungsnotar vom Gericht ernannt (§§ 4, 5 des Theilungsgesetzes), so liegt kein Grund vor, das Verfahren anders zu behandeln, als wenn dasselbe noch nicht anhängig wäre."

2. Daß für die beim Inkrafttreten des B. G. B. beendigte eheliche Gütergemeinschaft des französischen Rechtes, obwohl dieselbe nach ihrer Beendigung bis zur thatsächlichen Auseinandersetzung als Gemeinschaft nach Bruchtheilen anzusehen ist, nicht Art. 173 Einf.-Ges. z. B. G. B. (und somit das Recht des B. G. B.), sondern das bisherige Recht gilt, folgt aus Art. 200 Einf.-Ges. Dies gilt auch dann, wenn die Ehe zu dem erwähnten Zeitpunkte nicht mehr besteht. Den Eingangsworten des Art. 200: „Für den Güterstand einer zur Zeit des Inkrafttretens des B. G. B. bestehenden Ehe" ist eine entgegengesetzte Bedeutung nicht zu geben. Das Ausf.-Ges. z. B. G. B., welches im § 156 die Aufrechterhaltung der bisherigen Vorschriften in dieser Beziehung gegenüber der sonstigen Ueberleitung des Güterstandes ausdrücklich ausspricht, hat deshalb jene Fassung des Art. 200 Einf. Ges. im § 144 durch die Worte „Auf den Güterstand der vor dem Inkrafttreten dieses Gesetzes geschlossenen Ehen" ersetzt. Auf dem gleichen Standpunkte steht Art. 133 des Bayerischen Gesetzes vom 9. Juni 1899, Uebergangsvorschriften z. B. G. B. betreffend, und die Begründung des Preuß. Ausf.-Ges. z. B. G. B. zu Art. 43—66 am Ende. Vgl. auch Mot. z. Einf.-Ges. S. 282 und die Abhandlung von Männer in der Zeitschrift „Das Recht" 1900 S. 388.

3. Mit der Aufrechterhaltung der bisherigen Vorschriften für die Erbengemeinschaft, sofern der Erblasser vor dem 1. Januar 1900 gestorben ist, und für die beim Inkrafttreten des B. G. B. beendigte eheliche Gütergemeinschaft und deren Auseinandersetzung im Uebrigen, bleibt der für die Gemeinschaft

des französischen Rechtes charakteristische Grundsatz von „der deklaratorischen Wirkung der Theilung" (Code civil Art. 883) in Kraft. Die dem Art. 883 Code civil zu Grunde liegende Vorstellung knüpft nicht unmittelbar an den Erbfall an, d. h. der Art. 883 sagt nicht, daß jeder Miterbe unmittelbar vom Erblasser gewisse festbestimmte Massegegenstände mit Ausschluß der anderen Erben ererbt — das wäre, abgesehen von Nachlaßforderungen, deren Theilung allerdings das Gesetz unmittelbar vornimmt, eine thatsächliche Unmöglichkeit. Es begründet nur eine Fiktion (Chaque cohéritier est censé . . .), welche nicht verkennt, sondern geradezu zur Voraussetzung hat, daß zwischen den Erbfall und die Wirksamkeit der Fiktion ein rechtsgeschäftlicher Akt sich einschiebt: die Theilung. Obwohl man gewöhnt ist, die Theilung des französischen Rechtes im Gegensatze zu der des römischen Rechtes, welchem das B. G. B. folgt, durch den Satz zu charakterisiren: Die letztere sei alienatio und acquisitio dominii, die erstere declaratio, dominium antea acquisitum fuisse, hat auch der französischrechtliche Theilungsakt thatsächlich Veräußerungsnatur, jedenfalls dann, wenn die Miterben[1]) sich ungleiche Loose mit Herausgaben zutheilen, sowie, wenn sie einen Massegegenstand im Wege der Licitation an einen Dritten veräußern (vgl. auch Laurent X Nr. 395: „le partage avec soulte est une véritable vente, jusqu'à concurrence du montant de la soulte"). Dem entspricht auch die in den Art. 884ff. Code civil ausgesprochene gegenseitige Gewährleistungspflicht der Genossen (vgl. damit § 757 B. G. B. und die Begründung hierzu, Mot. IV S. 887). Demgemäß hatte auch im bisherigen Rechte die Theilung im Allgemeinen den Regeln zu folgen, welche für die Uebertragung gelten (vgl. § 1 des Ges. v. 24. Juli 1889, betreffend Grundeigenthum u. s. w.). Die Theilung wird als lediglich deklaratorisch angesehen, nicht weil diese Auffassung der Wirklichkeit entspricht, sondern, weil das Gesetz uns zwingt, vermöge einer Fiktion etwas für declaratio zu halten, was in Wahrheit alienatio ist. Die Fiktion verfolgt den Zweck, Unzuträglichkeiten, welche aus den zwischenzeitlichen Einzelverfügungen der Miterben sich er-

---

[1]) Es wird im Folgenden der Kürze halber von „Miterben" gesprochen. Art. 883 Code civil ist aber auch auf die Auseinandersetzung der ehelichen Gütergemeinschaft zu beziehen.

gäben, zu vermeiden, und ist über ihren Zweck nicht auszudehnen (vgl. R.-G.-Entsch. XV S. 324, XXXIV S. 320). Sie entspricht nicht der Wirklichkeit des Theilungshergangs, sondern ist ein vom Gesetze gewollter praktischer Behelf, dem aber als solchem vom Reichsgericht entgegen der herrschenden französischen Auffassung mit Recht so weit Bedeutung gegeben wird, als jene sonst entstehenden Unzuträglichkeiten es verlangen, also auch in dem Falle, wenn eine gemeinschaftliche Liegenschaft einem Dritten zugeschlagen wird (R.-G.-Entsch. XXII S. 374). Es entsteht nun bei Grundstückstheilungen die Frage: Hat das auch in der französisch-rechtlichen Theilung steckende thatsächliche Veräußerungsgeschäft jetzt die Form anzunehmen, welche das B. G. B. und § 87 Ausf.-Ges. für die rechtsgeschäftliche Veräußerung von Eigenthum an Grundstücken vorschreiben, d. h. ist jetzt Auflassung nöthig? Man wird unterscheiden müssen:

a) Die Miterben theilen sich gleiche Loose zu.

b) Die Miterben theilen sich ungleiche Loose oder Einem unter ihnen das Ganze zu unter Festsetzung von Herausgaben (partage avec soulte).

In diesen beiden Fällen bleibt der Theilungsvorgang im Rahmen des in den Art. 200, 213 Einf.-Ges. vorbehaltenen altrechtlichen Gemeinschaftsrechts, insbesondere des „erbrechtlichen Verhältnisses" (Einf.-Ges. Art. 213). Es sind daher auch die bisherigen Vorschriften maßgebend; Auflassung findet daher nicht statt.

c) Die Miterben verkaufen ein Grundstück gemeinsam an einen Dritten. Dieser rechtsgeschäftliche Vorgang tritt aus dem Rahmen des vorbehaltenen Rechtes, namentlich aus dem „erbrechtlichen Verhältniß", auch aus dem im Art. 213 Abs. 2 erwähnten „Liquidationsverfahren" heraus; er ist reiner Veräußerungsvertrag und unterliegt als solcher dem neuen Rechte und seiner Form. Eine Unterscheidung, ob der Verkauf eigentlicher Licitationsverkauf oder aus sonstigen Gründen vorgenommene Veräußerung ist, würde praktisch zu Unzuträglichkeiten führen. Sie wäre auch nicht begründet; denn auch im ersten Falle handelt es sich nicht sowohl um einen Liquidationsakt unter den Miterben, als um eine Hülfsoperation, um die Vornahme der Liquidation zu ermöglichen.

Zu beachten ist, daß in den Fällen a und b die alte Veräußerungsform nicht deshalb gilt, weil die Fiktion des Art. 883 Code civil bestehen bleibt, sondern weil der Theilungsvorgang innerhalb des vorbehaltenen Gemeinschaftsrechts sich bewegt. Die Fiktion des Art. 883 könnte an sich auch mit der Auflassung bestehen, wie sie denn auch in dem Falle unter c thatsächlich gilt, obwohl die Uebertragung sich nach neuem Rechte vollzieht. Denn die Fiktion des Art. 883 Code civil ist wesentlicher Bestandtheil des vorbehaltenen Gemeinschaftsrechts und äußert deshalb ihre Wirkung auf die Miterben auch in diesem Falle.

Es entsteht aber die weitere Frage: Hat die Bestimmung des § 76 Abs. 1, daß auf die (amtliche) Auseinandersetzung die Vorschriften der §§ 752 bis 754 B. G. B. und der §§ 86 bis 99 R. G. F. G. Anwendung finden sollen, die Folge, daß der Theilungsvorgang in den erörterten Beziehungen nach neuem Rechte zu beurtheilen ist, d. h.: ist, weil die im Falle des § 752 B. G. B. vorgenommene Loosezutheilung und die in den §§ 91, 93 R. G. F. G. erwähnten Vereinbarungen nach Reichsrecht nur obligatorische Bedeutung haben und zur Perfektion des Theilungsgeschäfts noch die Uebertragung durch Auflassung und Eintragung erforderlich ist, auch bei altrechtlichen Theilungen die nachherige besondere dingliche Uebertragung nöthig? Diese Frage wird zu verneinen sein. Denn § 76 will (abgesehen von einer Verengerung des Theilungsanspruchs, die er im Sinne des § 752 B. G. B. herbeiführt, vgl. unten Bem. 6) nur das äußere Verfahren mit dem neuen Rechte in Einklang bringen, nicht aber in die materiellen Verhältnisse der Gemeinschaft und ihrer Auseinandersetzung eingreifen. Andernfalls träte auch eine sachlich in dieser Beziehung nicht gerechtfertigte Verschiedenheit in den Fällen des § 76 Abs. 1 gegenüber denen des Abs. 2 und den außergerichtlichen Theilungen ein. Eine Bestätigung findet die hier vertretene Ansicht im § 21 Ausf.-Ges. zur Grundb.-O., dessen Begründung zwar nur der zur Zeit des Inkrafttretens des Gesetzes anhängigen Verfahren Erwähnung thut, der aber auf alle nach altem materiellem Rechte durchzuführenden Auseinandersetzungen anzuwenden ist.

4. Maßgebend bleibt das bisherige Recht insbesondere auch für die Verfügungsbefugniß der einzelnen Gemeinschaftsgenossen hinsichtlich ihres ungetheilten Antheils vor der Auseinandersetzung.

In dieser Beziehung ist zu unterscheiden:

a) Der Miteigenthümer an einem einzelnen Gegenstand war nach bisherigem Rechte zur Verfügung über seinen Antheil befugt; der Erwerber eines solchen Antheils wurde Miteigenthümer, er trat in die Rechtsstellung des Veräußerers ein. Solche Fälle von Einzel-Miteigenthum kommen aber regelmäßig nicht bei Erben- oder Gütergemeinschaften vor; es handelt sich vielmehr dabei um gewöhnliches Miteigenthum, auf welches nach Art. 173, 181 Abs. 1 Einf.-Ges. z. B. G. B. die Vorschriften des B. G. B. (§§ 741 ff., 1008 ff.) Anwendung finden, die also durch die Vorbehalte in Art. 200, 213 Einf.-Ges. z. B. G. B. nicht gedeckt sind und von § 76 oben nicht getroffen werden. Hatte ein Miteigenthümer vor dem Inkrafttreten des B. G. B. seinen Antheil belastet, so ist mit dem Inkrafttreten des B. G. B. die bis dahin wegen Art. 883 C. c. bedingte Belastung wirksam geworden. (S. Molitor, A.-G. z. B. G. B. S. 162. A. M. wohl m. Unr. Männer, „Recht" IV S. 411 f.) Eine Verfügung nach dem genannten Zeitpunkte bedarf der Form des neuen Rechtes.

b) Kann der an einer Erbengemeinschaft oder beendigten ehelichen Gütergemeinschaft des alten Rechts Betheiligte über seinen Antheil an einem einzelnen Gegenstande der Masse, z. B. einem einzelnen Grundstücke, verfügen? Nach Auffassung der französischen Rechtslehre ist die Verfügung zulässig, aber bedingt durch den Ausfall der Theilung; sie wird mit Rückwirkung wirksam, wenn die Sache in das Loos des Verfügenden fällt. Der Erwerber eines solchen Antheils wird vorher nicht Miteigenthümer an der betreffenden Sache, kann also z. B. nicht deren Theilung verlangen; denn es ist ja noch ungewiß, ob der Veräußerer selbst als Eigenthümer anzusehen ist. Der Erwerber wird lediglich Gläubiger des verfügenden Genossen und kann als solcher die Auseinandersetzung der ganzen Masse verlangen. (Vgl. Laurent X Nr. 215, 403 ff., Zach.-Cr. IV S. 133.)

Denselben Standpunkt nahm § 13 Abs. 2 des elf.-lothr. Gesetzes, betr. die Einrichtung der Grundbücher, vom 22. Juni 1891 in seiner ersten gesetzlichen Fassung ein. Er schloß die Eintragung des Eigenthumsübergangs auf den Theil-Erwerber aus und ließ nur einen Vermerk des bedingten Eigenthumsübergangs zu. Die erwähnte Vorschrift wich aber insofern von der französisch-rechtlichen Auffassung ab, als sie den Fall unter a oben dem vorwürfigen Falle gleichstellte und auch in ersterem ein Miteigenthum des Erwerbers nicht annahm. Die Novelle vom 14. Juli 1895 korrigirte diese Auffassung, indem sie davon ausging, daß der Erwerber einfach in die Rechtsstellung des Veräußerers eintrete, und ließ die Eintragung des Erwerbers als Miteigenthümer in beiden Fällen zu, vgl. Begr. zur Novelle, Verhandlungen des Landesausschusses I Nr. 9 und K. B. Verh. II S. 595. Hiermit war Uebereinstimmung mit der französischen Auffassung hinsichtlich des Falles a erzielt, während nunmehr der Fall unter b eine abweichende Regelung erfuhr.

Das Reichsgericht hat in einem im Gebiete des Rheinischen Grundbuchrechts (Ges. v. 12. April 1888) vorgekommenen Falle entschieden, daß der Miterbe, da ihm ein gegenwärtiges Miteigenthumsrecht an den einzelnen Massegrundstücken nicht zustehe, mit der Wirkung der Eigenthumsübertragung vor stattgehabter Theilung über dieselben nicht verfügen könne, daß vielmehr der Eigenthumsübergang von dem Ausfalle der Theilung abhängig sei, die Eintragung in das Grundbuch daher noch nicht erfolgen könne (R.-G.-Entsch. v. 12. Juni 1896, XXXVII S. 363). Diese Entscheidung steht sachlich im vollen Einklange mit der französischen Auffassung; es tritt in ihr nur gemäß der Grundsätze des Grundbuchrechts das Auseinanderfallen der Bindung der Parteien und der Perfektion des Eigenthumsübergangs schärfer hervor. Auch unter dem geltenden Rechte des B. G. B. ist daher die Auflassung und Eintragung zu Gunsten des Theilerwerbers mangels der Legitimation des Miterben, als Eigenthümer zu verfügen, unstatthaft; es wird aber dem Erwerber das Recht auf eine Vormerkung im Liegenschaftsbuche gemäß § 883 B. G. B. zustehen. Die Eintragung als Miteigenthümer an den einzelnen Liegenschaften der Masse wird aus dem gleichen Grunde auch dann unstatthaft sein, wenn der Erwerber den ganzen Erbtheil eines Miterben erwirbt (a. M. für diesen Fall anscheinend Mügel, Rhein. Grundbuchr. Bem. 2 zu § 9 am Ende). Die Unstatthaftigkeit der Auflassung darf aber nicht gefolgert werden aus der Vorschrift des § 925 Abs. 2 B. G. B. über die Unzulässigkeit einer bedingten Auflassung. Denn einmal wäre im vorliegenden Falle nicht die Auflassung, sondern nur das aufzulassende Eigenthumsrecht bedingt, sodann schließt das B. G. B. den bedingten Eigenthumserwerb nicht schlechthin aus, sondern nur den aus der formell bedingten Auflassung folgenden. Aus einem außerhalb der dinglichen Einigung liegenden Grunde darf der Eigenthumserwerb bedingt sein. So gut die Bedingtheit aus einer durch Vormerkung mit dinglicher Wirkung ausgestatteten obligatorischen Vereinbarung zulässig ist, ebenso gut müßte ihre Zulässigkeit aus dem Gesetze (Art. 883 Code civil) anzunehmen sein. Wollte man die Unstatthaftigkeit der Auflassung auf § 925 Abs. 2 B. G. B. gründen, so müßte man die eintragungsfähige Bestellung eines begrenzten dinglichen Rechtes für zulässig halten, die aber aus dem gleichen Grunde wie die Eintragung des Eigenthumserwerbs, nämlich wegen des Mangels der Legitimation zur Verfügung unstatthaft ist.

5. Aufrechterhalten bleibt in den fraglichen Gemeinschaftsfällen auch das gesetzliche Theilungsprivileg, das sich aber gemäß § 77 Abs. 2, § 109 Abs. 2 Ausf.-Ges. z. B. G. B. in einen Anspruch auf Eintragung einer Sicherungshypothek umwandelt. (Vgl. Molitor, Ausf.-Ges. z. B. G. B. S. 162 Bem. 14. S. auch den ähnlichen Fall in § 160 Abs. 3 Ausf.-Ges. z. B. G. B.)

6. Durch den für anwendbar erklärten § 752 B. G. B. wird der Theilungsanspruch insofern berührt, als der Genosse (wenn nicht eine Vereinbarung über die Theilung erfolgt) die Theilung in Natur nicht mehr wie bisher verlangen kann, wenn dieselbe füglich geschehen kann (Art. 826, 827 Code civil, § 8 Ges. v. 14. Juni 1888), sondern nur, wenn die gemeinschaftlichen Gegenstände sich in gleichartige, den Antheilen der Theilhaber entsprechende Theile zerlegen lassen.

Anhang zu § 76.

Abgesehen von den Vorschriften des § 76 hat das Ausf.-Ges. z. R. G. F. G. mangels eines Bedürfnisses hierfür Uebergangsbestimmungen nicht getroffen für

A. Güterrechtssachen.

Nachdem im Ausf.-Ges. z. B. G. B. der Güterstand der beim Inkrafttreten des B. G. B. bestehenden Ehen mit Ausnahme der vom Dotalrecht beherrschten Ehen in das Güterrecht des B. G. B. übergeleitet worden ist, bleibt für das Verfahren in Güterrechtssachen das frühere Recht nur noch maßgebend: in den Fällen, in denen die Gütergemeinschaft bereits vor dem 1. Januar 1900 aufgelöst ist oder auf Grund einer vor dieser Zeit anhängigen Gütertrennungsklage aufgelöst wird (vgl. Ausf.-Ges. z. B. G. B. §§ 152, 156) sowie bei bestehendem Dotalrecht (Ausf.-Ges. z. B. G. B. § 160). Hieraus folgt für diese Fälle:

a) die Erklärung der Frau über die Ausschlagung der Gütergemeinschaft ist nach Maßgabe der bisherigen Vorschriften bei dem Amtsgericht abzugeben und in das zur Aufnahme der Verzichte auf Erbschaften bestimmte Register einzutragen (Code civil Art. 1457, 784, Code de procéd. civ. Art. 997, Ges. v. 10. Mai 1886 § 11);

b) die Ermächtigung der Frau zur Vornahme einer das Gemeingut betreffenden Verfügungshandlung, bevor sie sich über deren Annahme oder Ausschlagung erklärt hat, ist vom Amtsgericht nach Maßgabe der bisherigen Vorschriften zu ertheilen (Code de procéd. civ. Art. 986, 945, Ges. v. 10. Mai 1886 § 11, Theilungsgesetz vom 14. Juni 1888 § 46); vgl. hierwegen Molitor, Ausf.-Ges. z. B. G. G, Bem. 3 zu § 156;

c) bei Dotalrecht ist das Landgericht nach Maßgabe der bisherigen Vorschriften zuständig für die Ertheilung der Erlaubniß zur Hergabe einer Dotalliegenschaft, wenn der Mann die Ermächtigung der Frau verweigert (Code civil Art. 1555), für die Ertheilung oder Ermächtigung zur Vertauschung einer Dotalliegenschaft nach vorausgegangener Schätzung gerichtlich ernannter Sachverständiger (Code civil Art. 1559) sowie zum Beitritt zu einer Syndikatsgenossenschaft bezüglich einer Dotalliegenschaft (Ges. v. 21. Juni 1865 Art. 4). Dagegen wird die im Art. 1558 Code civil vorgesehene gerichtliche Erlaubniß zum öffentlichen Verkauf einer Dotalliegenschaft nach § 46 des Theilungsgesetzes vom 14. Juni 1888 in der Form der Anordnung vom Amtsgericht ertheilt. Auf das Verfahren in den vorgenannten Fällen beziehen sich die Artt. 861, 862 Code de procéd. civ. Art. 4 des Gesetzes vom 21. Juni 1865, § 46 des Theilungsgesetzes.

B. Nachlaßsachen.

Auch in den infolge eines vor dem 1. Januar 1900 eingetretenen Sterbfalles anhängigen oder anhängig werdenden Nachlaßsachen, welche vom Standpunkte des Reichsgesetzes aus (Art. 213 Einf.-Ges. z. B. G. B.) dem alten Rechte unterstehen, bestand, wie die Begründung S. 63 ausführt, ein Bedürfniß für den Erlaß besonderer Ueberleitungsvorschriften nicht, um so weniger, als zufolge des Gesetzes vom 10. Mai 1886 die Zuständigkeit, soweit sie nicht schon nach französischem Rechte den Friedensrichtern zustand (Art. 907 ff. Code de procéd. civ.), im Einklang mit der reichsgesetzlichen Normirung, in den meisten Fällen bereits auf die Amtsgerichte übergegangen ist.

Es sind daher, sofern der Sterbfall vor dem 1. Januar 1900 eingetreten ist, die bisherigen Vorschriften anzuwenden:

a) für die Nachlaßfürsorge (Code de procéd. civ. Art. 907 ff.),

b) für die Eröffnung und Hinterlegung eines eigenhändigen Testaments (Code civil Art. 1007),

c) für die Einweisung außerordentlicher Erbfolger in den Besitz des Nachlasses (Code civil Art. 769 ff.) — bei der Einweisung des Staates und der Pflegehäuser Zuständigkeit des Landgerichts! (Ges. vom 10. Mai 1886 § 11 Abs. 2) —,

d) für die Entgegennahme der Erklärungen über den Verzicht auf die Erbschaft oder über die Annahme der Erbschaft unter der Rechtswohlthat des Inventars (Code civil Art. 784, 793, Code de procéd. civ. Art. 997) — diese Erklärungen sind in das bisher geführte Verzichtsregister aufzunehmen —,

e) für die Ernennung des Pflegers einer ledigen Erbschaft (Code civil Art. 812, Code de procéd. civ. Art. 998) und einer Benefizialerbmasse im Falle des Art. 996 Code de procéd. civ. — Zuständigkeit des Landgerichts! —,

f) für die Verpflichtungen des Benefizialerben und des Pflegers einer ledigen Erbschaft sowie für die Verfügung derselben in Ansehung der Massegegenstände (Code civil Art. 794 ff., 813 ff., Code de procéd. civ. Art. 986 ff., 1000, 1002, Theilungsges. vom 14. Juni 1888 § 46),

g) für die Ertheilung einer Erbbescheinigung (Ges. v. 10. Mai 1886.) Die Vorschriften des B. G. B. über den Erbschein sind nicht anwendbar. Der hiergegen zuweilen erhobene Einwand, prozessuale Vorschriften des neuen Rechtes hätten grundsätzlich sofort Anwendung zu finden, ist angesichts des Art. 213 Einf.-Ges. z. B. G. B., der sogar das altrechtliche Liquidationsverfahren aufrecht erhält, und des § 189 R. G. F. G. nicht begründet. Uebrigens sind die Vorschriften über die Erbbescheinigung nicht ausschließlich prozessualer Natur. Vgl. in diesem Sinne auch die Begründung zu § 142 des hessischen Gesetzes, die Ausführung des Gesetzes über die Angelegenheiten der freiwilligen Gerichtsbarkeit betreffend, vom 18. Juli 1899, ferner Beschlüsse des O. L. G. Rostock vom 7. Mai 1900 („Rechtsprechung der Oberlandesgerichte" Nr. 2 S. 33), des L. G. Neu-Ruppin vom 22. Februar 1900 und des L. G. Hamburg vom 13. Februar und 22. März 1900 (Zeitschr. „Das Recht" 1900 S. 127, Zentralblatt für freiwillige Gerichtsbarkeit I. Jahrg. S. 142, S. 153 Nr. 88), sowie des L. G. Posen vom 17. Februar 1900 („Recht" S. 374); vgl. auch Jur. Wochenschr. 1900 S. 266. Ebenso hat das O. L. G. Colmar in einem Beschluß vom 10. September 1900 (Feriensenat) entschieden. Es kommt daher in diesen Fällen auch nicht die Vorschrift des § 36 Grdb.-O. über den Nachweis der Erbfolge durch Erbschein zur Anwendung. Soweit es sich um die erste Eintragung des Eigenthums in das Eigenthumsbuch handelt, wird schon nach § 105 Ausf.-Ges. z. B. G. B. ein Erbschein oder eine Erbbescheinigung, mag es sich um einen Erbfall vor oder nach 1900 handeln, nicht unbedingt verlangt. Die dort zugelassene bloße Glaubhaftmachung bezieht sich nicht bloß auf die Thatsache des 10jährigen Besitzes, sondern auch auf die etwa eingetretene Rechtsnachfolge. Vgl. die entsprechende Vorschrift für die Anlegung der Grundbücher im § 15 der K. Verordnung vom 18. April 1900. Das Gleiche wird, wenigstens bei vor 1900 eingetretener Rechtsnachfolge, zu gelten haben im Falle der ersten Eintragung eines begrenzten dinglichen Rechtes, auch wenn dieses in den hypothekenamtlichen Registern noch nicht eingeschrieben war (vgl. Molitor, Ausf.-Ges. z. B. G. B. Bem. 1 zu § 109); für den Fall der bereits früher genommenen Eintragung vgl. die ausdrückliche Vorschrift im § 108 Abs. 3 Ausf.-Ges. z. B. G. B. Ist aber das Eigenthum oder ein anderes dingliches Recht beim Inkrafttreten des B. G. B. im vorläufigen Grundbuch bereits eingetragen, so wird die vor 1900 eingetretene Erbfolge allerdings unter entsprechender Anwendung des § 36 G. O. durch eine (altrechtliche) Erbbescheinigung nachzuweisen sein (Ausf.-Ges. z. B. G. B. § 103 Abs. 2), wenn sie nicht schon aus den Akten des Gerichts sich ergiebt. (Vgl. über die Anwendbarkeit der Vorschrift des § 29 G. O. über Offenkundigkeit auch im Falle des § 36 G. O. den Reichst.-Komm.-Bericht zur G. O. zu § 29 u. die Entsch. des preuß. Kammergerichts v. 1. Oktober 1900, Zusammenst. des Reichsjust. I S. 171. Abw. eine Entsch. des L. G. Saargemünd vom 24. August 1900;

der Nachweis gemäß § 36 wird aber, wie jeder andere „Nachweis" nur geführt werden müssen, wenn er nach § 29 G. O. erforderlich ist, d. h. dem Gericht nicht schon bekannt ist).

§ 77.

Notariats-Urkunden.

Die Gültigkeit einer nach dem Frankfurter Friedensvertrage vom 10. Mai 1871 errichteten Notariatsurkunde kann nicht deshalb angefochten werden, weil ein Zeuge zwar die Reichsangehörigkeit, nicht aber die elsaß-lothringische Staatsangehörigkeit besessen hat.

Entw. § 75.

Die Vorschrift bezweckt, bestehenden Zweifeln über die Gültigkeit gewisser notarieller Urkunden ein Ende zu machen. Die **Begründung** bemerkt:

„Sofern es nach dem bisherigen Rechte (vgl. § 6 des Notariatsgesetzes vom 26. Dezember 1873) bei Aufnahme von Notariatsurkunden der Zuziehung von Zeugen bedarf, ist im Art. 9 des Ventôse-Gesetzes deren Eigenschaft als „citoyens français" vorgeschrieben. Für Testamente insbesondere ist im Art. 980 des Code civil vorgeschrieben, daß die Zeugen „sujets de l'Empereur" seien. Die gegenwärtige Bedeutung beider Erfordernisse ist streitig. Neben der Meinung, es sei die elsaß-lothringische Staatsangehörigkeit erforderlich, wird die Meinung vertreten, es genüge die Reichsangehörigkeit, verbunden mit elsaß-lothringischem Wohnsitz; eine dritte Ansicht erfordert lediglich die Eigenschaft eines deutschen Reichsangehörigen. Da ein Verstoß gegen das in den obigen Gesetzen aufgestellte Erforderniß die Nichtigkeit der Beurkundung zur Folge hat und es andererseits nach Lage der mit dem Frankfurter Friedensvertrag eingetretenen politischen Verhältnisse auf der Hand liegt, daß diesem Erfordernisse im Sinne der strengeren Meinung nicht immer genügt wurde, so besteht thatsächlich eine Ungewißheit über die Gültigkeit höchst wichtiger Urkunden. Zur Entscheidung der Gerichte ist die Frage, soweit bekannt, bis jetzt nicht gelangt. Es liegt daher ein dringendes Bedürfniß vor, diese Ungewißheit im Wege der Gesetzgebung zu heben. Im Hinblick auf die hervorgehobenen besonderen Verhältnisse des Landes kann den berechtigten Interessen der Betheiligten nur durch die gesetzliche Anerkennung der weitestgehenden der zweifelhaften Meinungen, nämlich daß durch die Reichsangehörigkeit dem in den erwähnten Vorschriften aufgestellten Erfordernisse genügt ist, Rechnung getragen werden." Vgl. hierzu die Entsch. des R. G. v. 9. Okt. 1900 (Jur. Wochenschr. 1900 S. 770).

§ 78.

Das Ministerium erläßt die zur Ausführung dieses Gesetzes erforderlichen Bestimmungen.

Entw. § 76.

§ 79.

Dieses Gesetz tritt gleichzeitig mit dem Bürgerlichen Gesetzbuch in Kraft.

Entw. § 77.

Urkundlich unter Unserer Höchsteigenhändigen Unterschrift und beigedrucktem Kaiserlichen Insiegel.

Gegeben Neues Palais, den 6. November 1899.

(L. S.) Wilhelm.

Fürst zu Hohenlohe-Langenburg.

Anhang.

Ausführungs-Verfügungen

zum

Reichsgesetz über die Angelegenheiten der freiwilligen Gerichtsbarkeit

und zum

Ausführungsgesetz zu diesem Gesetze.

A. Zu den allgemeinen Vorschriften.

(Betrifft Bekanntmachungen und Zustellungen.)

I.

Allgemeine Verfügung des Ministeriums, betr. das Verfahren in Angelegenheiten der freiwilligen Gerichtsbarkeit und die Registerführung bei den Amtsgerichten, vom 6. Dezember 1899.[1])

(Centr.- und Bezirks-Amtsblatt S. 293.)

(Auszug.)

Zur Ausführung des Reichsgesetzes über die Angelegenheiten der freiwilligen Gerichtsbarkeit und des Ausführungsgesetzes zu diesem Gesetze wird Folgendes bestimmt:

I. Bekanntmachung gerichtlicher Verfügungen.

(Reichsges. über die Angelegenheiten der freiwilligen Gerichtsbarkeit § 16.)

Artikel 1.

Bekanntmachungen im Allgemeinen.

In Angelegenheiten der freiwilligen Gerichtsbarkeit sowie in den nicht streitigen Angelegenheiten des öffentlichen Rechtes wird die Bekanntmachung gerichtlicher Verfügungen in denjenigen Fällen, in welchen mit der Bekanntmachung nicht der Lauf einer Frist beginnt, soweit die Bekanntmachung nicht zu Protokoll erfolgt und vorbehaltlich der Bestimmung des Art. 26, in der Regel durch Uebersendung mittelst einfachen Briefes oder durch Behändigung mittelst Boten ohne Beurkundung zur Ausführung gebracht.

Sind der Verfügung wichtige Urkunden (z. B. Wechsel, Hypothekenbriefe, Testamentsausfertigungen u. dergl.) beigegeben, so ist bei Uebersendung durch die Post der Brief mit der Bezeichnung „Einschreiben", geeignetenfalls „gegen Rückschein", zu versehen. Die Behändigung durch einen Boten erfolgt in diesem Falle gegen Empfangsbescheinigung.

---

[1]) Vgl. die übrigen Theile dieser Verfügung S. 146, 158, 160, 204, 227.

Das Gericht kann anordnen, daß die Bekanntmachung durch Zustellung erfolgt, wenn dies nach Lage der Umstände angezeigt erscheint, wie z. B. bei Ladungen oder in anderen Fällen, in denen an die Nichtbefolgung der Verfügung Nachtheile geknüpft sind. Auch kann die Uebersendung mittelst eingeschriebenen Briefes oder die Aushändigung gegen Empfangsbescheinigung in anderen als den im zweiten Absatze bezeichneten Fällen angeordnet werden.

Die Ausführung der Bekanntmachung ist nach Vorschrift des § 16 Abs. 2 des Reichsgesetzes über die Angelegenheiten der freiwilligen Gerichtsbarkeit in den Akten zu vermerken.

Die vorstehenden Vorschriften finden auf die Bekanntmachung von Verfügungen der Notare entsprechende Anwendung.

Artikel 2.

Bekanntmachungen an die Staatsanwaltschaft.

Ist der Staatsanwaltschaft eine Entscheidung bekannt zu machen, so kann das Gericht in den Fällen des Art. 1 die Bekanntmachung durch Vorlage der Urschrift der Entscheidung anordnen.

Ist die Anhörung der Staatsanwaltschaft vor der Entscheidung des Gerichts vorgeschrieben (Ausführungsgesetz zu dem Reichsgesetz über die Angelegenheiten der freiwilligen Gerichtsbarkeit § 13 Abs. 2, § 14 Abs. 2, § 22 Abs. 1), so sind die Akten der Staatsanwaltschaft zur schriftlichen Aeußerung mitzutheilen.

II.

Verfügung des Ministeriums, betr. die Zustellungen von Amtswegen, vom 26. Dezember 1899.

Die Verfügung ist abgedruckt im Central- und Bez.-Amtsbl. S. 417, in der Just. Samml. XXIV S. 1146, in der im amtlichen Auftrage veranstalteten Ausgabe der elf.-lothr. Gesetze, Verordnungen u. s. w. 2. Aufl. S. 356.

III.

Verfügung des Ministeriums, betr. die Zustellungen von Amtswegen, vom 15. Juni 1900.

Abgedr. im Central- und Bez.-Amtsbl. S. 201. Durch die Verf. wird § 5 der vorigen Verf. geändert.

IV.

Allgemeine Verfügung an die Notare betr. 1. die Bekanntmachung gerichtlicher Verfügungen in Angelegenheiten der freiwilligen Gerichtsbarkeit; 2. Verzeichniß der Entmündigten vom 8. Januar 1900.

In Nr. 52 des Central- und Bezirks-Amtsblattes vom 16. Dezember v. J. (Jahrgang 1899, Hauptblatt S. 293 ff.) ist eine allgemeine Ministerial-Verfügung vom 6. Dezember v. J., betreffend das Verfahren in Angelegenheiten der freiwilligen Gerichtsbarkeit und die Registerführung bei den Amtsgerichten, zur Veröffentlichung gelangt, welche am 1. Januar d. J. in Kraft getreten ist.

Art. 1 derselben betrifft die Bekanntmachung gerichtlicher Verfügungen; gemäß Art. 1 Abs. 5 finden die Bestimmungen des Art. 1 Abs. 1—4 auf die Bekanntmachung von Verfügungen der Notare entsprechende Anwendung.

Indem ich die Herren Notare hierauf hinweise, will ich nicht unterlassen, zur Vermeidung von Mißverständnissen noch besonders hervorzuheben, daß die Bestimmungen des erwähnten Artikels 1 über formlose Bekanntmachungen sich nur auf diejenigen Fälle beziehen, in welchen nicht mit der Bekanntmachung der Lauf einer Frist beginnt, insbesondere ausgeschlossen sind bei den im Theilungsverfahren in Gemäßheit des § 89 des Reichsgesetzes über die freiwillige Gerichtsbarkeit zu bewirkenden Ladungen.

Des Weiteren mache ich die Herren Notare auf Art. 10 der erwähnten Ministerial-Verfügung vom 6. Dezember v. J., betreffend Verzeichniß der Entmündigten und der unter vorläufige Vormundschaft Gestellten, aufmerksam. Durch Art. 10 cit. ist die mittelst diesseitiger Verfügung an die Notariatskammern vom 23. Juli 1886 mitgetheilte Ministerial-Verfügung vom 13. Juli 1886, betreffend Mittheilung der Entscheidungen über Entmündigungen und Beistandsbestellungen (Sammlung der Justizverwaltung Bd. XI S. 351, 353) ersetzt worden.

Der K. Oberstaatsanwalt
Geheimer Ober-Justizrath
Huber.

V.

Verfügung des Ministeriums, betr. die Zustellungen von Amtswegen im Verfahren vor den Notaren, vom 8. Februar 1900.

(Centr.- u. Bez.-Amtsbl. S. 57.)

§ 1. Die Verrichtungen, welche nach den §§ 209 bis 211, 213 der Civilprozeßordnung in Ansehung der Zustellungen von Amtswegen dem Gerichtsschreiber obliegen, sind in den den Notaren an Stelle der Gerichte übertragenen Angelegenheiten von dem Notar wahrzunehmen (§ 33 Abs. 2 des Ausführungsgesetzes zum Reichsgesetz über die Angelegenheiten der freiwilligen Gerichtsbarkeit vom 6. November 1899 und § 5 des Ausführungsgesetzes zum Reichsgesetz über die Zwangsversteigerung und die Zwangsverwaltung vom 13. November 1899).

§ 2. Der Notar hat in der Regel die Post mit der Zustellung zu beauftragen.

§ 3. Einem Gerichtsvollzieher ist die Zustellung, vorbehaltlich der Bestimmung des § 8, zu übertragen:

1. wenn die Zustellung am Amtssitze des Notars oder in einer Entfernung von nicht mehr als zwei Kilometer außerhalb desselben zu erfolgen hat und am Amtssitze des Notars sich ein Gerichtsvollzieher befindet, es sei denn, daß die Sache dringlich ist und ein Gerichtsvollzieher nicht rechtzeitig zur Verfügung steht;
2. wenn die Zustellung an einen Gefangenen zu geschehen hat.

In dem Falle der Ziffer 1 ist ein Gerichtsvollzieher am Amtssitze des Notars, in dem Falle der Ziffer 2 ist ein Gerichtsvollzieher am Gefängnißorte oder an dem diesem zunächst gelegenen Orte, an dem sich ein Gerichtsvollzieher befindet, zu beauftragen.

Liegt das Gefängniß außerhalb des Amtsgerichtsbezirks, in welchem der Notar seinen Amtssitz hat, so kann der Notar den Gerichtsschreiber desjenigen Amtsgerichts, in dessen Bezirk das Gefängniß liegt, um die Bewirkung der Zustellung ersuchen. In diesem Falle richtet sich, sofern das Gefängniß in Elsaß-Lothringen liegt, das weitere Verfahren nach der Verfügung, betreffend die Zustellungen von Amtswegen, vom 26. Dezember 1899.

§ 4. Im Falle der Zustellung durch einen Gerichtsvollzieher hat der Notar das zuzustellende Schriftstück vor der Aushändigung an den Gerichtsvollzieher mit seinem Amtssiegel zu verschließen und den Briefumschlag mit der Adresse der Person, an welche zugestellt werden soll, zu versehen sowie mit der Geschäftsnummer (dem Aktenzeichen) zu bezeichnen, welche die Sache, in der die Zustellung erfolgt, bei dem Gerichte führt. Sind an dieselbe Person mehrere Zustellungen zu machen, so ist jedes zuzustellende Schriftstück in einen besonderen Umschlag zu legen. Auf den Briefumschlag ist der Vermerk zu setzen: „Vereinfachte Zustellung" (Civilprozeßordnung § 211). Enthält das zuzustellende Schriftstück eine Ladung, so ist außerdem auf dem Briefumschlag der Vermerk zu setzen: „Ladung zum Termin vom ...."

Jedem zuzustellenden Briefe ist das Formular zu einer Zustellungsurkunde (Verfügung vom 26. Dezember 1899 § 19) beizufügen; der Kopf des Formulars ist auszufüllen. Es ist darauf zu achten, daß das im Einzelfalle zutreffende Formular gewählt wird. Bei Zustellungen an einen Gefangenen ist jedesmal das Formular 3 (Zustellungen für gewöhnliche Fälle) zu wählen.

Der Notar hat die Uebergabe der Schriftstücke an den Gerichtsvollzieher so rechtzeitig zu bewirken, daß die Zustellung nicht sofort oder am Tage der Uebergabe erfolgen muß, sondern daß zwischen diesem Tage und dem Zeitpunkte, bis zu welchem die Zustellung spätestens erfolgt sein muß, mindestens zwei freie Tage liegen.

Soll die Zustellung durch die Post erfolgen, so sind die Vorschriften der §§ 2 und 8 Abs. 3 der Anweisung des Reichspostamts über das Verfahren, betreffend die postamtliche Bestellung von Schreiben mit Zustellungsurkunde, vom 26. Oktober 1899 (veröffentlicht im Central- und Bezirks-Amtsblatte vom Jahre 1899 Seite 145)[1]) zu beachten, soweit sie sich auf vereinfachte Zustellungen beziehen. Die im § 2 Abs. 8 der erwähnten Anweisung vorgeschriebene Bezeichnung des Absenders auf der Aufschriftseite des Briefes ist durch Angabe des Namens und der Amtseigenschaft des Notars zu bewirken.

Der Notar hat die der Post zu übergebenden Briefe zu frankiren.

---

[1]) Vgl. S. 136.

Die Aufschriften, sowie die Ausfüllung des Kopfes der Formulare zu Zustellungsurkunden können durch Gehülfen hergestellt werden.

§ 5. Die Aushändigung der zuzustellenden Schriftstücke an die Post kann durch Einwerfen in einen Postbriefkasten erfolgen.

Der Notar kann sich bei der Aushändigung der Mitwirkung eines Gehülfen bedienen; in diesem Falle soll jedoch die Einlieferung der Sendungen regelmäßig am Postschalter erfolgen. Der Notar hat die pünktliche Ausführung des Auftrages in geeigneter Weise zu überwachen.

§ 6. Der Notar hat auf der Urschrift des zuzustellenden Schriftstücks, und zwar in der untern rechten Ecke der letzten Seite zu vermerken:

1. im Falle der Aushändigung an einen Gerichtsvollzieher:
„An den Gerichtsvollzieher N. N. zur Zustellung am . . . .“

2. im Falle der Aushändigung an die Post:
„Zur Zustellung am . . . .“
oder wenn die Mitwirkung eines Gehülfen benutzt ist:
„Zur Post durch N. N. am . . . .“

Diese Vermerke können unter Benutzung eines Stempels hergestellt werden und sind vom Notar zu unterschreiben. Der Vermerk der Geschäftsnummer in den Akten (Civilprozeßordnung § 211 Abs. 2) braucht nicht wiederholt zu werden, wenn das Schriftstück bereits mit dieser Nummer versehen ist.

§ 7. Der Notar hat die ordnungsmäßige Ablieferung der Zustellungsurkunden (Civilprozeßordnung § 212 Abs. 2) im Auge zu behalten und wegen etwaiger Herbeischaffung derselben das Nöthige, bei Postzustellungsurkunden insbesondere durch Veranlassung eines Laufschreibens zu bewirken.

§ 8. Eine Zustellung durch Aufgabe zur Post (Civilprozeßordnung §§ 175, 213, Reichsgesetz über die Zwangsversteigerung und die Zwangsverwaltung § 4) hat der Notar entweder selbst oder durch Vermittelung eines an seinem Amtssitze wohnenden Gerichtsvollziehers zu bewirken.

Wird die Zustellung durch den Notar selbst bewirkt, so darf dies nur in der Art geschehen, daß er selbst entweder das Schriftstück am Postschalter einliefert oder, wenn es nicht mit der Bezeichnung „Einschreiben“ versehen ist, in einen Postbriefkasten legt.

9. Insoweit die Zustellung durch einen Gerichtsvollzieher bewirkt wird, sind für dessen Thätigkeit die Bestimmungen der §§ 19 bis 23 der Verfügung vom 26. Dezember 1899 maßgebend.

Der Gerichtsvollzieher erhält, sofern er nicht gemäß § 3 Abs. 3 von dem Gerichtsschreiber beauftragt ist, in welchem Falle lediglich die Vorschriften der Verfügung vom 26. Dezember 1899 Anwendung finden, die ihm nach der Gebührenordnung für Gerichtsvollzieher in amts- oder schöffengerichtlichen Sachen zustehenden Gebühren.

§ 10. Zustellungen im Auslande sind durch Vermittelung des Amtsgerichts zu veranlassen. Diesem liegt die Anfertigung der im § 202 der Civilprozeßordnung bezeichneten Ersuchungsschreiben ob.

§ 11. Insoweit bei der Vermittelung einer Auseinandersetzung eine öffentliche Zustellung zulässig ist, muß deren Bewilligung bei dem Amtsgerichte nachgesucht werden. Die Zustellung wird auf die Bewilligung des Gerichts von dem Gerichtsschreiber besorgt.

§ 12. Die durch eine Zustellung von Amtswegen entstandenen Auslagen hat der Notar den zur Zahlung der Kosten Verpflichteten in Rechnung zu stellen. Die Vorschrift des § 80b des deutschen Gerichtskostengesetzes findet in dem Verfahren vor den Notaren keine Anwendung.

§ 13. Die erforderlichen Formulare für Postzustellungsurkunden können bei den Postbehörden, diejenigen für Zustellungsurkunden der Gerichtsvollzieher bei den mit der Lieferung dieser Formulare für die Gerichte betrauten Druckereien bezogen werden.

§ 14. Insoweit im Verfahren zur Vermittelung einer Auseinandersetzung (Ausführungsgesetz zum Reichsgesetz über die Angelegenheiten der freiwilligen Gerichtsbarkeit § 30) eine Verfügung bekannt zu machen ist, ohne daß mit der Bekanntmachung der Lauf einer Frist beginnt, hat es bei den Vorschriften des Artikel 1 der allgemeinen Verfügung des Ministeriums, betreffend das Verfahren in Angelegenheiten der freiwilligen Gerichtsbarkeit und die Registerführung bei den Amtsgerichten, vom 6. Dezember 1899 (Central- und Bezirks-Amtsblatt Seite 293) sein Bewenden.

Hiernach wird in solchen Fällen die Bekanntmachung, soweit

sie nicht zu Protokoll erfolgt, in der Regel durch Uebersendung mittelst einfachen Briefes oder durch Behändigung mittelst Boten ohne Beurkundung bewirkt.

Sind der Verfügung wichtige Urkunden beigegeben, so ist bei Uebersendung durch die Post der Brief mit der Bezeichnung „Einschreiben", geeigneten Falles, „gegen Rückschein", zu versehen. Die Behändigung durch einen Boten erfolgt in diesem Falle gegen Empfangsbescheinigung.

Der Notar kann jedoch die Bekanntmachung auch in den Fällen dieses Paragraphen durch Zustellung bewirken, wenn dies nach Lage der Umstände angezeigt erscheint, wie z. B. bei Ladungen oder in anderen Fällen, in denen an die Nichtbefolgung der Verfügung Nachtheile geknüpft sind. Auch kann die Uebersendung mittelst eingeschriebenen Briefes oder die Aushändigung gegen Empfangsbescheinigung in anderen als den im dritten Absatze bezeichneten Fällen bewirkt werden.

In den Akten ist zu vermerken, in welcher Weise, an welchem Orte und an welchem Tage die Bekanntmachung zur Ausführung gebracht ist.

Straßburg, den 8. Februar 1900.

Ministerium für Elsaß-Lothringen.
Abtheilung für Justiz und Kultus.
Der Unterstaatssekretär.
Dr. Petri.

VI.

Anweisung des Reichspostamts über das Verfahren, betreffend die postamtliche Bestellung von Schreiben mit Zustellungsurkunde, vom 26. Oktober 1899.[1])

(Centr.- u. Bez.-Amtsbl. S. 145.)

(Auszug.)

§ 1.

Gegenstände der postamtlichen Zustellung.

Schriftstücke, bei denen es auf die Beschaffung einer Zustellungsurkunde ankommt, können auf Ersuchen von Behörden,

---

[1]) Vgl. auch §§ 25, 40 der Postordnung für das Deutsche Reich vom 20. März 1900 (Centr.-Bl. für das Deutsche Reich S. 53).

Beamten oder Privatpersonen durch die Postanstalten zugestellt werden.

Von der Zustellung durch die Post sind jedoch ausgeschlossen:

1. Einschreib=, Werth= und Nachnahmesendungen;
2. durch Eilboten zu bestellende Sendungen;
3. Sendungen mit dem Vermerke „postlagernd";
4. Sendungen an Gefangene;
5. Sendungen, die nicht an eine Person gerichtet sind, sondern mehreren in der Aufschrift benannten Personen nach einander als Umlauf zugestellt werden sollen (Currenden).

§ 2.

Aeußere Beschaffenheit der durch die Post zuzustellenden Gegenstände.

Die durch die Post zuzustellenden Sendungen müssen als verschlossene Briefe eingeliefert werden.

Die Zustellungen können sein:

a) gewöhnliche;
b) vereinfachte.

Jedem zuzustellenden Briefe müssen vom Absender in den Fällen zu a) zwei Formulare zur Postzustellungsurkunde auf weißem Papier (Urschrift und Abschrift), in den Fällen zu b) ein Formular auf blauem Papier beigefügt werden.

Daß dies geschehen, muß auf der Aufschriftseite des Briefumschlags durch die Worte: „Hierbei ein Formular zur Postzustellungsurkunde nebst Abschrift" oder „Hierbei ein Formular zur Postzustellungsurkunde" ausgedrückt sein.

In den Fällen zu b) muß der Brief außerdem auf der Aufschriftseite des Briefumschlags den Vermerk tragen: „Vereinfachte Zustellung."

Die zusammenzufaltenden Zustellungsurkunden müssen vom Absender vor der Einlieferung der Schriftstücke zur Post mit der für die Rücksendung erforderlichen Aufschrift versehen sein.

In der Aufschrift des zuzustellenden Briefes muß die Person, der zugestellt werden soll, nach Namen, Stand oder Gewerbe und Wohnort so genau bezeichnet sein, daß der Empfänger leicht und sicher aufgefunden werden kann und Verwechselungen ausgeschlossen sind.

Bei Zustellungen an Unteroffiziere oder Gemeine des aktiven

Heeres oder der aktiven Marine muß die Aufschrift an diese selbst gerichtet sein unter genauer Bezeichnung des Truppentheils (Kompagnie, Eskadron und Batterie des zu bezeichnenden Regiments u. s. w.), zu dem sie gehören, und unter Beifügung des Zusatzes „zu Händen des Chefs der (genau zu bezeichnenden) zunächst vorgesetzten Kommandobehörde (Chef der Kompagnie, Eskadron, Batterie u. s. w.).“

Bei Sendungen der Gerichtsvollzieher muß deren Name und Amtseigenschaft, bei Sendungen der Gerichtsschreiber die Gerichtsschreiberei als Absender auf der Aufschriftseite des Briefes bezeichnet sein.

Der Kopf des Formulars zur Postzustellungsurkunde und zu deren Abschrift muß vom Absender ausgefüllt sein.

Zu den Postzustellungsurkunden kommen verschiedene Formulare zur Anwendung, je nachdem es sich um Zustellungen an Gewerbetreibende, an Rechtsanwälte, Notare oder Gerichtsvollzieher, an Behörden oder Korporationen u. s. w., an Unteroffiziere und Soldaten oder an andere vorstehend nicht näher bezeichnete Personen handelt.

Die bei Postzustellungen zu verwendenden Formulare sind so eingerichtet, daß sie die bei der Zustellung in Betracht kommenden Fälle erschöpfend enthalten, so daß der Postbote nur den Namen der Person, welcher der zuzustellende Brief übergeben ist, an der im Vordruck offen gelassenen Stelle niederzuschreiben und den Vordruck soweit zu durchstreichen hat, als er in dem gerade vorliegenden Falle nicht zutrifft.

Vor der Uebergabe der zuzustellenden Briefe an die bestellenden Boten hat die Postanstalt genau zu prüfen, ob die Sendungen den vorbezeichneten Vorschriften entsprechen, und auf die Beseitigung etwaiger Mängel auf kurzem Wege hinzuwirken. Besteht jedoch der Mangel darin, daß nach Ansicht der Postanstalt nicht das zutreffende Formular zur Zustellungsurkunde beigefügt ist, so ist in zweifelhaften Fällen für die Wahl des Formulars die Ansicht des Absenders maßgebend.

§ 8.

Zustellungen an Behörden, Gemeinden, Korporationen oder Vereine. (Formular C. 87 d.)

Abs. 3. Für Zustellungen an offene Handelsgesellschaften ist das Formular C. 87 d (Zustellung an Behörden u. s. w.) in der Weise zu benutzen, daß die offenen Handelsgesellschaften als „Vereine“ behandelt werden. Ist dagegen der zuzustellende Brief an eine Gesellschaftsfirma gerichtet, die von einem Einzelkaufmanne geführt wird, z. B. an die vom Kaufmanne C. geführte Firma A. & B., so ist das Formular C. 87 b (Zustellung an Gewerbetreibende) zu benutzen. Hat jedoch der Absender in solchen Fällen dem Briefe irrthümlich das Formular C. 87 d beigefügt, so ist der Brief gleichwohl zuzustellen. Der Postbote hat dann in dem Formulare der Zustellungsurkunde an den in Betracht kommenden Stellen die Worte „Vorsteher“ in „Inhaber“ und „Behörde“ in Firma“ abzuändern.

B. Zu den Vorschriften über Vormundschaftssachen.

I.

Verfügung des Oberlandesgerichtspräsidenten an die Amtsgerichte, betr. die Ueberleitung der Vormundschaften und Pflegschaften, vom 11. November 1899.

Da das neue am 1. Januar 1900 in Kraft tretende Recht auch auf die anhängigen Vormundschaften seine Wirkung ausübt, sehe ich mich veranlaßt, im Interesse einer gleichheitlichen vorschriftsmäßigen Behandlung dieser Vormundschaften und zum Zwecke der Vorkehrung der durch die eintretenden Veränderungen gebotenen besonderen Maßnahmen, die Amtsgerichte vorläufig über nachstehende Punkte zu verständigen:

1. Diejenigen Vormundschaftsfälle, in denen ein Elterntheil noch lebt, sind in der Richtung zu prüfen, ob die Voraussetzungen des Bürgerlichen Gesetzbuches für den Eintritt der elterlichen Gewalt vorliegen und diese sonach an Stelle der Vormundschaft tritt (Artikel 210 und 203 des Einführungsgesetzes zum B. G. B.) oder ob auch vom Standpunkte des Bürgerlichen Gesetzbuches aus der Fall der Vormundschaft vorliegt, etwa auf Grund des § 1697 oder weil die elterliche Gewalt ruht oder verwirkt ist (§§ 1676, 1677, 1680, 1686, 1773).

Insoweit hiernach die elterliche Gewalt Platz greift, ist gleichzeitig zweckmäßiger Weise schon jetzt zu prüfen, ob nicht eine der Maßnahmen, welche das Bürgerliche Gesetzbuch gegenüber dem Inhaber der elterlichen Gewalt zuläßt, angezeigt sein wird. Ich nehme in dieser Hinsicht Bezug auf die §§ 1666 ff., 1687. Insbesondere kann in Frage kommen, der Mutter, welcher die elterliche Gewalt zusteht, im Hinblick auf den Wegfall des Gegenvormundes einen Beistand zu bestellen (§§ 1687 Nr. 3 und ff.); oder es können besondere Maßnahmen, wie etwa die dem gesetzlichen Vormunde durch den Familienrath gemäß § 5 des Gesetzes vom 16. Juni 1887 auferlegte Verpflichtung zur Rechnungslegung, auch für die Zukunft sich empfehlen (§ 1667 Absatz 2). In zweifelhaften Fällen wird der Amtsrichter zweckmäßig den bisherigen Gegenvormund über die Sachlage hören und das Ergebniß der Erhebungen aktenkundig machen.

Dem Vater oder der Mutter, deren elterliche Gewalt künftig an Stelle der gesetzlichen Vormundschaft tritt, sowie den ausscheidenden Gegenvormündern ist rechtzeitig Nachricht zuzufertigen. In manchen Fällen wird es sich empfehlen, den Inhaber der elterlichen Gewalt auf die Vorschrift des § 1642, welche dem Grundsatze des § 2 des geltenden Vormundschaftsgesetzes gerade entgegengesetzt ist, ausdrücklich hinzuweisen. Im Uebrigen wird derselbe für berechtigt zu erachten sein, von dem bisherigen Vormund die Herausgabe des verwalteten Vermögens und die Ablegung der Schlußrechnung über dessen Vermögensverwaltung zu verlangen und zwar unter Zugrundelegung der Bestimmungen des Code civil, da mit dem Eintritt des neuen Rechts die Vormundschaft ihr Ende erreicht.

Für das Verfahren in Fällen, in welchen an Stelle der Vormundschaft die elterliche Gewalt tritt, sind die Formulare E. L. I, II und III in der Anlage[1]) zu benützen. Das letzte Formular kann auch für die seltenen Fälle, in welchen die Vormundschaft bisher nicht dem überlebenden Elterntheil, sondern einem Dativvormund zustand, künftig aber die elterliche Gewalt eintritt, mit einer geringfügigen Aenderung zur Benachrichtigung des Vormundes verwendet werden. Dabei ist jedoch zu beachten, daß, soweit in solchen Fällen der überlebende

[1]) Die Formulare sind hier nicht mit abgedruckt.

Elterntheil der Vormundschaft entsetzt war, diese Anordnung gemäß Art. 204 des Einführungsgesetzes in dem bisherigen Umfang in Kraft bleiben wird (vgl. auch Habicht Uebergangsrecht S. 428).

2. Im Falle sich die überlebende Mutter vor dem 1. Januar 1900 wieder verheirathet hat, besteht die ihr belassene oder wiederübertragene Vormundschaft sowie die Mitvormundschaft ihres zweiten Ehemannes (Art. 395 und 396 Code civil) mit dem Eintritt des neuen Rechts unverändert fort (Art. 210 E. G. z. B. G. B.; vgl. R. E. XXI. 324). Wenn aber die nach dem 1. Januar 1900 sich wiederverheirathende Mutter als Vormünderin ihrer erstehelichen Kinder bestellt wird, hat der Amtsrichter pflichtmäßig darüber zu befinden, ob derselben ihr zweiter Ehemann im Hinblick auf §§ 1775 und 1797 B. G. B. als Mitvormund beizugeben sei.

Ebenso bleibt die gesetzliche Vormundschaft der Großeltern über ihre Enkel und jene des Ehemannes über seine entmündigte Ehefrau nach dem 1. Januar 1900 gemäß Art. 210 E. G. z. B. G. B. aufrecht erhalten.

3. Anlangend die im Dekret vom 19. Januar 1811 bezeichneten Kinder, so verbleibt wohl dem Verwaltungsrath einer Pflegeanstalt über alle Kinder, welche auf Grund dieses Dekrets vor dem 1. Januar 1900 in das Pflegehaus aufgenommen oder einer Familie oder Anstalt zur Erziehung oder Verpflegung unter Ueberwachung des Verwaltungsrathes übergeben worden sind, unter Aufsicht der zuständigen Vormundschaftsgerichte und vorbehaltlich der Befugniß der letzteren, einen anderen Vormund zu bestellen, die Vormundschaft, ohne daß es einer nachträglichen Feststellung des Vormundschaftsgerichts nach §§ 1677 und 1686 B. G. B. bedürfte; denn die Vormundschaft ist nach altem Recht auf Grund von Voraussetzungen, welche auch nach neuem Recht die Vormundschaft begründen, bereits eingetreten und eine Feststellung, daß diese Voraussetzungen fortbestehen, ist ohne besonderen Anlaß nicht geboten. Für die erst nach dem 31. Dezember 1899 der öffentlichen Pflege unterstellten „verlassenen" Kinder wird allerdings die Feststellung des § 1677 geboten sein.

Im Hinblick auf die Aufsichts- und Haftpflicht der Amtsgerichte (§ 1848 B. G. B.) sind diese Vormundschaften unter

Einforderung der dieselben betreffenden Akten von den Pflegeanstalten festzustellen und in die Vormundschaftsregister einzutragen.

Dagegen greifen bezüglich der Minderjährigen, welche auf Grund des Gesetzes vom 18. Juli 1890 oder gemäß §§ 55 und 56 Abs. 2 St. G. B. einer Erziehungs- oder Besserungsanstalt überwiesen sind, die allgemeinen Grundsätze der elterlichen Gewalt und der Vormundschaft Platz mit den aus der Unterbringung in der Anstalt sich ergebenden Beschränkungen. Das Gleiche gilt für die Kinder, für welche nach § 3 des Gesetzes vom 5. Mai 1869 vorübergehende Unterstützung bewilligt wird, sowie für die Kinder von — in Gefängnissen oder Hospitälern befindlichen — Eltern, welche während der Dauer der Haft oder Krankheit ihrer Eltern in die öffentlichen Pflegeanstalten nach bestehender Uebung untergebracht werden.

4. Da nach § 1912 des Bürgerlichen Gesetzbuches ein Pfleger für eine Leibesfrucht nur zu bestellen ist, wenn die Voraussetzungen der elterlichen Gewalt nicht vorliegen, so wird die gemäß Artikel 393 Code civil eingeleitete Pflegschaft beim Inkrafttreten des Bürgerlichen Gesetzbuches regelmäßig ihr Ende erreichen (zu vgl. Motive zum Einführungsgesetz Seite 303, 304). Den Betheiligten ist durch die Amtsgerichte hiervon Nachricht zu geben.

5. Im Hinblick auf Artikel 154 des Einführungs-Gesetzes ist es erforderlich, daß die Amtsrichter die auf Erklärung der Eltern (Code civil Artikel 477) innerhalb der letzten 3 Jahre vor dem Inkrafttreten des Bürgerlichen Gesetzbuches eingetretenen Emanzipationsfälle daraufhin prüfen, ob der Emanzipirte das 18. Lebensjahr noch nicht erreicht hat und somit unter die elterliche Gewalt tritt oder unter Vormundschaft zu stellen ist, und das hiernach Erforderliche veranlassen. Zu den erforderlichen Feststellungen sind an erster Stelle die Register und Repertorien dienlich.

6. Da die Bestellung eines Beistandes für einen Geistesschwachen mit dem Ablaufe von sechs Monaten nach dem Inkrafttreten des Bürgerlichen Gesetzbuches ihre Wirkung verliert (Einführungsgesetz Artikel 211), so haben die Amtsgerichte auf eine Verständigung der nach § 646 C. P. O. zum Antrag auf Entmündigung Berechtigten Bedacht zu nehmen, falls sich die Entmündigung des Verbeistandeten als geboten erweist.

7. Die jetzt bestehende vorläufige Vermögensverwaltung für einen nicht entmündigten Geisteskranken, der in einer öffentlichen Irrenanstalt untergebracht ist (Art. 31 und 32 des Gesetzes vom 30. Juni 1838), ist wohl mit dem Inkrafttreten des neuen Rechts im Sinne des § 1910 Abs. 2 B. G. B. als Pflegschaft anzusehen und nach Art. 210 E. G. z. B. G. B. aufrecht zu erhalten. Insbesondere erscheint auch der Umstand, daß die erwähnten Art. 31 und 32 wie der mit denselben in Verbindung stehende § 11 des Erbbescheinigungsgesetzes vom 10. Mai 1886, soweit er hier Bedeutung hat, voraussichtlich für die Folgezeit aufgehoben werden (Entw. des Gesetzes betr. die Aufhebung von Landesgesetzen, § 1 Ziff. 82 und 118), für die schon vor dem ersten Januar 1900 begründeten vorläufigen Vermögensverwaltungen ohne Bedeutung; vgl. die im Ministerium ausgearbeiteten gutachtlichen Bemerkungen über die Einwirkung des B. G. B. auf das geltende Privatrecht S. 60, Bem. 61 Abs. 2.

Auf Grund des § 1910 dürfte aber auch die gemäß Art. 38 des Gesetzes vom 30. Juni 1838 angeordnete Pflegschaft den Voraussetzungen des B. G. B. bezüglich einer Pflegschaft entsprechen und daher bei dessen Inkrafttreten gleichfalls bestehen bleiben. Doch ist zu beachten, daß eine Pflegschaft der letzteren Art auf Antrag des Pflegebefohlenen von dem Vormundschaftsgericht aufzuheben ist § 1920, vgl. auch § 1910 Abs. 3.

8. Ob der einem Verschwender bestellte Beistand (Code civil Art. 513) gemäß Art. 156, 210 Absatz 2 des Einführungsgesetzes zum Bürgerlichen Gesetzbuche als Vormund im Amte bleibt, ist nicht ausdrücklich ausgesprochen, wird aber dem Sinne der genannten Vorschriften entsprechen. Sowohl wegen der immerhin möglichen Zweifel als um die veränderte Stellung dem bisherigen Beistand zur Kenntniß zu bringen, wird es sich empfehlen, den letzteren, falls nicht ein Wechsel in der Person vorzunehmen ist (s. B. G. B § 1886) als Vormund ausdrücklich zu verpflichten (§ 1789) und ihm eine Bestallung zu behändigen (§ 1791). Die nähere Bestimmung in letzterer Hinsicht muß der von dem Ministerium in Aussicht genommenen allgemeinen Verfügung über die geschäftliche Behandlung der Angelegenheiten der freiwilligen Gerichtsbarkeit vorbehalten bleiben.

9. Zwar gilt gemäß Art. 210 Abs. 2 Satz 1 E. G. z. B. G. B. im Allgemeinen der Grundsatz, daß mit Eintritt des neuen Rechts die bisherigen Vormünder und Pfleger, zu welch' letzteren auch die vorläufigen Vermögensverwalter der nicht entmündigten, in öffentlichen Irrenanstalten untergebrachten Geisteskranken (siehe oben Ziffer 7) und die für Abwesende bestellten Vermögensverwalter (Art. 112 und 113 Code civil § 1911 B. G. B., vgl. gutachtliche Bemerkungen S. 60 Nr 62) zu zählen sind, in ihren Aemtern verbleiben. Andrerseits aber folgt aus Abs. 1 Satz 1 daselbst, daß von dem bezeichneten Zeitpunkte ab für die Beendigung dieser Aemter die Vorschriften des B. G. B. (vgl. besonders §§ 1885, 1915) maßgebend, also auch die bisherigen Vormünder und Pfleger auf Grund des § 1886 B. G. B. zu entlassen sind, wenn die Fortführung des Amtes, insbesondere wegen pflichtwidrigen Verhaltens des Vormundes oder Pflegers, das Interesse der Pflegebefohlenen gefährden würde, oder wenn in der Person des Vormundes oder Pflegers einer der im § 1781 B. G. B. bestimmten Gründe vorliegt.

Da das neue Recht verschiedene dem alten Recht unbekannte Gründe der Untauglichkeit zur Uebernahme der Vormundschaft aufstellt, liegt den Amtsrichtern in Zweifelsfällen zunächst die Anstellung geeigneter Nachforschungen ob, wobei sie sich der Beihülfe der Bürgermeister und Polizeibehörden und später jener der Gemeindewaisenräthe bedienen können.

10. Es ist wünschenswerth, daß die im Amte verbleibenden Vormünder und Pfleger über ihre zum Theil von den früheren verschiedenen Pflichten wenigstens bei bedeutenderen Vermögensverwaltungen durch die Amtsrichter belehrt werden. Dagegen bedarf es einer besonderen Verpflichtung (§ 1789 B. G. B.) derselben im Allgemeinen nicht (vgl. indeß oben Ziffer 8), da solche nur bei der nach dem neuen Recht erfolgten Bestallung statthat. Ueber die Frage der Aushändigung von Bestallungsurkunden wird die von dem Ministerium in Aussicht genommene allgemeine Verfügung Bestimmung treffen.

Von den vorläufigen Vermögensverwaltungen für nicht entmündigte, in öffentlichen Irrenanstalten untergebrachte geisteskranke Personen und von den Güterpflegschaften für Abwesende haben bisher die zuständigen Amtsrichter (vgl. § 11 des Gesetzes betreffend die Ausstellung gerichtlicher Erbbescheinigungen und die Zuständigkeit der Amtsgerichte) wohl regelmäßig amtliche Kenntniß erhalten. Zur Kontrolle ist jedoch eine desfallsige Erkundigung bei den Irrenanstalten (Art. 31 des Gesetzes vom 30. Juni 1838) und den Landgerichten (Art. 112 Code civil) zweckmäßig.

11. Die Gegenvormünder sind gemäß Art. 210 Abs. 2 Satz 2 des Einführungsgesetzes zu entlassen, wenn nach den Bestimmungen des B. G. B. (§§ 1792, 1903 und 1904) ein Gegenvormund nicht zu bestellen sein würde. Für die Entlassung und die im Falle derselben weiter nöthig erscheinende Benachrichtigung der Hauptvormünder sind die anliegenden Formulare E. L. IV und V zu benutzen. Bezüglich der in Kraft verbleibenden „Pflegschaften" des alten Rechts ist zu beachten, daß die Bestellung von Gegenvormündern bei Pflegschaften gemäß § 1915 B. G. B. nicht erforderlich ist.

12. Nach dem bei den gesetzgeberischen Verhandlungen nicht beanstandeten § 65 des Entwurfs eines Gesetzes, betreffend die Ausführung des Reichsgesetzes über die Angelegenheiten der freiwilligen Gerichtsbarkeit,[1]) erlischt die gesetzliche Hypothek des Mündels, soweit sie zur Zeit des Inkrafttretens des Bürgerlichen Gesetzbuches nicht eingetragen ist. Um eine Benachtheiligung der durch die bisherige Hypothek Geschützten zu vermeiden, haben die Amtsgerichte nach Maßgabe der Begründung des genannten Entwurfs S. 57 für die rechtzeitige Eintragung der Hypothek erforderlichen Falls besondere Sorge zu tragen.

Gleichzeitig theile ich den Amtsgerichten mit, daß die nach Obigem erforderlichen Formulare vom Kaiserlichen Ministerium der Druckerei DuMont-Schauberg in Straßburg in Bestellung gegeben sind und unmittelbar von letzterer bezogen werden können.

Der Kaiserliche Oberlandesgerichtspräsident:

Nassiga.

---

[1]) § 68 des Gesetzes.

II.

Allgemeine Verfügung des Ministeriums, betr. das Verfahren in Angelegenheiten der freiwilligen Gerichtsbarkeit und die Registerführung bei den Amtsgerichten, vom 6. Dezember 1899.[1])

(Auszug.)

II. Vormundschaftssachen.

(Reichsges. über die Angelegenheiten der freiwilligen Gerichtsbarkeit §§ 35 bis 64, Ausf.-Ges. hierzu §§ 14 bis 18.)

Artikel 3.

Vormundschaftsregister.

Das Register für Vormundschaften, Pflegschaften und Beistandschaften (Vormundschaftsregister) wird nach Formular A. G. II 1 und der demselben vorgedruckten Anleitung geführt. Für jede Abtheilung (I, II, III) besteht eine besondere, fortlaufende Nummernfolge. Das Aktenzeichen wird aus der römischen Ziffer der Abtheilung und der laufenden Nummer gebildet (z. B. I 14, II 4, III 6).

In Abtheilung I sind alle Vormundschaften über Minderjährige und Volljährige, einschließlich der Vormundschaften der Verwaltungsräthe von Pflegehäusern über die Bezirkspflegekinder sowie der vorläufigen Vormundschaften (B. G. B. § 1906) einzutragen. Die vorläufige Vormundschaft ist als solche in der Spalte „Bemerkungen" kenntlich zu machen; wird demnächst auf Grund der Entmündigung ein Vormund bestellt, so ist der die Vormundschaft als vorläufige kennzeichnende Vermerk roth zu unterstreichen; das Aktenzeichen bleibt unverändert.

In Abtheilung II sind die Pflegschaften, in Abtheilung III die Beistandschaften, welche unter § 24 des Gerichtskostengesetzes für Elsaß-Lothringen fallen, einzutragen. Pflegschaften und Beistandschaften, welche nur zur Wahrnehmung einzelner Geschäfte angeordnet werden, ferner Nachlaßpflegschaften sind in das Register nicht einzutragen; zu deren Eintragung dient das Beschlußregister bezw. das Nachlaßregister.

Geht eine anhängige Pflegschaft oder Beistandschaft in eine Vormundschaft über oder umgekehrt, so ist die Sache als beendet zu behandeln und von Neuem einzutragen; die Akten sind unter

---

[1]) Vgl. S. 129, 158, 160, 204, 227. Die Formulare sind hier nicht abgedruckt.

dem neuen Aktenzeichen fortzuführen, bei der früheren Eintragung ist das neue Aktenzeichen zu vermerken. Wird nach Beendigung einer Vormundschaft, Pflegschaft oder Beistandschaft für die gleiche Person eine neue Vormundschaft, Pflegschaft oder Beistandschaft eingeleitet oder eine Angelegenheit anhängig, die in das Beschlußregister unter Abtheilung IX einzutragen ist, so sind die Akten zu der neuen Sache abzugeben. Die Abgabe ist in der Spalte „Bemerkungen" ersichtlich zu machen.

Bei der Beendigung einer Vormundschaft, Pflegschaft oder Beistandschaft ist die auf dieselbe bezügliche Eintragung roth zu unterstreichen.

Artikel 4.

Alphabetisches Verzeichniß.

Zu dem Vormundschaftsregister ist ein alphabetisches Namenverzeichniß zu führen.

Artikel 5.

Aktenanlegung.

Für die in das Register eingetragenen Vormundschaften, Pflegschaften und Beistandschaften sind Akten anzulegen. Für die Aktenhefte sind die durch die Verfügung vom 16. März 1880 (Samml. V S. 27) vorgeschriebenen Aktendeckel Nr. I zu verwenden. Den Akten ist eine nach Formular A. G. II 2 zu führende Nachweisung vorzuheften, deren Ausfüllung dem Richter obliegt.

Die Akten sind in der Ordnung aufzubewahren, in welcher sie verzeichnet sind. Sie sind wegzulegen, wenn die Vormundschaft, Pflegschaft oder Beistandschaft beendet ist.

Artikel 6.

Anhängige Sachen.

Die beim Inkrafttreten des Bürgerlichen Gesetzbuchs anhängigen Vormundschaften, welche auch nach neuem Rechte als Vormundschaften zu behandeln sind (die Dativvormundschaften und die bisher bloß in das Anzeigeregister eingetragenen Sachen, in denen etwa ein Vormund oder dauernd ein Pfleger oder Beistand zu bestellen ist), sind in das Vormundschaftsregister zu übertragen. Die Uebertragung hat hinsichtlich jeder Vormundschaft dann zu erfolgen, wenn der Richter zum ersten Male mit der Sache sich zu befassen hat. Bis spätestens zum 1. Januar 1901 sollen alle Sachen in das Vormundschaftsregister übertragen sein.

In gleicher Weise ist zu verfahren hinsichtlich der bisher nicht in die Vormundschaftsregister eingetragenen Vormundschaften über die Bezirkspflegekinder (Ministerialverfügung vom 20. Oktober 1888, Samml. XIII S. 295) sowie der auf Grund des Art. 112 des Code civil oder der Art. 31, 32 des Gesetzes über die Geisteskranken vom 30. Juni 1838 bestehenden Pflegschaften (vgl. Einf.-Ges. z. B. G. B. Art. 210).

Die zur Zuständigkeit der einzelnen Amtsgerichte gehörigen Vormundschaften über Bezirkspflegekinder sowie die auf Grund des Art. 31 des Irrengesetzes bestehenden Pflegschaften sind erforderlichen Falles durch Erkundigungen bei den Verwaltungsbehörden oder bei den Verwaltungsräthen der Pflegehäuser und den Vorständen der Irrenanstalten festzustellen (zu vgl. die Verfügung des Oberlandesgerichtspräsidenten vom 11. November l. J. Ziffer 3 Abs. 2, Ziffer 10 Abs. 2, sowie Art. 54 Abs. 2 der gegenwärtigen Verfügung).[1]

Das Anzeigeregister und das Register für Dativvormundschaften werden nicht mehr geführt.

Artikel 7.

Ueberwachung der Vermögensverwaltung.

Der Amtsrichter soll der ihm in Vormundschaftssachen obliegenden Aufsicht seine besondere Aufmerksamkeit zuwenden und insbesondere darüber wachen:

1. daß die hierzu Verpflichteten die Vermögensverzeichnisse pünktlich und ordnungsmäßig einreichen (B. G. B. §§ 1640, 1686, 1669, 1692, 1693, 1760, 1802, 1897, 1915) und das ihrer Verwaltung unterliegende Vermögen vorschriftsmäßig anlegen (B. G. B. §§ 1642, 1806 ff., Ausf.-Ges. z. B. G. B. §§ 141, 142);
2. daß die Vormünder und die mit einer Vermögensverwaltung betrauten Pfleger und Beistände den ihnen nach den §§ 1809, 1810, 1814, 1815, 1816 des Bürgerlichen Gesetzbuchs obliegenden besonderen Pflichten, soweit sie nicht von denselben entbunden sind (B. G. B. §§ 1817, 1852, 1853, 1855), nachkommen;
3. daß Seitens der unter Ziffer 2 bezeichneten Personen rechtzeitig und ordnungsmäßig Rechnung gelegt (B. G. B. § 1840) oder, soweit sie von der Verpflichtung zur

[1]) Vgl. hierzu S. 141, 143, 231, aber auch „Nachträge" zu S. 148.

Rechnungslegung entbunden sind, die Vermögensübersicht vorschriftsmäßig eingereicht wird (B. G. B. § 1854).

Artikel 8.

Behufs Ueberwachung der Rechnungslegung, der Vermögensübersichten und der Großjährigkeitstermine hat der Gerichtsschreiber bis zum 10. Januar jeden Jahres ein Verzeichniß aufzustellen, in welches die für das laufende Jahr in Frage kommenden Sachen mit Aktenzeichen und unter Angabe der Termine einzutragen sind.

Die Akten sind dem Richter zu dem Termin oder zu einem anderen von ihm bestimmten Zeitpunkte mittelst schriftlichen Vorlagevermerks vorzulegen. Die erfolgte Vorlegung ist in dem Verzeichnisse bemerkbar zu machen.

Sonstige Verfügungen des Richters über die Wiedervorlage von vormundschaftlichen Akten sind von dem Gerichtsschreiber in den Terminkalender einzutragen.

Artikel 9.

Beläge, welche bei der Rechnungslegung überreicht werden, oder sonstige Urkunden, welche nicht dazu bestimmt sind, Bestandtheile der Vormundschaftsakten zu bilden, sind nicht bei den Akten zu behalten, sondern zurückzugeben.

Depotscheine, Werthpapiere und Sparkassenbücher, deren Rückgabe nicht sofort erfolgen kann, sind bis dahin besonders sorgfältig, wenn angängig in einem Kassenschranke, zu verwahren.

Artikel 10.[1])

Verzeichniß der Entmündigten und der unter vorläufige Vormundschaft Gestellten.

Bei jedem Amtsgericht ist ein Verzeichniß der Entmündigten und der unter vorläufige Vormundschaft gestellten Personen nach dem anliegenden Formular A. G. II 3 und der demselben vorgedruckten Anleitung[2]) zu führen.

---

[1]) Vgl. die Verf. des Oberstaatsanwalts an die Notare vom 8. Januar 1900 am Ende S. 131.

[2]) Ziffer 1 dieser Anleitung lautet:
In das Verzeichniß aufzunehmen sind:
a) die vor dem Inkrafttreten des B. G. B. wegen Geisteskrankheit Entmündigten und wegen Verschwendung Verbeistandeten — nicht aber die wegen Geistesschwäche Verbeistandeten —,
b) die nach dem Inkrafttreten des B. G. B. wegen Geisteskrank-

In das Verzeichniß sind auch die vor dem Inkrafttreten des Bürgerlichen Gesetzbuchs wegen Geisteskrankheit Entmündigten sowie die wegen Verschwendung verbeistandeten und künftig unter Vormundschaft stehenden Personen, nicht aber die wegen Geistesschwäche Verbeistandeten aufzunehmen.

Die Einsicht des Verzeichnisses ist Jedermann auf Verlangen zu gestatten.

Von jeder Eintragung in das Verzeichniß hat das Amtsgericht den Notaren des Bezirks Mittheilung zu machen.

Artikel 11.

Generalakten. Allgemeine Verfügungen über die Behandlung der Vormundschaftssachen, insbesondere auch die vom Amtsrichter selbst erlassenen, sind zu besonderen Generalakten, betreffend das Vormundschaftswesen, zu nehmen.

III. Gemeindewaisenrath.

(B. G. B. §§ 1675, 1779, 1849 bis 1851, 1862; Ausf.-Ges. z. B. G. B. §§ 128 bis 135; Reichsges. über die Angelegenheiten der freiwilligen Gerichtsbarkeit § 49, Ausf.-Ges. hierzu §§ 15, 17.)

Artikel 12.

Bestätigung. Die Bestätigung eines von dem Gemeinderathe vorgeschlagenen Gemeindewaisenraths ist auf die von dem Bürgermeister vorzulegende Bestallung zu setzen (Verordnung, betreffend die Bestellung der Gemeindewaisenräthe, § 5).

Ablehnung. Die Verfügung, durch welche die Bestätigung abgelehnt wird, ist dem Bürgermeister zuzustellen (Ausf.-Ges. z. R. G. über die Angelegenheiten der freiwilligen Gerichtsbarkeit § 15, § 17 Abs. 1 Ziffer 1).

Artikel 13.

Verzeichniß der Gemeindewaisenräthe. Bei jedem Amtsgericht ist ein Verzeichniß der Gemeindewaisenräthe des Amtsgerichtsbezirks nach anliegendem Formular A. G. II 4 zu führen.

---

heit, Geistesschwäche, Verschwendung oder Trunksucht Entmündigten, sowie die unter vorläufige Vormundschaft Gestellten,

bezüglich deren **das Amtsgericht die Entmündigung oder Verbeistandung ausgesprochen oder als Vormundschaftsgericht,** sei es von Anfang an oder in Folge späterer Uebernahme der Vormundschaft, **örtlich zuständig ist.** (Im Falle des § 650 C. P. O. also Eintrag bei beiden Amtsgerichten.)

Die Art der Geschäftsvertheilung unter mehreren Gemeindewaisenräthen derselben Gemeinde sowie das Ausscheiden eines Gemeindewaisenraths aus dem Amte ist in der Spalte „Bemerkungen" ersichtlich zu machen.

Das Verzeichniß ist für jede Amtsperiode der nicht ständigen Gemeindewaisenräthe für alle Gemeindewaisenräthe neu anzulegen.

Artikel 14.

Mittheilungen an die Gemeindewaisenräthe.

Das Amtsgericht hat dem Gemeindewaisenrath von jeder Anordnung einer Vormundschaft sowie von jedem Wechsel in der Person des Vormundes oder des Gegenvormundes nach Vorschrift der §§ 1851 Abs. 1, 1897 des Bürgerlichen Gesetzbuchs Kenntniß zu geben.

Außerdem hat das Amtsgericht den Gemeindewaisenrath auch von der Beendigung der einzelnen Vormundschaften in Kenntniß zu setzen.

Artikel 15.

Die Vorschriften des Art. 14 finden auch in Ansehung von Pflegschaften, welche wegen körperlicher oder geistiger Gebrechen einer Person auf Grund des § 1910 des Bürgerlichen Gesetzbuchs oder aus sonstigen Gründen zur Fürsorge für die Person oder wegen Abwesenheit eingeleitet sind, entsprechende Anwendung, sofern die Pflegschaft nicht bloß zur Wahrnehmung einzelner Angelegenheiten angeordnet ist.

Befindet sich eine bloß unter Vermögenspflegschaft gestellte Person in einer Irren- oder Heilanstalt oder ist die Pflegschaft wegen Abwesenheit einer Person angeordnet, so sind die Mittheilungen an den Gemeindewaisenrath zu richten, in dessen Bezirke der Pfleger wohnt.

Artikel 16.

Beaufsichtigung der Gemeindewaisenräthe.

Die Amtsrichter sollen sich von Zeit zu Zeit das von den Gemeindewaisenräthen (ohne Unterschied, ob sie vom Amtsrichter bestätigt oder als ständige Gemeindebeamten angestellt sind) zu führende Verzeichniß der Mündel und Pflegebefohlenen zur Prüfung vorlegen lassen. Es soll dies hinsichtlich der am Sitze des Amtsgerichts wohnenden Gemeindewaisenräthe jährlich mindestens einmal, im Uebrigen mindestens alle zwei Jahre einmal geschehen. Die Prüfung ist im letzteren Falle thunlichst bei gelegentlicher Anwesenheit in der Gemeinde vorzunehmen.

Bei der Prüfung ist zu erörtern, ob für die einzelnen Mündel Vormünder, Gegenvormünder oder Pfleger vorhanden oder ob dieselben zu bestellen sind, ob das persönliche Ergehen und das Verhalten der Mündel zu besonderen Bemerkungen Anlaß bietet, ob die Vormünder für die Person der Mündel, insbesondere für deren Erziehung, soweit sie minderjährig sind, und für ihre körperliche Pflege, soweit erforderlich, pflichtmäßig Sorge tragen oder ob und welche Mängel in dieser Hinsicht zu Tage treten und welche Maßregeln zu deren Abstellung dienlich erscheinen, auch ob etwa nach Kenntniß des Gemeindewaisenraths das Vermögen der Mündel durch die Vermögensverwaltung der Vormünder oder Pfleger gefährdet ist. In Bezug auf Abwesenheitspflegschaften ist auch — soweit erforderlich, nach vorheriger Erkundigung des Gemeindewaisenraths — zu erörtern, ob die Gründe, vermöge deren der Abwesende an der Besorgung seiner Vermögensangelegenheiten verhindert gewesen ist (B. G. B. §§ 1911, 1921), noch fortbestehen oder ob und wieweit dieselben weggefallen sind.

Die Prüfung ist auch auf diejenigen sich in dem Bezirk aufhaltenden Mündel auszudehnen, für welche das Amtsgericht nicht als Vormundschaftsgericht zuständig ist.

Die Prüfung und ihre Ergebnisse sind zu Protokoll zu beurkunden, die letzteren auch in den Verzeichnissen an geeigneter Stelle zu vermerken. In den Fällen des Abs. 3 sind hiervon die Amtsgerichte, welche als Vormundschaftsgerichte zuständig sind, zu benachrichtigen.

Artikel 17.

Auslagenvergütung.

Die Anweisung der von den Gemeindewaisenräthen beanspruchten Auslagenvergütungen (Verordnung, betreffend die Bestellung der Gemeindewaisenräthe, § 8) hat nach den für die Anweisung dringender Gerichtskosten bestehenden Vorschriften zu erfolgen.

Artikel 18.

Aktenanlegung.

Die auf die Einrichtung der Gemeindewaisenräthe bezüglichen Schriftstücke allgemeiner Natur sowie die hinsichtlich der einzelnen Gemeindewaisenräthe erlassenen Verfügungen oder gepflogenen Verhandlungen sind, soweit diese nicht zu anderen

Akten, insbesondere zu den Vormundschaftsakten gehören, der Zeitfolge nach geordnet in einem besonderen Aktenhefte, das nach Vorschrift des § 5 Abs. 1 Satz 1 der Geschäftsordnung für die Gerichtsschreibereien vom 20. Dezember 1879 anzulegen ist, aufzubewahren.

Auf Anordnung des Amtsrichters kann die gesonderte Anlegung von General- und Spezialakten erfolgen.

Artikel 19.

Bis spätestens zum 1. Mai 1900 ist für jede Gemeinde ein Verzeichniß aller am 1. Januar 1900 anhängigen Vormundschaften und der auf Grund des Art. 32 des Gesetzes über die Geisteskranken vom 30. Juni 1838 angeordneten Pflegschaften über die in der Gemeinde sich aufhaltenden Mündel und Pflegebefohlenen aufzustellen. In das Verzeichniß sind auch die auf Grund des Art. 112 des Code civil bestellten, in der Gemeinde wohnenden Pfleger für Abwesende aufzunehmen.[1]) Anhängige Sachen.

Das Verzeichniß ist dem Gemeindewaisenrath und, wenn in einer Gemeinde mehrere Gemeindewaisenräthe bestellt sind, für dieselben dem Bürgermeister mitzutheilen.

Zu dem Verzeichnisse ist, sofern es sich nicht nur um vereinzelte Mittheilungen an Gemeindewaisenräthe außerhalb des Bezirks des Amtsgerichts handelt, das Formular zu dem von den Gemeindewaisenräthen zu führenden Verzeichnisse der Mündel und Pflegebefohlenen zu benutzen (Anlage A. G. II 5).

Dem Verzeichniß ist eine alphabetische Liste der Mündel und Pflegebefohlenen beizufügen.

III.

Verfügung des Oberlandesgerichtspräsidenten, betr. die Erneuerung der Mündelhypotheken, vom 10. Dezember 1900.

Auf den gefälligen Bericht vom 14. v. M.[2]) betreffend die Erneuerung der Mündelhypothek in den Fällen, in

[1]) Vgl. Art. 6 Abs 2, 3 dieser Verfügung S. 148.

[2]) Die an den Landgerichtspräsidenten in Straßburg gerichtete Verfügung ist allen Amtsgerichten mitgetheilt worden.

welchen an Stelle der früheren Vormundschaft die elterliche Gewalt getreten ist,

erwidere ich ergebenst was folgt:

§ 21 des Eigenthumsgesetzes vom 24. Juli 1889, der gemäß § 101 des A. G. z. B. G. B. auf die Erneuerung der im Hypothekenregister eingetragenen Mündelhypotheken nach wie vor anwendbar ist, enthält ebensowenig eine nähere Bestimmung des Begriffes „Beendigung der Vormundschaft" als eine ausdrückliche Lösung der damit zusammenhängenden Frage, wem die Fürsorge für die nach seinem Inhalt erforderliche Erneuerung der Eintragung obliegt. Er bedarf daher in beiden Richtungen der Ergänzung, die nicht wohl anders als aus dem vorausgegangenen, eine nahe verwandte Materie behandelnden § 15 entnommen werden kann. Zu allem Überflusse sprechen dies die Motive zu § 21 ausdrücklich aus, indem sie besagen, daß der Paragraph „gemäß dem § 16 Abs. 2" (d. i. § 15 Abs. 2 des Gesetzestextes) die Befreiung von der Erneuerung nur bis zum Ablauf eines Jahres nach Beendigung der Vormundschaft gewähre. Nun hat aber § 15 nach seinem klaren Wortlaute nur den Fall im Auge, daß die Vormundschaft infolge der Großjährigkeit des Mündels beendet ist. Dies folgt nicht nur aus dem Ausdruck: „der gewesene Mündel", sondern auch schon daraus, daß er eben diesem, der jetzt handlungsfähig geworden und berufen ist, für sich selbst zu sorgen, auch die Sorge für die nachträgliche Einschreibung überläßt, endlich aus dem damit zusammenhängenden Umstand, daß das Citat in Abs. 1 Satz 2 sich nicht auch auf Abs. 2 des § 13 erstreckt. Auch die Motive zu § 15 bewegen sich in demselben Gedankengang; so die Eingangsworte: „Nach Beendigung der Vormundschaft kann die etwa noch erforderliche Einschreibung der Hypothek nur noch von dem gewesenen Mündel erwirkt werden, welchem dabei die Bezeichnung des Geldbetrages und der zu belastenden Grundstücke überlassen werden muß", ferner der nur auf einen Geschäftsfähigen passende Schlußsatz: „Es kann billigerweise erwartet werden, daß innerhalb dieser (der Jahres-) Frist, die etwa noch erforderliche Sicherheit in Anspruch genommen wird", endlich die Bezeichnung des Abs. 2 als einer „Verschärfung des Art. 8 des Überschreibungsgesetzes vom 23. März 1855, der gleichfalls nur des Falles eingetretener Großjährigkeit Erwähnung thut. Ob § 15 demungeachtet kraft ausdehnender Auslegung auf den Fall des Todes oder der Emanzipation des Mündels angewandt werden kann (vgl. Leoni Bem. 3, Räder II. Aufl. S. 79, 82, Aubry und Rau III S. 304), mag hier als für unsere Frage unerheblich dahingestellt bleiben. Jedenfalls setzt § 15 eine absolute Beendigung der Vormundschaft voraus, welche auch der in § 11 ff. vorgesehenen Offizialthätigkeit des Amtsgerichts ein Ende macht und daher, nachdem die früheren Verpflichtungen Dritter zur Herbeiführung der Einschreibung gleichfalls durch § 41 beseitigt sind, als einzigen hierzu Berufenen den Mündel selbst bezw. seinen Rechtsnachfolger übrig läßt.

Daß alles dieses auch für den Fall des § 21 zutrifft, ist schon oben aus der Nothwendigkeit entsprechender Ergänzung dieser Vorschrift in Verbindung mit dem Hinweis der Motive auf § 15 dargethan worden. Nachzutragen ist hier noch, daß die Motive zu § 21 als Grund für die darin vorgesehene Befreiung der gesetzlichen Hypotheken von der zehnjährigen Erneuerung das Bedürfniß anführen, „die zu schützenden Personen vor der naheliegenden Gefahr der Unterlassung der Erneuerung zu schützen", und dann weiter besagen, daß die Befreiung „nach diesem (ihrem) Grunde" nur bis zum Ablauf eines Jahres nach Beendigung der Vormundschaft pp. ausgesprochen sei. Auch hier ist also der gesetzgeberische Gedanke ersichtlich, unbeschränkten Schutz nur für die Dauer der Schutzbedürftigkeit, d. h. der Minderjährigkeit, nachher aber nur noch eine kurze Zusatzfrist zu gewähren, während deren der selbständig Gewordene seine Rechte wahren mag. Endlich wird auch die im Schlußsatz der Motive erwähnte „Controle auf dem Hypothekenamt" nicht wohl anders als an den Eintritt der Großjährigkeit anknüpfen können.

Der für die in das vorläufige Grundbuch eingetragenen gesetzlichen Hypotheken gemäß § 101 A. G. z. B. G. B. gleichfalls anwendbar bleibende § 8 Abs. 1 des Grundbuchgesetzes vom 22. Juni 1891 enthält in etwas anderer Fassung genau dieselbe Vorschrift wie § 21 des Gesetzes von 1889, an die der Abgeordnete Krafft, auf dessen Antrag die §§ 8 und 9 vom Landesausschuß in ersteres Gesetz aufgenommen worden sind, bei der Begründung seines Vorschlags überdies ausdrücklich anknüpfte, indem er zugleich an dem Falle des Eintritts der Großjährigkeit und nur an diesem die üblen Folgen erörterte, welche eintreten würden, wenn nicht nach einem gewissen, durch das Gesetz zu bestimmenden Zeitpunkt die Hypothek von selbst erlösche (Sten. Berichte XVIII. Session S. 472 f., 525). Hierzu kommt, daß in dem Gesetz von 1891 ebensowenig wie in demjenigen von 1889 von einer Offizialthätigkeit zum Zwecke der Erneuerung die Rede ist, wogegen § 9 des ersteren bezüglich der nicht rechtzeitig erneuerten gesetzlichen Hypotheken die Löschung von Amtswegen ausdrücklich vorsieht. Ferner mag noch erwähnt werden, daß die zur Sicherung dieser Löschung getroffenen Anordnungen (Samml. XVIII) nur den Fall der absoluten Beendigung der Vormundschaft ins Auge fassen.

Hiernach dürfte auch bezüglich der im vorläufigen Grundbuch eingetragenen Mündelhypotheken die Erneuerung noch bis zum Ablauf eines Jahres nach Eintritt der Großjährigkeit oder einer der diesem etwa gleichzustellenden sonstigen Fälle des völligen Erlöschens der Vormundschaft zulässig und durch den gewesenen Mündel oder seine Rechtsnachfolger, nicht aber von Amtswegen durch das Vormundschaftsgericht zu bewirken sein (vgl. auch Räder S. 94 ff.).

Wenn demgemäß sowohl nach § 21 des Gesetzes von 1889 als nach § 9 des Gesetzes von 1891, auf deren Sinn und Tragweite es ausschließlich ankommt, der Lauf der präjudiziellen Jahresfrist grundsätzlich erst mit der durch den Eintritt der Großjährigkeit herbeigeführten Beendigung der Vormundschaft beginnt, so folgt hieraus ohne Weiteres, daß die gemäß Art. 203 E. G. z. B. G. B. eingetretene Umwandlung der „Vormundschaft" in „elterliche Gewalt", selbst wenn sie als „Beendigung" der ersteren anzusehen wäre, darauf ohne Einfluß gewesen ist. Der Mündel ist nach wie vor geschäftsunfähig oder nur beschränkt geschäftsfähig und der Gewalt eines Anderen unterworfen geblieben, der ihn zu vertreten, für seine Person und für die Verwaltung seines Vermögens zu sorgen hat. Insbesondere trifft also auch der gesetzgeberische Gedanke noch nicht zu, daß er nunmehr, zur selbständigen Besorgung seiner Angelegenheiten überhaupt berufen, billigerweise auch seine Ansprüche aus dem Vormundschaftsverhältniß binnen kurzer Frist durchzuführen habe.

Man muß aber meines Dafürhaltens noch weiter gehen und sagen, daß die Vormundschaft durch die vorbezeichnete Umwandlung im Sinne unserer Landesgesetzgebung überhaupt nicht „beendet“ worden ist. Wie Förtsch, Vergleichende Darstellung, S. 43 und 38 mit Recht bemerkt, ist die „elterliche Gewalt“ des B. G. (und zwar schon durante matrimonio) materiell sehr nahe verwandt mit der Vormundschaft „gestaltet unter dem Gesichtspunkte eines vormundschaftlichen Schutzes, zu dem die Eltern dem Kinde gegenüber berechtigt und verpflichtet sind“. Schon der Bestand einer über ihr stehenden Obervormundschaft genügt meines Erachtens, um ihr den Charakter einer Vormundschaft im Sinne unserer Gesetzgebung zuzuerkennen. In der Sache bleiben die Eltern Vormünder, wenngleich der Name hinweggefallen ist und der Lauf der Jahresfrist der §§ 21 und 9 wird daher kraft dieses mutatis mutandis fortdauernd maßgebend bleibenden Vorschriften von nun an erst beginnen, wenn die elterliche Gewalt aufhört und der Minderjährige zugleich unbeschränkt geschäftsfähig wird, d. h. mit dem Eintritt der Volljährigkeit oder der Volljährigkeitserklärung.

Auf dem Boden dieser Auffassung steht offenbar auch unsere Ausführungsgesetzgebung, die andernfalls gewiß umsoweniger davon abgesehen haben würde, die Frage ausdrücklich zu lösen, als verschiedene ihrer Bestimmungen damit im engsten Zusammenhange stehen. So umfaßt § 113 A. G. z. B. G. B. unzweifelhaft die Fälle der mehrcitirten §§ 21 und 9 (vgl. auch die Motive zu § 151 des Entwurfs in den „gutachtlichen Bemerkungen“ S. 164), während andrerseits in § 69 A. G. z. F. G. und der Begründung zu §§ 64—68 des Entwurfs dieses Gesetzes des durch Art. 203 E. G. z. B. G. B. bewirkten Übertritts des Mündels aus der Vormundschaft in die elterliche Gewalt ausdrücklich gedacht ist. Aus diesen Thatsachen, dem Systeme und dem Zusammenhang der einschlägigen Bestimmungen (§§ 101, 113 A. G. z. B. G. B., §§ 68, 69 A. G. z. F. G.), kann meines Dafürhaltens sogar gefolgert werden, daß auch bei der Redaktion des § 101 die durch Art. 203 E. G. bedingte Umwandlung der elterlichen Vormundschaft in elterliche Gewalt ins Auge gefaßt worden ist und daß daher der Gesetzgeber, indem er gleichwohl die „bisherigen Gesetze“ im Bereiche der Erneuerung für anwendbar erklärte, diese Anwendung auch für die Zeit nach der von ihm als belanglos erachteten Umwandlung förmlich sanktionirt hat, mit der selbstverständlichen, schon oben besprochenen Maßgabe, daß die im Sinne jener „bisherigen Gesetze“ allein in Betracht kommenden absoluten Beendigungsgründe der elterlichen Gewalt wie der Vormundschaft künftig dem neuen Rechte zu entnehmen sind.

In Betreff der zur Zeit nicht aktuellen Frage der Erneuerung gemäß § 113 A. G. z. B. G. B. (vgl. zu Abs. 2 Molitor Bem. 9) kann von weiteren Erörterungen abgesehen werden.

Ew. Hochwohlgeboren wollen hiernach die Amtsgerichte des Landgerichtsbezirks gefälligst mit dem Beifügen verständigen, daß durch vorstehende Erörterungen der richterlichen Entscheidung, insbesondere dem Ermessen der Vormundschaftsgerichte selbstredend nicht vorgegriffen werden solle. Zu diesem Behufe sind Abdrücke gegenwärtiger Verfügung hier beigefügt.

Der Oberlandesgerichts-Präsident:
Rassiga.

C. Zu den Vorschriften betr. den Personenstand.[1]

Allgemeine Verfügung des Ministeriums, betr. das Verfahren in Angelegenheiten der freiwilligen Gerichtsbarkeit und die Registerführung bei den Amtsgerichten, vom 6. Dezember 1899.[2]

(Auszug.)

IV. Personenstand.

(Reichsges. über die Angelegenheiten der freiwilligen Gerichtsbarkeit §§ 69 bis 71, Ausf.-Ges. hierzu §§ 19 bis 22.)

Artikel 20.

Standesamtliche Nebenregister.

Die im § 14 des Gesetzes über die Beurkundung des Personenstandes und die Eheschließung vom 6. Februar 1875 vorge-

---

[1] Vgl. auch die an die Standesbeamten erlassenen Verfügungen:
a) Dienstanweisung, Verf. des Minist. vom 2. Dezember 1899 (Central- und Bez.-Amtsblatt S. 153, Just.-Samml. XXIV S. 718);
b) Verf. des Oberstaatsanwalts über das Verfahren bei Anerkennung unehelicher Kinder durch Personen, welche in der Geschäftsfähigkeit beschränkt sind, v. 11. Mai 1900.

[2] Vgl. S. 129, 146, 160, 204, 227.

sehene Aufbewahrung des Nebenregisters wird auf Grund des § 197 des Reichsgesetzes über die Angelegenheiten der freiwilligen Gerichtsbarkeit den Landgerichten übertragen.

Der für die Ertheilung von Auszügen aus dem bei Gericht aufbewahrten Nebenregister zuständige Gerichtsbeamte (§ 15 Abs. 2 des Personenstandsgesetzes) ist der Gerichtsschreiber des Landgerichts.

Artikel 21.

Mitwirkung der Amtsrichter bei der Aufsicht über die Registerführung.

Die Amtsrichter haben von den Standesregistern ihres Amtssitzes jährlich mindestens einmal im Amtslokale des Standesbeamten Einsicht zu nehmen und deren Führung einer Prüfung zu unterziehen. In anderen Gemeinden des Amtsgerichtsbezirks soll die Durchsicht der Standesregister gelegentlich anderer Geschäfte oder bei der Durchreise zu solchen Geschäften erfolgen, so daß besondere Kosten dadurch nicht entstehen.

Die Prüfung ist vornehmlich auf den Zustand der Register in formeller Hinsicht und insbesondere darauf zu richten, ob:

1. die Eintragungen in den beiden Registern miteinander übereinstimmen;
2. die einzelnen Urkunden mit den erforderlichen Unterschriften und dem Rubrum versehen und die leeren Zwischenräume durch Striche ausgefüllt sind;
3. die Register ordentlich gehalten, die Schrift leserlich und mit guter Tinte, ohne Rasuren und Korrekturen ausgeführt, beziehungsweise etwaige Zusätze, Löschungen oder Abänderungen gehörig am Rande vermerkt und besonders unterschrieben sind;
4. die Sammelakten den Bestimmungen des § 22 der vom Bundesrathe zu dem Personenstandsgesetz erlassenen Ausführungsvorschriften vom 25. März 1899 (Reichsgesetzbl. S. 225) entsprechend angelegt und aufbewahrt und die im § 23 derselben Vorschriften vorgesehenen Verzeichnisse geführt sind;
5. die laufenden und älteren Register gehörig verwahrt und die aushängenden Aufgebote gegen Beschädigung gesichert sind.

Die vorgenommene Einsicht der Register ist auf denselben am Schlusse der letzten Eintragung kurz zu vermerken.

Auf bemerkte Mängel ist der Standesbeamte sofort behufs deren Abstellung aufmerksam zu machen. Von erheblichen

Zuwiderhandlungen gegen die bestehenden Vorschriften ist dem Ersten Staatsanwalte Mittheilung zu machen.

Am Sitze des Landgerichts ist eine Revision der Standesregister durch den Amtsrichter nicht vorzunehmen.

D. Zu den Vorschriften über Nachlaß- und Theilungssachen und über Vermögensverzeichnisse.

I.

Allgemeine Verfügung des Ministeriums, betr. das Verfahren in Angelegenheiten der freiwilligen Gerichtsbarkeit und die Registerführung bei den Amtsgerichten vom 6. Dezember 1899.

(Auszug.)[1]

V. Nachlaß- und Theilungssachen.

(Reichsgesetz über die Angelegenheiten der freiwilligen Gerichtsbarkeit §§ 72 bis 99, Ausf.-Ges. hierzu §§ 23 bis 37.)

Artikel 22.

Nachlaßregister.

Das Register für Nachlaß- und Theilungssachen (Nachlaßregister) ist nach Formular A. G. II 6[2]) zu führen. Mit dem ersten Eingange sind Akten anzulegen. Zu Aktendeckeln sind bis auf Weiteres die bisher für die elterlichen Vormundschaften bestimmten Aktendeckel (Verfügung vom 27. Oktober 1882, Samml. VII S. 354) nach entsprechender Aenderung des Aufdrucks zu verwenden. Das Aktenzeichen besteht aus der römischen Ziffer der Abtheilung, in welche die Sache eingetragen ist, der laufenden Nummer und dem Jahrgange (z. B. IV 32/1900). Zu den Akten sind alle Urkunden und Schriften zu nehmen, die sich auf denselben Nachlaß oder dieselbe Gemeinschaft beziehen, auch wenn die einzelnen Angelegenheiten in verschiedenen

---

[1]) Vergl. S. 129, 146, 158, 204, 227.
[2]) Das Formular ist hier nicht mit abgedruckt.

Abtheilungen oder unter verschiedenen Nummern eingetragen sind. Bei der späteren Eintragung ist die Abgabe zu den früheren Akten in Spalte 9 zu vermerken.

Unter Abtheilung IV sind die Nachlaßpflegschaften mit Einschluß der Nachlaßverwaltungen und ferner diejenigen Handlungen einzutragen, die zur Zuständigkeit des Nachlaßgerichts gehören und weder Theile eines bereits anhängigen Verfahrens bilden, noch unter eine der Spalten V bis VII fallen. In die Spalte IV gehören daher z. B. Sicherstellungen des Nachlasses oder des Vermögens oder der Urkunden im Falle des § 29 des Ausführungsgesetzes zum Reichsgesetz über die Angelegenheiten der freiwilligen Gerichtsbarkeit, Bestimmung einer Inventarfrist, Erzwingung der Ablieferung eines Testaments, Entgegennahme eines Nachlaßinventars einschließlich der eidlichen Bestärkung, Anordnungen in Betreff eines Testamentsvollstreckers, Bestimmung von Erklärungsfristen in den Fällen des § 80 des Reichsgesetzes über die Angelegenheiten der freiwilligen Gerichtsbarkeit, die Bezeichnung des zuständigen Notars im Falle des § 28 Abs. 2 des Gesetzes, betreffend die Ausführung des Reichsgesetzes über die Angelegenheiten der freiwilligen Gerichtsbarkeit, u. s. w. Das Aufgebot der Nachlaßgläubiger ist dagegen als Angelegenheit der streitigen Gerichtsbarkeit in die Spalte F des Civilprozeßregisters einzutragen (vgl. Art. 52).

Die Abtheilung V ist zum Nachweise der Erklärungen bestimmt, die gegenüber dem Nachlaßgericht abgegeben werden, ohne Unterschied, ob sie dem Gericht eingereicht oder von ihm zu Protokoll genommen sind, z. B. die Erklärungen über die Ausschlagung oder die Annahme einer Erbschaft oder des Amtes als Testamentsvollstrecker, die Anfechtung solcher Erklärungen, die Bestimmung der Person des Testamentsvollstreckers im Falle des § 2198 des Bürgerlichen Gesetzbuchs, die Anfechtung einer letztwilligen Verfügung, die Anzeige von dem Eintritte der Nacherbfolge, die Anmeldung der Forderung eines Nachlaßgläubigers (§ 2061 B. G. B.), die Anfechtung einer Ehe oder Ehelichkeit eines Kindes in den Fällen der §§ 1342, 1597 des Bürgerlichen Gesetzbuchs, die Aufhebung der fortgesetzten Gütergemeinschaft durch den überlebenden Ehegatten, der Verzicht eines Abkömmlings auf seinen Antheil an dem Gesammtgute der fortgesetzten Gütergemeinschaft (§§ 1492, 1491 B. G. B.) u. s. w. Jede einzelne Erklärung erhält eine besondere Nummer, jedoch sind die später eingehenden Erklärungen zu den für den Nachlaß bereits angelegten Akten abzugeben (vgl. Abs. 1).

Unter Abtheilung VI sind außer dem Verfahren behufs Ausstellung eines Erbscheins auch die Fälle einzutragen, in denen die Ertheilung ähnlicher Zeugnisse, z. B. über die Fortsetzung der Gütergemeinschaft, über die Befugnisse des Testamentsvollstreckers oder der in den §§ 37, 38 der Reichsgrundbuchordnung, im § 11 Abs. 2 des Gesetzes über das Reichsschuldbuch, im § 13 Abs. 2 des Gesetzes vom 15. Oktober 1873, betreffend die Kautionen der Beamten des Staats, der Gemeinden und der öffentlichen Anstalten (Fassung des Ausf.-Ges. z. B. G. B. § 42), und im § 9 Abs. 1 des Gesetzes vom 24. März 1881, betreffend die Feststellung des Landeshaushalts von Elsaß-Lothringen für das Etatsjahr 1881/1882 (Fassung des Ausf.-Ges. z. B. G. B. § 43), bezeichneten Zeugnisse beantragt wird. Die Kraftloserklärung eines Erbscheins oder eines der vorerwähnten Zeugnisse wird als Fortsetzung des früheren Verfahrens behandelt und nicht besonders eingetragen. In die Abtheilung VI gehört auch das auf die Feststellung gerichtete Verfahren, daß ein anderer Erbe als der Fiskus oder eine an seine Stelle tretende Körperschaft nicht vorhanden ist (§ 1964 B. G. B., §§ 163, 164 Ausf.-Ges. z. B. G. B.).

In Abtheilung VII sind die Anträge auf Vermittelung der Auseinandersetzung unter Miterben oder den Theilnehmern einer ehelichen Gütergemeinschaft oder einer fortgesetzten Gütergemeinschaft einzutragen. Die Abgabe der Akten an den Notar [1]) wird in der Spalte „Bemerkungen" unter Bezeichnung des Notars und des Tages der Abgabe vermerkt. Wird einem Betheiligten von dem Nachlaßgericht ein Abwesenheitspfleger bestellt, so ist die Abwesenheitspflegschaft als ein Theil des Auseinandersetzungsverfahrens zu behandeln; eine besondere Eintragung findet nicht statt. Das Gleiche gilt von den im § 34 Ziff. 3 bis 7 des Ausführungsgesetzes zum Reichsgesetz über die Angelegenheiten der freiwilligen Gerichtsbarkeit bezeichneten Angelegenheiten, von der Entscheidung über die Kosten im Falle des § 36 Abs. 1 Satz 2 desselben Gesetzes und von den An-

---

[1]) Die Verfügung, durch welche der Notar ernannt ist, wird nicht mit den übrigen Akten in Urschrift, sondern in Abschrift dem Notar übersandt (Ausf.-Ges. zum R.G.F.G. § 32 Abs. 2).

trägen auf Abänderung einer Entscheidung des Notars (§ 35 desselben Gesetzes).

Die Verhandlungen, welche Auseinandersetzungen eines Ehegatten mit seinen oder seines Ehegatten Kindern betreffen, sind zu den etwa vorhandenen Vormundschafts- oder Pflegschaftsakten abzugeben. Die Abgabe ist in Spalte 9 zu vermerken.

Soweit einzelne der in der Ueberschrift zu den Abtheilungen IV bis VI bezeichneten Geschäfte im Verlauf eines bereits anhängigen Auseinandersetzungsverfahrens vorgenommen werden, sind sie als Bestandtheil dieses Verfahrens zu behandeln; ihre Eintragung in das Nachlaßregister und die Anlegung besonderer Akten findet nicht statt.

Unter Abtheilung VIII sind die Testamente und Erbverträge einzutragen, welche dem Gerichte zum Zwecke der Eröffnung eingeliefert werden.

Artikel 23.

Alphabetisches Verzeichniß.

Zu dem Nachlaßregister ist ein alphabetisches Namensverzeichniß zu führen.

Artikel 24.

Eröffnung von Testamenten und Erbverträgen.

Wird nach dem Tode des Erblassers ein Testament oder ein Erbvertrag gemäß §§ 2259, 2273, 2300 des Bürgerlichen Gesetzbuchs an das Nachlaßgericht abgeliefert, so ist dem Abliefernden hierüber eine Bescheinigung zu ertheilen.

Das Testament (der Erbvertrag) ist mit dem Aktenzeichen Art. 22 Abs. 1) zu versehen und bis zu dem zur Eröffnung bestimmten Termin in einem verschlossenen Behältniß, dessen Schlüssel der Richter in eigenem Verwahr zu behalten hat, zu verwahren.

Nach der Vorschrift des Abs. 2 ist auch zu verfahren, wenn ein eigenhändiges Testament bei der Vornahme der Nachlaßsicherung gefunden wird.

Artikel 25.

Das Nachlaßgericht soll die Persönlichkeit der nach § 2260 Abs. 1 des Bürgerlichen Gesetzbuchs zu dem Eröffnungstermine zu ladenden gesetzlichen Erben und sonstigen Betheiligten durch Benehmen mit dem Notar, welcher das Testament (den Erbvertrag) abgeliefert hat, oder demjenigen Betheiligten, in dessen Besitze das eigenhändige Testament bis zur Ablieferung sich befunden hat, und erforderlichen Falles durch Erkundigungen bei der Gemeinde- oder Polizeibehörde feststellen.

Artikel 26.

Die Ladung zu dem Eröffnungstermin erfolgt durch Zustellung.[1]) Eine öffentliche Zustellung ist unzulässig.

Die Ladung soll den Hinweis enthalten, daß den bei der Eröffnung nicht erschienenen Betheiligten der sie betreffende Inhalt des Testaments (Erbvertrags) schriftlich werde mitgetheilt werden (B. G. B. § 2262). Geht aus einer offen verwahrten Urkunde hervor, daß die gesetzlichen Erben in derselben nicht bedacht oder von der Erbfolge ausgeschlossen sind, so soll denselben hiervon in der Ladung Mittheilung gemacht werden.

Artikel 27.

Nach der Eröffnung ist das Testament oder der Erbvertrag, wenn dieselben nicht nach den §§ 2273, 2300 des Bürgerlichen Gesetzbuchs in die amtliche Verwahrung zurückzugeben sind, zu den Nachlaßakten (Art. 22 Abs. 1) zu nehmen.

Ein Erbvertrag ist im Falle des Ueberlebens des einen Vertragschließenden auch dann in die amtliche Verwahrung des Notars zurückzugeben, wenn die Voraussetzungen für die besondere amtliche Verwahrung nicht vorliegen (vgl. § 2300 B.G.B.).[2])

Ein eigenhändiges gemeinschaftliches Testament ist im Falle des Ueberlebens des anderen Ehegatten seitens des Gerichts in die besondere amtliche Verwahrung eines Notars auch dann zu verbringen, wenn es sich nicht in der Verwahrung eines Notars befunden hat. Der überlebende Ehegatte ist von der Verbringung in die amtliche Verwahrung zu benachrichtigen.

Die Zurückgabe oder die Verbringung in die amtliche Verwahrung darf nur gegen eine schriftliche Empfangsbescheinigung erfolgen, welche zu den Nachlaßakten zu nehmen ist.

Artikel 28.

Ist in einem Testamente von dem Vater eines minderjährigen Kindes die Bestellung eines Beistandes für die Mutter angeordnet oder von dem Vater oder der Mutter eines minder-

---

[1]) Vgl. die Verf. des O.L.G.P. v. 26. November 1900, S. 180.
[2]) Vgl. hierzu S. 168.

jährigen Kindes ein Vormund für dasselbe benannt oder eine bestimmte Person von der Vormundschaft ausgeschlossen oder eine der in den §§ 1852 bis 1855, 1858, 1859, 1861, 1863, 1866 des Bürgerlichen Gesetzbuchs bezeichneten Anordnungen getroffen, so ist Abschrift der Anordnung zu den Vormundschaftsakten zu nehmen. Ist das Vormundschaftsgericht ein anderes Gericht als das Nachlaßgericht, so ist dem Vormundschaftsgericht Abschrift der Anordnung mitzutheilen.

Artikel 29.

Ist der Nachlaß im Ausland eröffnet, so soll das Nachlaßgericht nach der Eröffnung des Testaments oder Erbvertrags von deren Vorhandensein und von der Eröffnung die nicht deutsche Verlassenschaftsbehörde unter Mittheilung einer Abschrift des Eröffnungsprotokolls benachrichtigen.

Die Abgabe des Testaments oder des Erbvertrags findet, soweit nicht in Beziehung auf einzelne Staaten ein Anderes bestimmt ist, nur in beglaubigter Abschrift statt. Soweit die Abgabe in Urschrift erfolgt, ist eine beglaubigte Abschrift zurückzubehalten.

II.

Allgemeine Verfügung des Oberlandesgerichtspräsidenten und des Oberstaatsanwalts an die Amtsgerichte und die Notare, betr. die Ablieferung der Testamente und Erbverträge an das Nachlaßgericht, vom 15. März 1900.

Zur Beseitigung von Zweifeln, welche hinsichtlich der nach dem Tode der Erblasser durch die Notare an die Nachlaßgerichte zu bewirkenden Ablieferung der Testamente und Erbverträge hervorgetreten sind, werden die betheiligten Behörden und Beamten, und zwar die Amtsgerichte seitens des mitunterzeichneten Oberlandesgerichtspräsidenten, die Herren Notare seitens des mitunterzeichneten Oberstaatsanwalts, auf nachstehende Gesichtspunkte hingewiesen.

I. Anlangend zunächst die unter Herrschaft des Bürgerlichen Gesetzbuchs errichteten Urkunden, so unterwirft § 2259 B.G.B. der Ablieferungspflicht die Testamente; § 2300 B.G.B. erklärt die für die Ablieferung und Eröffnung eines Testaments geltenden Vorschriften der §§ 2259 bis 2263, sowie — mit einer gewissen Einschränkung — auch des § 2273 auf den Erbvertrag entsprechend anwendbar. Betreffs der Schenkungen von Todeswegen kommt § 2301 Absatz 1 in Betracht; hiernach finden, je nachdem die Schenkung von Todeswegen in einem Testament oder in einem Erbvertrag enthalten ist, hinsichtlich der Ablieferung entweder die für Testamente oder aber die für Erbverträge diesbezüglich geltenden Vorschriften Anwendung.

1. Es wirft sich nun vor Allem die in mehrfacher Richtung präjudizielle Frage auf, ob die Vorschriften der §§ 2259 u. f. B.G.B. über die Ablieferung und Eröffnung von Testamenten nur auf solche Erbverträge, welche in besondere amtliche Verwahrung genommen sind, oder unterschiedslos auf alle Erbverträge Anwendung zu finden haben. Die praktische Bedeutung dieser Frage liegt hauptsächlich in der Behandlung der Fälle eines in einem Ehevertrage enthaltenen Erbvertrags. Nach § 2277 B.G.B. hat nämlich eine besondere amtliche Verwahrung der über einen Erbvertrag aufgenommenen Urkunde nur stattzufinden, sofern nicht die Parteien das Gegentheil verlangen; das Gegentheil gilt aber im Zweifel als verlangt, wenn der Erbvertrag mit einem andern Vertrag in derselben Urkunde verbunden wird. Einen Haupt-Anwendungsfall dieser letzteren Bestimmung bildet der mit einem Ehevertrag in derselben Urkunde verbundene Erbvertrag zwischen Ehegatten oder zwischen Verlobten, für den überdies nach der Sonder-Vorschrift des § 2276 Absatz 2 B.G.B. die für den Ehevertrag vorgeschriebene Form genügt.

Anlangend nun jene Frage, ob die für die Ablieferung und Eröffnung von Testamenten maßgebenden Bestimmungen der §§ 2259 u. f. B.G.B. nur auf die in besondere amtliche Verwahrung genommenen Erbverträge oder unterschiedslos auf alle Erbverträge Anwendung zu finden haben, so scheint allerdings der Wortlaut des § 2300, am Ende, für die weitere Auslegung zu sprechen, insofern als hier für den Fall, daß der Erbvertrag sich nicht in besonderer amtlicher Verwahrung befindet, von den in Betracht kommenden Bestimmungen ausdrücklich nur § 2273 Satz 2 und 3 als unanwendbar erklärt werden. Dagegen spricht die Entstehungsgeschichte des § 2300 (vgl. § 1945 des I. Entwurfs, die Motive zu § 1945 cit., sowie die Kommissionsprotokolle II. Lesung dazu, Guttentag'sche

Ausgabe, Band V, Seite 381/382) für die engere Auslegung. § 1945 Satz 3 des I. Entwurfs, dem im Übrigen § 2300 B.G.B. entspricht, hatte nämlich ausdrücklich die auf die Ablieferung und Eröffnung eines Testaments bezüglichen Bestimmungen nur auf die in besondere amtliche Verwahrung gebrachten Erbverträge unanwendbar erklärt. Die Kommissionsprotokolle aber stellen an der bezeichneten Stelle, am Ende, (S. 382) fest, daß gegen § 1945 Satz 3 ein sachlicher Widerspruch nicht erhoben worden sei. § 2300 erhielt augenscheinlich erst bei Formulirung zu einem selbständigen Paragraphen durch die Redaktions-Kommission seine derzeitige Fassung, ohne daß dabei eine sachliche Aenderung in Frage stand. Hiernach rechtfertigt sich also die Ansicht, daß dem § 2300 in der bezeichneten Richtung nur die gleiche beschränkte Bedeutung beizulegen ist, wie dem § 1945 Satz 3 des I. Entwurfes. Mit dem Texte des Gesetzes ist diese Auffassung insofern auch wohl vereinbar, als § 2300 überhaupt nur eine entsprechende Anwendung der für die Eröffnung eines Testaments geltenden Vorschriften vorsieht. Dazu kommt die praktische Erwägung, daß die „Eröffnung" eines nicht in besondere amtliche Verwahrung genommenen, unter Umständen bereits ausgefertigten Ehe- und Erbvertrags keinen Sinn haben würde; vgl. in diesem Sinne auch die Motive zu § 1945 des I. Entwurfs, wo noch besonders hervorgehoben ist, daß Mangels besonderer amtlicher Verwahrung die für die Eröffnung eines Testaments geltenden Vorschriften nicht passen würden; in einem solchen Falle müsse jedem Vertragschließenden auf sein Verlangen und seinen einseitigen Antrag eine Ausfertigung ertheilt werden; möge die Ausfertigung aber erteilt sein oder nicht, so könnten die Vorschriften über die Ablieferung und Eröffnung der Testamente doch schon deshalb nicht angewandt werden, weil die Urkunde zur Disposition des (beurkundenden) Gerichts oder Notars bleiben müsse.

Zu dem gleichen Ergebnisse führt überdies, was insbesondere den mit einem Ehevertrag in derselben Urkunde verbundenen Erbvertrag zwischen Ehegatten oder zwischen Verlobten anlangt, die Bestimmung des § 2276 Abs. 2 B.G.B., welche, auf einem Beschlusse der II. Kommission beruhend, inhaltlich der Kommissionsprotokolle (Band V, Seite 379 u. f. und insbesondere Seite 382) damit begründet wurde, daß in diesen

Fällen der Schwerpunkt der Verfügung nicht in der Erbeinsetzung, sondern in der vertragsmäßigen Bindung der Parteien liege, und es demnach richtiger sei, hier nicht die für letztwillige Verfügungen, sondern die für gewöhnliche Verträge geltenden Grundsätze anzuwenden.

Vgl. im Sinn vorstehender Auffassung auch Jastrow, Notariatsrecht (Band I) Seite 197/198, Anmerkung 2e zu § 2277 B.G.B.

Hiernach hat eine Ablieferung der Erbverträge an das Nachlaßgericht nur im Falle einer besonderen amtlichen Verwahrung stattzufinden; anlangend insbesondere einen mit einem Ehevertrag in derselben Urkunde verbundenen Erbvertrag zwischen Ehegatten oder Verlobten, so hat eine Ablieferung an das Nachlaßgericht regelmäßig zu unterbleiben und nur unter der Voraussetzung stattzufinden, daß auf besonderes Verlangen der Parteien eine besondere amtliche Verwahrung bewirkt worden ist.

Seitens des K. Ministeriums wird, wie wir noch besonders hervorheben wollen, aus der Vorschrift des Artikel 27 Absatz 2 der allgemeinen Verfügung vom 6. Dezember v. J., betreffend das Verfahren in Angelegenheiten der freiwilligen Gerichtsbarkeit (Central- und Bezirks-Amtsblatt 1899, Hauptblatt, Seite 293) keine Veranlassung genommen, der Beschränkung der Anwendung der §§ 2259 bis 2263 B.G.B. auf die in besondere Verwahrung genommenen Erbverträge entgegenzutreten.

2. Auf die Erbverzichtsverträge (§ 2346 u. f. B.G.B.) können bei deren systematischer und begrifflicher Verschiedenheit von den Erbverträgen (vgl. Endemann, Lehrbuch des bürgerlichen Rechts, Band 3, Seite 273 u. f., sowie Habicht, Einwirkung des Bürgerlichen Gesetzbuchs auf zuvor entstandene Rechtsverhältnisse, Seite 553 u. f.), sowie bei dem Mangel einer ausdrücklichen Verweisung auf § 2259 oder § 2300 die Bestimmungen über die Ablieferung und Eröffnung der Testamente und bezw. Erbverträge nicht für anwendbar erachtet werden. Eine Ablieferung an das Nachlaßgericht hat hiernach nicht stattzufinden.

Das Gleiche gilt für die Fälle des § 1517 und des § 1491 Absatz 2.

Daß endlich für die Fälle des § 1491 Absatz 1, desgleichen für die Fälle des § 312 Absatz 2 B.G.B. eine Ablieferung nicht ernstlich in Frage kommen kann, bedarf keiner näheren

Ausführung, mag aber immerhin der Vollständigkeit halber hier noch erwähnt werden.

II. Was die Anwendung des § 2259 und bezw. des § 2300 B.G.B. auf bereits vor dem 1. Januar 1900 errichtete Urkunden anlangt, so erscheint zunächst soviel zweifellos, daß auch die unter Herrschaft des alten Rechts errichteten Testamente der Ablieferungspflicht unterliegen.

Dagegen ist für die in einem Ehevertrag errichteten freigebigen Verfügungen, welche das zukünftige oder das gegenwärtige und zukünftige Vermögen betreffen, eine Ablieferungspflicht nicht anzunehmen. Allerdings stehen diese Verfügungen in verschiedenen Beziehungen den Erbverträgen des B.G.B. gleich, wie dieselben denn auch in der Denkschrift zum Bürgerlichen Gesetzbuch (Guttentag'sche Ausgabe, Seite 298) direkt als Erbverträge bezeichnet werden. Daß gleichwohl hier eine Ablieferungspflicht nicht anzunehmen ist, folgt einfach daraus, daß nach dem oben unter Nr. I Ziffer 1 Bemerkten — vorbehaltlich der daselbst bezeichneten Ausnahme — auch die unter der Herrschaft des Bürgerlichen Gesetzbuchs errichteten Eheverträge, welche Erbverträge enthalten, nicht abgeliefert zu werden brauchen.

Was endlich die Nachlaß-Schenkungen unter Ehegatten betrifft, die während der Ehe in der Form von Schenkungen errichtet werden, so ist auch betreffs dieser eine Ablieferungspflicht nicht anzuerkennen. Als Erbverträge können diese Schenkungen mit Rücksicht auf ihre Widerruflichkeit nicht wohl betrachtet werden. Ebensowenig können sie aber den Testamenten gleichgestellt werden, und es fehlt daher bezüglich derselben an jeder gesetzlichen Vorschrift, worauf die Verpflichtung zur Ablieferung gegründet werden könnte.

Der K. Oberlandesgerichtspräsident

Rassiga.

Der K. Oberstaatsanwalt

Geheimer Ober-Justizrat

Huber.

III.

Allgemeine Verfügung des Oberstaatsanwalts an die Notare, betr. die amtliche Verwahrung von Testamenten und Erbverträgen, vom 24. März 1900.

1. Die vom 1. Januar 1900 ab aufgenommenen notariellen Testamente sind in Gemäßheit der § 2246 Abs. 1 B. G. B. und § 28 Abs. 1 des Ausführungsgesetzes zum Reichsgesetze über die freiwillige Gerichtsbarkeit vom 6. November 1899 von dem Notar in besonderen amtlichen Verwahr zu nehmen. Das Gleiche gilt zufolge § 28 Abs. 2 cit. von den vor einem Gemeindevorsteher nach §§ 2249 und 2250 Abs. 1 B. G. B. errichteten Testamenten, sowie, falls die Parteien nicht das Gegentheil verlangen, von den Erbverträgen; vgl. § 2277 Abs. 1 B. G. B. Endlich ist auf Verlangen des Erblassers auch ein eigenhändiges Testament in besonderen amtlichen Verwahr eines Notars zu nehmen; § 2248 B. G. B. in Verbindung mit § 28 Abs. 3 cit.; darunter fallen übrigens nicht diejenigen eigenhändigen Testamente, welche der Erblasser einem Notar, nicht sowohl in dessen amtlicher Eigenschaft, als vielmehr aus persönlichem Vertrauen in Verwahr gibt.

2. Auf Grund der vorbezogenen gesetzlichen Bestimmungen, welche „besondere amtliche Verwahrung" vorsehen, sind die vom 1. Januar 1900 ab aufgenommenen bezw. in amtlichen Verwahr genommenen Testamente und Erbverträge von den sonstigen im amtlichen Verwahr des Notars befindlichen Urkunden gesondert und zwar behufs möglichster Sicherung und Geheimhaltung unter persönlich zu bewirkendem Verschluß zu verwahren. Zur Verhütung der Gefahr einer Verlustigung oder Beschädigung wird die Verwahrung thunlichst in einem dieb- und feuersicheren Behältnisse, das allerdings nicht nothwendig der Kassenschrank zu sein braucht, zu erfolgen haben.

3. Ueber die in Verwahr befindlichen Testamente und Erbverträge hat der Notar auf Frei-Papier ein nach der Zeitfolge der Aufnahme bezw. In-Verwahr-Nahme der Urkunden geordnetes Verzeichniß zu führen.

Dasselbe hat anzugeben:

das Datum der Auf- bezw. In-Verwahr-Nahme der Urkunden,

die Bezeichnung der Urkunden,
Namen und Wohnort der Erblasser bezw. Parteien des Erbvertrags,
falls die Urkunden der Eintragung in das Repertorium unterliegen, die Repertoriums-Nummer,
das Datum der Ablieferung an das Nachlaßgericht.

Im Falle einer Rücknahme aus dem amtlichen Verwahr, desgleichen im Falle der Rückbringung eines zum Theil bekannt gegebenen gemeinschaftlichen Testaments bezw. Erbvertrags in amtlichen Verwahr ist auch dieser Thatsachen in dem Verzeichniß Erwähnung zu thun.

4. Die in amtlichem Verwahr befindlichen Testamente und Erbverträge sind nach der Reihenfolge des Verzeichnisses (Ziff. 3) geordnet zu verwahren.

5. Zur Ausschließung bereits hervorgetretener Zweifel will ich hervorheben, daß gemäß Art. 43 Abs. 2 des Gesetzes vom 22. Frimaire VII auch über die dem Notar in amtlichen Verwahr gegebenen eigenhändigen Testamente eine Hinterlegungsurkunde nicht errichtet zu werden braucht, wie denn auch die in amtliche Verwahrung gegebenen eigenhändigen Testamente — anders als die notariellen Testamente und die Erbverträge — der Eintragung in das Repertorium auf Grund der In-Verwahr-Nahme nicht unterliegen. Auch findet die Bestimmung des § 2246 Abs. 1 B. G. B., wonach das notarielle Testament mit dem Amtssiegel des Notars zu verschließen und mit einer von dem Notar zu unterschreibenden Aufschrift zu versehen ist, auf die in amtlichen Verwahr genommenen eigenhändigen Testamente keine Anwendung; daß es sich im Interesse der Ordnung und Sicherheit empfiehlt, auch die in amtlichen Verwahr gegebenen eigenhändigen Testamente in einen Umschlag zu legen und mit einer Aufschrift zu versehen, bedarf keiner näheren Ausführung. Im Anschluß daran mag noch bemerkt werden, daß die in Anwendung der §§ 2249 und 2250 Abs. 1 B. G. B. vor einem Gemeindevorsteher errichteten Testamente von diesem zu verschließen und mit einer von diesem zu unterschreibenden Aufschrift zu versehen sind.

6. Die notariellen Testamente und desgleichen die Erbverträge unterliegen der sofortigen Eintragung in das Repertorium, sind aber erst im Todesfalle zur Registrirung zu bringen.

Die durch § 2246 B. G. B. vorgeschriebene Aufschrift auf

dem über die Errichtung eines Testaments aufgenommenen notariellen Protokoll, desgleichen die einem eigenhändigen Testament freiwillig beigefügte Aufschrift gibt weder zu einer besonderen Registrirungsabgabe, noch zu einem Stempel oder einem Eintrag in das Repertorium Anlaß.

7. Die den Erblassern bezw. bei einem Erbvertrag den Vertrags-Parteien gemäß § 2246 Abs. 2, §§ 2248, 2249, 2250 Abs. 1 und § 2277 Abs. 2 B. G. B. zu ertheilenden Hinterlegungsscheine unterliegen als selbständige notarielle Bescheinigungen der Stempel-, Registrirungs- und Repertoriumspflicht. Die Registrirpflicht kann in Gemäßheit und unter Beobachtung der näheren Bestimmungen der in dem Central- und Bezirks-Amtsblatt (laufender Jahrgang) Hauptblatt S. 52 veröffentlichten, in der Anlage unter Nr. 1 abgedruckten Ministerial-Verfügung vom 19. Januar ds. Js. mittelst Verwendung von Stempelmarken erfüllt werden.

Wegen der verschiedenen einschlägigen Fragen der Stempel- und Registrirpflicht vergleiche noch des Näheren die in der Anlage unter Nr. 2 abgedruckte durch Verfügung des Herrn Direktors der Verkehrssteuern vom 15. Februar ds. Js. den Verkehrssteuerämtern zur Kenntnißnahme mitgetheilte Ministerial-Verfügung vom 19. Januar ds. Js. Wegen der Eintragung eines Vermerks im Repertorium im Fall der Rückgabe eines in amtliche Verwahrung genommenen Testaments vergleiche noch besonders Ziff. 8 der eben erwähnten Ministerial-Verfügung.

8. Anlangend die notarielle Gebührenberechnung, so hebe ich behufs Herbeiführung eines einheitlichen Verfahrens Folgendes hervor:

a) Für die Aufschrift eines notariellen Testaments oder eines Erbvertrags kann eine Sonder-Gebühr neben der Haupt-Gebühr für die Aufnahme der Urkunde selbstverständlich nicht in Ansatz kommen; vgl. § 21 der Gebühren-Ordnung vom 4. Dezember 1899.

b) Für die In-Verwahr-Nahme eines Testaments oder eines Erbvertrags wird, gleichwie nach dem bisherigen Recht, so auch nach der neuen Gebühren-Ordnung eine Gebühr nicht eröffnet; vgl. Begründung zu § 7 Ziff. 5 des Entwurfs der neuen Gebühren-Ordnung. Dies gilt insbesondere auch für die In-Verwahr-Nahme eines eigenhändigen und eines vor einem Gemeindevorsteher errichteten Testaments.

c) Für die Ertheilung eines Hinterlegungsscheins über die In-Verwahr-Nahme eines (notariellen, eigenhändigen oder vor einem Gemeindevorsteher errichteten) Testaments oder eines Erbvertrags kommt — und zwar im Falle der Ertheilung mehrerer Hinterlegungsscheine an mehrere Parteien für jeden Hinterlegungsschein — die Gebühr des § 8 Ziff. 8 der Gebühren-Ordnung vom 4. Dezember 1899 zum Ansatz.

d) Sofern im Falle der Rücknahme eines Testaments aus dem amtlichen Verwahr von dem Notar ein Protokoll über die Rückgabe errichtet wird, ist dafür der Ansatz einer Zeitvergütung nach § 7 Ziff. 8 der Gebühren-Ordnung vom 4. Dezember 1899 berechtigt.

e) Die Annahme einer Rückbringung in amtlichen Verwahr eröffnet, gleichwie die erste In-Verwahr-Nahme, keine Gebühr.

Der Kaiserliche Ober-Staatsanwalt.
Geheimer Ober-Justizrath
Huber.

Anlagen.

Nr. 1.

Ministerial-Verfügung, betr. die Registrirungsabgabe von notariellen Hinterlegungsscheinen über Testamente und Erbverträge.

Auf Grund des § 61 und des § 45 Ziff. 2 des Stempelgesetzes vom 21. Juni 1897 wird hiermit bestimmt was folgt:

1. Den Notaren ist gestattet, die Registrirungsabgabe für die gemäß § 2246 Abs. 2, § 2248 Satz 2, § 2277 B. G. B. auszustellenden Hinterlegungsscheine durch Verwendung von Stempelmarken zu entrichten. Die Marken sind am Schlusse der Scheine aufzukleben und nach den Vorschriften des Art. 4 der Ausführungsbestimmungen zum Stempelgesetz vom 9. Februar 1898 zu entwerthen.

2. Die Notare sind ermächtigt, anstatt der Verwendung von Stempelpapier den Stempel der Hinterlegungsscheine durch Stempelmarken beizubringen. Die Marken sind aber auf der Vorderseite aufzukleben und in gleicher Weise zu entwerthen.

3. Die Notare sind verpflichtet, in ihrem Repertorium bei den Einträgen über Hinterlegungsscheine, für welche die Registrirung durch Verwendung von Marken ersetzt wird, dies unter Angabe des Werthes der Marken (für Registrirung und Stempel getrennt) zu vermerken.

Straßburg, den 19. Januar 1900.

Ministerium für Elsaß-Lothringen.
Abtheilung für Finanzen, Gewerbe und Domänen.
Der Unterstaatssekretär.
III. 552. **von Schraut.**

Nr. 2.

Ministerial-Verfügung, betr. die Anwendung der Stempel- und Registrirungsgesetze auf die von Notaren aufgenommenen oder entgegengenommenen Testamente und Erbverträge, vom 19. Januar 1900.

Zur Beseitigung von Zweifeln über die Anwendung der Stempel- und Enregistrementsgesetze auf die von Notaren aufgenommenen und entgegengenommenen Testamente und Erbverträge ersuche ich in Uebereinstimmung mit der Justizverwaltung die Verkehrssteuerämter auf folgende Grundsätze hinzuweisen:

1. Das Protokoll des Notars über Errichtung eines Testaments (§ 2240 B. G. B.) ist stempel- und registrirungspflichtig. Der Stempel richtet sich nach den allgemeinen Grundsätzen (Ziff. 17 der Vollzugsanweisung vom 10. Februar 1898); die Registrirung erfolgt erst nach dem Tode des Erblassers (Art. 21 des Gesetzes vom 22. Frimaire VII). In das Repertorium ist das Protokoll sofort einzutragen.

2. Erfolgt die Errichtung in der zweiten in § 2238 B. G. B. vorgesehenen Form in der Weise, daß der Erblasser dem Notar eine Schrift mit der mündlichen Erklärung übergibt, daß die Schrift seinen letzten Willen enthalte, so bildet diese Schrift mit dem Protokoll bezüglich der Erhebung der Registrirungsabgabe ein Ganzes, so daß nur eine Abgabe von 4 ℳ in Ansatz kommt. Die Schrift ist stempelpflichtig; wird sie offen ungestempelt eingereicht, so hat der Notar den Stempel mit Marken beizubringen; wird sie verschlossen eingereicht, so kommt der Stempel bei der Registrirung zur Erhebung; eine Strafe kommt nicht in Ansatz, weil eine solche nur den Verstorbenen treffen könnte.

3. Die Aufschrift auf dem Protokoll (§ 2246 B. G. B.) ist nur als im Interesse der Ordnung vorgeschrieben anzusehen und gibt weder zu einer besonderen Registrirungsabgabe, noch zu einem Stempel oder einem Eintrag in das Repertorium Anlaß.

4. Der vom Notar ausgestellte Hinterlegungsschein ist als besondere Urkunde dem Stempel und der Registrirung unterworfen, sowie besonders in das Repertorium einzutragen. Durch Verfügung vom Heutigen, welche im Central- und Bezirks-Amtsblatt veröffentlicht wird, ist gestattet worden, die Registrirungsabgabe (1,60 ℳ) durch Verwendung von Stempelmarken zu entrichten.

5. Diese Grundsätze finden auf notarielle Erbverträge entsprechende Anwendung (§ 2277 B. G. B.). Jeder einzelne Hinterlegungsschein ist als besondere Urkunde anzusehen.

6. Wird ein eigenhändiges Testament dem Notar in amtliche Verwahrung gegeben (§ 2248 B. G. B.), so ist eine Hinterlegungsurkunde nicht zu errichten (Art. 43 Abs. 2 des Gesetzes vom 22. Frimaire VII). Eine etwaige Aufschrift ist, wie oben unter 3 bemerkt, weder stempel- noch registrirungspflichtig, noch in das Repertorium einzutragen. Bezüglich des Hinterlegungsscheins findet Ziff. 4 Anwendung.

7. Das Gleiche gilt von Nothtestamenten im Sinne der §§ 2249, 2250 B. G. B., welche gemäß § 28 Abs. 2 des Ausführungsgesetzes zum Gesetze über die freiwillige Gerichtsbarkeit bei Notaren zu hinterlegen sind. Diese Testamente können auf freiem Papier aufgenommen werden. Der Stempel kommt zur Erhebung, wenn später von dem Testament Gebrauch gemacht und die Registrirung nothwendig wird.

8. Für den Fall der Rücknahme eines in Verwahr gegebenen Testamentes (§ 2256 B. G. B.) ist eine notarielle Urkunde nicht vorgeschrieben; zweckmäßig ist es, bei notariell aufgenommenen, im Repertorium eingetragenen Testamenten wenigstens einen Vermerk im Repertorium über die Rückgabe zu machen.

9. Die Zurückbringung eines eröffneten Testamentes oder Erbvertrags (§§ 2273, 2300 B. G. B.) giebt zur Erhebung einer neuen Abgabe keinen Anlaß.

Ministerium für Elsaß-Lothringen.
Abtheilung für Finanzen, Gewerbe und Domänen.
Der Unterstaatssekretär.

III. 552. **von Schraut.**

An
den Herrn Direktor der Verkehrssteuern hier.

IV.

Allgemeine Verfügung des Ober-Staatsanwalts an die Notare, betr. die Staatsgebühren von eidesstattlichen Versicherungen, von Abschriften von Nachlaßverzeichnissen, sowie von Löschungsbewilligungen, vom 16. Juni 1900.

Zur Beseitigung bestehender Zweifel wegen der Staatsgebühren von eidesstattlichen Versicherungen, von Abschriften von Nachlaßverzeichnissen und von Löschungsbewilligungen wird hierdurch den Herren Notaren Nachfolgendes zur Kenntnißnahme und Beachtung ergebenst mitgetheilt.

I. Eidesstattliche Versicherungen.

Nach § 36 des Gerichtskostengesetzes für Elsaß-Lothringen ist für die Ertheilung eines Erbscheins einschließlich des vorangegangenen Verfahrens die volle Gebühr des § 33 zu erheben. Mit dieser Gebühr sollte, wie sich aus den Verhandlungen des Landesausschusses ergiebt, das ganze Verfahren bei Ertheilung eines Erbscheins als abgegolten angesehen werden; eine in dem Gesetzentwurf enthalten gewesene Bestimmung, welche für die im Verfahren abgegebene eidesstattliche Versicherung eine besondere Gebühr vorsah, ist aus diesem Grunde gestrichen worden. Hieraus ist in Verbindung mit der Vorschrift in § 19 des Gesetzes, wonach neben den in letzterem festgesetzten Gebühren eine Erhebung von Stempel- oder Registrirungsabgaben nur in denjenigen Fällen stattfinden darf, in welchen es in dem Gesetze ausdrücklich angeordnet ist, zu folgern, daß auch die vor einem Notar zum Zwecke der Erlangung eines Erbscheins abgegebenen eidesstattlichen Versicherungen frei von Staatsgebühren sind, weil ein Vorbehalt der gedachten Art betreffs dieser Versicherungen in dem Gesetze nicht enthalten ist.. § 44 des Ausführungsgesetzes zum Reichsgesetze über die Angelegenheiten der freiwilligen Gerichtsbarkeit (Gesetzblatt für Elsaß-Lothringen 1899, S. 117) steht dieser Auffassung nicht entgegen, weil es sich hier nicht um die Beurkundung eines Rechtsgeschäfts handelt, die eidesstattlichen Versicherungen daher nach § 2356 Abs. 2 B. G. B. sowohl vor Gericht als vor einem Notar erfolgen können. (Ziff. 8 der allgemeinen Verfügung des Direktors der Verkehrssteuern vom 7. Mai 1900; Amtsblatt des Direktors der Verkehrssteuern, S. 39.)

II. Abschriften von Nachlaßverzeichnissen.

Bezüglich der Frage des Stempels der von den Notaren gemäß § 24 Satz 2 A. G. z. F. G. dem Nachlaßgericht einzureichenden Abschriften von Nachlaßverzeichnissen sind nach einem Erlaß des Kaiserlichen Ministeriums, Abtheilung für Finanzen, Gewerbe und Domänen vom 27. Mai ds. Js. folgende Gesichtspunkte maßgebend:

In Ziff. 18 Abs. 5 der Vollzugsanweisung zum Stempelgesetz (Sammlung, Bd. XXIII, S. 51ff.) wurden Abschriften notarieller Urkunden, welche dem Amtsgerichte zum Zwecke der Aufsicht über die Vormundschaft ertheilt werden u. s. w., als stempelfrei erklärt. Bei den gemäß § 24 Satz 2 A. G. z. F. G. zu ertheilenden Abschriften von Nachlaßverzeichnissen handelt es sich um den gleichen Fall, nur daß das Amtsgericht nicht als Vormundschafts-, sondern als Nachlaßgericht in Betracht kommt. Bedenken gegen die stempelfreie Ertheilung der Abschriften bestehen daher nicht. Vorausgesetzt ist jedoch, daß die Abschrift bei den Gerichtsakten bleibt und nicht den Erben später ausgehändigt wird.

Auszüge aus Eheverträgen zum Zwecke der Eintragung in das Güterrechtsregister sind dagegen als stempelpflichtig zu behandeln.

III. Löschungsbewilligungen.

Nach §§ 71 und 83 G. K. G. f. E. L. ist für die Aufnahme des Protokolls über Anträge oder Bewilligungen, welche zur Herbeiführung einer Eintragung oder Löschung im Grundbuche, im vorläufigen Grundbuche oder im Eigenthumsbuche bestimmt sind, $^2/_{10}$ der vollen Gebühr des § 63 zu erheben. Diese Bestimmung bezieht sich nur auf die Aufnahme zu Protokoll des Grundbuchamts. Werden die Anträge oder Bewilligungen notariell beurkundet, so unterliegen sie den allgemeinen Vorschriften über Stempel- und Registrirungsabgaben (§§ 19 und 22 G. K. G. f. E. L.). Es sind also auch die seit dem 1. Januar 1900 notariell errichteten Löschungsbewilligungen, mögen sie sich auf Eintragungen in den Hypothekenregistern, oder auf solche in den Grundbüchern, vorläufigen Grundbüchern und Eigenthumsbüchern beziehen, ausnahmslos stempel- und registrirungspflichtig (Ziff. 11 der Allgemeinen Verfügung des Direktors der Verkehrssteuern vom 7. Mai 1900; Amtsblatt des Direktors der Verkehrssteuern S. 40).

Der K. Oberstaatsanwalt
Geheimer Ober-Justizrath
Huber.

V.

Allgemeine Verfügung des Oberstaatsanwalts betr. die Herstellung der Siegel für notarielle Urkunden, sowie den amtlichen Verschluß letztwilliger Verfügungen, vom 26. Juni 1900.

Vgl. unter F. III.

VI.

Verfügung des Ministeriums betr. die Ausführung des Erbschaftssteuergesetzes vom 17. Juni 1900 und die Registrirung der an das Nachlaßgericht abgelieferten Testamente und Erbverträge, vom 27. September 1900.[1])

(Centr.- u. Bez.-Amtsbl. S. 231.)

I. Zu dem Erbschaftssteuergesetze vom 17. Juni 1900 werden für den Bereich der Justizverwaltung die nachstehenden Ausführungsbestimmungen getroffen:

1. Die Gerichtsschreiber haben von dem wesentlichen Inhalte der folgenden gerichtlich anfgenommenen oder bei dem Gerichte vorgelegten Urkunden dem für die Erhebung der Erbschaftssteuer zuständigen Verkehrssteueramte am Gerichtssitze unter Benutzung von Formularen nach anliegendem Muster [2]) in den ersten 10 Tagen eines jeden Monats Mittheilung zu machen.

a) der Todeserklärungen,

b) der in Gemäßheit der §§ 1640, 1802 des Bürgerlichen Gesetzbuchs eingereichten Vemögensverzeichnisse und der nach § 1960 des Bürgerlichen Gesetzbuchs aufgenommenen Nachlaßverzeichnisse sowie der Protokolle über die Siegelung oder die Hinterlegung von Nachlaßgegenständen, soweit diese Urkunden nicht von einem Notar errichtet sind,

c) der Testamente und Erbverträge nach der Eröffnung und Verkündung, insoweit nicht die Registrirung herbeizuführen ist (s. unter II.),

d) der Erklärungen über die Ausschlagung einer Erbschaft,

e) der Erklärungen über die Anfechtung der Annahme oder der Ausschlagung einer Erbschaft,

f) der Erklärungen über die Anfechtung einer letztwilligen Verfügung oder eines Erbvertrags (§§ 2081, 2281 Abs. 2 des Bürgerlichen Gesetzbuchs),

g) der Erklärungen des überlebenden Ehegatten über die Ablehnung oder die Aufhebung der fortgesetzten Gütergemeinschaft (§§ 1484, 1492 des Bürgerlichen Gesetzbuchs),

h) der Erklärungen antheilsberechtigter Abkömmlinge über den Verzicht auf ihre Antheile an dem ehelichen Gesammtgut

---

[1]) Den Notaren besonders mitgetheilt, mittelst Verf. des Oberstaatsanwalts v. 8. Dez. 1900. Vgl. auch Amtsbl. d. Dir. d. Verkehrssteuern 1900 S. 74. [2]) Das Formular ist hier nicht mit abgedruckt.

im Falle der fortgesetzten Gütergemeinschaft (§§ 1491, 1557 des Bürgerlichen Gesetzbuchs),

i) der Erklärungen über die Bestimmung der Person des Testamentsvollstreckers (§§ 2198, 2199 des Bürgerlichen Gesetzbuchs) und der Verfügungen, durch welche ein Testamentsvollstrecker vom Gericht ernannt wird (§ 2200 des Bürgerlichen Gesetzbuchs),

k) der gerichtlichen Verfügungen über die Ernennung von Nachlaßverwaltern oder sonstigen Nachlaßpflegern (§§ 1960, 1961, 1975 ff. des Bürgerlichen Gesetzbuchs),

l) der ertheilten Erbscheine sowie der im § 38 des Gerichtskostengesetzes für Elsaß-Lothringen bezeichneten Bescheinigungen und Zeugnisse,

m) der Feststellungen, daß der Fiskus oder ein Pflegehaus gesetzlicher Erbe ist (§ 1964 des Bürgerlichen Gesetzbuchs, § 166 des Ausführungsgesetzes zum Bürgerlichen Gesetzbuch) oder daß ein Spital oder ein Pflegehaus nach § 167 des Ausführungsgesetzes zum Bürgerlichen Gesetzbuch anfallsberechtigt ist.

Die erfolgte Mittheilung ist in den Akten zu vermerken.

Die Ausführung dieser Bestimmung hat erforderlichen Falls unter Anleitung des Richters zu geschehen.

2. Die Gerichtsbehörden und die Notare sind verpflichtet, die zu ihrer Kenntniß gelangenden Zuwiderhandlungen gegen das Erbschaftssteuergesetz bei dem zuständigen Verkehrssteueramte zur Anzeige zu bringen.

3. Die Ministerialverfügung vom 6. August 1889, betreffend Ausführungsbestimmungen zum Erbschaftssteuergesetze vom 12. Juni 1889 (Central- und Bezirks-Amtsblatt S. 209) behält, insoweit sie sich auf Entscheidungen über eine Abwesenheitserklärung oder eine einstweilige Einweisung in den Besitz des Vermögens eines Abwesenden bezieht (Ziffer 1), für die Uebergangszeit (vgl. Art. 161 des Einführungsgesetzes zum Bürgerlichen Gesetzbuch) ihre Geltung.

Im Uebrigen wird diese Verfügung aufgehoben.

II. Ueber die Registrirung der an das Nachlaßgericht abgelieferten Testamente und Erbverträge wird Folgendes bestimmt:[1])

---

[1]) Selbstverständlich ist nach Maßgabe der folgenden Bestimmungen auch hinsichtlich der vor Erlaß der Verfügung an das Nachlaßgericht abgelieferten und noch nicht registrirten bezw. nicht auf Stempelpapier geschriebenen Testamente zu verfahren.

1. Die Gerichtsschreiber haben die bei dem Nachlaßgerichte verbleibenden öffentlichen oder in der amtlichen Verwahrung eines Notars befindlich gewesenen eigenhändigen Testamente sowie die bei dem Nachlaßgerichte verbleibenden Erbverträge, soweit nicht auf Betreiben der Erben, der Vermächtnißnehmer oder Testamentsvollstrecker die Registrirung früher zu bewirken ist, spätestens drei Monate nach der Eröffnung bei dem mit der Erhebung der Erbschaftssteuer befaßten Verkehrssteueramte am Gerichtssitze zur Registrirung zu bringen. Dem Verkehrssteueramt ist zu diesem Zwecke eine beglaubigte Abschrift der im Gewahrsam des Gerichts zu belassenden Urkunde mitzutheilen, auf welcher die Registrirung (unter Stundung der Abgaben) erfolgt.

2. Unter entsprechender Anwendung der Vorschrift unter Ziffer 1 ist auch die Registrirung der gemäß §§ 2273, 2300 des Bürgerlichen Gesetzbuchs bei dem Nachlaßgerichte verbleibenden Abschriften aus den gemeinschaftlichen Testamenten und Erbverträgen, welche in die Verwahrung des Notars zurückzubringen sind, herbeizuführen.

3. Sofern zu der Urschrift des Testaments nicht der vorschriftsmäßige Stempel verwendet ist, hat der Gerichtsschreiber die zu entrichtende Stempelabgabe gleichzeitig mit den für die Eröffnung und Verkündung des Testaments geschuldeten Gerichtskosten einzuweisen. Auf der dem Verkehrssteueramte mitzutheilenden Abschrift ist entsprechender Vermerk zu machen.

4. Ist ein eigenhändiges Testament in einer fremden Sprache abgefaßt, so ist dem Verkehrssteueramte außer der beglaubigten Abschrift (II. 1 und 2) eine durch einen beeidigten Uebersetzer angefertigte Uebersetzung des Testaments mitzutheilen. Die Uebersetzung ist unter Aufsicht des Gerichtsschreibers auf der Gerichtsschreiberei anzufertigen.

5. Die erfolgte Registrirung hat der Gerichtsschreiber auf der bei dem Gerichte verwahrten Urkunde zu vermerken.

Der Aushändigung der zur Registrirung benutzten Abschrift an die Betheiligten, welche eine Abschrift des Testaments oder Erbvertrags verlangen, steht nichts im Wege.

6. Die Bewirkung der Registrirung von eigenhändigen, bei einem Notar nicht hinterlegten (nicht in amtliche Verwahrung gebrachten) Testamenten liegt dem Gerichtsschreiber nicht ob.

Ausfertigung oder Abschrift von solchen noch nicht registrirten

Testamenten ist den Berechtigten zur Registrirung wie zu andern Zwecken auf deren Verlangen zu ertheilen. (§ 19 des Gerichtskostengesetzes für Elsaß-Lothringen.)

7. Die gemäß §§ 2249, 2250 Abs. 1 des Bürgerlichen Gesetzbuchs vor dem Gemeindevorsteher errichteten Testamente sind als öffentliche, die gemäß §§ 2250, 2251 des Bürgerlichen Gesetzbuchs vor drei Zeugen errichteten Testamente sind wie eigenhändige Testamente zu behandeln.

Straßburg, den 27. September 1900.

Ministerium für Elsaß-Lothringen.
Abtheilung für Justiz und Kultus.
Der Unterstaatssekretär
Dr. Petri.

VII.

Allgemeine Verfügung des Oberlandesgerichtspräsidenten an die Landgerichte und Amtsgerichte, betr. das Testamentseröffnungs-Verfahren, vom 26. November 1900.

Insoweit die nach Art. 26 der Ministerialverfügung vom 6. Dezember 1899 (Samml. XXIV S. 981) durch förmliche Zustellung zu bewirkende Ladung der Betheiligten zum Testamentseröffnungstermin im Ausland erfolgen müßte, würden hieraus in Folge des erfahrungsgemäß durchweg sehr großen Zeitaufwands für Zustellungen solcher Art Verzögerungen entspringen, welche mit der dringlichen Natur des Eröffnungsverfahrens nicht wohl vereinbar sind. Nun sollen aber nach der als Ordnungsvorschrift gefaßten Bestimmung des § 2260 Abs. 1 Satz 2 B.G.B. die Betheiligten zu dem Termin nur „soweit thunlich" geladen werden, und bestand bei den Berathungen der II. Kommission (vgl. Protokolle S. 356 der Guttentag'schen Ausgabe) Einverständniß darüber, daß diese Beschränkung auch auf die bekannten Betheiligten sich erstrecke. Des Weiteren ist bei Handhabung des § 2260 in Betracht zu ziehen, daß nach § 2262 B.G.B. die bei der Testamentseröffnung nicht zugegen gewesenen Betheiligten nachträglich von dem sie betreffenden Inhalt des Testaments in Kenntniß zu setzen sind, eine Vorschrift, der zweifellos durch briefliche Mittheilung genügt wird (Art. 1 der vorbezeichneten Ministerialverfügung).

Im Zusammenhang hiermit mag endlich noch darauf hingewiesen sein, daß, wie die Motive zum Entwurf I. Lesung (V S. 306) besagen, die Aufnahme einer Vorschrift, betreffend die Bestellung von Vertretern für abwesende Betheiligte, in den jetzigen § 2260 als „entbehrlich" unterblieben ist, offenbar weil man der Meinung war, daß eine Gefährdung ihrer Rechte schwerlich in Frage kommen könne (vgl. Endemann Lehrbuch III S. 217, Böhm Erbrecht S. 220).

Vom rechtlichen wie vom praktischen Standpunkte aus ist es daher meines Dafürhaltens nur zu billigen, wenn die Ladung der im Auslande sich aufhaltenden Betheiligten mit Rücksicht auf die Dringlichkeit der Testamentseröffnung regelmäßig als „unthunlich" unterlassen wird.

Der Oberlandesgerichts-Präsident
Nassiga.

VIII.

Allgemeine Verfügung des Ministeriums an die Amtsgerichte und die Notare, betr. das Verfahren bei der Sicherung von Nachlässen und der Errichtung von Vermögensverzeichnissen, vom 6. Dez. 1900.

(Centr.- und Bez.-Amtsbl. S. 295.)

Auf Grund des § 38 des Ausführungsgesetzes zum Reichsgesetz über die Angelegenheiten der freiwilligen Gerichtsbarkeit wird Folgendes bestimmt:

1. Das Verfahren bei der Nachlaßsicherung.

Anordnung der Nachlaßsicherung.

§ 1. Für die Sicherung des Nachlasses ist jedes Amtsgericht zuständig, in dessen Bezirk das Bedürfniß der Fürsorge hervortritt (Reichsgesetz über die Angelegenheiten der freiwilligen Gerichtsbarkeit § 74).

Sobald das Gericht durch Anzeige des Standesbeamten oder auf sonstige zuverlässige Weise Kenntniß von dem Tode einer Person erhält, hat es zu prüfen, ob zu einer amtlichen Fürsorge für den Nachlaß nach Maßgabe der §§ 1960 bis 1962 des Bürgerlichen Gesetzbuchs und der §§ 24 bis 26 des Ausführungsgesetzes zum Reichsgesetz über die Angelegenheiten der freiwilligen Gerichtsbarkeit Veranlassung gegeben ist, und die

Ausführung der erforderlichen Maßregeln mit thunlichster Beschleunigung zu bewirken.

Ist das Gericht, welches eine Nachlaßsicherung angeordnet hat, nicht das nach § 73 des Reichsgesetzes über die Angelegenheiten der freiwilligen Gerichtsbarkeit zuständige Nachlaßgericht, so soll es diesem von den angeordneten Maßregeln unverzüglich Mittheilung machen.

§ 2. Die Sicherung des Nachlasses erfolgt nur, wenn eine der im § 1960 Absatz 1 des Bürgerlichen Gesetzbuchs bezeichneten Voraussetzungen vorliegt, nämlich:

1. wenn die Erbschaft von dem Erben, oder, sofern mehrere Erben vorhanden sind, von einem Miterben noch nicht angenommen ist, sei es, daß der Erbe über die Annahme oder die Ausschlagung der Erbschaft sich noch nicht erklären will, oder weil er z. B. nicht anwesend oder minderjährig und ohne gesetzlichen Vertreter ist, sich nicht erklären kann;
2. wenn der Erbe unbekannt ist, d. h. keine Kenntniß darüber besteht, wer als Erbe berufen ist;
3. wenn ungewiß ist, ob der Erbe oder alle Miterben die Erbschaft angenommen haben,

in jedem dieser Fälle jedoch nur, wenn und soweit thatsächlich ein Bedürfniß für die Nachlaßsicherung besteht.

Das Vorhandensein eines Bedürfnisses wird in der Regel zu verneinen sein, wenn ein Testamentsvollstrecker die Verwaltung des Nachlasses übernommen hat (§§ 2205 ff. des Bürgerlichen Gesetzbuchs), ferner wenn der Nachlaß sich im Besitze des berufenen Erben oder seines gesetzlichen Vertreters oder eines Miterben oder im Besitze von Familienangehörigen des berufenen Erben befindet und eine Benachtheiligung des Erben oder eines Nachlaßgläubigers nicht zu besorgen ist.

Die Gläubiger haben nicht, wie nach früherem Rechte, einen Anspruch auf die Sicherung des Nachlasses. Hierdurch wird jedoch die Berücksichtigung des Vorhandenseins von Gläubigern bei der Prüfung, ob ein Bedürfniß für die Nachlaßsicherung besteht, nicht ausgeschlossen.

§ 3. Welche Maßregeln zur Sicherung des Nachlasses erforderlich und zweckdienlich sind, hängt von den Umständen des Falles ab und unterliegt dem Ermessen des Gerichts. Als wichtigste Sicherungsmittel sind in den §§ 1960 Abs. 2, 1961, 1962 des Bürgerlichen Gesetzbuchs die Anlegung von Siegeln, die Hinterlegung von Geld, Werthpapieren und Kostbarkeiten, die Aufnahme eines Nachlaßverzeichnisses sowie die Bestellung eines Pflegers für denjenigen, welcher Erbe wird (Nachlaßpfleger), bezeichnet.

§ 4. Sind von dem Bürgermeister im Falle des § 25 des Ausführungsgesetzes zum Reichsgesetz über die Angelegenheiten der freiwilligen Gerichtsbarkeit von Amtswegen Siegel auf einen Nachlaß gelegt worden, so hat das Gericht beim Eingang der Anzeige zu prüfen, ob weitere Sicherungsmaßregeln oder etwa die Ergänzung oder die Wiederholung der Siegelanlage erforderlich ist.

§ 5. Die Aufhebung der Sicherungsmaßregeln ist anzuordnen, ohne daß es eines Antrags bedarf, sobald und soweit die Voraussetzungen der amtlichen Nachlaßfürsorge weggefallen sind; insbesondere also, wenn alle Erben bekannt sind und die Erbschaft angenommen haben, oder wenn aus anderen Gründen (in der Regel z. B. beim Eintritt der Nachlaßverwaltung oder des Nachlaßkonkurses) ein Bedürfniß zur amtlichen Nachlaßfürsorge nicht mehr besteht.

Wird der Erbe innerhalb einer den Umständen angemessenen Frist nicht ermittelt, so hat das Nachlaßgericht von Amtswegen die ihm nach §§ 1964, 1965 B.G.B. obliegenden Ermittelungen und Feststellungen zu machen.

Ausführung der Nachlaßsicherung. a) Allgemeine Bestimmungen.

§ 6. Das Gericht kann die von ihm angeordneten Maßregeln thatsächlicher Natur selbst ausführen, oder die Ausführung einem Notar, in den Fällen der §§ 10, 11 auch einem Bürgermeister übertragen (§ 24 des Ausführungsgesetzes zum Reichsgesetz über die Angelegenheiten der freiwilligen Gerichtsbarkeit).

Ob bei einer von dem Richter selbst vorzunehmenden Amtshandlung der Gerichtsschreiber zuzuziehen ist, unterliegt jeweils dem pflichtgemäßen Ermessen des mit der Ausführung der Nachlaßsicherung betrauten Richters (§ 3 Abs. 2 Ausführungsgesetz zum Reichsgesetz über die Angelegenheiten der freiwilligen Gerichtsbarkeit). Hierbei ist insbesondere auf den Umfang des Geschäfts und den Werth des zu sichernden Nachlasses gebührende Rücksicht zu nehmen.

§ 7. Die Ausführung soll einem Notar in der Regel dann übertragen werden, wenn die Aufnahme eines Vermögensverzeichnisses allein oder in Verbindung mit anderen Maßregeln vorzunehmen ist und nicht besondere Umstände entgegenstehen. Als solche Umstände sind insbesondere anzusehen die begründete Besorgniß, daß durch die Uebertragung die Erledigung der Sache eine nachtheilige Verzögerung erleiden werde, oder daß bei Ausführung einer Siegelanlage von den Betheiligten Widersprüche erhoben oder sonstige Anstände oder Schwierigkeiten sich ergeben werden.

§ 8. Läßt sich bei Anordnung der Nachlaßsicherung nicht mit Bestimmtheit voraussehen, welche Sicherungsmittel erforderlich sind, so kann das Gericht die Ausführung einem Notar mit der Maßgabe übertragen, daß ihm die Wahl der erforderlichen Mittel nach den Umständen des Falles und nach einer thunlichst zu gebenden näheren Anleitung überlassen bleibt.

Auch in solchen Fällen soll die Uebertragung an einen Notar in der Regel nur erfolgen, wenn die Erforderlichkeit eines Vermögensverzeichnisses allein oder in Verbindung mit einer anderen Maßregel wahrscheinlich ist.

§ 9. Die Wahl des mit der Ausführung von Maßregeln der Nachlaßsicherung zu beauftragenden Notars steht dem anordnenden Gerichte zu. Dasselbe soll jedoch die ausgesprochenen oder vermuthlichen Wünsche der Betheiligten, desgleichen auch die etwa gerichtsbekannte Thatsache, daß ein bestimmter Notar die Familiengeschäfte des Erben besorgt, thunlichst berücksichtigen.

Wenn nicht besondere Umstände dringend ein Anderes erheischen, hat die Uebertragung an einen Notar des Amtsgerichtsbezirkes zu erfolgen. Beim Vorhandensein mehrerer Notare im Amtsgerichtsbezirke ist, unbeschadet der in Absatz 1 getroffenen Bestimmung, auf eine thunlichst gleichmäßige Vertheilung der Uebertragungen Bedacht zu nehmen.

§ 10. Beschränkt sich die Sicherung eines außerhalb des Gerichtssitzes befindlichen Nachlasses auf die Anlegung von Siegeln, so kann diese dem Bürgermeister übertragen werden (§ 24 Abs. 2 des Ausführungsgesetzes zum Reichsgesetz über die Angelegenheiten der freiwilligen Gerichtsbarkeit).

Von dieser Befugniß soll, wenn sonstige Umstände nicht entgegenstehen, insbesondere bei kleineren Nachlässen Gebrauch gemacht werden, welche bei der Ausführung der Nachlaßsicherung durch den Richter oder einen Notar mit unverhältnißmäßigen Kosten belastet würden.

§ 11. Die Abnahme von Siegeln kann einem Notar auch dann übertragen werden, wenn er die Siegel nicht angelegt hatte.

Die Abnahme soll ihm insbesondere regelmäßig dann übertragen werden, wenn an die Entsiegelung sich die Aufnahme eines Nachlaßverzeichnisses durch den Notar unmittelbar anschließt. Abgesehen von dem letzteren Falle kann die Entsiegelung außerhalb des Gerichtssitzes immer dem Bürgermeister übertragen werden.

Den Betheiligten darf die Abnahme der Siegel nicht überlassen werden.

§ 12. Das Gericht hat den Notar oder den Bürgermeister von der Uebertragung der Ausführung einer angeordneten Nachlaßsicherung schriftlich in Kenntniß zu setzen.

Das Schreiben soll den Erbfall, den Grund der Nachlaßsicherung sowie, unbeschadet der Vorschrift des § 8, die angeordneten Sicherungsmaßregeln und den Umfang des Nachlasses, auf welchen sich die Sicherung erstreckt (z. B. Siegelung der Mobilien, Hinterlegung bestimmter Gegenstände), bezeichnen.

Auf die Uebertragung der Entsiegelung finden diese Vorschriften entsprechende Anwendung. Wird die Entsiegelung von einem anderen Beamten als demjenigen, der die Siegel angelegt hat, vorgenommen, so ist ihm das Protokoll über die Siegelanlage mitzutheilen (vgl. hierzu § 31).

§ 13. Erweist sich die einem Notar übertragene Ausführung einer Maßregel an Ort und Stelle als nicht erforderlich oder als nicht zweckdienlich, so hat der Notar die nach den Umständen gebotenen Maßnahmen vorzunehmen und dem Gericht unverzüglich Mittheilung zu machen.

§ 14. Bei der Anlegung und der Abnahme von Siegel sowie bei der Errichtung eines Nachlaßverzeichnisses sind, soweit dies ohne Verzug geschehen kann, die bekannten Betheiligten zuzuziehen.

Ist eine zur Sicherung des Nachlasses angeordnete Maßregel, gleichviel welcher Art, in Abwesenheit eines Betheiligten vorgenommen worden, so soll das Nachlaßgericht, soweit thunlich, denselben hiervon in Kenntniß setzen (§ 26 des Ausführungsgesetzes zum Reichsgesetz über die Angelegenheiten der freiwilligen Gerichtsbarkeit).

Als Betheiligte im Sinne dieser Vorschrift sind anzusehen die berufenen oder vermuthlichen Erben oder deren gesetzliche oder bevollmächtigte Vertreter, ferner die Hausgenossen des Erblassers, deren Rechte durch die Maßregel betroffen werden.

Ob außer den bezeichneten betheiligten anderen Personen die Anwesenheit bei der Ausführung der Nachlaßsicherung zu gestatten sei, unterliegt dem Ermessen des ausführenden Beamten.

§ 15. Ueber die Ausführung der zur Sicherung des Nachlasses vorgenommenen Maßregeln, desgleichen über die Abnahme von Siegeln, hat der Richter oder der Notar ein Protokoll zu errichten. Dasselbe soll enthalten:

1. den Ort und Tag der Handlung und den Namen des ausführenden Beamten,
2. die Bezeichnung der Nachlaßsache unter Angabe des Namens, Standes, Wohnsitzes, Sterbeorts und Todestags des Erblassers,
3. die Namen der bekannten gesetzlichen Erben und den Grund für die Nachlaßsicherung,
4. die Namen der anwesenden Betheiligten und deren Erklärungen, soweit sie von Erheblichkeit sind, sowie den Hergang der Handlung.

Ist die vorgenommene Maßregel eine Siegelung, so sind außerdem die Vorschriften des § 23 zu beachten.

Ist die vorgenommene Maßregel ein Nachlaßverzeichniß, so finden vorbehaltlich des § 26 die Vorschriften des § 33 Ziffer 1 bis 4, 6 entsprechende Anwendung.

Das Protokoll ist vorzulesen und von den anwesenden Betheiligten sowie von dem ausführenden Beamten zu unterzeichnen. Auf Verlangen eines Betheiligten ist ihm das Protokoll zur Durchsicht vorzulegen.

Hinsichtlich der notariellen Protokolle sind außerdem die Vorschriften der §§ 51 u. ff. des Ausführungsgesetzes zum Reichsgesetz über die Angelegenheiten der freiwilligen Gerichtsbarkeit zu beachten.

Der Notar hat dem Gericht unverzüglich eine Abschrift des von ihm aufgenommenen Protokolls zu übersenden (vgl. hierzu § 31).

§ 16. Werden in dem Nachlaß eines Beamten amtliche Akten oder sonstige Sachen, deren Herausgabe auf Grund des Dienstverhältnisses verlangt werden kann, vorgefunden, so ist dies in dem Protokolle besonders zu vermerken. Falls nicht die Behörde, welcher der Beamte angehörte, oder die Aufsichtsbehörde über die Sachen Bestimmung trifft, oder schon Bestimmung getroffen hat, ist für deren sichere Verwahrung Sorge zu tragen; das Gericht hat in diesem Falle der Behörde Mittheilung zu machen.

Diese Vorschrift findet auch Anwendung auf den Nachlaß von Militärpersonen.[1])

Die Vorschrift des Absatz 1 findet ferner Anwendung, wenn im Nachlaß eine Person, welche Vermögen des Staates, eines Bezirks, einer Gemeinde oder einer öffentlichen Anstalt oder öffentliche Urkunden in Verwahrung hatte, Gegenstände dieser Art gefunden werden, unbeschadet der Befugniß des Gerichts auf Grund des § 29 des Ausführungsgesetzes zum Reichsgesetz über die Angelegenheiten der freiwilligen Gerichtsbarkeit besondere Anordnung zu treffen.

§ 17. Ergeben sich bei der Ausführung einer Maßregel durch den Notar Schwierigkeiten oder wird gegen eine Maßnahme des Notars seitens eines Betheiligten Einsprache erhoben, so kann die Entscheidung des Gerichts nachgesucht werden. Der Notar hat solchen Falles die Betheiligten hierauf hinzuweisen oder nach Befinden die Entscheidung des Gerichts selbst einzuholen.

§ 18. Gegenstand der Anlegung von Siegeln sind die zum Nachlasse gehörenden beweglichen Sachen. b) Siegelung.

Ausgenommen bleiben die zum täglichen Gebrauche der Hausgenossen und zur Fortführung des Haushalts, des Geschäfts- oder Wirthschaftsbetriebs erforderlichen Gegenstände und Vorräthe sowie diejenigen Sachen, welche sich zur Verwahrung in geschlossenen Behältnissen und Räumen oder sonst zur Versiegelung nicht eignen, z. B. Sachen, die dem Verderben ausgesetzt sind. Das Recht der Familienangehörigen des Erblassers, die zur Zeit des Todes des Erblassers zu dessen Hausstande gehört und von ihm Unterhalt bezogen haben, auf die Benutzung der Wohnung und der Haushaltsgegenstände (§ 1969 Abs. 1 B.G.B.) ist zu beachten. Wohnungsräume eines Verstorbenen sollen nicht versiegelt werden, bevor die aus Rücksichten der Reinlichkeit im einzelnen Falle unerläßlichen Maßnahmen getroffen und, wenn der Todesfall durch eine ansteckende Krankheit herbeigeführt worden ist, die nöthigen Desinfektionsmaßregeln ergriffen sind.

Finden sich im Nachlasse Gegenstände, welche einem Dritten gehören, so können dieselben, wenn die Berechtigung des Dritten

[1]) In dieser Beziehung soll reichsrechtlich eine Regelung geschaffen werden durch § 4 des Entw. eines Ges. betr. die Ausübung der freiwilligen Gerichtsbarkeit und die Rechtshülfe im Heere.

nachgewiesen oder offenkundig ist, mit Zustimmung der anwesenden Betheiligten dem Berechtigten gegen Empfangsbescheinigung ausgehändigt werden.

Bezüglich der von der Siegelung auszunehmenden Testamente, Gelder, Werthpapiere und Kostbarkeiten vgl. die §§ 20, 27 und 28.

§ 19. Die zu versiegelnden Sachen sind thunlichst in verschließbaren Räumen oder Behältnissen unterzubringen. Die Thüren dieser Räume sowie die Behältnisse sind zu verschließen und unter Verwendung von Papierstreifen, Leinwandstreifen, Bindfaden oder in anderer Weise mit dem Dienstsiegel so zu versiegeln, daß sie ohne Verletzung des Verschlusses nicht eröffnet werden können; Fenster sind zu schließen und nöthigen Falles in gleicher Weise zu versiegeln. Die Schlüssel sind mit Merkzeichen zu versehen und von dem siegelnden Beamten entweder an sich zu nehmen oder sonst sicher unterzubringen.

Die Benutzung von Siegelmarken ist unstatthaft.

§ 20. Bei der Anlegung von Siegeln hat der Richter oder der Notar auf Ansuchen eines Betheiligten, nach Befinden auch von Amtswegen nach einem Testament des Erblassers zu suchen (§ 26 des Ausführungsgesetzes zum Reichsgesetz über die Angelegenheiten der freiwilligen Gerichtsbarkeit). Wird ein Testament im Nachlasse gefunden, so ist es in Verwahrung des Nachlaßgerichts zu nehmen oder zu bringen. Wird ermittelt, daß es sich in anderer als gerichtlicher Verwahrung befindet, so ist seine sofortige Ablieferung an das Nachlaßgericht von Amtswegen zu veranlassen (§ 2259 B.G.B. und § 83 des Reichsgesetzes über die Angelegenheiten der freiwilligen Gerichtsbarkeit.

§ 21. Die bei der Siegelung Anwesenden sind auf die Unverletzlichkeit der Siegel und die Strafen wegen unbefugten Erbrechens, Ablösens oder Beschädigens eines Siegels (§ 136 des Strafgesetzbuchs) hinzuweisen.

Die Abnahme des im früheren Rechte vorgeschriebenen Manifestationseides findet nicht mehr statt.

Wegen der Verpflichtung des Erben, auf Verlangen eines Nachlaßgläubigers und wegen der Verpflichtung von Hausgenossen des Erblassers, auf Verlangen des Erben einen Offenbarungseid zu leisten, sowie wegen der Zuständigkeit des Gerichts zur Abnahme dieses Eides und wegen des Verfahrens wird auf die Vorschriften der §§ 2006, 2028, 259 Abs. 3, 261 B.G.B. sowie der §§ 79, 163 des Reichsgesetzes über die Angelegenheiten der freiwilligen Gerichtsbarkeit verwiesen. Die genannten Personen sind unter Hinweis auf die hiernach bestehende Eidespflicht zur genauen Angabe und Vorzeigung der Nachlaßgegenstände aufzufordern.

§ 22. Zur Ueberwachung der angelegten Siegel kann ein Siegelhüter bestellt werden. Derselbe ist anzuweisen, jede Verletzung der Siegel dem Siegelungsbeamten und in dringenden Fällen außerdem der Polizeibehörde (Bürgermeister, Gendarmerie) unverzüglich anzuzeigen.

Als Siegelhüter kann, wenn Schwierigkeiten hieraus nicht zu besorgen sind, auch ein Betheiligter bestellt werden.

Auch zur Pflege von Thieren, zur Vornahme dringender landwirthschaftlicher Arbeiten und dergl. kann erforderlichen Falles eine dritte, hierzu bereite Person bestellt werden. In Fällen dieser Art ist jedoch zu prüfen, ob nicht die Anordnung einer Nachlaßpflegschaft (§ 29) angezeigt ist.

Sofern von dem Hüter eine Vergütung beansprucht wird, ist dieselbe bis zum Erlasse eines allgemeinen Tarifs von dem Gerichte nach billigem Ermessen festzusetzen.

§ 23. Das über die Siegelung aufzunehmende Protokoll soll außer den im § 15 bezeichneten Erfordernissen insbesondere enthalten:

1. die Zahl der Siegel und die Stellen, wo sie angelegt sind, sowie die Zahl der entnommenen Schlüssel und die Art ihrer Verwahrung;
2. das Ergebniß der etwaigen Nachforschung nach einem Testamente des Erblasses (§ 20).
3. den Hinweis der Anwesenden auf die Unverletzlichkeit der Siegel (§ 21);
4. die etwaige Bestellung eines Siegelhüters (§ 22).

§ 24. Bei der Entsiegelung ist der Zustand des Verschlusses und das Vorhandensein der nicht unter Siegel gelegten Sachen zu prüfen. Findet sich eine Verletzung der Siegel oder eines sonstigen Verschlusses vor, so ist zu untersuchen, ob die versiegelten Sachen sämmtlich vorhanden sind.

Der Befund ist in dem über die Entsiegelung aufzunehmenden Protokoll (§ 15) festzustellen.

Besteht Verdacht einer strafbaren Handlung, so ist seitens

des mit der Entsiegelung beauftragten Notars dem Nachlaßgericht und seitens des letzteren der Staatsanwaltschaft Anzeige zu machen.

c) Nachlaßverzeichniß.

§ 25. Insoweit das Betreten einer versiegelten Wohnung oder der Gebrauch einzelner unter Siegel gelegter Sachen nothwendig wird, kann das Nachlaßgericht schon vor der endgültigen Abnahme der Siegel eine Entsiegelung anordnen. Im Falle der Entnahme von Sachen sind diese und der Name des Empfängers in dem Protokolle zu verzeichnen. Im Uebrigen sind, wenn nicht nach den Umständen des Falles eine andere Anordnung gerechtfertigt ist, die Siegel wieder anzulegen.

§ 26. Das in den Fällen des § 1960 Abs. 1 des Bürgerlichen Gesetzbuchs aufzunehmende Nachlaßverzeichniß bezweckt zunächst nur die Sicherung des Nachlasses. Es kann sich daher, je nach Maßgabe des Bedürfnisses, auf den gesammten Nachlaß oder auf einen Theil desselben, z. B. nur auf die beweglichen Sachen erstrecken. Die nähere Anordnung in dieser Beziehung steht, unbeschadet der Vorschrift des § 8, dem Gerichte zu (§ 3).

Das Gericht kann bestimmen, daß die einzelnen Gegenstände mit Angabe ihres Werthes zu verzeichnen sind, und daß ein Schätzer zuzuziehen ist. Auch ohne eine solche Anordnung soll der Notar die Werthsangabe beifügen und nach Bedarf einen Schätzer zuziehen, wenn er die Abschätzung nach der Natur der Sachen für erforderlich hält.

Eine Aufzeichnung der Nachlaßverbindlichkeiten ist durch den Zweck des Nachlaßverzeichnisses nicht geboten. Wird jedoch das Verzeichniß von einem Notar aufgenommen, so soll derselbe, wenn die Erbbetheiligten dies verlangen und eine Verzögerung der Nachlaßsicherung hierdurch nicht eintritt, sowohl den Aktivbestand, wie die Verbindlichkeiten so vollständig aufnehmen, daß das Verzeichniß gemäß §§ 2001 bis 2004 des B.G.B. in der Folge als Nachlaßinventar benutzt werden kann (vgl. § 33).

d) Hinterlegung.

§ 27. Befinden sich in dem Nachlasse Geld, Werthpapiere oder Kostbarkeiten, so sind dieselben zu verzeichnen und nach Maßgabe der vorläufigen Ausführungsbestimmungen des Ministeriums zum Gesetze vom 1. November 1899, betreffend das Hinterlegungswesen und den Geschäftskreis der Staatsdepositenverwaltung (Central- und Bezirksamtsblatt 1899 Seite 396), bei der Staatsdepositenkasse zu hinterlegen.

Ausnahmsweise können die genannten Gegenstände ganz oder theilweise im Einverständnisse der anwesenden Betheiligten an ihrem bisherigen Aufbewahrungsort unter sicherem Verschluß belassen oder den Betheiligten oder einer anderen zuverlässigen Person gegen Empfangsbescheinigung zur Aufbewahrung ausgehändigt werden.[1])

Zur Fortführung des Haushaltes, des Geschäfts- oder Wirthschaftsbetriebs, sowie zur Bestreitung der Beerdigungskosten und anderer dringender Nachlaßverbindlichkeiten kann den Betheiligten, Angehörigen oder Hausgenossen ein angemessener Geldbetrag gegen Empfangsbescheinigung ausgehändigt werden, mit der Verpflichtung, über seine Verwendung dem Gericht oder den Erben Rechnung zu legen.

§ 28. Die Ausführung der Hinterlegung liegt, wenn sie neben einer Siegelung oder der Aufnahme eines Vermögensverzeichnisses erfolgt, dem Richter oder dem Notar ob, welche diese Verrichtungen vornehmen; andernfalls ist die allgemeine Vorschrift des § 6 maßgebend.

Die Empfangsbescheinigung der Hinterlegungsstelle ist in allen Fällen bei dem Nachlaßgericht in besonderem Umschlag und in einem sicheren Behältnisse zu verwahren.

§ 29. Die Nachlaßpflegschaft kann außer dem Falle des § 1961 B.G.B. in allen Fällen angeordnet werden, in denen nach § 1960 Abs. 1 B.G.B. überhaupt die Fürsorge des Nachlaßgerichts eintritt. Insbesondere kann für einen Erben, dessen Geburt erwartet wird, — und zwar gegebenen Falles neben einer nach § 1912 B.G.B. angeordneten Pflegschaft — oder für eine als Erbe berufene, noch nicht genehmigte Stiftung ein Nachlaßpfleger bestellt werden. Nachlaßpflegschaft.

Auf die Nachlaßpflegschaft finden die Vorschriften über die Pflegschaft (§ 1915 B.G.B.) Anwendung. An die Stelle des Vormundschaftsgerichts tritt das Nachlaßgericht. Wegen Abgabe der Nachlaßpflegschaft an ein anderes Gericht vgl. die §§ 46, 75 des Reichsgesetzes über die Angelegenheiten der freiwilligen Gerichtsbarkeit.

---

[1]) Es wird nichts im Wege stehen, daß der mit der Aufbewahrung Betraute die Sachen in privatem Auftrag dem Notar in Verwahrung giebt. Solchen Falles ist die K. Verordn. v. 17. März 1886 zu beobachten.

Die Nachlaßpflegschaft soll aufgehoben werden, wenn der Erbe ermittelt und die Erbschaft von ihm angenommen worden ist (§ 1919 B.G.B.).

Sicherung des Nachlasses von Ausländern.

§ 30. Die Vorschriften der §§ 1 bis 29 finden auch Anwendung auf die Sicherung des Nachlasses eines Ausländers. Die Zuständigkeit des Gerichts bestimmt sich nach § 74 des Reichsgesetzes über die Angelegenheiten der freiwilligen Gerichtsbarkeit.

Ueber die vorgenommenen Sicherungsmaßregeln hat das Gericht unter Vorlage einer Abschrift der Sterbeurkunde sowie der Abschrift der gerichtlichen Anordnungen und der aufgenommenen Verhandlungen dem Ministerium durch Vermittelung des Landgerichtspräsidenten zu berichten.

Die Abschrift der Sterbeurkunde ist von dem Richter mit dem Dienstsiegel und der Bescheinigung zu versehen, daß die Urkunde von dem hierfür zuständigen Beamten ausgestellt ist.

Insoweit nach den bestehenden Staatsverträgen einem ausländischen Konsul die Mitwirkung bei der Nachlaßsicherung, insbesondere die Vertretung des Erben zusteht, hat das Gericht demselben, wenn er in der Nähe seinen Amtssitz hat, gegebenen Falles unter Einhaltung der Bestimmungen des betreffenden Staatsvertrags, unverzüglich Nachricht zu geben, ohne daß jedoch ein Aufschub der erforderlichen Sicherungsmaßregeln dadurch stattfinden darf. Der Bericht an das Ministerium ist in diesen Fällen mit besonderer Beschleunigung zu erstatten.

Ein Verzeichniß der in Betracht kommenden Staatsverträge ist als Anlage beigefügt.

Kosten.

§ 31. Die dem Gerichte einzureichenden Abschriften der über die Ausführung einer Maßregel der Nachlaßsicherung aufgenommenen Protokolle (§ 15 Abs. 6) sind stempelfrei.[1]) Am Schlusse der Abschrift ist zu bescheinigen, daß sie auf Grund des § 24 Abs. 1 des Ausführungsgesetzes zum Reichsgesetz über die Angelegenheiten der freiwilligen Gerichtsbarkeit für den dienstlichen Gebrauch des Nachlaßgerichts ertheilt werden. Im Falle des § 12 Abs. 3 darf die stempelfreie Abschrift dem mit der Entsiegelung betrauten Notar mitgetheilt werden.

Ingleichen sind die an die Betheiligten gerichteten Benachrichtigungen, hinsichtlich deren Bekanntmachung auf § 16 Abs. 2

---

[1]) Vgl. die Verf. des Oberstaatsanwalts vom 16. Juni 1900 an die Notare, S. 175 f.

des Reichsgesetzes über die Angelegenheiten der freiwilligen Gerichtsbarkeit und Art. 1 der Ministerialverfügung vom 6. Dez. 1899, betreffend das Verfahren in Angelegenheiten der freiwilligen Gerichtsbarkeit und die Registerführung bei den Amtsgerichten, verwiesen wird, frei von Stempel- und Registrirungsgebühren.

Die Anweisung der Gebühren der von einem Notar bestellten Siegel- oder Nachlaßhüter erfolgt durch das Gericht.

II. Die Errichtung des Nachlaßinventars und die Errichtung von Vermögensverzeichnissen in anderen Fällen.

§ 32. Zur Mitwirkung bei einem von dem Erben selbst errichteten Nachlaßinventar (§ 2002 B.G.B.) sind ausschließlich die Notare zuständig (§ 37 Abs. 1 des Ausführungsgesetzes zum Reichsgesetz über die Angelegenheiten der freiwilligen Gerichtsbarkeit).

Beantragt der Erbe beim Nachlaßgericht die behördliche Aufnahme des Inventars, so hat das Nachlaßgericht einem Notar die Aufnahme zu übertragen (§ 2003 B.G.B.). In diesem Falle finden die Vorschriften des § 9 und des § 12 Abs. 1 entsprechende Anwendung.

Das Nachlaßgericht selbst ist zur Aufnahme von Nachlaßverzeichnissen außer dem Falle des § 1960 B.G.B. (§§ 6, 26 dieser Verfügung) nicht zuständig.

§ 33. Für die Errichtung des Inventars sind außer den Vorschriften der §§ 51 u. ff. des Ausführungsgesetzes zum Reichsgesetz über die Angelegenheiten der freiwilligen Gerichtsbarkeit die folgenden Bestimmungen zu beachten:

1. die Erben sind zur vollständigen Auskunft über den Bestand des Nachlasses aufzufordern (§ 2003 B.G.B.) und über die Folgen einer unrichtigen oder unvollständigen Angabe oder der Verweigerung oder Verzögerung der Auskunft (§ 2005 B.G.B.) sowie über die ihnen nach § 2006 B.G.B. obliegende Eidespflicht zu belehren. Daß dies geschehen, ist in dem Protokolle zu beurkunden.
2. In dem Inventar sollen die bei dem Eintritte des Erbfalls vorhandenen Nachlaßgegenstände sowie die Nachlaßverbindlichkeiten vollständig angegeben werden. Die Nachlaßverbindlichkeiten sind nach dem Stande zur Zeit der Aufnahme des Inventars aufzuführen; es sind mithin

auch die erst mit oder nach dem Erbfall entstandenen Nachlaßverbindlichkeiten (z. B. Vermächtnisse, Beerdigungskosten, Gerichtsgebühren) anzugeben.

Das Inventar soll außerdem eine Beschreibung der Nachlaßgegenstände, soweit eine solche zur Bestimmung des Werthes erforderlich ist, und die Angabe des Werthes enthalten (§ 2001 B.G.B.).

3. Die Nachlaßgegenstände sind nach Gruppen (Grundstücke, Möbel und Haushaltungsgegenstände, Kleidungsstücke, Geld, Gold- und Silbersachen, Werthpapiere, Forderungen, die zur Ausgleichung zu bringenden Vorempfänge u. s. w.) zu verzeichnen.

Grundstücke sind, wenn möglich, nach Sektion und Nummer des Katasters und durch Angabe des Flächeninhalts, der Kulturart, der Gewann und der Nebenläger zu beschreiben.

Werthpapiere sind nach Gattung, Buchstaben und Nummern sowie Nennbetrag zu verzeichnen. Die zugehörigen Zins- oder Gewinnantheilscheine sowie die Erneuerungsscheine sind anzugeben.

Ausstehende Forderungen sind unter genauer Bezeichnung des Schuldners, des Schuldgrundes, der Fälligkeit, der etwa rückständigen Zinsen und unter Angabe der über die Forderungen etwa vorhandenen Urkunden oder Belegstücke aufzuzeichnen.

4. War der Erblasser verheirathet, so ist der bestandene Güterstand anzugeben. Bestand eheliche Gütergemeinschaft, so hat sich die Verzeichnung sowohl auf das Gesammtgut als auf das eingebrachte Gut und das Vorbehaltsgut, des Erblassers, welche Massen erkennbar zu bezeichnen sind, zu erstrecken. Es ist jedoch zu beachten, daß der Antheil eines verstorbenen Ehegatten an der fortgesetzten Gütergemeinschaft (§§ 1483 bis 1557 B.G.B.) nicht zum Nachlasse gehört.

Bestand zwischen dem Erblasser und einer sonstigen Person eine Gemeinschaft anderer Art, so findet die Vorschrift des Abs. 1 entsprechende Anwendung. Die Aufzeichnung der gemeinschaftlichen Masse wird jedoch zu unterlassen sein, wenn dieselbe in anderer Weise zuverlässig festgestellt werden kann (z. B. durch die Jahresbilanz einer offenen Handelsgesellschaft).

5. Nimmt der Erbe selbst unter Zuziehung des Notars das Inventar auf (§ 2002 B.G.B., § 32 Abs. 1 dieser Verfügung), so ist der Werth der Nachlaßgegenstände nach den Angaben des Erben einzutragen. Ist die Werthsangabe nach der Ueberzeugung des Notars eine offenbar unrichtige, so soll der Notar in dem Inventar oder am Schlusse desselben seine abweichende Meinung bemerken.

Nimmt auf Antrag des Erben der Notar im Auftrage des Gerichts das Inventar auf (§ 2003 B.G.B., § 32 Abs. 2 dieser Verfügung), so hat der Notar den Werth zu ermitteln. Auf Verlangen der Betheiligten hat er zu diesem Behufe einen oder mehrere Sachverständige zuzuziehen. Auch ohne ein solches Verlangen, soll die Zuziehung eines oder mehrerer Sachverständigen erfolgen, wenn dies mit Rücksicht auf den Umfang oder die Beschaffenheit des Nachlasses zur Ermittelung des wahren Werthes angezeigt erscheint.

6. Ergeben sich bei der Aufzeichnung oder der Abschätzung des Nachlasses unter den Betheiligten Streitigkeiten, so soll der Notar die bestrittenen Punkte und die gegenseitigen Behauptungen beurkunden. Mit der Aufnahme des Inventars ist, soweit thunlich fortzufahren.

7. Der Notar hat im Falle des § 2003 B.G.B. eine Ausfertigung des Inventars bei dem Nachlaßgericht einzureichen. Die im § 31 ausgesprochene Stempelfreiheit findet hier keine Anwendung. Im Falle des § 2002 des B.G.B. soll der Notar, wenn er nicht zur Einreichung einer Ausfertigung an das Nachlaßgericht von dem Erben beauftragt wird, diesen auf die Einhaltung der Inventarfrist (§§ 1994 ff. B.G.B.) hinweisen.

§ 34. Wird außerhalb des Falles des § 2002 B.G.B. der Notar zur Aufnahme eines Vermögensverzeichnisses zugezogen,[1])

[1]) Es sind 3 Fälle der Inventarisirung zu unterscheiden:

1) Die Partei nimmt das Vermögensverzeichniß selbst auf, was ihr im Allgemeinen freisteht. Sie kann sich dabei fremder Hülfe (irgend welcher Art), insbesondere eines Beamten, eines Notars oder eines anderen Sachverständigen bedienen: das Inventar bleibt, solange nicht der Notar behufs förmlicher Beurkundung zugezogen wird, reines Privatinventar und unterliegt daher innerhalb eines gerichtlichen Verfahrens nach näherer Maßgabe des § 19 G.K.G. für

oder hat außerhalb der Fälle der §§ 1960, 2003 B.G.B. die Aufnahme eines Vermögensverzeichnisses durch einen Notar zu erfolgen (§§ 1035, 1372, 1528, 1640, 1667, 1692, 1760, 1802, 2121, 2215, 2314 B.G.B. und § 37 des Ausführungsgesetzes zum Reichsgesetz über die Angelegenheiten der freiwilligen Gerichtsbarkeit) so finden die Vorschriften des § 33 über die Aufnahme des Nachlaßinventars entsprechende Anwendung.

Straßburg, den 6. Dezember 1900.

Ministerium für Elsaß-Lothringen.
Abtheilung für Justiz und Kultus.
Der Unterstaatssekretär.
Dr. Petri.

Elsaß.-Lothr. nicht der Stempel- und Registrirungspflicht. Vgl. hierzu die Verf. des O.-St.-Anw. v. 16. Juni 1890 (Just.-Samml. XV. S. 184). Dieser Fall ist im § 34 nicht miteinbezogen. Erwähnt wird dieser Fall der nicht näher bestimmten fremden „Hülfe" nur im § 1802 Abs. 2 B.G.B., nicht weil er nicht auch sonst möglich wäre, sondern weil hier zum Ausdruck zu bringen war, daß der Mündel die Kosten der „Hülfe" trägt. Zu Privatinventaren in Vormundschaftssachen sind Formulare aufgestellt, s. Centr.- und Bez.-Amtsbl. 1901 S. 33 ff. Vgl. hierzu Minist.-Verf. vom 24. XII. 1900 über die Verwendung (Belehrung der Betheiligten durch die Vorm.-Richter, daß ihnen die Zuziehung eines Notars freisteht!).

2) Die Partei inventarisirt zwar selbst, aber sie zieht den Notar zu einer bestimmten Art der Hülfeleistung, nämlich zur Aufnahme der Urkunde darüber, zu. Solchen Falles geschieht die Konstatirung und Abschätzung des Massebestandes durch die Partei, die Beurkundung durch den Notar nach den Vorschriften über notarielle Urkunden. Also: einerseits reine Beurkundungsthätigkeit des Notars, andererseits kein „Privatinventar" im Sinne des bisherigen Sprachgebrauchs. Die Partei muß in dieser Weise den Notar zuziehen, wenn sie das Nachlaßinventar aufnehmen will (§ 2002 B.G.B.) Selbstverständlich soll der Notar auf eine richtige Aufzeichnung hinwirken (vgl. oben § 33 Ziffer 5).

3) Der Notar nimmt das Inventar auf, sei es auf Verlangen eines Betheiligten (§§ 1035, 1372, 1528, 2121, 2215, 2314 B.G.B.) oder auf Anordnung des Gerichts (§§ 1640 Abs. 2, 1667, 1692, 1760, 1802 Abs. 3, 2003 B.G.B., § 24 Ausf.-G. z. R.G.F.G.). Dann hat er eine doppelte Funktion: die Konstatirung des Massebestandes und die Beurkundung; s. noch die besondere Wirkung im § 2003 Abs. 1 Satz 2. Die Auskunftspflicht der Partei ergiebt sich theils aus ihrer Inventarisationspflicht, theils ist sie ausdrücklich ausgesprochen (§ 2003).

Vgl. hierzu Mot. z. B.G.B. IV S. 1100, V S. 615 f., Prot. V S. 734, Jastrow, Formularbuch und Notariatsrecht I, S. 81 Note 9. § 34 bezieht sich auf die Fälle unter 2 und 3.

Anlage.

Uebersicht der für die Nachlaßsicherung in Betracht kommenden Staatsverträge.

tragsland	Bezeichnung des Vertrages	Datum	Artikel	Abgedruckt im
rasilien.	Abkommen über die Mitwirkung der Konsuln bei Behandlung von Nachlässen	30. Nov. 1897 / 15. Febr. 1898		R.G.B. 1899, 547.
ulgarien.	Siehe Bemerkung zu Türkei.			
lumbien.	Freundschafts-, Handels- und Schiffahrtsvertrag.	23. Juli 1892	Art. 9, 21	R.G.B. 1894, 471.
echenland	a) Konsularvertrag;	26. Nov. 1881	Art. 15 ff.	R.G.B. 1882, 101.
	b) Handels- und Schiffahrtsvertrag.	9. Juli 1884	Art. 2	R.G.B. 1885, 23.
uatemala.	Freundschafts-, Handels-, Schiffahrts- und Konsularvertrag.	20. Sept. 1887	Art. 25	R.G.B. 1888, 238.
awaische Inseln.	Freundschafts-, Handels-, Schiffahrts- und Konsularvertrag.	25. März / 19. Sept. 1879	Art. 19	R.G.B. 1880, 121.
onduras.	Freundschafts-, Handels-, Schiffahrts- und Konsularvertrag.	12. Dez. 1887	Art. 25	R.G.B. 1888, 262.
Japan.	Konsularvertrag.	4. April 1896	Art. 10, 14	R.G.B. 1896, 732.
Italien.	I. a) Konsularvertrag (des Reichs);	7. Febr. 1872		R.G.B. 1872, 134.
	b) Konsularvertrag (des Norddeutschen Bundes).	21. Dez. 1868	Art. 11 u. 12	B.G.B. 1869, 113.
	II. Handels-, Zoll- und Schiffahrtsvertrag.	6. Dez. 1891	Art. 2	R.G.B. 1892, 97.
Mexiko.	Freundschafts-, Handels- und Schiffahrtsvertrag.	5. Dez. 1882	Art. 15	R.G.B. 1883, 247.
icaragua.	Freundschafts-, Handels-, Schiffahrts- und Konsularvertrag.	4. Febr. 1896	Art. 9, 25	R.G.B. 1897, 171.
ederlande.	Deklaration, betreffend die Ausdehnung der zwischen Preußen und den Niederlanden am 16. Juni 1856 abgeschlossenen Konsularkonvention auf die Konsuln des deutschen Reichs in den niederländischen Kolonien.	11. Januar 1872		R.G.B. 1872, 67, vgl. Art. 11 der Convention vom 16. Juni 1856.
anje-Freistaat.	Freundschafts- und Handelsvertrag.	28. April 1897	Art. 3, 16	R.G.B. 1898, 93.
Persien.	Freundschafts-, Handels- und Schiffahrtsvertrag.	11. Juni 1873	Art. 15	R.G.B. 1873, 351.

Vertragsland	Bezeichnung des Vertrages	Datum	Artikel	Abgedruck
Peru.	Meistbegünstigungsabkommen.	28. Juni 1897		R.G.B. 1 662.
Rumänien.	Vgl. Bemerkung z. Türkei.			
Rußland.	a) Konvention über die Regulirung von Hinterlassenschaften;	12. Nov. / 31. Okt. 1874		R.G.B. 1 136.
	b) Konsularvertrag.	8. Dez. / 26. Nov. 1874	Art. 9	R.G.B. 1 145.
Salvador.	Freundschafts-, Handels- und Schiffahrtsvertrag.	13. Juni 1870	Art. 27	R.G.B. 1 377, erne durch d. C vention 12. Ja 1888 R.G 1889, S.
Serbien.	Konsularvertrag.	6. Januar 1883	Art. 11 ff.	R.G.B. 1 62.
	Handels- und Zollvertrag.	21./9. Aug. 1892	Art. 2	R.G.B. 1 269.
Spanien.	a) Konsularkonvention des Reichs;	12. Jan. 1872	Art. 1	R.G.B. 1 211.
	b) Konsularkonvention (des Norddeutschen Bundes).	22. Febr. 1870	Art. 11 ff.	B.G.B. 1 99.
Südafrikanische Republik.	Freundschafts- und Handelsvertrag.	22. Jan. 1885	Art. 17 ff.	R.G.B. 1 209.
Türkei.	Freundschafts-, Handels- und Schiffahrtsvertrag.	26. Aug. 1890	Art. 24	R.G.B. 1 117.
	Der in diesem Vertrage in Bezug genommene Vertrag v. 22. März 1761 gilt auch noch gegenüber Bulgarien und Rumänien zufolge Art. 8 und 49, 50 des Berliner Vertrages vom 13. Juli 1878 (R.G.B. 1878, 307) und Art. 1 des Handelsvertags des Zollvereins mit der Türkei vom 20. März 1862 (G.S. 1863, 169).			Der in Art in Bezug ge mene Vertra 22. März 176 St.) zw. Pre und der T findet sich a druckt auf S. der Samml deutscher Ko larverträge, v. Auswärt Amt herausg ben ist, ferner S. 134 der D sache Nr. 170 Reichstags 8. gislaturperio I. Session 1890

...ragsland	Bezeichnung des Vertrags	Datum	Artikel	Abgedruckt im
...reinigte ...aten von ...merika.	Konsularkonvention.	11. Dez. 1871	Art. 10	R.G.B. 1872, 95.
...anzibar.	Freundschafts-, Handels- und Schiffahrtsvertrag.	20. Dez. 1895	Art. 20	R.G.B. 1886. 261.

IX.

Verfügung des Ministeriums an die Bürgermeister der Gemeinden, welche nicht Sitz eines Amtsgerichts sind, betr. das Verfahren bei der Siegelung und Entsiegelung von Nachläßen durch die Bürgermeister vom 15. Dezember 1900.

Auf Grund des § 38 des Ausführungsgesetzes zum Reichsgesetz über die Angelegenheiten der freiwilligen Gerichtsbarkeit wird das Folgende bestimmt:

§ 1. Die Bürgermeister derjenigen Gemeinden, welche nicht Sitz eines Amtsgerichts sind, können, wenn für die Sicherung eines Nachlasses ein Bedürfniß besteht, zur Anlegung und Abnahme von Siegeln berufen sein:

I. Auf Ersuchen des für die Nachlaßsicherung zuständigen Amtsgerichts. (§§ 73, 74 des Reichsgesetzes über die Angelegenheiten der freiwilligen Gerichtsbarkeit.)

Das Amtsgericht kann die Anlegung sowie die Abnahme von Siegeln dem Bürgermeister übertragen (§ 24 Abs. 2 des Ausführungsgesetzes zum Reichsgesetz über die Angelegenheiten der freiwilligen Gerichtsbarkeit).

II. Von Amtswegen.

Besteht ein dringendes Bedürfniß für die Sicherung eines Nachlasses, so soll der Bürgermeister für die Sicherung durch Anlegung von Siegeln von Amtswegen vorläufig sorgen (§ 25 des Ausführungsgesetzes zum Reichsgesetz über die Angelegenheit der freiwilligen Gerichtsbarkeit). — Zur Abnahme der Siegel von Amtswegen ist der Bürgermeister nicht befugt.

Der Bürgermeister kann somit von Amtswegen nur zur Siegelung, nicht zur Entsiegelung schreiten. Er soll auch zur Siegelung nur ausnahmsweise, nämlich nur dann schreiten, wenn ein dringendes Bedürfniß hierfür gegeben ist. Ein solches Bedürfniß ist insbesondere anzunehmen, wenn Gefahr besteht, daß Nachlaßgegenstände verheimlicht oder verschleppt werden. Auch in diesen Fällen ist aber die Siegelung nur zulässig, wenn die allgemeinen Voraussetzungen für die amtliche Nachlaßsicherung vorliegen. Dies ist der Fall,

wenn die Erbschaft von den Erben oder, falls mehrere Erben berufen sind, von einem der Miterben noch nicht angenommen ist, sei es, daß der Erbe über die Annahme oder die Ausschlagung der Erbschaft sich noch nicht erklären will oder, z. B. weil er nicht anwesend oder minderjährig und ohne gesetzlichen Vertreter ist, sich nicht erklären kann,

oder wenn unbekannt ist, wer als Erbe berufen ist,

oder wenn ungewiß ist, ob der Erbe oder alle Miterben die Erbschaft angenommen haben.

§ 2. Bei Vornahme einer Siegelung sind die folgenden Vorschriften zu beachten:

1. Ist die Wohnung des Verstorbenen unbewohnt, so erstreckt sich die Siegelung auf alle beweglichen Sachen des Nachlasses. Ausgenommen sind solche Sachen, welche sich zur Verwahrung in geschlossenen Räumen oder sonst zur Versiegelung nicht eignen, z. B. Sachen, die dem Verderben ausgesetzt sind.

2. Wird die Wohnung des Verstorbenen von Angehörigen oder sonstigen Hausgenossen bewohnt, so sind auch die zum täglichen Gebrauch und zur Fortführung des Haushalts, des Geschäfts- oder Wirthschaftsbetriebs erforderlichen Gegenstände und Vorräthe von der Siegelung auszunehmen. Auch sonstige Sachen können in diesem Falle unversiegelt bleiben, wenn die Gefahr einer Beiseiteschaffung nicht besteht.

3. Vor der Anlage der Siegel sind die zu versiegelnden Sachen thunlichst in verschließbaren Räumen oder Behältnissen, Geld und sonstige Werthsachen thunlichst in einer verschließbaren Schublade oder einem Schranke, unterzubringen. Die Thüren dieser Räume sowie die Behältnisse sind zu verschließen und

unter Verwendung von Papierstreifen, Leinwandstreifen, Bindfaden oder in anderer Weise so zu versiegeln, daß sie ohne Verletzung des Verschlusses nicht eröffnet werden können; Fenster sind zu schließen und nöthigen Falles in gleicher Weise zu versiegeln. Die Schlüssel sind mit Merkzeichen zu versehen und von dem Bürgermeister entweder an sich zu nehmen oder sonst sicher unterzubringen.

Die Siegel sind durch Abdruck des Amtssiegels in Siegellack oder Siegelwachs herzustellen.

Die Benutzung von Siegelmarken ist unstatthaft.

4. Wohnungsräume eines Verstorbenen sollen nicht versiegelt werden, bevor die aus Rücksichten der Reinlichkeit im einzelnen Falle unerläßlichen Maßnahmen getroffen und, wenn der Todesfall durch eine ansteckende Krankheit herbeigeführt worden ist, die nöthigen Desinfektionsmaßregeln vorgesehen sind.

5. Zur Ueberwachung der Siegel sowie der nicht versiegelten Sachen, insbesondere auch zur Pflege von lebenden Thieren, kann, wenn dies den Umständen nach erforderlich ist, ein Hüter bestellt werden (Nachbar, Gemeindebote u. s. w.). Wird von dem Hüter eine Vergütung verlangt, so erfolgt deren Festsetzung durch das Amtsgericht.

6. Der Bürgermeister kann sich der Beihülfe des Gemeindeschreibers oder einer sonstigen hierzu geeigneten Person bedienen.

Wird die Siegelung nicht von Amtswegen, sondern auf Ersuchen des Amtsgerichts vorgenommen, so hat der Bürgermeister die besonderen Weisungen des Gerichts zu beachten.

§ 3. Zur Nachsuchung nach einem Testament ist der Bürgermeister nicht befugt.

Wird ohne solche Nachforschung ein Testament im Nachlasse vorgefunden, so ist es mit dem Bericht über die Siegelanlage (§ 5) dem Amtsgerichte zu übermitteln. Die Uebermittelung soll in diesem Falle durch einen zuverlässigen Boten oder durch eingeschriebene Postsendung erfolgen.

§ 4. Zu der Anlegung von Siegeln sind die bekannten Betheiligten (die vermuthlichen Erben, die Hausgenossen des Verstorbenen), wenn dies ohne Verzug geschehen kann, zuzuziehen.

Dieselben sind auf die Unverletzlichkeit der Siegel und die Strafe wegen unbefugten Erbrechens, Ablösens oder Beschädigens eines Siegels (§ 136 des Strafgesetzbuchs) hinzuweisen.

§ 5. Der Bürgermeister hat dem Amtsgericht über die Siegelanlage unverzüglich Bericht zu erstatten. Mit besonderer Beschleunigung hat dies zu geschehen, wenn die Siegel von Amtswegen angelegt worden sind.

Der Bericht hat zu enthalten:

I. wenn die Siegelung auf Ersuchen des Amtsgerichts vorgenommen ist:

a) Ort, Tag und Stunde der Siegelung,
b) eine kurze Beschreibung des Hergangs, insbesondere die Angabe, welche Räume und Behältnisse versiegelt und wie viele Siegel angelegt worden sind, welche Beteiligte zugegen waren und ob dieselben Einwendungen gegen die Siegelung erhoben haben, ferner die Angabe, daß die anwesenden Betheiligten gemäß § 4 Abs. 2 auf die Unverletzlichkeit der Siegel hingewiesen worden sind,
c) für den Fall, daß ein Hüter bestellt wurde (§ 2 Ziffer 5), dessen Namen und die Angabe, ob derselbe Vergütung beansprucht;

II. wenn die Siegelung von Amtswegen vorgenommen worden ist, außer den unter I bezeichneten Angaben:

d) Namen und Aufenthaltsort der vermuthlichen Erben, soweit dieselben bekannt sind,
e) den besonderen Dringlichkeitsgrund für die Siegelung (vgl. § 1 II).

Der Bericht ist im Falle des Abs. 2 Ziffer I. an das ersuchende Amtsgericht zu erstatten und kann, wenn dieses das zuständige Nachlaßgericht (vgl. § 73 II der Dienstanweisung für Standesbeamte) ist, mit der nach Vorschrift der Dienstanweisung dem Standesbeamten obliegenden Anzeige verbunden werden.

Ist der Bürgermeister von Amtswegen mit der Anlegung von Siegeln vorgegangen (Abs. 2 Ziffer II), so ist der Bericht dem Amtsgerichte, in dessen Bezirke die Gemeinde liegt, zu erstatten, auch wenn dieses nicht das zuständige Nachlaßgericht ist (vgl. § 74 des Reichsgesetzes über die Angelegenheiten der freiwilligen Gerichtsbarkeit).

§ 6. Wird dem Bürgermeister von dem Amtsgerichte die Abnahme der Siegel übertragen, so sind die bekannten Betheiligten, wie im Falle des § 4 Abs. 1 zuzuziehen.

Der Bürgermeister hat vor der Entsiegelung den Zustand des Verschlusses und der Siegel zu prüfen sowie festzustellen, ob die nicht unter Siegel gelegten Sachen vorhanden sind.

Findet sich eine Verletzung der Siegel oder eines sonstigen Verschlusses, welche den Verdacht einer strafbaren Handlung begründet, so hat der Bürgermeister sich zunächst der Entsiegelung zu enthalten und dem Amtsgericht unverzüglich Mittheilung zu machen.

Ueber die Entsiegelung ist dem Amtsgerichte Bericht zu erstatten und dabei der Zustand, in welchem die Siegel und die nicht versiegelten Nachlaßgegenstände vorgefunden wurden, anzugeben.

§ 7. Die nach vorstehenden Bestimmungen dem Bürgermeister obliegenden Verrichtungen sind im Falle der Verhinderung des Bürgermeisters durch dessen gesetzlichen Vertreter wahrzunehmen.

In allen Nachlaßsachen, in denen der Bürgermeister selbst betheiligt oder als Vertreter eines Betheiligten bestellt oder als gesetzlicher Vertreter (Vormund, Pfleger) eines Betheiligten aufzutreten berechtigt ist, ferner in Sachen seiner Ehefrau oder von Personen, mit denen er in gerader Linie oder im zweiten Grade der Seitenlinie verwandt ist, ist der Bürgermeister von der Mitwirkung kraft Gesetzes ausgeschlossen und gemäß Abs. 1 zu vertreten.

§ 8. Im Falle des Todes einer Person, welche Vermögen des Staates, eines Bezirks, einer Gemeinde oder einer sonstigen öffentlichen Anstalt oder öffentliche Urkunden in Verwahrung hatte, kann, wenn ein Bedürfniß für die Sicherung des öffentlichen Vermögens oder der Urkunden besteht, dem Bürgermeister die Anlegung und die Abnahme der Siegel von dem Nachlaßgericht übertragen werden. Ist das Bedürfniß für die Sicherung ein dringendes, so kann auch der Bürgermeister von Amtswegen zur Siegelanlage schreiten.

In solchen Fällen hat der Bürgermeister unter entsprechender Anwendung der §§ 2, 4, 5, 6, 7 dieser Verfügung zu verfahren. Die Siegelung ist jedoch, sofern es sich nicht zugleich um die Sicherung des persönlichen Nachlasses des Verstorbenen handelt, nur auf die Gegenstände des öffentlichen Vermögens und auf die öffentlichen Urkunden zu erstrecken.

Auch diese Vorschriften finden nur auf die Bürgermeister solcher Gemeinden Anwendung, welche nicht Sitz eines Amtsgerichts sind.

§ 9. Die nach den §§ 5, 6 und 8 dem Amtsgerichte zu erstattenden Berichte sind auf stempelfreiem Papier zu fertigen.

Straßburg, den 15. Dezember 1900.

Ministerium für Elsaß-Lothringen.
Der Staatssekretär.
von Puttkamer.

E. Registersachen.

I.

Allgemeine Verfügung des Ministeriums, betr. das Verfahren in Angelegenheiten der freiwilligen Gerichtsbarkeit und die Registerführung bei den Amtsgerichten, vom 6. Dezember 1899.

(Auszug.[1])

VI. Vereinsregister und Güterrechtsregister.

(B. G. B. §§ 55 bis 79, §§ 1558 bis 1563: Reichsges. über die Angelegenheiten der freiwilligen Gerichtsbarkeit §§ 159 bis 162)

Artikel 30.

Bestimmungen des Bundesraths.

Für die Führung des Vereinsregisters und des Güterrechtsregisters sind die nachstehenden, **vom Bundesrathe durch Beschluß vom 3. November 1898 genehmigten und vom Reichskanzler durch Bekanntmachung vom 12. November 1898 (Reichs-Centralbl. S. 438) veröffentlichten Bestimmungen** maßgebend:

I. Allgemeines.

§ 1. Die Eintragungen in die Register erfolgen auf Grund einer Verfügung des Amtsgerichts. Werden die Geschäfte des Registerführers nicht von einem Richter wahrgenommen, so soll die Verfügung den Wortlaut der Eintragung feststellen.

---

[1]) Vgl. S. 129, 146, 158, 160, 227.

§ 2. Die Register werden nach den anliegenden Formularen geführt.[1]) Jede Eintragung ist mit einer laufenden Nummer zu versehen und mittelst eines alle Spalten des Formulars durchschneidenden Querstrichs von der folgenden Eintragung zu trennen.

§ 3. Vor oder unter einer jeden Eintragung ist der Tag der Eintragung zu vermerken. Die Eintragung ist von dem Registerführer zu unterschreiben.

§ 4. Bei jeder Eintragung ist am Schlusse auf die Stelle der Registerakten zu verweisen, wo sich die zu Grunde liegende gerichtliche Verfügung befindet.

Jede Eintragung ist in den Registerakten bei der gerichtlichen Verfügung zu vermerken.

§ 5. Aenderungen des Inhalts einer Eintragung sowie Löschungen sind unter einer neuen laufenden Nummer in derjenigen Spalte des Registers einzutragen, in welcher sich die zu ändernde oder zu löschende Eintragung befindet. Eine Eintragung, die durch eine spätere Eintragung ihre Bedeutung verloren hat, ist roth zu unterstreichen oder in einer ihre Leserlichkeit nicht beeinträchtigenden Weise zu durchstreichen.[2])

Schreibfehler und ähnliche offenbare Unrichtigkeiten, die in einer Eintragung vorkommen, sind neben dieser Eintragung in der Spalte „Bemerkungen" zu berichtigen.

§ 6. Die Register sind mit laufenden Seitenzahlen zu versehen.

§ 7. Der Gebrauch der Formulare wird durch die beiden mit Eintragungen versehenen Muster erläutert.

II. Vereinsregister.

§ 8. Für die einen Verein betreffenden Eintragungen sind zwei gegenüberstehende Seiten des Vereinsregisters zu verwenden.

§ 9. In der ersten Spalte ist die laufende Nummer der Eintragung, in der zweiten Spalte sind neben dem Namen und dem Sitze des Vereins die darauf sich beziehenden Aenderungen (zu vgl. §§ 57, 64, 71 des Bürgerlichen Gesetzbuchs) zu vermerken.

---

[1]) Die Formulare sind hier nicht mit abgedruckt.

[2]) S. jedoch unten Art. 39.

In der dritten Spalte sind einzutragen:

der Tag der Errichtung der Satzung;

solche Bestimmungen der Satzung, die den Umfang der Vertretungsmacht des Vorstandes beschränken oder die Beschlußfassung des Vorstandes und der Liquidatoren abweichend von den Vorschriften des § 28 Abs. 1 und des § 48 Abs. 3 des Bürgerlichen Gesetzbuchs regeln (zu vgl. § 64, § 76 Abs. 1 Satz 2 des Bürgerlichen Gesetzbuchs);

ferner der Tag einer Aenderung der Satzung und, sofern die Aenderung eine der vorbezeichneten Bestimmungen betrifft, der Inhalt, andernfalls aber nur eine allgemeine Bezeichnung des Gegenstandes der Aenderung (zu vgl. § 71 des Bürgerlichen Gesetzbuchs).

In der vierten Spalte sind die Mitglieder des Vorstandes nach Familiennamen, Vornamen, Beruf und Wohnort sowie die Aenderungen des Vorstandes und die erneute Bestellung eines Vorstandsmitglieds anzugeben (zu vgl. §§ 64, 67 des Bürgerlichen Gesetzbuchs).

In der fünften Spalte sind einzutragen:

die Auflösung, die Entziehung der Rechtsfähigkeit, die Eröffnung des Konkurses und die Aufhebung des Eröffnungsbeschlusses;

ferner, unter Angabe des Familiennamens, Vornamens, Berufs und Wohnorts, die Personen der Liquidatoren und die sie betreffenden Aenderungen;

endlich Bestimmungen, welche die Beschlußfassung der Liquidatoren abweichend von der Vorschrift des § 48 Abs. 3 des Bürgerlichen Gesetzbuchs regeln und nicht schon in der Satzung enthalten sind (zu vgl. §§ 74 bis 76 des Bürgerlichen Gesetzbuchs).

Die sechste Spalte dient auch zu etwaigen Verweisungen auf spätere Eintragungen, insbesondere für den Fall, daß der Inhalt einer Eintragung durch eine spätere Eintragung nur theilweise geändert wird und deshalb seine Bedeutung nicht verliert (zu vgl. § 5 Abs. 1).

§ 10. Für jeden eingetragenen Verein werden besondere Akten gehalten. Die Akten sind mit dem Namen des Vereins und mit der Nummer zu versehen, welche der Verein im Register führt.

In die Registerakten sind aufzunehmen:
die zur Eintragung bestimmten Anmeldungen nebst den ihnen beigefügten Schriftstücken, die gerichtlichen Verfügungen, die Mittheilungen anderer Behörden und die Nachweise über die Bekanntmachungen.

§ 11. Zu dem Register ist ein alphabetisches Verzeichniß der Vereine zu führen; haben mehrere Vereine den gleichen Namen, so ist die Bezeichnung des Sitzes beizufügen. Bei jedem Vereine sind außer der laufenden Nummer die Seiten anzugeben, wo er im Register eingetragen ist.

III. Güterrechtsregister.

§ 12. Für die ein Ehepaar betreffenden Eintragungen ist eine Seite des Güterrechtsregisters zu verwenden.

§ 13. Die Ehegatten sind nach Familiennamen und Vornamen, der Mann unter Bezeichnung seines Berufs und Wohnsitzes, die Frau unter Beifügung ihres Geburtsnamens, über den Spalten des Formulars anzugeben. Ist bei dem Gericht offenkundig, daß sich am Wohnorte des Ehemannes mehrere Personen mit gleichem Vornamen und Familiennamen und von gleichem Berufe befinden, so ist die Bezeichnung des Mannes durch die Angabe der Zeit und des Ortes seiner Geburt oder durch die Angabe seiner Eltern oder in sonstiger Weise zu ergänzen.

In der ersten Spalte ist die laufende Nummer der Eintragung zu vermerken.

In der zweiten Spalte sind einzutragen:
die Beschränkung oder Ausschließung des der Frau nach § 1357 des Bürgerlichen Gesetzbuchs zustehenden Rechtes sowie die Aufhebung einer solchen Beschränkung oder Ausschließung;
die Ausschließung oder Aenderung der Verwaltung und Nutznießung des Mannes sowie die Aufhebung oder Aenderung einer in dem Güterrechtsregister eingetragenen Regelung der güterrechtlichen Verhältnisse (zu vgl. §§ 1371, 1431, 1435, 1441, 1470, 1526, 1545, 1548, 1549, 1587 des Bürgerlichen Gesetzbuchs; Art. 16 des zugehörigen Einführungsgesetzes);
der Einspruch des Mannes gegen den selbständigen Betrieb eines Erwerbsgeschäfts der Frau oder der Widerruf seiner Einwilligung sowie die Zurücknahme des Ein-

spruchs oder des Widerrufs (zu vgl. §§ 1405, 1452, § 1519 Abs. 2, § 1525 Abs. 2, § 1549 des Bürgerlichen Gesetzbuchs; Art. 16, Art. 36 Nr. I des zugehörigen Einführungsgesetzes).

Bei der Eintragung von Vorbehaltsgut kann zur näheren Bezeichnung der einzelnen dazu gehörenden Gegenstände auf ein bei den Registerakten befindliches Verzeichniß Bezug genommen werden.

Die dritte Spalte dient auch zu etwaigen Verweisungen auf spätere Eintragungen (zu vgl. § 9 Abs. 5).

Erfolgt eine Eintragung im Register eines anderen als des für den Wohnsitz des Mannes zuständigen Gerichts, weil einer der Ehegatten im Bezirke des anderen Gerichts ein Handelsgewerbe oder ein sonstiges Gewerbe betreibt (vgl. Art. 4 des Einführungsgesetzes zum Handelsgesetzbuch, Art. 36 Nr. I des Einführungsgesetzes zum Bürgerlichen Gesetzbuche), so ist bei der Eintragung dieser Grund in der dritten Spalte zu vermerken.

§ 14. Die Ertheilung der beglaubigten Abschrift einer Eintragung zum Zwecke der Wiederholung der Eintragung in dem Register eines anderen Bezirks nach Aufhebung des bisherigen Wohnsitzes des Mannes (§ 1561 Abs. 3 Nr. 2 des Bürgerlichen Gesetzbuchs) ist in der dritten Spalte zu vermerken.

§ 15. Zu dem Register werden besondere Akten gehalten. In diese Akten sind aufzunehmen: die Eintragungsanträge nebst den ihnen beigefügten Schriftstücken, die gerichtlichen Verfügungen und die Nachweise über die Bekanntmachungen.

§ 16. Zu dem Register ist ein alphabetisches Verzeichniß der Eintragungen nach dem Namen des Ehemannes unter Angabe der Seite des Registers zu führen.

Ergänzende Bestimmungen.

In Ergänzung der vorstehenden Bestimmungen des Bundesraths werden die folgenden Vorschriften (Art. 31 bis 49) erlassen:

Artikel 31.

Jeder Band des Vereinsregisters und des Güterrechtsregisters erhält entsprechend der Reihenfolge der Anlegung eine römische Ziffer. Die Zahl der Seiten ist von dem Gerichtsschreiber auf der ersten Seite zu beurkunden.

Artikel 32.

Die zu den Registerakten für jeden Verein gehörigen Schriftstücke und Beläge (§ 10 der Bestimmungen des Bundesraths) sind der Zeitfolge nach geordnet und mit Blattnummern versehen in Hüllen zu sammeln; erreichen sie einen größeren Umfang, so sollen sie geheftet werden. Die Akten sind nach der Ordnung der Registernummern aufzubewahren.

In gleicher Weise sind die Akten zum Güterrechtsregister (§ 15 der Bestimmungen des Bundesraths) für jedes Ehepaar gesondert aufzubewahren. Auf der Hülle sind die Namen des Ehepaares und die Seite des Registers, auf welcher es eingetragen ist, anzugeben.

Artikel 33.

Werden Anmeldungen zur Eintragung in das Vereinsregister oder Anträge auf Eintragungen in das Güterrechtsregister persönlich bei Gericht erklärt (§§ 128, 159, 161 des Reichsges. über die Angelegenheiten der freiwilligen Gerichtsbarkeit), so ist das Protokoll in der Regel von dem Gerichtsschreiber des Registergerichts aufzunehmen. Der Richter hat sich der Aufnahme zu unterziehen, wenn bei dem Gerichtsschreiber die zur Beurtheilung der Verhältnisse erforderliche Rechtskenntniß nicht zu erwarten ist.

Artikel 34.

Die Verfügung auf die Anmeldungen und auf alle das Register betreffenden Gesuche und Anträge liegt dem Richter ob. Er hat insbesondere die Eintragungen in das Register und die erforderlichen Bekanntmachungen zu verfügen, sowie die im § 69 des Bürgerlichen Gesetzbuchs, im § 34 der Grundbuchordnung und im § 162 des Reichsgesetzes über die Angelegenheiten der freiwilligen Gerichtsbarkeit erwähnten Bescheinigungen und Zeugnisse auszustellen. Die Ausfertigung der Bescheinigungen und Zeugnisse erfolgt nach § 4 Abs. 1 des Ausführungsgesetzes zum Reichsgesetz über die Angelegenheiten der freiwilligen Gerichtsbarkeit durch den Gerichtsschreiber.

Die Eintragung ist von dem Richter auch dann anzuordnen, wenn sie von dem Beschwerdegericht oder gemäß § 143 des Reichsgesetzes über die Angelegenheiten der freiwilligen Gerichtsbarkeit verfügt ist.

Artikel 35.

Wird eine Eintragung abgelehnt, so ist die Entscheidung mit Gründen zu versehen.

Artikel 36.

Dem Gerichtsschreiber liegt außer den ihm im Art. 33 und im Art. 34 Abs. 1 Satz 3 übertragenen Verrichtungen die Führung der Register, die Herbeiführung der verfügten Bekanntmachungen sowie im Allgemeinen die Besorgung der auf die Registerführung bezüglichen Kanzleigeschäfte ob. Er hat dem Richter bei Erledigung der demselben obliegenden Verrichtungen nach dessen Anweisung Hülfe zu leisten.

Zur Ertheilung und Beglaubigung von Abschriften aus den Registern ist der Gerichtsschreiber selbständig befugt.

Artikel 37.

Der Gerichtsschreiber hat das Vereinsregister nebst den von dem Vereine zum Register eingereichten Schriftstücken sowie das Güterrechtsregister nebst denjenigen Schriftstücken, auf welche bei den Eintragungen in das Güterrechtsregister Bezug genommen ist (§ 13 Abs. 3 a. E. der Bestimmungen des Bundesraths), während der gewöhnlichen Dienststunden einem Jeden auf Ersuchen zur Einsicht vorzulegen, ohne daß es einer richterlichen Anordnung bedarf.

Artikel 38.

Die Eintragungen sind deutlich und ohne Abkürzungen zu schreiben; in dem Register darf nichts radirt oder sonst unleserlich gemacht werden.

Artikel 39.

Eine Eintragung, die durch eine spätere Eintragung ihre Bedeutung verloren hat (§ 5 Abs. 1 Satz 2 der Bestimmungen des Bundesraths), ist nicht zu durchstreichen, sondern nach Maßgabe der Anordnung des Richters roth zu unterstreichen.

In die Abschriften aus den Registern sind gegenstandslos gewordene Eintragungen nur aufzunehmen, soweit dies beantragt oder nach den Umständen angemessen ist. Solchen Falles sind die im Register unterstrichenen Stellen in der Abschrift roth zu durchstreichen.

Artikel 40.

Schreibfehler oder ähnliche offenbare Unrichtigkeiten, die in einer Eintragung vorkommen (§ 5 Abs. 2 der Bestimmungen des Bundesraths), dürfen nur auf Grund einer Verfügung des Richters berichtigt werden. Die Berichtigung des Vereinsregisters ist dem Vorstande, den Liquidatoren oder dem Konkursverwalter des Vereins, die Berichtigung des Güterrechtsregisters den Ehegatten bekannt zu machen. Die öffentliche Bekanntmachung kann unterbleiben, wenn die Berichtigung einen offenbar unwesentlichen Punkt der Eintragung betrifft.

Artikel 41.

In dem Vermerk über die Eintragung, den der Gerichtsschreiber in die Registerakten aufzunehmen hat (§ 4 Abs. 2 der Bestimmungen des Bnndesraths), ist der Tag anzugeben, an welchem die Eintragung erfolgt ist.

Artikel 42.

Die gesetzlich vorgeschriebene Veröffentlichung einer Eintragung ist zu veranlassen, sobald die Eintragung erfolgt ist.

Artikel 43.

Auf eine leicht verständliche und knappe Fassung der öffentlichen Bekanntmachungen ist Bedacht zu nehmen.

Erfolgen mehrere Bekanntmachungen desselben Gerichts gleichzeitig, so sind sie thunlichst zusammenzufassen.

Der Bezeichnung des Gerichts ist eine Namensunterschrift nicht beizufügen. Ueberflüssige Absätze sind zu vermeiden. Die Spaltenüberschriften des Registers, die Unterschrift des Registerführers (§ 3 Satz 2 der Bestimmungen des Bundesraths), die Verfügung, durch welche die Eintragung angeordnet ist, sowie etwaige bei der Eintragung erfolgte Verweisungen auf andere Stellen des Registers oder auf Aktenstellen (vgl. § 4 Satz 1 der Bestimmungen des Bundesraths) sind nicht zu veröffentlichen.

Die Bekanntmachung ist nur einmal zu bewirken; ihr Wortlaut ist vor der Absendung an das für die Bekanntmachungen des Gerichts bestimmte Blatt dem Richter zur Genehmigung vorzulegen. Hat sich die Bekanntmachung nicht auf den ganzen Inhalt der Eintragung zu erstrecken (§ 1562 Abs. 2 B. G. B.), so hat der Richter den Inhalt der Bekanntmachung wörtlich anzugeben.

Artikel 44.

Soweit die in den §§ 130, 159 des Reichsgesetzes über die Angelegenheiten der freiwilligen Gerichtsbarkeit vorgeschriebene Bekanntmachung einer in das Vereinsregister erfolgten Eintragung an den Antragsteller mittelst Zusendung durch die Post zu bewirken ist (Art. 1), sind regelmäßig Formulare zu verwenden, welche auf der Rückseite von Postkarten aufgedruckt sind.

Zu Bekanntmachungen, die eine Eintragung in das Güterrechtsregister betreffen (§ 161 des Reichsges. über die Angelegenheiten der freiwilligen Gerichtsbarkeit), sollen Postkarten nicht verwendet werden.

Artikel 45.

In dem Vereinsregister sind außer den zwei gegenüberstehenden Seiten, die nach § 8 der Bestimmungen des Bundesraths für jeden Verein zu verwenden sind, geeignetenfalls für spätere Eintragungen die erforderlichen Seiten freizulassen.

Artikel 46.

Wird der Sitz eines eingetragenen Vereins aus dem Bezirke des Registergerichts verlegt, so sind bei der Eintragung der Verlegung in die Spalte 2 des Registers alle den Verein betreffenden Eintragungen roth zu unterstreichen.

Artikel 47.

Sind bei den einen Verein betreffenden Eintragungen so zahlreiche Aenderungen eingetreten, daß durch die Eintragung der Aenderungen die Uebersichtlichkeit des Registers erheblich beeinträchtigt wird, so sind die noch gültigen Eintragungen unter einer neuen Nummer an eine andere Stelle des Registers zu übertragen; dabei ist an dieser auf die bisherige Nummer und Stelle und an der letzteren auf die neue Stelle zu verweisen.

Die Uebertragung ist dem Vorstande des Vereins, den Liquidatoren oder dem Konkursverwalter unter Mittheilnng von dem Inhalte der neuen Eintragung bekannt zu machen.

Bestehen Zweifel über die Art oder den Umfang der Uebertragung, so sind die im Abs. 2 bezeichneten Personen vorher zu hören.

Artikel 48.

Eine zum Güterrechtsregister erfolgte Eintragung, laut welcher der Einspruch eines Ehemannes gegen den Betrieb eines Erwerbsgeschäfts seitens der Frau oder der Widerruf der Einwilligung zu einem solchen Betrieb erklärt wird, ist zum Zwecke des Vermerks bei der etwa im Handelsregister hinsichtlich des Erwerbsgeschäfts bestehenden Eintragung demjenigen Amtsgerichte mitzutheilen, welches für den gleichen Bezirk das Handelsregister führt. Diese Vorschrift findet, wenn beide Register bei demselben Gericht, aber bei verschiedenen Abtheilungen geführt werden, entsprechende Anwendung.

Artikel 49.

Das Güterrechtsregister dient auch zur Aufnahme derjenigen Eintragungen, welche im Falle des § 160 Abs. 2 sowie nach den §§ 162 Satz 2, 164 Abs. 2, 165 Abs. 2 des Ausführungsgesetzes zum Bürgerlichen Gesetzbuch in Ansehung der zur Zeit des Inkrafttretens des Bürgerlichen Gesetzbuchs bestehenden Ehen zu erfolgen haben.

II.

Bekanntmachung des Reichskanzlers, betr. die Führung des Genossenschaftsregisters und die Anmeldungen zu diesem Register, vom 1. Juli 1899.

Abgedr. im Reichsgesetzbl. 1899 S. 347; in der Just.-Samml. XXIV S. 399.

III.

Verfügung des Ministeriums, betr. die Führung des Handelsregisters, vom 9. November 1899.

(Centr.- und Bez.-Amtsbl. S. 152.)

Auf Grund des § 125 Abs. 2 des Reichsgesetzes über die Angelegenheiten der freiwilligen Gerichtsbarkeit wird Folgendes bestimmt:

§ 1. Die Führung des Handelsregisters wird für die Bezirke aller zu demselben Landgerichtsbezirke gehörigen Amtsgerichte dem am Sitze des Landgerichts befindlichen Amtsgericht übertragen.

§ 2. Mit der Führung des Handelsregisters geht gemäß den bestehenden Vorschriften die Führung des Genossenschaftsregisters, des Musterregisters,[1]) des Schiffsregisters und des Börsenregisters[2]) in dem gleichen Umfang auf die im § 1 bezeichneten Amtsgerichte über.

§ 3. Diese Verfügung tritt am 1. Januar 1900 in Kraft.

Straßburg, den 9. November 1899.

Ministerium für Elsaß-Lothringen,
Abtheilung für Justiz und Kultus.
Der Unterstaatssekretär:
Dr. Petri.

IV.

Verfügung des Ministeriums, betr. die Führung des Schiffsregisters, vom 30. Dezember 1899.

Abgedr. im Central- und Bezirks-Amtsbl. 1900 S. 1; in der Just.-Samml. XXIV S. 1167; in der amtlichen Ausgabe der Ausführungsgesetze, 2. Aufl. S. 370.

Vgl. dazu die Berichtigung des § 16 der Verfügung im Central- u. Bez.-Amtsbl. S. 37.

V.

Verfügung des Ministeriums, betr. die Einrichtung und die Führung des Handelsregisters[3]) und des Genossenschaftsregisters,[4]) vom 4. Januar 1900.

Abgedr. im Centr.- und Bezirks-Amtsbl. 1900 S. 13; in der amtlichen Ausgabe der Ausführungsgesetze, 2. Aufl. S. 378.

---

[1]) Vgl. die Bekanntmachung des Reichskanzleramts vom 29. Februar 1876, betr. die Führung des Musterregisters (Centrbl. für das deutsche Reich, S. 123, Just.-Samml. III S. 244); den Erlaß des Reichskanzlers, vom 12. November 1883, betr. Abänderung des § 12 der Bestimmungen über die Führung des Musterregisters (Centralbl. S. 325, Just.-Samml. VIII S. 398) und die Bekanntmachung des Reichskanzlers vom 23. Dezember 1886, betr. die Führung des Musterregisters (Centralbl. S. 418, Just.-Samml. XI S. 425).

[2]) Vgl. die Bekanntmachung des Reichskanzlers vom 9. Oktober 1896 (Centralbl. S. 492) und die Verf. des Ministeriums vom 31. Oktober 1896 (Centr.- und Bez.-Amtsbl. S. 247, Just.-Samml. XXI S. 417, 423).

[3]) Betreffend die Führung des Handelsregisters erging eine weitere Verfügung des Ministeriums an die Registergerichte, betr. die Angabe des Geschäftszweigs der Einzelfirmen, offenen Handelsgesellschaften und Kommanditgesellschaften in den öffentlichen Bekanntmachungen, vom 26. September 1900, sowie eine Verfügung des Oberstaatsanwalts in gleichem Betreff an die Notare, vom 8. Dezember 1900, ferner eine Verf. des Minist.

VI.

Verfügung des Ministeriums, betr. die zur Bekanntmachung der Eintragungen des Vereins- und Güterrechtsregisters bestimmten Blätter, vom 11. Juli 1900.

Von einigen Amtsgerichten ist die Auffassung vertreten worden, daß die Blätter, in welchen die nach den §§ 66, 1562 B. G. B. erforderlichen Veröffentlichungen der in das Vereins- und das Güterrechtsregister gemachten Eintragungen einzurücken sind, entsprechend den Vorschriften in § 11 des Handelsgesetzbuchs und in § 156 des Gesetzes, betr. die Erwerbs- und Wirthschaftsgenossenschaften, von den Amtsgerichten zu bezeichnen seien.

Unter Bezugnahme auf § 43 Ausf.-Ges. z. Reichsges. über die Angelegenheiten der freiw. Gerichtsbarkeit nehme ich hieraus Veranlassung, die Amtsgerichte darauf hinzuweisen, daß die im Art. 23 des organischen Dekrets über die Presse vom 17. Februar 1852 begründete Zuständigkeit des Bezirkspräsidenten für die Bezeichnung der zu den gerichtlichen Bekanntmachungen bestimmten Blätter durch die neue Gesetzgebung nicht allgemein beseitigt ist und daß die Ausdehnung der für den Bereich des Handels- und des Genossenschaftsregisters geltenden besonderen Gesetzesvorschriften auf das Gebiet anderweitiger gerichtlicher Veröffentlichungen im Gesetze keine Stütze findet. Sollte, wie dies in einem Falle seitens eines Amtsgerichts geltend gemacht worden ist, ein von dem Bezirkspräsidenten bezeichnetes Blatt nach Maßgabe seiner Verbreitung im Vergleiche zu anderen Blättern sich nicht zur Aufnahme der fraglichen Veröffentlichungen eignen, so ist es den Registergerichten anheimgestellt, durch Vermittelung des Landgerichts-Präsidenten beim Bezirkspräsidenten eine Aenderung für das folgende Jahr in Anregung zu bringen.

Straßburg, den 11. Juli 1900.

Ministerium für Elsaß-Lothringen,
Abtheilung für Justiz und Kultus.
Der Unterstaatssekretär:
Dr. Petri.

---

vom 21. Nov. 1900, betr. die Bezeichnung der für die Bekanntmachungen aus dem Handelsregister und dem Genossenschaftsregister dienenden Blätter (Centr.- u. Bez.-Amtsbl. S. 290).

[4]) Vgl. auch die allgem. Verf. des Minist. v. 2. Sept. 1900, betr. die Herstellung einer Statistik der Erwerbs- und Wirthschaftsgenossenschaften.

VII.

Verfügung des Ministeriums, betr. die Mittheilung der Anmeldungen von Vereinen zum Vereinsregister an die Verwaltungsbehörden, vom 2. April 1900.

Um bei Anmeldungen von Vereinen zur Eintragung in das Vereinsregister die Verwaltungsbehörde in den Stand zu setzen, über die Ausübung des ihr nach § 61 Abs. 2 B. G. B. zustehenden Einspruchsrechts Entschließung zu fassen, ist für dieselbe die Kenntniß der der Anmeldung nach § 59 Abs. 2 B. G. B. beizufügenden Urkunden erforderlich. Hierdurch wird insbesondere die Prüfung ermöglicht, ob die dem Gerichte vorgelegten Satzungen mit den vom Bezirkspräsidenten genehmigten übereinstimmen. Auch die Wahl oder die Zusammensetzung des Vorstandes kann unter Umständen für die Entscheidung der Verwaltungsbehörde von Bedeutung sein. Bei den Berathungen der Kommission für die zweite Lesung des Entwurfs eines B. G. B. wurde denn auch die Kenntnißnahme der Verwaltungsbehörde von den dem Gerichte mit der Anmeldung des Vereins eingereichten Urkunden als selbstverständlich vorausgesetzt (zu vgl. Prot. I. S. 557).

Auf Grund des § 43 Ausf.-Ges. z. Reichsges. über die Angelegenheiten der freiw. Gerichtsbarkeit bestimme ich demgemäß, daß die im § 59 Abs. 2 B. G. B. bezeichneten Urkunden bei der Mittheilung der Anmeldung an die Verwaltungsbehörde dieser zur Kenntnißnahme zu übersenden sind.

Die Bezirkspräsidenten sind angewiesen worden, die Anmeldung nebst den mitgetheilten Urkunden mit der Erklärung über die Ausübung des Einspruchsrechts, spätestens aber am letzten Tage der im § 63 B. G. B. bezeichneten Frist, dem Amtsgerichte zurückzuerstatten.

Straßburg, den 2. April 1900.

Ministerium für Elsaß-Lothringen.
Abtheilung für Justiz und Kultus.
Der Unterstaatssekretär.
Dr. Petri.

F. Zu den Vorschriften über öffentliche Urkunden.

I.

Verfügung des Ministeriums an die Amtsgerichte, betr. die Herstellung der Siegel für Urkunden der freiwilligen Gerichtsbarkeit, vom 11. April 1900.[1])

Dem Kaiserlichen Amtsgericht lasse ich nachstehend Abdruck eines Erlasses des Königlich Preußischen Justizministers vom 24. Januar d. Js., betreffend die Herstellung der Siegel für Urkunden der freiwilligen Gerichtsbarkeit, zur gefälligen Kenntnißnahme ergebenst zugehen. Da die Vorschrift des § 182 des R. G. über die Angelegenheiten der freiwilligen Gerichtsbarkeit bei der den Amtsgerichten nach § 167 Abs. 2 dieses Gesetzes und nach § 47 Ausf.-Ges. hierzu obliegenden Beurkundungsthätigkeit Anwendung findet, sowie im Hinblick auf § 120 Abs. 2 des erwähnten Reichsgesetzes und auf die nach Anlegung des Grundbuchs zur Anwendung kommenden §§ 56, 61, 62, 70 G. O., ist die in dem Erlaß entwickelte Auslegung der bezüglichen reichsgesetzlichen Vorschriften, welcher diesseits beigetreten wird, auch für die elsaß-lothringischen Gerichte von Bedeutung.

Als Stoff zur Herstellung des Siegels können sowohl Siegellack oder Siegelwachs als Oblaten, welche mittelst des Hohlsiegels oder des Farbdrucksiegels der Urkunde aufgedrückt werden, zur Verwendung kommen, letzteren Falles vorausgesetzt, daß durch die Anwendung des Stempels das Siegelzeichen zugleich *in die Oblate eingedrückt* wird.

Für die Frage, was als Siegel im Sinne der C. P. O. (§§ 194, 196, 211, 317, 725) und der Str. P. O. (§ 275) anzusehen ist, sind Wortlaut und Entstehungsgeschichte der vorerwähnten neueren Reichsgesetze nicht zu verwerthen. Es kann deshalb in den hierunter fallenden Angelegenheiten wie bisher das Gerichtssiegel durch einfachen Abdruck des Farbdruckstempels auf den Briefumschlag oder die Urkunde oder, sofern das Siegel zugleich zum Festhalten einer Schnur dienen soll, auf

---

[1]) Vgl. die Verf. an die Notare u. die dort angez. Entsch. d. Kammerger. S. 223.

ein durch Oblate mit der Urkunde verbundenes Schriftstück hergestellt werden. Das Gleiche gilt entsprechend in den Fällen des § 4 Ausf.-Ges. z. R. G. über die Angelegenheiten der freiwilligen Gerichtsbarkeit.

Straßburg, den 11. April 1900.

Ministerium für Elsaß-Lothringen,
Abtheilung für Justiz und Kultus.

Der Unterstaatssekretär:
Dr. Petri.

Allgemeine Verfügung vom 24. Januar 1900, betreffend die Herstellung der Siegel für Urkunden der freiwilligen Gerichtsbarkeit.

Aus mehrfachen Anfragen von Notaren habe ich ersehen, daß Zweifel darüber bestehen, in welcher Weise künftig bei Urkunden der freiwilligen Gerichtsbarkeit, die nach den neuen reichs- und landesgesetzlichen Vorschriften mit Siegel versehen werden müssen, das Siegel herzustellen ist. Die Zweifel beruhen darauf, daß das R. G. über die Angelegenheiten der freiwilligen Gerichtsbarkeit und nach seinem Vorgang auch das Preußische Gesetz über die freiwillige Gerichtsbarkeit vom 20. September 1899 (Gesetz-Samml. S. 249) an einigen Stellen neben dem Siegel auch einen Stempel zulassen, an andern dagegen schlechthin die Beifügung eines Siegels erfordern (vgl. das R. G. § 183 Abs. 2 Satz 2 mit § 120 Abs. 2 Satz 2, § 184 Abs. 2; ferner das Preußische Gesetz Art. 54 Satz 2, 115 Abs. 3 mit den Artikeln 45, 61 Abs. 1).

Auf den Unterschied zwischen Siegel und Stempel wird schon in der Denkschrift zum Entwurfe der Grdb.-Ord. hingewiesen (Verhandlungen des Reichstags 1895/97 Anl. Bdd. 5 S. 3045). Dort findet sich zu § 54 Satz 2 des Entwurfs, welcher ebenso wie der § 56 Satz 2 Grdb.-Ord. für den Hypothekenbrief und der § 62 Abs. 1 für die auf den Hypothekenbrief zu setzenden Vermerke über spätere Eintragungen Beifügung des Siegels vorschreibt, die Bemerkung: „Die Verwendung eines Stempels an Stelle des Siegels genügt nicht.“ Dieser Auffassung ist im Reichstage nicht widersprochen worden.

Den §§ 56, 62 Grdb.-Ord. schließt sich im R. G. über die Angelegenheiten der freiwilligen Gerichtsbarkeit unmittelbar die Vorschrift des § 120 Abs. 2 an, wonach der auf die Urkunde über die Pfandforderung zu setzende Vermerk mit Unterschrift und Siegel zu versehen ist. In dieser Vorschrift kommt also dem Ausdrucke „Siegel“ jedenfalls dieselbe engere Bedeutung zu wie in den §§ 56, 62 Grdb.-Ord. Der Ausdruck kann aber im § 182 und im § 184 Abs. 2 jenes Gesetzes keinen anderen Sinn haben als im § 120 Abs. 2 und muß daher auch dort im Gegensatze zum Stempel verstanden werden. Diese Auffassung wird vollends außer Zweifel gestellt durch den § 183 des Gesetzes, welcher ausdrücklich neben dem Siegel auch einen Stempel zuläßt.

Für die Abgrenzung der Begriffe Siegel und Stempel ist aus der

Entstehung des § 183 ein Anhalt zu entnehmen. Der erste Entwurf des R. G. ließ in seiner entsprechenden Vorschrift nur ein Siegel zu. Hiergegen wurde von einer Seite das Bedenken erhoben, daß, falls durch die Vorschrift die Verwendung eines Stempels (Schwarzdrucksiegels) ebenso ausgeschlossen werden solle wie durch den § 56 Grdb.-Ord., hierin eine entbehrliche Neuerung liegen würde. Zur Beseitigung dieses Bedenkens wurden sodann hinter dem Worte „Siegel" die Worte „oder Stempel" eingeschaltet.

Nach dieser Entstehungsgeschichte, sowie nach dem Sprachgebrauche halte ich es in Uebereinstimmung mit dem Herrn Staatssekretär des Reichs-Justizamts für unzweifelhaft, daß weder ein bloßer farbiger Abdruck des Dienstsiegels auf der Urkunde selbst noch ein in die Urkunde eingedruckter Trockenstempel als Siegel im Sinne des Gesetzes angesehen werden kann. Das Gleiche wird auch gelten müssen, wenn ein mit dem Aufdrucke des Farbstempels bereits versehenes Papierstück mittelst einer Oblate auf der Urkunde festgeklebt wird. Vielmehr erfordert nach meiner Auffassung die Natur der Sache, daß das Siegel aus einem besonderen mit der Urkunde zu verbindenden Stoffe hergestellt wird, der geeignet ist, den Eindruck des Siegelzeichens aufzunehmen. Dieselbe Auslegung wird auch gegenüber den angeführten Vorschriften des Preußischen Gesetzes über die freiwillige Gerichtsbarkeit Platz zu greifen haben.

gez.: **Schönstedt.**

An den Herrn Kammergerichtspräsidenten.

II.

Allgemeine Verfügung des Oberstaatsanwalts, betr. die Einrichtung und Führung der Dienstbücher der Notare, vom 16. Dezember 1899.

Auf Grund des § 63 Abs. 3 des Gesetzes vom 6. November 1899, betreffend die Ausführung des R. G. über die Angelegenheiten der freiwilligen Gerichtsbarkeit (Gesetzbl. f. Els.-Lothr. S. 117), wird unter Aufhebung der Verfügungen des Generalprokurators vom 26. Januar 1874 und des Oberstaatsanwalts vom 19. August 1882 Folgendes bestimmt:

I. Gebührenregister.

1. Das Gebührenregister ist auf Frei-Papier nach dem als Anlage I beigeschlossenen Muster [1]) zu führen. Vor Ingebrauchnahme ist dasselbe — mittelst Aufdrucks oder handschriftlich — mit Seitenzahlen zu versehen und in festgebundener Form dem Ersten Staatsanwalt vorzulegen, welcher die Formularmäßigkeit zu prüfen und, wenn das Register dem vorgeschriebenen

---

[1]) Die der Verfügung beigefügten Formulare sind hier nicht abgedruckt.

Muster entspricht, auf der ersten Seite die Vorlage des Registers unter Vermerkung der Seitenzahl zu bescheinigen hat.

2. In Gemäßheit des § 63 Abs. 1 Ziff. 1 des vorbezogenen Gesetzes vom 6. November 1899 sind in das Gebührenregister nach ununterbrochener Zeitfolge und ohne Zwischenraum die Gebühren und Auslagen, sowie die erhaltenen Zahlungen einzutragen.

3. Hinsichtlich der Führung des Gebühren-Registers im Einzelnen ist Folgendes zu beachten:

a) In der mit „Nummer der Urkunden" überschriebenen Spalte 1 ist bei Einträgen, welche sich auf repertoriumspflichtige Urkunden beziehen, die Nummer des Repertoriums einzutragen; bei Einträgen, welche sich auf nicht repertoriumspflichtige Urkunden beziehen oder im Anschluß an zwar repertoriumspflichtige, aber bereits früher aufgenommene Urkunden erst in späteren Vierteljahren oder überhaupt unabhängig von der Aufnahme einer notariellen Urkunde, aus Anlaß sonstiger amtlicher Verrichtungen, zu bewirken sind, ist die zuletzt vorhergehende Repertoriums-Nummer mit dem Zusatz a. b. c. u. s. w. einzutragen.

b) In Spalte 4 (Gebühren des Notars) sind sowohl bei Ziffer 1 („Hauptgebühr") als bei Ziffer 4 („Sonstige Nebengebühren") die betreffenden Paragraphen der Gebühren-Ordnung anzugeben. Die bisher in Spalte 7 vorgesehene Angabe der Paragraphen des Tarifs fällt weg.

c) Es ist unstatthaft, in Spalte 4 mehrere verschiedenartige Nebengebühren, desgleichen in Spalte 5 mehrere verschiedenartige Auslagen in einem Gesammtbetrag zusammenzufassen.

d) Außer der Gesammtkostensumme (Spalte 6) ist auch die reine Gebührensumme (Spalte 4, Unter-Abtheilung „Wiederholung der Summe der Gebühren") Seite für Seite zusammenzuzählen, zu übertragen und vierteljährlich abzuschließen.

e) In Spalte 7 („Bemerkungen") ist insbesondere auch eines nach § 24 der Gebühren-Ordnung getroffenen Uebereinkommens Erwähnung zu thun.

4. Gemäß § 63 Abs. 2 cit. ist das Gebührenregister vierteljährlich, und zwar jeweils innerhalb der ersten 15 Tage der Monate Januar, April, Juli und Oktober dem Amtsgericht zum Abschluß einzureichen.

Der Abschluß hat sich betreffs des unmittelbar verflossenen

Vierteljahrs nur auf Spalte 4 („Gebühren des Notars") zu erstrecken, wogegen der Abschluß der Spalten 5 und 6 („Auslagen des Notars") und „Summe aller Kosten") erst bei der nächsten Vorlage des Registers (nach Ablauf des folgenden Vierteljahrs) zu erfolgen hat.

Wenn mit Rücksicht auf rückständige Anfertigung bestellter Abschriften größeren Umfangs ausnahmsweise auch die Zusammenzählung der Gebühren für das unmittelbar verflossene Vierteljahr bei dem Abschlusse noch nicht zu ermöglichen sein sollte, so ist dieser Umstand bei Einreichung des Registers zu erwähnen und die Zusammenzählung demnächst nachzuholen.

Schreibgebühren und andere Kosten, welche erst nach bewirktem Abschluß erwachsen, sind unter neuer Nummer, aber unter Verweisung auf die frühere Nummer in laufender Folge des Registers einzutragen.

II. Repertorium.

5. Das Repertorium ist auf gestempeltem Papier nach dem als Anlage II beigeschlossenen Muster zu führen. Wegen der Erfüllung der Stempelpflicht vgl. Ziff. 17 Abs. 4 der Anweisung für den Vollzug des Stempelgesetzes vom 10. Februar 1898 (Central- und Bezirks-Amtsbl. S. 55, Sammlung der Justizverwaltung, Bd. XXIII S. 51). Hiernach braucht für die Formularbogen nicht nothwendig (Dimensions- oder Ausfertigungs-) Stempelpapier verwandt zu werden; es ist vielmehr angängig, daß das Formular auf Frei-Papier gedruckt werde und die einzelnen Blätter erst nach Maßgabe des Bedarfs seitens des Notars mit Stempelmarken versehen werden. Das solchen Falls verwandte Papier muß von guter und dauerhafter Beschaffenheit sein.

Das Repertorium ist vor Ingebrauchnahme — mittelst Aufdrucks oder handschriftlich — mit Seitenzahlen zu versehen und in festgebundener Form dem Ersten Staatsanwalt vorzulegen, welcher die Formularmäßigkeit zu prüfen und, wenn das Repertorium dem vorgeschriebenen Muster entspricht, auf der ersten Seite die Vorlage desselben unter Vermerkung der Seitenzahl zu bescheinigen hat.

6. In das Repertorium sind der Reihenfolge nach, Tag für Tag, ohne Zwischenraum oder eingeschaltete Linien, alle der

Registrirung unterliegenden Urkunden einzutragen, einerlei ob dieselben in Urschrift ausgehändigt werden oder davon die Urschrift verwahrt wird. Der Eintragepflicht unterliegen auch die Wechselproteste, unbeschadet deren Eintragung in das Wechselprotestregister, vgl. unter Nr. III. Wegen der Eintragung im Falle der Aufnahme von Urkunden durch einen Stellvertreter vgl. § 4 Abs. 2 des Gesetzes vom 8. Juni 1892, betr. das Notariat (Gesetzbl. f. Els.-Lothr. S. 52).

7. Jeder Eintrag in das Repertorium hat zu enthalten:

a) die laufende Nummer,

b) das Datum der Urkunde,

c) die Natur (Bezeichnung des Inhalts) der Urkunde,

d) Namen, Vornamen und Wohnort der Parteien,

e) bei Urkunden, welche Eigenthum, Nutznießung oder Genuß von Liegenschaften zum Gegenstande haben, die Bezeichnung und Lage der Güter, sowie den Preis,

f) den Registrirungsvermerk.

Ueberdies muß der Eintrag ersehen lassen, ob die Urschrift der Urkunde verwahrt wird oder die Urkunde in Urschrift ausgehändigt ist (Art der Urkunde). Solches hat in der Weise zu geschehen, daß die Natur der Urkunde (vgl. unter c), je nachdem die Urschrift ausgehändigt oder verwahrt wird, in die erste oder in die zweite der beiden Unterabtheilungen der dritten Hauptspalte eingetragen wird.

III. Wechselprotestregister.

8. Das Wechselprotestregister ist auf gestempeltem Papier zu führen. In Gemäßheit des Art. 90 der Wechselordnung ist dasselbe von Blatt zu Blatt mit fortlaufenden Zahlen zu versehen.

9. Die Einträge in das Wechselprotestregister haben außer dem aus Art. 90 der Wechselordnung sich ergebenden Inhalt lediglich in einer der Abschrift des Wechselprotestes vorstehenden Spalte die Nummer zu enthalten, unter der der Wechselprotest in das Repertorium eingetragen ist.

10. Notare, welche nach den örtlichen Verhältnissen um Errichtung von Wechselprotesten nicht angegangen zu werden pflegen, brauchen ein Wechselprotestregister erst anzulegen, wenn sie in die Lage kommen, einen Protest zu errichten.

IV. Uebergangsbestimmungen.

11. Die zur Zeit in Gebrauch befindlichen, desgl. die zu demnächstiger Ingebrauchnahme bereits angeschafften Gebührenregister und Repertorien dürfen, sofern sie den zur Zeit bestehenden Vorschriften entsprechen, aufgebraucht werden; soweit dieselben noch nicht in Gebrauch genommen sind, sind sie bis zum 15. Januar k. Js. dem Ersten Staatsanwalt zur Prüfung und Bescheinigung vorzulegen.

Die Bestimmungen unter Ziffer 3 b und c dieser Verfügung kommen vom 1. Januar k. Js. auch bei Führung der nach Vorstehendem aufzubrauchenden Gebührenregister zur Anwendung.

Colmar, den 16. Dezember 1899.

Der Oberstaatsanwalt
Geh. Oberjustizrath **Huber.**

III.

Allgemeine Verfügung des Oberstaatsanwalts, betr. die Herstellung der Siegel für notarielle Urkunden, sowie den amtlichen Verschluß letztwilliger Verfügungen, vom 26. Juni 1900.[1])

Das Reichsgesetz über die freiw. Gerichtsbarkeit und die R.-Grdb.-O. unterscheiden zwischen Siegel und Stempel, indem dieselben an einigen Stellen neben dem Siegel auch einen Stempel zulassen, an andern dagegen schlechthin die Beifügung eines Siegels erfordern. Für die notarielle Amtsthätigkeit kommen in Betracht:

einerseits § 183 R. G. F. G., wonach notarielle Unterschrifts-Beglaubigungen mit Siegel oder Stempel versehen sein müssen; anderseits §§ 61 und 70 R. G. B. O., wonach Theilhypotheken-, Theilgrundschuld- und Theilrentenschuld-Briefe, zu deren Herstellung nach § 11 Ausf.-Ges. z. Grdb.-O. vom 6. November 1899 neben dem Grundbuchamt auch die Notare zuständig sind, mit dem Siegel versehen werden müssen.

Anlangend nun die Frage, was unter Siegel im Sinne der vorbezeichneten Gesetzesstellen zu verstehen sei, so unterliegt

---

[1]) Vgl. die Verf. an die Gerichte S. 217.

es nach den gesetzgeberischen Verhandlungen keinem Zweifel, daß weder ein bloßer farbiger Abdruck des Dienstsiegels auf der Urkunde selbst, noch ein in die Urkunde eingedrückter Trockenstempel als Siegel angesehen werden kann. Das Gleiche hat auch zu gelten, wenn ein mit dem Abdruck des Farbstempels bereits versehenes Papierstück mittelst einer Oblate auf der Urkunde festgeklebt wird. Zu einem Siegel im Sinne der bezogenen Gesetzesbestimmungen ist vielmehr erforderlich, daß dasselbe aus einem besonderen mit der Urkunde zu verbindenden Stoffe hergestellt wird, der geeignet ist, den Eindruck des Siegelzeichens aufzunehmen. Als Stoff zur Herstellung des Siegels können sowohl Siegellack oder Siegelwachs als auch Oblaten, welche mittelst eines Hohlsiegels oder eines Farbdrucksiegels der Urkunde aufgedruckt werden, zur Verwendung kommen, letzterenfalls vorausgesetzt, daß durch die Anwendung des Stempels das Siegelzeichen zugleich in die Oblate eingedrückt wird. (Vgl. in diesem Sinne auch Entscheidung des Kammergerichts vom 2. April 1900, abgedruckt in der Rheinischen Notariats-Zeitschrift 1900 S. 98.)

Im Anschluß hieran bemerke ich, daß § 182 Abs. 1 Reichsges. über die freiw. Gerichtsbarkeit, wonach die Ausfertigungen der Protokolle über die gerichtliche Beurkundung eines Rechtsgeschäfts mit dem Gerichts-Siegel zu versehen sind, auf Ausfertigungen notarieller Urkunden keine Anwendung findet. Anlangend die Auslegung des § 61 Ausf.-Ges. z. Reichsges. über die freiw. Gerichtsbarkeit vom 6. November 1899, wonach die notariellen Ausfertigungen, sowie die in Urschrift auszuhändigenden Urkunden mit dem „Dienstsiegel“ versehen werden sollen, so ist das Wort „Dienstsiegel“ nicht in dem engeren Sinne der oben bezogenen reichsrechtlichen Bestimmungen, vielmehr im Sinne des bisherigen Landesrechts zu verstehen, welches zwischen Siegel und Stempel im Sinne des Sprachgebrauchs des neuen Reichsrechts nicht unterschied. Der Vorschrift des § 61 cit. geschieht hiernach, wie bisher der entsprechenden Vorschrift des Art. 27 Ges. vom 25. Ventôse XI durch einfachen Abdruck eines Farbstempels Genüge. Bei diesem, der bisherigen Uebung entsprechenden Verfahren kann es auch betreffs der — allein oder mit Anlagen — mehrere Blätter umfassenden Ausfertigungen unter der Voraussetzung sein Bewenden behalten, daß, der bisherigen Praxis entsprechend, die einzelnen Blätter mit fortlaufenden Zahlen und diese Blattzahl-Vermerke mit der Unterschrift oder dem Handzug des Notars versehen werden. Andernfalls würde es allerdings als angezeigt zu erachten sein, daß die Enden des die mehreren Blätter verbindenden Heftfadens auf der Ausfertigung mittels eines Siegels in dem oben erörterten engeren Sinne befestigt würden. Das Gleiche gilt von den den Parteien in Urschrift auszuhändigenden Urkunden, welche, allein oder mit ihren Anlagen, mehrere Blätter umfassen.

Was endlich noch die den Verschluß der notariellen Testamente betreffende Vorschrift des § 2246 B. G. B. anlangt, welche mit der aus § 2277 B. G. B. sich ergebenden Beschränkung auch auf Erbverträge Anwendung findet, so erfordert § 2246 einen mit dem Amtssiegel zu bewirkenden Verschluß. Dem entspricht es aber nicht, wenn, wie verschiedentlich festgestellt wurde, der die betreffenden Urkunden enthaltende Briefumschlag zugeklebt und lediglich mit einem einfachen Abdruck des Farbstempels versehen wurde. Der Verschluß nach § 2246 B. G. B. ist vielmehr durch Aufdrückung mindestens eines Siegels in dem oben erörterten engeren Sinne zu bewirken. Des Weiteren habe ich Veranlassung, hervorzuheben, daß es dringend angezeigt erscheint, zum Verschluß feste, dauerhafte Umschläge zu nehmen.

Colmar, den 26. Juni 1900.

Der K. Oberstaatsanwalt
Geheimer Ober-Justizrath
Huber.

IV.

Allgemeine Verfügung des Oberstaatsanwalts an die Notare, betr. den Gebrauch von Schreibmaschinen durch die Notare, vom 3. Januar 1901.

Seitens des Königlich Preußischen Herrn Justizministers ist unter dem 20. Oktober 1900 an die preußischen Notare die nachstehend abgedruckte Verfügung, betreffend den Gebrauch von Schreibmaschinen, ergangen.

Da nach diesseits gemachten Wahrnehmungen die Herstellung von Ausfertiguugen notarieller Urkunden mittelst einer Schreibmaschine auch in Elsaß-Lothringen bereits Eingang gefunden hat, so gebe ich den Herren Notaren von der vorbezogenen Preußischen Ministerial-Verfügung mit dem Ersuchen Kenntniß, von der Anwendung einer Schreibmaschine bei Herstellung der Urschriften und Ausfertigungen notarieller Urkunden jedenfalls bis auf Weiteres abzusehen.

Der K. Oberstaatsanwalt:
Geheimer Oberjustizrath **Huber.**

Der Justizminister. Berlin, den 20. Oktober 1900.
I. 5931.

Nach den Berichten mehrerer Oberlandesgerichtspräsidenten benutzen einzelne Notare zur Herstellung der Ausfertigungen von ihnen aufgenommener Urkunden die Schreibmaschine. Wenn auch die mechanische Herstellung der Schriftzeichen bei solchen Ausfertigungen nicht als unzulässig angesehen werden kann, so ergeben sich doch gegen dies Verfahren erhebliche praktische Bedenken. Zunächst mangelt es bisher an sicheren Erfahrungen über die Haltbarkeit der Maschinenschrift. Zwar haben die Versuche bei einzelnen Systemen ein günstiges Resultat ergeben; diese Versuche erstrecken sich jedoch nur auf eine verhältnißmäßig kurze Reihe von Jahren, und in anderen Fällen stehen ihnen ungünstige Erfahrungen gegenüber. Jedenfalls ist zur Zeit nicht dargethan, daß die Schrift bei Herstellung durch die Maschine diejenige Haltbarkeit besitzt, welche für dauernd aufzubewahrende Urkunden gefordert werden muß.

Sodann aber haben eingehende, in der Geheimen Kanzlei des Justizministeriums angestellte Versuche dargethan, daß die Gefahr der Verfälschung bei den mit der Schreibmaschine hergestellten Schriftstücken sehr viel größer ist, als bei der handschriftlichen Herstellung. Bei den auf besonders gut satinirtem Papier versuchten Verfälschungen ist nur bei sorgfältigster Prüfung eine leichte Abänderung der Satinage wahrzunehmen, da die zur Zeit gebräuchlichen Farben die Papierfaser viel weniger angreifen als Tinte. Dazu kommt, daß, sobald dem Fälscher eine Maschine desselben Systems zur Verfügung steht, er genau dieselbe Gattung von Schriftzeichen an die Stelle der ursprünglichen zu setzen vermag.

Die Notare werden daher ersucht, sich bei Herstellung der Urschriften wie der Ausfertigungen notarieller Urkunden des Gebrauchs der Schreibmaschinen zu enthalten.

(gez.) **Schönstedt.**

G. Sonstige Angelegenheiten.

Allgemeine Verfügung des Ministeriums, betr. das Verfahren in Angelegenheiten der freiw. Gerichtsbarkeit und die Registerführung bei den Amtsgerichten, vom 6. Dezember 1899.

(Auszug.[1])

VII. Sonstige Angelegenheiten.

Artikel 50.

Beschlußregister.

Ueber alle nicht unter die vorstehenden Bestimmungen fallenden, zur Zuständigkeit des Gerichts gehörigen Angelegenheiten der freiwilligen Gerichtsbarkeit wird ein Register nach Formular A. G. II 9 (Beschlußregister[2]) geführt. Die zu jeder Angelegenheit gehörigen Schriften sind, der Zeitfolge nach geordnet, ungeheftet in Hüllen aufzubewahren; erreichen sie einen größeren Umfang, so sind die Akten zu heften. Das Aktenzeichen besteht aus der römischen Ziffer der Abtheilung, in welche die Sache eingetragen ist, der laufenden Nummer und dem Jahrgang (z. B. XIII 6/1900).

In Abtheilung IX werden Einzelpflegschaften und Einzelbeistandschaften sowie diejenigen Anträge und Entscheidungen eingetragen, welche eine Fürsorge des Vormundschaftsgerichts für ein unter elterlicher Gewalt stehendes Kind betreffen, sofern sie weder zu einer anhängigen Pflegschaft oder Beistandschaft[3]) gehören, noch zur Einleitung einer solchen Anlaß bieten. Hierunter fallen insbesondere die Genehmigung eines Rechtsgeschäfts, an dem ein unter elterlicher Gewalt stehendes Kind betheiligt ist, und die nach den §§ 112, 1631, 1635, 1636,

---

[1]) Vgl. S. 129, 146, 158, 160, 204.

[2]) Das Formular ist hier nicht mit abgedruckt.

[3]) Gleichviel, ob sie zu einer Einzel-Pflegschaft oder -Beistandschaft oder zu einer dauernden gehören. Auch Anträge und Entscheidungen, welche zu einer in Abth. IX eingetragenen Einzel-Pflegschaft oder -Beistandschaft gehören, werden nicht wiederum besonders eingetragen, sondern zu den vorhandenen Akten genommen, wie auch eine Gebühr für dieselben nur in dem im § 25 G.K.G. für Elf.-Lothr. zugelassenen Umfange in Ansatz kommt (ganz wie bei Vormundschaften und dauernden Pfleg- und Beistandschaften).

1645, 1665, 1677, 2282 des Bürgerlichen Gesetzbuchs zu erlassenden Verfügungen, sowie die Anordnungen gemäß Art. 23 Abs. 2 des Einführungsgesetzes zum Bürgerlichen Gesetzbuch. Wird für das gleiche Kind demnächst eine neue Angelegenheit [1]) anhängig, die in Abtheilung IX einzutragen ist, oder eine Vormundschaft, Pflegschaft oder Beistandschaft eingeleitet, so sind die Akten zu der neuen Sache abzugeben. Die Abgabe ist in Spalte 6 zu vermerken.

In Abtheilung X werden alle sonstigen Anträge eingetragen, die auf eine dem Vormundschaftsgericht oder dem Amtsgericht auf dem Gebiete des Familienrechts zugewiesene Amtsthätigkeit gerichtet sind und weder zu den Angelegenheiten der Abtheilung IX gehören, noch zu bereits vorhandenen oder neu anzulegenden Vormundschafts-, Pflegschafts- oder Beistandsschaftsakten zu nehmen sind. Hierunter fallen insbesondere die Thätigkeit des Vormundschaftsgerichts in Ansehung der persönlichen oder vermögensrechtlichen Beziehungen unter Ehegatten, einschließlich der Ergänzung der Zustimmung zu einem Rechtsgeschäft, ferner Erziehungsstreitigkeiten, die Volljährigkeitserklärung einer nicht unter Vormundschaft stehenden Person, die Ersetzung der elterlichen Einwilligung zur Eingehung der Ehe oder der Einwilligung der Mutter zur Ehelichkeitserklärung, sowie Anträge auf Bestätigung der Annahme an Kindesstatt und alle sonstigen im § 26 und im § 32 Ziff. 2, 3, 4, 5 des Gerichtskostengesetzes für Elsaß-Lothringen [2]) bezeichneten Arten

---

[1]) D. h. eine solche, welche nicht zu einer bereits anhängigen Pflegschaft oder Beistandschaft gehört.

[2]) Hierunter fallen nach § 26:
1. Volljährigkeitserklärungen;
2. die Ersetzung der elterlichen Einwilligung zur Eingehung der Ehe oder der Einwilligung der Mutter zur Ehelichkeitserklärung;
3. Entscheidungen, betreffend den Unterhalt der Kinder nach § 1612 B. G. B.;
4. die Uebertragung der Ausübung der elterlichen Gewalt an die Mutter (§ 1685 Abs. 2 B. G. B.);
5. die Ersetzung der Zustimmung antheilsberechtigter Abkömmlinge zu Rechtsgeschäften des überlebenden Ehegatten im Falle der fortgesetzten Gütergemeinschaft;
6. die Thätigkeit des Vormundschaftsgerichts im Falle der Verheirathung des Vaters oder der Mutter, sowie für die nach den §§ 1639 Abs. 1, 1653, 1666, 1667, 1668, 1670, 1760 Abs. 2 B. G. B. und im Falle des § 121 Ziff. 3 Ausf.-Ges. z. B. G. B.;

der gerichtlichen Thätigkeit. Mehrere nicht gleichzeitig gestellte Anträge derselben Betheiligten werden unter besonderen Nummern eingetragen; der Richter kann jedoch anordnen, daß die entstandenen Akten zu einer später anhängig werdenden Angelegenheit der Abtheilung X abgegeben werden.

Die Abtheilung XI ist zur Eintragung der Angelegenheiten bestimmt, in denen eine Thätigkeit des Gerichts auf Grund des Reichsgesetzes über die Beurkundung des Personenstandes und die Eheschließung beantragt oder erforderlich wird, z. B. Beschwerden über einen Standesbeamten wegen Ablehnung einer Amtshandlung und Anträge auf Berichtigung der Standesregister.

Die Abtheilung XII ist zur Eintragung der Anträge und Entscheidungen, betreffend die Zwangserziehung nach § 123 des Ausführungsgesetzes zum Bürgerlichen Gesetzbuch, bestimmt.[1])

In Abtheilung XIII werden alle sonstigen richterlichen Entscheidungen und Beurkundungen in Sachen der freiwilligen Gerichtsbarkeit eingetragen, die außerhalb eines anhängigen Verfahrens beantragt oder vorgenommen werden und nicht in ein anderes Register oder in eine andere Abtheilung gehören.

---

7. Entscheidungen, welche die persönlichen Rechtsbeziehungen der Ehegatten zu einander oder das eheliche Güterrecht betreffen;
8. sonstige Verfügungen des Vormundschaftsgerichts, die sich nicht auf Mündel, Pflegebefohlene oder unter elterlicher Gewalt stehende Kinder beziehen;

nach § 32: Ziff. 2 die Versagung der Bestätigung oder die Entlassung eines Gemeindewaisenraths,

„ 3 die Entscheidung über die Berechtigung zur Ablehnung oder zur Niederlegung des Amtes eines Gemeindewaisenraths,

„ 4 die Prüfung des von dem Vater oder von der Mutter einzureichenden Verzeichnisses über das ihrer Verwaltung unterliegende Vermögen des Kindes, sowie die Anordnung, daß das Verzeichniß durch einen Notar aufgenommen wird (§§ 1640, 1686, 1692 B. G. B.),

„ 5 die Anordnung, durch welche nach der Aufhebung des Konkurses dem Vater oder der Mutter die Verwaltung des Vermögens des Kindes wieder übertragen wird (§ 1647 Abs. 2, § 1686 B. G. B.).

[1]) Obervormundschaftliche Unterbringungen (bei bloßer Anwendung des § 1666 B. G. B.) werden in Abth. X eingetragen (vgl. Art. 50 Abs. 3 oben in Verb. mit § 26 Ziff. 6 G. K. G. für Elf.-Lothr.).

Dahin gehören insbesondere:

Feststellung des Zustandes oder Anordnung der Verwahrung von Sachen,

Ausstellung gerichtlicher Zeugnisse mit Ausnahme der Erbscheine und der ihnen gleichstehenden gerichtlichen Zeugnisse (Register VI),

Bewilligung der öffentlichen Zustellung von Willenserklärungen,

Kraftloserklärung von Vollmachten,

Vernehmung von Zeugen und Sachverständigen außerhalb eines schwebenden Verfahrens (z. B. zur Benutzung im Auslande),

Abnahme von Eiden und eidesstattlichen Versicherungen, insoweit diese nicht zu einem bei dem Gericht anhängigen oder im Wege der Rechtshülfe an dasselbe gelangte Verfahren gehören,

die Anordnung von Schätzungen, überhaupt alle im Bürgerlichen Gesetzbuch, in dem Reichsgesetz über die Angelegenheiten der freiwilligen Gerichtsbarkeit, in dem Ausführungsgesetze zu diesem Gesetz, in dem Handelsgesetzbuch, in den Gesetzen über die Binnenschifffahrt und die Flößerei, in dem Genossenschaftsgesetz und dem Gesetze, betreffend die Gesellschaften mit beschränkter Haftung, den Gerichten zugewiesenen, zur freiwilligen Gerichtsbarkeit gehörenden, desgleichen die in nicht streitigen Angelegenheiten des öffentlichen Rechts den Gerichten übertragenen einzelnen Handlungen und Entscheidungen, soweit sie nicht zu bereits vorhandenen Akten zu nehmen sind. Trifft diese letztere Voraussetzung zu, so wird der Antrag, die Entscheidung oder Beurkundung nicht in das Beschlußregister eingetragen, sondern legiglich zu den betreffenden Akten genommen. So ist z. B. das Ordnungsstrafverfahren dann in das Beschlußregister einzutragen, wenn dadurch eine neue Eintragung in das Handelsregister erst herbeigeführt werden soll, während die Verfügung ohne Eintragung lediglich zu den Registerakten zu nehmen ist, wenn das Verfahren die Ergänzung oder Berichtigung einer schon vorhandenen Eintragung bezweckt.

Gesuche um Ertheilung des Armenrechts werden, auch wenn sie in Angelegenheiten der freiwilligen Gerichtsbarkeit gestellt werden, in das Register für Armenrechtsgesuche eingetragen.

Artikel 51.

Alphabetisches Verzeichniß.

Zu dem Beschlußregister ist ein alphabetisches Namenverzeichniß zu führen.

IX. Schlußbestimmungen.

Artikel 54.

Die bestehenden Vorschriften über die Führung der Register bei den Gerichtsschreibereien der Landgerichte und des Oberlandesgerichts werden durch diese Verfügung nicht berührt.

Die Landgerichte haben alsbald von den auf Grund des Art. 112 Code civil angeordneten, am 1. Januar 1900 anhängigen Pflegschaften dem zuständigen Vormundschaftsgericht unter Mittheilung der Akten Kenntniß zu geben.

Artikel 56.

Alle dieser Verfügung entgegenstehenden Verfügungen, betreffend das Verfahren in Angelegenheiten der freiwilligen Gerichtsbarkeit, werden, insoweit sie nicht schon durch andere Vorschriften beseitigt sind, aufgehoben.

Außer Kraft treten insbesondere: [1])

1. die Verfügung des General-Prokurators zu Colmar vom 3. November 1873, betreffend die Führung der Vormundschafts-Register und Privat-Vermögensverzeichnisse, Samml. II S. 153;
2. die Verfügung des General-Prokurators zu Colmar vom 8. Juli 1874, betreffend die Anlegung der Vormundschaftsakten, Samml. II S. 298;
3. die Ministerialverfügung vom 21. April 1881, betreffend die Revision der Standesregister Samml. VI S. 75;
4. die Ministerialverfügung vom 1. September 1882, betreffend die Beaufsichtigung der vormundschaftlichen Verwaltung, Samml. VII S. 318;
5. die Ministerialverfügung vom 27. Oktober 1882, betreffend die Aktendeckel in Vormundschaftssachen, Samml. VII S. 354;
6. die Ministerialverfügung vom 25. Februar 1885, be-

[1]) Ersetzt ist außerdem die Minist.-Verf. v. 13. Juli 1886, betr. Mittheilung der Entmündigungen 2c. an die Notare, durch Art. 10 der allg. Verf. v. 6. Dez. 1899.

treffend den Nachweis über den Inhalt der Inventare in Vormundschaftssachen, Samml. X, S. 46;

7. die Ministerialverfügung vom 16. Juni 1886 zur Ausführung des Gesetzes vom 10. Mai 1886, betreffend die Ausstellung gerichtlicher Erbbescheinigungen und die Zuständigkeit der Amtsgerichte, Samml. XI S. 245;

8. die Ministerialverfügung vom 2. September 1886, betreffend die Einführung eines Registers (Z) für Sachen der nichtstreitigen Gerichtsbarkeit, in welchen eine Entscheidung beantragt ist, bei den Amtsgerichten, Samml. XI S. 379;

9. die Ministerialverfügung vom 22. Juni 1887, betreffend die Ausführung des Gesetzes vom 16. Juni 1887 über die Vormundschaften, Samml. XII S. 218, und die Bekanntmachung des Ministeriums vom gleichen Tage, betreffend den Erlaß einer Anweisung für die Vormünder, Samml. XII S. 221;[1])

10. die Bekanntmachung des Ministeriums vom 20. Juni 1888, betreffend Abänderung der Anweisung für die Vormünder, Samml. XIII S. 177;

11. die Ministerialverfügung vom 1. August 1888, betreffend die Registerführung für Sachen, in welchen es sich um Entscheidungen auf Grund des Gesetzes vom 14. Juni 1888, betreffend das Theilungsverfahren u. s. w., handelt, Samml. XIII S. 254;

12. die Ministerialverfügung vom 20. Oktober 1888, betreffend die Register und Akten in Vormundschaftssachen, Samml. XIII S. 295;

13. die Bekanntmachung des Ministeriums vom 18. September 1889, betreffend Abänderung der Anweisung für die Vormünder, Samml. XIV S. 358;

14. die Ministerialverfügung vom 5. Januar 1890, betreffend die Ausführung der auf die Mündelhypothek bezüglichen Vorschriften des Gesetzes vom 24. Juli 1889, Samml. XV S. 1;

15. die Ministerialverfügung vom 18. März 1890, betreffend die Gebühren für Einschreibung der Mündelhypothek, Samml. XV S. 63;

---

[1]) Vgl. jetzt die neue Anweisung vom 15. Dezember 1900 (Centr.- u. Bez.-Amtsbl. 1901 S. 13.)

16. die Ministerialverfügung vom 12. November 1890, betreffend Zusammenberufung des Familienraths im Falle der Wiederverheirathung von Wittwen, welche Vormünderinnen ihrer minderjährigen Kinder sind, Samml. XV S. 350;
17. die Ministerialverfügung vom 13. Februar 1891, betreffend die Ausführung von Familienrathsbeschlüssen, welche die Hinterlegung von Geldern rc. rc. anordnen, Samml. XVI S. 63.

Artikel 57.

Diese Verfügung tritt am 1. Januar 1900 in Kraft.

Straßburg, den 6. Dezember 1899.

Ministerium für Elsaß-Lothringen.
Abtheilung für Justiz und Kultus.

Der Unterstaatssekretär
Dr. Petri.

Nachträge.

Zu S. 55, 56. Wegen der verschiedenen Arten und Formen der Vermögensverzeichnisse vgl. zu den §§ 37 u. 38 die Darstellung in der Anm. S. 195.

Zu S. 76 Ziff. 3 a. E. Das Citat: Franz 5 V ist zu ergänzen durch den Hinweis auf die Ausführungen im Sinne erweiterter Zuständigkeit der Notare für Beglaubigungen bei Franz, Notariatsgesetz, 2. Aufl. Note 186, und in der Not.-Zeitschrift für Elf.-Lothr. IV S. 68. Jetzt wird die Beglaubigung von Unterschriften entsprechend ihrer Stellung im R. G. F. G. (§ 183) in dem Abschnitt „Gerichtliche und notarielle Urkunden" als eine besondere Art der Beurkundung anzusehen, daher die Zuständigkeit der Notare (neben anderen Beamten) auch in den Fällen nicht zu bezweifeln sein, die nicht unter § 48 Ausf.-Ges. zum R. G. F. G. fallen. — Bezüglich der Registrirungs- und Stempelabgabe der notariellen Beglaubigungen vgl. Minist.-Verf. v. 17. II. 1898, Centr.- u. Bez.-Amtsbl. S. 73.

Zu S. 88 mag noch besonders auf die exemplikative Natur der Aufzählung im § 55 Abs. 2 hingewiesen werden. Die Vorschrift ersetzt lediglich den Art. 20 Abs. 2 des Ventôse-Gesetzes unter Weglassung der dort dem Ausdruck „actes simples" beigefügten, für die Rechtsanwendung bedeutungslos gewesenen und daher irreführenden Worte „qui, d'après les lois, peuvent être délivrés en brevet" (vgl. Franz, Notariat, Note 51). Zu den „sonstigen Bescheinigungen" (den actes simples des Art. 20 Vent.-Ges.) gehören z. B. auch die Beurkundungen über eidesstattliche Versicherungen im Falle des § 2356 Abs. 2 B. G. B.

Zu S. 143 Ziff. 7 Abs. 2 und S. 148 (Art. 6). Der Umstand, daß die auf Grund des Irrengesetzes vor dem 1. Januar 1900 bezeichneten (Art. 31) oder gerichtlich bestellten vorläufigen Vermögensverwalter (Art. 32) jetzt als Pfleger anzusehen sind, schließt die richterliche Prüfung nicht aus, ob nicht diese Pflegschaften, auch wenn ein Antrag nach § 1920 B. G. B. nicht gestellt ist, mangels eines Schutzbedürfnisses aufzuheben sind (B. G. B. § 1919). Besteht ein solches Bedürfniß, so wird unter Umständen die Ersetzung des Anstalts-Aufsichtsrathsmitgliedes als Pfleger durch eine andere Person in Frage kommen. Alsdann sind nach § 1915 B. G. B. bezüglich der Berufung die Vorschriften über die Berufung zur Vormundschaft entsprechend anwendbar (vgl. insbesondere die §§ 1899, 1900), ebenso die Vorschriften über die Mitwirkung des Gemeindewaisenraths. Ueber die Frage, ob nicht der Richter in allen diesen Uebergangs-Fällen auf Grund des § 1910 Abs. 3 sich des Einverständnisses des Pflegebefohlenen, falls eine Verständigung mit ihm möglich ist, zu versichern habe, vgl. die (bejahende) Ausführung in der Deutsch. Jur.-Zeitung V, S. 337/8.[1])

[1]) Das preuß. Kammergericht nimmt in zwei Entscheidungen vom 22. I. 1900 und 4. IX. 1900 (Deutsche Jur.-Zeitung V S. 142, Zusammenst. des Reichsjustizamts I S. 133) an, daß ein nicht entmündigter Geisteskranker, der einen Pfleger nach § 1910 Abs. 2 B. G. B. erhalten soll, hierzu seine Einwilligung (§ 1910 Abs. 3) nicht geben könne, weil eine Verständigung mit ihm nicht möglich sei; ebensowenig könne der geisteskranke Pflegling während der Dauer der Krankheit in der dadurch bewirkten Geschäftsunfähigkeit die Aufhebung der Pflegschaft beantragen (§ 1920). Dies erscheint, wenigstens in der Ausdehnung auf andere als die den Entsch. zu Grunde liegenden Fälle und der Wortfassung nach, insofern irreführend, als — abgesehen von dem hier nicht in Frage kommenden Entmündigungsfall nach § 104 Nr. 3 B. G. B. — um Geschäftsunfähigkeit zu begründen und eine rechtsgültige Willenserklärung nach § 105 Abs. 1 auszuschließen, die besonderen Voraussetzungen des § 104 Nr. 2 vorliegen müssen. Der Richter wird dies im Einzelfalle zu prüfen haben und Erklärungen der fraglichen

Zu S. 143 Ziff. 8 und S. 144 Ziff. 10. In einer Verf. des Minist. vom 18. Januar 1900 ist (bei Bemessung des ersten Bedarfs an Formularen zu Bestallungen) von der Voraussetzung ausgegangen worden, daß auch den am 1. Januar 1900 im Amte befindlichen Vormündern, Pflegern und Gegenvormündern, soweit nicht die letzteren gemäß Art. 210 Einf.-Ges. z. B. G. B. zu entlassen sind, Bestallungen zugefertigt werden.

Allgemeine Verfügung des Oberstaatsanwalts an die Notare, betr. das Verfahren bei Beurkundung eines Vertrags über Annahme an Kindesstatt und die Behandlung der Anträge auf Ehelichkeitserklärung, vom 2. Februar 1901.

In einem zur diesseitigen Kenntniß gelangten Falle der Beurkundung eines Vertrags über Annahme an Kindesstatt sind den Betheiligten dadurch nutzlose Kosten erwachsen, daß vor Bewilligung der Befreiung von den Erfordernissen des § 1744 B.G.B. (vgl. § 1 Abs. 2 der Kaiserlichen Verordnung vom 1. November 1899, Gesetzblatt für Elsaß-Lothringen S. 172, Sammlung XXIV S. 622) zur Beurkundung des Vertrags geschritten und daraufhin die in dem Einzelfalle benöthigte Genehmigung des Vormundschaftsgerichts erholt wurde, während die demnächst nach § 1745 B.G.B. erbetene Befreiung nicht bewilligt wurde.

Ich nehme hieraus Veranlassung, die Herren Notare darauf hinzuweisen, wie es in Fällen der Nothwendigkeit einer Befreiung von den Erfordernissen des § 1744 B.G.B. sowohl zur Wahrung der Voraussetzungen für die Rechtswirksamkeit des Vertrags, als auch im Hinblick auf die Möglichkeit einer Versagung der Befreiung, im Interesse der Betheiligten liegt, zur Verbriefung des Annahmevertrags erst dann zu schreiten, wenn diese Befreiung ertheilt ist. Desgleichen wird es sich in

---

Art, welche von einer als geisteskrank in die Irrenanstalt aufgenommenen nicht entmündigten Person abgegeben werden, zu berücksichtigen haben, wenn bei Abgabe der Erklärung ihre freie Willensbestimmung nicht ausgeschlossen erscheint. Zu vgl. Crome, System d. bürg. Rechts I S. 363, Rehbein, allgem. Theil des B.G.B. S. 115 2a. In dieser Weise sind auch, wie namentlich der Schlußsatz der Entsch. v. 22. I. 1900 ergiebt, die Entscheidungen thatsächlich zu verstehen.

Fällen dieser Art zur Ersparung nutzloser Kosten empfehlen, die Beurkundung der Einwilligung der in den §§ 1746 und 1747 B.G.B. bezeichneten Personen erst dann vorzunehmen, wenn die in Rede stehende Befreiung vorliegt.

Was die Einwilligungen der in den §§ 1746 und 1747 B.G.B. bezeichneten Personen anlangt, so weise ich im Allgemeinen noch darauf hin, wie eine gesonderte Beurkundung derselben dann nicht veranlaßt ist, wenn nach Lage der Verhältnisse die Einwilligungserklärungen in dem notariellen Annahmevertrage selbst beurkundet werden können. Zur Verhütung nutzloser Kosten (vgl. auch § 1 Abs. 3 des Notariatsgebührengesetzes vom 4. Dezember 1899) wollen die Herren Notare thunlichst auf eine einheitliche Beurkundung des Annahmevertrags und der Einwilligungserklärungen Bedacht nehmen.

Das in dem letzten Absatze Bemerkte gilt gleichermaßen für die Behandlung der Anträge auf Ehelichkeitserklärung. Auch hier entstehen den Betheiligten häufig dadurch nutzlose Kosten, daß über die nach dem Gesetze erforderlichen Einwilligungserklärungen (§§ 1726, 1728 Abs. 2, 1730 B.G.B.) besondere Urkunden aufgenommen werden, während die Erklärungen vielfach in dem notariellen Antrage des Vaters beurkundet werden könnten. Im Anschlusse hieran mache ich noch darauf aufmerksam, daß in den Fällen, in welchen die Betheiligten zur Abgabe ihrer Erklärungen der Zustimmung des gesetzlichen Vertreters und der Genehmigung des Vormundschaftsgerichts oder der letzteren allein bedürfen (§§ 1728 Abs. 2, 1729 Abs. 1 u. 2 B.G.B.), diese Zustimmung oder Genehmigung nach der herrschenden Rechtsansicht mit Beziehung auf die §§ 111, 1831 B.G.B. vor der Erklärungsabgabe ertheilt sein muß, und daß es sich daher empfiehlt, den Antrag auf Ehelichkeitserklärung bezw. die Einwilligung erst zu beurkunden, wenn die Erfüllung der bezeichneten Bedingung nachgewiesen ist. (Vgl. Planck, Kommentar § 1729 Anm. 2; Staudinger, Kommentar § 1728 Anm. 3 und § 1729 Anm. 3; Crome, System des bürgerl. Rechtes § 80 Anm. 15.)

Der Kaiserliche Oberstaatsanwalt

Geheimer Oberjustizrat

Huber.

Sachregister.

(Die Zahlen bezeichnen die Seiten.)

M. Du Mont-Schauberg, Straßburg.

Systematische Sammlung der in Elsaß-Lothringen geltenden Gesetze (Fortsetzung).

Zwangsversteigerung und die Zwangsverwaltung, ferner die sämmtlichen zu diesen Gesetzen gehörigen Ein- und Ausführungsgesetze, die Gerichtskostengesetze und die Gebührenordnungen: alles mit auf Elsaß-Lothringen bezüglichen kurzen Erläuterungen versehen; der zweite Band enthält in der gleichen Bearbeitung die sämmtlichen übrigen Gesetze und Verordnungen privatrechtlichen Charakters bis auf die neueste Zeit. — Ein ausführliches Register am Schlusse des zweiten Bandes gewährt einen vollständigen und sicheren Überblick über den heutigen Rechtszustand.

Das Werk erscheint im Format, in der Ausstattung und typographischen Anordnung der alten Sammlung, nur in einem verschiedenfarbigen Einband, um Verwechslungen bei der gleichzeitigen Handhabung der beiden Sammlungen zu vermeiden.

Alte Möller'sche Gesetzsammlung.

Sammlung der in Elsaß-Lothringen geltenden Gesetze. Auf Anregung des Wirkl. Geheimen Raths Dr. von Möller bearbeitet und herausgegeben in Verbindung mit anderen reichsländischen Juristen von F. Althoff, ordentlichem Professor, R. Förtsch, Landgerichtsdirektor, A. Harseim, Justizrath und Gouvernementsauditeur, A. Keller, Oberlandesgerichtsrath und A. Leoni, Landgerichtsrath. 6 Bde. und Register. XXX, 761; VI, 1007; 1183; XXXII, 815; XXXVIII, 981; XXXV, 1073; 181 S. 1880—1896. Herabgesetzter Preis: brosch. *M.* 76.—, geb. in eleg. Halbfrzbd. *M.* 88.50.

Daraus einzeln: V. Band, die Gesetze von 1886—1890 mit Register enthaltend. Bearbeitet von R. Förtsch, Reichsgerichtsrath.

Preis: brosch. *M.* 17.—, geb. *M.* 19.—.

VI. Band, die Gesetze von 1891—1895 mit Gesammtregister für alle Bände enthaltend. Bearbeitet von C. Jacob, Ministerialrath.

Preis: brosch. *M.* 20.—, geb. *M.* 22.—.

Von diesem Werk sind nur noch wenige vollständige Exemplare vorhanden; nur die Bände V und VI werden noch einzeln abgegeben.

Ausführungsgesetze.

Das Gesetz, betreffend die Ausführung des Bürgerlichen Gesetzbuchs in Elsaß-Lothringen vom 17. April 1899 in der Fassung der Bekanntmachung des Kaiserlichen Statthalters vom 22. Dezember 1899. Erläutert von Hugo Molitor, Kaiserl. Landgerichtsrath in Straßburg. 8°. XXIV, 595 S. 1900.

Broschirt M. 10.50, in Leinwand gebunden M. 11.—.

„Die Bedeutung des nunmehr zum Abschluß gelangten Werkes dürfte den reichsländischen Juristen aus der Praxis genügend bekannt sein. Die den Kommentatoren gegebenen Grenzen weit überschreitend, hat Verfasser neben den eigentlichen Erläuterungen zu den Paragraphen eine systematische Entwicklung des ganzen berührten Rechtsgebiets gegeben, wie sie gründlicher kaum geboten werden kann. . ."

Jur. Zeitschr. f. d. Reichsl. Elf.-Lothr. XXV. 9/10.

„. . . . Jetzt erst läßt sich ein Ueberblick über die Arbeit gewinnen, die Kommentar und Lehrbuch zugleich ist. Bei den Vorschriften zum Sachenrecht wird eine systematische Entwicklung des gesammten Grundeigenthumsrechts unter besonderer Behandlung des Zwischenrechts, bei denjenigen zum Familienrecht eine solche des ehelichen Güterrechts eingefügt, Abhandlungen, die durch ihre Gründlichkeit, Vollständigkeit und Uebersichtlichkeit für das Studium das beste Hülfsmittel sind. . . ."

Zeitschr. f. Deutsches bürgerl. Recht u. franz. Civilrecht XXXI. 3.

„Der treffliche Kommentar zum elsaß-lothringischen Ausführungsgesetz von Molitor ist jetzt vollendet."

A. v. Thur, Deutsche Juristenzeitung V. 17/18.

„. . . . Der Bearbeitung des vorliegenden Kommentars, dessen Verfasser an der Vorbereitung des G. in hervorragender Weise betheiligt war, haben die gesammten Materialien des Ministeriums zu Grunde gelegen. Sie bilden naturgemäß das beste Auslegungsmittel und sind deshalb in ausführlicher Weise verwendet. Außer diesen enthalten die Bemerkungen die Darstellung des derzeitigen Rechtszustandes sowie die Berührungspunkte mit der Reichsgesetzgebung insbesondere dem Bürgerlichen Gesetzbuch und seinen Nebengesetzen. . . ." Centralblatt für Rechtswissenschaft, Bd. 18, Heft 10.

Das elsaß-lothringische Gesetz, betreffend die Ausführung des Reichsgesetzes über die Angelegenheiten der freiwilligen Gerichtsbarkeit vom 6. November 1899 nebst den zugehörigen Ausführungsverfügungen. Auf amtliche Veranlassung erläutert von Hugo Molitor, Oberlandesgerichtsrath. 8° X, 242 S. 1901.

Broschirt M. 4.50, in Leinwand gebunden M. 5.—.

Ausführungsgesetze (Fortsetzung).

Die Elsaß-Lothringischen Ausführungsgesetze und Verordnungen zu den Reichs-Justizgesetzen nebst einigen weiteren Gesetzen über Gewerbegerichte, Forststrafrecht, Erbbescheinigungen, Feld- und Fährpolizei-Uebertretungen, Vormundschaften und Zwangsenteignung. Textausgabe mit französischer Uebersetzung und Anmerkungen. Zweite verbesserte und vermehrte Auflage. — Les lois et ordonnances d'exécution des lois de justice de l'Empire d'Allemagne et les lois concernant les Prud'hommes, le Droit pénal forestier, les Certificats de Qualité d'héritier, les Contraventions en matière de police rurale et des bacs et bâteaux, les Tutelles et l'Expropriation pour cause d'utilité publique. Texte allemand et français avec annotations. 2e édit. revue et augmentée. 8°. 445 S. 1887.
M 5.—, gebunden M 6.30.

Siehe auch Bürgerliches Gesetzbuch, S. 3.

Baurecht.

Das Elsaß-Lothringische Baurecht, enthaltend eine systematische Darstellung der auf Bauten bezügl. Vorschriften des öffentlichen und Privatrechts, sowie eine Zusammenstellung der zugehörigen Gesetze und Verordnungen in deutscher Uebersetzung. Herausgegeben von R. Förtsch, Kammerpräsident in Metz, und M. Caspar, Abtheilungsbaumeister in Straßburg. 8°. XII, 394 S. 1879. (früh. Preis M 8.—) herabges. auf M 5.—.

Bürgerliches Gesetzbuch.

Die öffentliche Urkunde nach Bürgerlichem Gesetzbuch und nach dem Gesetz über die Angelegenheiten der freiwilligen Gerichtsbarkeit. Beispiele zur Anwendung der Formvorschriften mit Erläuterungen. Anhang: Die Ausführungsbestimmungen über das Beurkundungswesen im Bayrischen Notariatsgesetz und in den Ausführungsgesetzentwürfen für Preußen und für Elsaß-Lothringen. Von Justizrath A. Wunder, Notar. Zweite unveränderte Auflage. Kl. 8°. XII, 139 S. 1900.
In Ganz-Leinwand gebunden M 3.50.

Siehe auch S. 3 und Ausführungsgesetze, S. 4.

Erbbescheinigungen.

Gesetz, betreffend die Ausstellung gerichtlicher Erbbescheinigungen und die Zuständigkeit der Amtsgerichte vom 10. Mai 1886. — Loi sur la délivrance de certificats judiciaires constatant la qualité d'héritier et la compétence des tribunaux cantonaux du 10 mai 1886. Texte allemand et français. 8°. 11 S. 1886.
Kart. M —.50.

Erbschaftssteuergesetz.

Das Erbschaftssteuergesetz für Elsaß-Lothringen. In amtlichem Auftrage erläutert und herausgegeben von Karl Jacob, Ministerialrath. Zweite, gänzlich umgearbeitete Auflage unter Zugrundelegung der Fassung vom 17. Juni 1900. 8°. VIII, 236 S. 1900. Broschirt *M.* 4.50, gebunden in Ganz-Leinwand *M.* 5.—.

Feld- und Fährpolizei.

Gesetz, betr. die Bestrafung von Zuwiderhandlungen gegen die Vorschriften der Feld- und Fährpolizei, vom 30. März 1887.

Siehe: Ausführungsgesetze zu den Reichsjustizgesetzen.

Feldpolizeistrafgesetz vom 9. Juli 1888. Mit Anmerkungen nach amtlichen Quellen bearbeitet. 8°. 45 S. Kart. *M.* —.80.

Fischereigesetz.

Das Gesetz für Elsaß-Lothringen, betr. die Fischerei, vom 2. Juli 1891. Im Auftrag des Ministeriums, Abtheilung für Finanzen, Landwirthschaft und Domänen, erläutert und herausgegeben von Freiherrn von Bibra, Ministerialrath, und Lichtenberg, Regierungsassessor. 8°. VI, 111 S. 1893. Brosch. *M.* 3—, in Ganz-Leinwand gebunden *M.* 3.50.

Forststrafrecht. S.: Ausführungsgesetze zu den Reichsjustizgesetzen.

Freiwillige Gerichtsbarkeit.

Siehe: Ausführungsgesetze, S. 4 und Bürgerliches Gesetzbuch, S. 3 und S. 5.

Fuhrwesen.

Die in Elsaß-Lothringen geltenden Gesetze über das Fuhrwesen. Uebersetzt und herausgeg. im Auftrage des kaiserl. Oberpräsidiums. 8°. 52 S. 1877. Kart. *M.* —60.

Gemeindegesetzgebung.

Die Gemeindeordnung für Elsaß-Lothringen vom 6. Juni 1895 nebst den zu derselben ergangenen Ausführungsbestimmungen. Bearbeitet von A. Halley, Kais. Geh. Oberregierungsrath, Kommissar des Kaiserlichen Statthalters von Elsaß-Lothringen beim Bundesrath. 8°. VIII, 379 S. 1896. In Ganz-Leinwand gebunden *M.* 5—.

Gewerbegerichte. S.: Ausführungsgesetze zu den Reichsjustizgesetzen.

Grundbuchordnung. Siehe: Bürgerliches Gesetzbuch, S. 3.

Grundeigenthum und Hypothekenwesen.

Die elsaß-lothringischen Gesetze betreffend Grundeigenthum und Hypothekenwesen sowie die Ein-

Grundeigenthum und Hypothekenwesen (Fortsetzung).
richtung von Grundbüchern nebst den Kostengesetzen und Ausführungsverordnungen. Mit Erläuterungen herausgegeben von A. Leoni, k. Ministerialrath. 8°. VIII, 248 S. 1892. In Ganz-Leinwand gebunden ℳ 4—.

Jagdgesetze.
Das Elsaß-Lothringische Jagdgesetz. Textausgabe mit französischer Uebersetzung und Anmerkungen von einem Mitgliede des Landesausschusses. — Loi sur l'exercice du droit de chasse en Alsace-Lorraine. Texte allemand et français avec annotations par un membre de la Délégation. 8°. 31 S. 1881. Kart. ℳ —80.

Das Elsaß-Lothringische Jagdpolizeigesetz nebst der darauf bezüglichen Verordnung. Textausgabe mit französischer Uebersetzung und Anmerkungen von einem Mitgliede des Landesausschusses. 2. Auflage. — Loi et ordonnance ministérielle sur la police de la chasse. Texte allemand et français avec annotations par un membre de la Délégation. 2e édit. 8°. 41 S. 1883. Kart. ℳ —80.

Die Gesetze und Verordnungen über Jagd und Vogelschutz in Elsaß-Lothringen. Zusammengestellt und erläutert von A. Halley. k. Ministerialrath. 8°. IV, 103 S. 1890. Geb. ℳ 1.50.

Katastergesetz.
Das Elsaß-Lothringische Katastergesetz vom 31. März 1884 und das Gesetz vom 6. April 1892 betreffend Abänderung des Katastergesetzes sowie Ausgleichung der Grundsteuer. Text mit französischer Uebersetzung und Anmerkungen von Dr. Wilhelm Gunzert, Mitglied des Landesausschusses. — Loi sur le renouvellement du cadastre en Alsace-Lorraine du 31 mars 1884 et sur la Péréquation des impôts fonciers du 6 avril 1892. Texte allemand et français avec annotations par Guill. Gunzert, député à la Délégation. 8°. 102 S. 1892. Kart. ℳ 1—.

Kirchenrecht.
Das Staatskirchenrecht in Elsaß-Lothringen. Zusammenstellung der betreffenden Gesetze, Verordnungen, Staatsrathsgutachten und Ministerialverfügungen. Im Auftrage des Oberpräsidenten übersetzt und herausgegeben von E. Dursy, Kaiserl. Ministerialrath.

I. Katholischer Cultus. 8°. 1876. Vergriffen.

II. Protestantischer Cultus. 8°. XXII, 624 S. 1879. ℳ 8—.

Strafgesetze.

Schöffenbüchlein für Elsaß-Lothringen. Ein Hilfsbuch für Schöffen, Amtsrichter, Amtsanwälte, Rechtsanwälte, Bürgermeister und Polizeikommissare, von R. Förtsch, Landgerichtsdirektor in Metz. — Manuel des échevins, d'Alsace-Lorraine. Guide pour Messieurs les échevins, juges et procureurs cantonaux, avocats, maires et commissaires de police. Traduction française par G. Gunzert, président de Chambre à Strasbourg. 8°. 432 S. 1881. kart. ℳ 2.40.

Verwaltungsrecht.

Theorie des französischen Verwaltungsrechts. Von O. Mayer, Professor des französischen Rechts an der Universität Strassburg. Gr. 8°. X, 533 S. 1886. ℳ 10.—.

Vormundschaften.

Siehe: Ausführungsgesetze zu den Reichsjustizgesetzen.

Wassergesetz.

Das Gesetz für Elsaß-Lothringen, betr. Wasserbenutzung und Wasserschutz, vom 2. Juli 1891. Im Auftrag des Ministeriums, Abtheilung für Finanzen, Landwirthschaft und Domänen, erläutert und herausgegeben von den Ministerialräthen Jacob und Fecht. Mit Anhang, enthaltend die sonstigen wassergesetzlichen Vorschriften, die Ausführungsbestimmungen und eine Uebersicht über die Eintheilung der Wasser- und der Meliorationsbauverwaltung. 8°. IV, 180 S. 1892. Amtliche Ausgabe. Brosch. ℳ 3.—, gebunden in Ganz-Leinwand ℳ 3.50.

Zuchtstier-Haltung und -Verwendung.

Die Haltung und Verwendung der Zuchtstiere in Elsaß-Lothringen. Zusammenstellung und Erläuterung der betreffenden Gesetze, Verordnungen, Bekanntmachungen 2c. nebst einem Ueberblick über den Stand der Rindviehzucht in Elsaß-Lothringen. Im Auftrage des Ministeriums, Abtheilung für Finanzen, Landwirthschaft und Domänen herausgegeben von Freiherrn von Bibra, Ministerialrath. 8°. IV, 60 S. 1893. kart. ℳ 1.—.

Zwangsenteignung und Zwangsvollstreckung.

Siehe: Ausführungsgesetze zu den Reichsjustizgesetzen.

Zwangsversteigerung und Zwangsverwaltung.

Siehe: Bürgerliches Gesetzbuch, S. 3.

FSC
www.fsc.org
MIX
Papier | Fördert
gute Waldnutzung
FSC® C083411

Kolibri 360 GmbH
Ferdinand-Jühlke-Straße 7
99095 Erfurt, Deutschland
produktsicherheit@kolibri360.de

Nr. 228 Guttentagsche Sammlung Deutscher Reichsgesetze Nr. 228
Kommentare und erläuterte Textausgaben

Einkommensteuergesetz

vom 27. Februar 1939 in der Fassung des Gesetzes Nr. 12
der Alliierten Kontrollbehörde (Kontrollrat)
vom 11. Februar 1946

Textausgabe
mit kurzen Erläuterungen
von

Dr. Hermann Wagelaar
Wirtschaftsprüfer

Berlin 1946

Walter de Gruyter & Co.

vormals G. J. Göschen'sche Verlagshandlung / J. Guttentag, Verlagsbuchhandlung / Georg Reimer / Karl J. Trübner / Veit & Comp

Archiv-Nr. 211 228
Druck: Otto Walter, Berlin SW 29 — II. 46 — 3000
Gen.-Nr. 2853

Vorwort

Die Alliierte Kontrollbehörde — Kontrollrat — hat unter dem 11. Februar 1946 das Gesetz Nr. 12, Aenderung der Gesetzgebung in bezug auf Einkommensteuer, Körperschaftsteuer und Gewinnabführung, erlassen. Dadurch hat das bisher gültige Einkommensteuergesetz vom 27. Februar 1939 in verschiedenen Bestimmungen nicht unwesentliche Aenderungen erfahren. Die neuen Bestimmungen finden ab 1 Januar 1946 Anwendung.

Der Verlag hat sich daher sofort nach Erscheinen des Gesetzes Nr. 12 entschlossen, eine Textausgabe des jetzt gültigen Gesetzes mit kurzen Erläuterungen herauszubringen. Dabei sind die Durchführungsverordnungen 1941 sowie die Richtlinien für 1941 und 1943, die noch weitgehend Gültigkeit haben, zum großen Teil mit abgedruckt worden. Eine Verarbeitung der einzelnen Artikel des Gesetzes Nr. 12 in die Paragraphen des Einkommensteuergesetzes stößt in mehreren Fällen auf Schwierigkeiten, so daß eine völlige Neuredigierung des nunmehr gültigen Einkommensteuergesetzes durch eine amtliche Stelle wünschenswert ist.

Die vorliegende Ausgabe ist für die ersten Bedürfnisse der Praxis bestimmt, die um so dringlicher sind, weil durch die Kriegsereignisse die bisher vorliegende Literatur zum größten Teil vernichtet worden ist. Einer weiteren Auflage wird es vorbehalten sein, die Erläuterungen zu vertiefen, Zweifelsfragen zu klären und die kommende Rechtsprechung zu berücksichtigen.

Berlin-Frohnau, im April 1946.

Der Verfasser.

Inhaltsübersicht

Abkürzungsverzeichnis

ESt DV = Einkommensteuer-Durchführungsverordnung
EStG = Einkommensteuergesetz 1939
EStR 41 = Einkommensteuer-Richtlinien für 1941
EStR 43 = Einkommensteuer-Ergänzungsrichtlinien 1943
RFH = Reichsfinanzhof, auch Sammlung seiner Entscheidungen, Band und Seite
RGBl = Reichsgesetzblatt
RStBl = Reichssteuerblatt

Einkommensteuergesetz

vom 27. Februar 1939 in der Fassung des Gesetzes Nr. 12 der Alliierten Kontrollbehörde Kontrollrat vom 11. Februar 1946.

Allgemeine Grundsätze.

Alle deutschen Steuergesetze sind ohne Unterschied der Rasse, des Glaubens, der Staatsangehörigkeit oder der politischen Einstellung anzuwenden. Alle gesetzlichen Bestimmungen, die mit diesem Grundsatz unvereinbar sind, werden aufgehoben;
insbesondere diejenigen, die vorschreiben, daß die deutschen Steuergesetze im nationalsozialistischen Geiste zu verstehen und auszulegen sind.

I. Steuerpflicht.

§ 1.

(1) Natürliche Personen, die im Inland einen Wohnsitz oder ihren gewöhnlichen Aufenthalt haben, sind unbeschränkt einkommensteuerpflichtig. Die unbeschränkte Einkommensteuerpflicht erstreckt sich auf sämtliche Einkünfte.

(2) Natürliche Personen, die im Inland weder einen Wohnsitz noch ihren gewöhnlichen Aufenthalt haben, sind beschränkt einkommensteuerpflichtig mit inländischen Einkünften im Sinn des § 49.

Das Gesetz unterscheidet die unbeschränkte und die beschränkte Einkommensteuerpflicht.

Unbeschränkt steuerpflichtig ist jemand, der im Inland seinen Wohnsitz oder gewöhnlichen Aufenthalt hat. Einen Wohnsitz im Sinne der Steuergesetze hat jemand dort, wo er eine Wohnung innehat unter Umständen, die darauf schließen lassen, daß er die Wohnung beibehalten und benutzen wird (§ 13 StAnpG).

Den gewöhnlichen Aufenthalt im Sinn der Steuergesetze hat jemand dort, wo er sich unter Umständen aufhält, die erkennen lassen, daß er an diesem Ort oder in diesem Land nicht nur vorübergehend verweilt. Unbeschränkte Steuerpflicht tritt jedoch stets dann ein, wenn der Aufenthalt im Inland länger als sechs Monate dauert. In diesem Fall erstreckt sich die Steuerpflicht auch auf die ersten sechs Monate (§ 14 Absatz 1 StAnpG).

Die Einkunftsarten für unbeschränkt einkommensteuerpflichtige Personen sind im § 2 Absatz 3 EStG aufgeführt, die inländischen Einkünfte für beschränkt einkommensteuerpflichtige Personen ergeben sich aus § 49 EStG.

Die Steuerschuld entsteht, sobald der Tatbestand verwirklicht ist, an den das Gesetz die Steuer knüpft.

Auf die Entstehung der Steuerschuld ist es ohne Einfluß, ob und wann die Steuer festgesetzt wird und wann die Steuer zu entrichten (wann sie fällig) ist (§ 3 StAnpG).

II. Einkommen.

1. Einkunftsarten, Einkünfte, Einkommen.

§ 2.

(1) Die Einkommensteuer bemißt sich nach dem Einkommen, das der Steuerpflichtige innerhalb eines Kalenderjahres bezogen hat.

(2) Einkommen ist der Gesamtbetrag der Einkünfte aus den im Absatz 3 bezeichneten Einkunftsarten nach Ausgleich mit Verlusten, die sich aus einzelnen Einkunftsarten ergeben und nach Abzug der Sonderausgaben (§ 10).

(3) Der Einkommensteuer unterliegen nur

1. Einkünfte aus Land- und Forstwirtschaft,
2. Einkünfte aus Gewerbebetrieb,

3. Einkünfte aus selbständiger Arbeit,
4. Einkünfte aus nichtselbständiger Arbeit,
5. Einkünfte aus Kapitalvermögen,
6. Einkünfte aus Vermietung und Verpachtung,
7. sonstige Einkünfte im Sinn des § 22.

Zu welcher Einkunftsart die Einkünfte im einzelnen Fall gehören, bestimmt sich nach den §§ 13 bis 24.

(4) Einkünfte im Sinn des Absatzes 3 sind

1. bei Land- und Forstwirtschaft, Gewerbebetrieb und selbständiger Arbeit der Gewinn (§§ 4 bis 7),
2. bei den anderen Einkunftsarten der Überschuß der Einnahmen über die Werbungskosten (§§ 8 und 9).

(5) Bei Land- und Forstwirtschaften und bei Gewerbetreibenden, deren Firma im Handelsregister eingetragen ist und die Bücher nach den Vorschriften des Handelsgesetzbuches ordnungsmäßig führen, ist der Gewinn aus Land- und Forstwirtschaft oder aus Gewerbebetrieb bei Ermittlung des Einkommens für das Kalenderjahr zu berücksichtigen, in dem das Wirtschaftsjahr endet. Wirtschaftsjahr ist

1. bei Land- und Forstwirten, gleichviel ob sie Bücher führen oder nicht, der Zeitraum vom 1. Juli bis zum 30. Juni,
2. bei Gewerbetreibenden der Zeitraum, für den sie regelmäßig Abschlüsse machen.

Das Einkommen eines Steuerpflichtigen setzt sich aus Einkunftsarten, so wie sie in Absatz 3 erschöpfend aufgezählt sind, zusammen.

Unter Einkünfte versteht das Gesetz die reinen Einkünfte. Von dem Gesamtbetrag der Einkünfte aller 7 Einkunftsarten können die Verluste abgesetzt werden, die sich eventuell aus anderen Einkunftsarten ergeben, sowie die Sonderausgaben des § 10 EStG. Das Ergebnis ist dann das Einkommen.

Als Zeitraum für die Ermittlung des Einkommens gilt grundsätzlich das Kalenderjahr. Bei den Einkünften aus Land- und Forstwirtschaft und aus Gewerbebetrieb wird gegebenenfalls das vom Kalenderjahr abweichende Wirtschaftsjahr für die Ermittlung des Einkommens zugrunde gelegt. Dabei wird der Gewinn desjenigen Wirtschaftsjahrs zugrunde gelegt, welches in dem betreffenden Kalenderjahr endet.

EStDV 1941

§ 1

Wirtschaftsjahr

Das Wirtschaftsjahr umfaßt einen Zeitraum von zwölf Monaten. Es darf einen Zeitraum von weniger als zwölf Monaten nur umfassen, wenn

1. ein Betrieb eröffnet oder aufgegeben wird oder

2. ein Steuerpflichtiger von regelmäßigen Abschlüssen auf einen bestimmten Tag zu regelmäßigen Abschlüssen auf einen anderen bestimmten Tag übergeht.

§ 2

Wirtschaftsjahr bei Land- und Forstwirten

(1) Macht ein Land- und Forstwirt regelmäßig Abschlüsse für ein Wirtschaftsjahr, das nicht am 30. Juni, aber an einem anderen Tag in der Zeit vom 24. Juni bis 6. Juli endet, so ist dieses Wirtschaftsjahr das Wirtschaftsjahr im Sinn des § 2 Absatz 5 Ziffer 1 des Gesetzes.

(2) Bei reiner Weidewirtschaft und reiner Viehzucht ist Wirtschaftsjahr der Zeitraum vom 1. Mai bis 30. April. Der Begriff der reinen Weidewirtschaft schließt nicht aus, daß neben Weide und Wiese auch in geringem Umfang Ackerland bewirtschaftet wird.

(3) Die Oberfinanzpräsidenten können bei Land- und Forstwirten für bestimmte Betriebsarten und für bestimmte Gebiete an Stelle der Wirtschaftsjahre, die im § 2 Absatz 5 Ziffer 1 des Gesetzes und in den obigen Absätzen 1 und 2 bezeichnet sind, einen anderen zwölf-

monatigen Zeitraum bestimmen, wenn das aus wirtschaftlichen Gründen nach der besonderen Gestaltung der Betriebe erforderlich ist. Die Bestimmung ist ortsüblich Satzes 1 kann auch für den einzelnen Fall getroffen werbekanntzumachen. Eine Bestimmung im Sinn des

EStR 1941

Ermittlungszeitraum

(1) Das Einkommen und demgemäß auch die Einkünfte und die Sonderausgaben sind § 2 Absatz 1 EStG gemäß in der Regel für ein Kalenderjahr zu ermitteln.

(2) Land- und Forstwirte haben für ihre Einkünfte aus Land- und Forstwirtschaft ein vom Kalenderjahr abweichendes Wirtschaftsjahr. Hinweis auf § 2 Absatz 5 EStG und § 2 EStDV 1941.

(3) Gewerbetreibende, deren Firma im Handelsregister eingetragen ist, dürfen § 2 Absatz 5 EStG gemäß ihre Einkünfte aus Gewerbebetrieb nach einem vom Kalenderjahr abweichenden Wirtschaftsjahr ermitteln, wenn sie Bücher nach den Vorschriften des Handelsgesetzbuchs ordnungsmäßig führen. Werden die Bücher nicht ordnungsmäßig geführt, so ist der im Kalenderjahr erzielte Gewinn maßgebend. Er ist zu schätzen. Es kann jedoch der Gewinn des vom Kalenderjahr abweichenden Wirtschaftsjahrs geschätzt und der Veranlagung zugrunde gelegt werden, wenn bei bisher ordnungsmäßiger Buchführung ausnahmsweise in einem Wirtschaftsjahr Mängel festgestellt werden.

(4) Machen Gewerbetreibende, deren Firma nicht im Handelsregister eingetragen ist, Abschlüsse auf einen anderen Zeitpunkt als den 31. Dezember, so ist das Ergebnis dieses abweichenden Wirtschaftsjahrs für die steuerliche Gewinnermittlung nicht maßgebend. Es ist dann der Gewinn zu schätzen, den der Steuerpflichtige im Kalenderjahr erzielt hat.

den.

2. Steuerfreie Einkünfte.

§ 3.

Steuerfrei sind:

a) Bezüge aus der Sozialversicherung,

b) Ruhegehälter,

c) Bezüge aus der öffentlichen Fürsorge, soweit diese Bezüge von dem Kontrollrat oder dem zuständigen Zonenbefehlshaber genehmigt sind.

Durch das Gesetz Nr. 12 der Alliierten Kontrollbehörde ist der Inhalt des § 3 wesentlich geändert und den derzeitigen Verhältnissen angepaßt worden. Fortgefallen ist vor allem die Steuerfreiheit aller Fürsorge- und Versorgungsbezüge nach dem Wehrmachtsfürsorge- und Versorgungsgesetz, ferner u. a. eventuell an Arbeitnehmer gezahlte Heirats- und Geburtsbeihilfen, ebenso die aus öffentlichen Kassen gezahlten Aufwandsentschädigungen und Reisekosten. Neu ist in der jetzigen Fassung des § 3 die Steuerfreiheit der Ruhegehälter.

3. Gewinn.

§ 4. Gewinnbegriff im allgemeinen.

(1) Gewinn ist der Unterschiedsbetrag zwischen dem Betriebsvermögen am Schluß des Wirtschaftsjahrs und dem Betriebsvermögen am Schluß des vorangegangenen Wirtschaftsjahrs, vermehrt um den Wert der Entnahmen und vermindert um den Wert der Einlagen. Entnahmen sind alle Wirtschaftsgüter (Barentnahmen, Waren, Erzeugnisse, Nutzungen und Leistungen), die der Steuerpflichtige dem Betrieb für sich, für seinen Haushalt oder für andere betriebsfremde Zwecke im Lauf des Wirtschaftsjahrs entnommen hat. Einlagen sind alle Wirtschaftsgüter (Bareinzahlungen und sonstige Wirtschaftsgüter), die der Steuerpflichtige dem Betrieb im Lauf des Wirtschaftsjahrs zugeführt hat. Bei der Ermittlung des Gewinns sind die Vorschriften über die Betriebsaus-

gaben (Absatz 4) und über die Bewertung (§ 6) zu befolgen. Der Wert des Grund und Bodens, der zum Anlagevermögen gehört, bleibt außer Ansatz.

(2) Der Steuerpflichtige darf die Vermögensübersicht (Bilanz) auch nach ihrer Einreichung beim Finanzamt ändern, soweit sie den Grundsätzen ordnungsmäßiger Buchführung unter Befolgung der Vorschriften dieses Gesetzes nicht entspricht. Darüber hinaus ist eine Änderung der Vermögensübersicht (Bilanz) nur mit Zustimmung des Finanzamts, im Rechtsmittelverfahren mit Zustimmung der Rechtsmittelbehörde zulässig.

(3) Weicht das Betriebsvermögen am Schluß des einzelnen Wirtschaftsjahrs vom Betriebsvermögen am Schluß des vorangegangenen Wirtschaftsjahrs in der Regel nicht wesentlich ab, so kann als Gewinn der Überschuß der Betriebseinnahmen über die Betriebsausgaben angesetzt werden. Dabei können wirtschaftlich ins Gewicht fallende Schwankungen im Betriebsvermögen, die in einem Wirtschaftsjahr ausnahmsweise auftreten, durch Zuschläge oder Abschläge berücksichtigt werden.

(4) Betriebsausgaben sind die Aufwendungen, die durch den Betrieb veranlaßt sind.

Gemäß § 4 ist der Gewinn grundsätzlich durch Bestandsvergleich zu ermitteln. Der Bestandsvergleich ist anzuwenden von solchen Steuerpflichtigen, die Einkünfte aus Land- und Forstwirtschaft beziehen, ferner von Kleingewerbetreibenden und Handwerkern sowie von Steuerpflichtigen mit Einkünften aus selbständiger Arbeit. Steuerpflichtige, die nach dem HGB buchführungspflichtig sind, müssen ihren Gewinn nach § 5 ermitteln. Der Unterschied liegt in folgendem:

Bei Berechnung des Gewinns gemäß § 4 ist der Wert des Grund und Bodens, der zum Anlagevermögen gehört, außer Ansatz zu lassen. Das hat zur Folge, daß auch der Erlös aus der Veräußerung von Grund und Boden oder von Teilen desselben sowie die Ausgaben zum Erwerb desselben bei der Gewinnermittlung außer Ansatz zu bleiben haben.

Hiervon abgesehen ist der Gewinnbegriff des EStG ein einheitlicher, nämlich der kaufmännische Gewinnbegriff.

Sofern das Betriebsvermögen nur unwesentlichen Schwankungen unterliegt, was bei der Mehrzahl der Land- und Forstwirte und der Kleingewerbetreibenden sowie der freien Berufe der Fall sein dürfte, so kann an Stelle des Bestandsvergleichs auch eine Ueberschußrechnung der Einnahmen über die Ausgaben vorgenommen werden.

EStDV 1941

Zu §§ 4 bis 6 des Gesetzes

§ 4

Eröffnung und Aufgabe eines Betriebs

(1) Wird ein Betrieb eröffnet oder erworben, so tritt für die Berechnung des Gewinns an die Stelle des Schlusses des vorangegangenen Wirtschaftsjahrs der Zeitpunkt der Eröffnung oder des Erwerbs des Betriebs.

(2) Wird ein Betrieb aufgegeben oder veräußert, so tritt für die Berechnung des Gewinns an die Stelle des Schlusses des Wirtschaftsjahrs der Zeitpunkt der Aufgabe oder der Veräußerung des Betriebs.

§ 5

Bewertung bei unentgeltlicher Uebertragung

(1) Wird ein Betrieb oder ein Teilbetrieb unentgeltlich übertragen, so sind bei der Ermittlung des Gewinns des bisherigen Betriebsinhabers die Wirtschaftsgüter mit den Werten anzusetzen, die sich § 6 Ziffern 1 bis 3 des Gesetzes gemäß ergeben. Der Rechtsnachfolger ist an diese Werte gebunden.

(2) Werden nur einzelne Wirtschaftsgüter unentgeltlich übertragen, so gilt für den Empfänger als Anschaffungs- oder Herstellungskosten der Betrag, den er für das einzelne Wirtschaftsgut im Zeitpunkt des Empfangs hätte aufwenden müssen.

§ 6

Einlagen

Führt der Steuerpflichtige dem Betrieb Wirtschaftsgüter zu, die vor dem 1. Januar 1925 angeschafft oder hergestellt worden sind, so gilt als Anschaffungs- oder Herstellungskosten der Betrag, den der Steuerpflichtige für die Anschaffung am 1. Januar 1925 hätte aufwenden müssen.

§ 8

Buchführender Land- und Forstwirt

Ein buchführender Land-und Forstwirt ist derjenige Land- und Forstwirt, der über den Betrieb der Land- und Forstwirtschaft Bücher ordnungsmäßig führt, die mindestens den Anforderungen der Verordnung über landwirtschaftliche Buchführung vom 5. Juli 1935 (Reichsgesetzbl. I S. 908, Reichssteuerbl. 1935 S. 955) entsprechen.

EStR 1941

7. Zugehörigkeit von Grundstücken und Grundstücksteilen zum Betriebsvermögen

(1) Es ist bei der Gewinnermittlung durch Betriebsvermögensvergleich § 4 Absatz 1 und § 5 EStG gemäß insbesondere bei Gewerbetreibenden (§ 15 EStG) und bei selbständig Tätigen (§ 18 EStG) oft streitig, ob ein Grundstück oder ein Grundstücksteil zum Betriebsvermögen gehört und wie die Einnahmen und die Ausgaben, die in Zusammenhang mit dem Grundstück oder dem Grundstücksteil stehen, zu behandeln sind. Die Entscheidung hängt in der Regel davon ab, ob das Grundstück oder der Grundstücksteil dem eigenen Betrieb des Gewerbetreibenden oder des selbständig Tätigen oder anderen Zwecken dient. Grundstücke oder Grundstücksteile dienen anderen als eigenbetrieblichen Zwecken, wenn sie zu eigenen Wohnzwecken gebraucht werden

oder wenn sie zu Wohnzwecken oder zu betrieblichen Zwecken (fremdbetriebliche Nutzung) vermietet sind. Die Frage, ob ein Grundstück oder ein Grundstücksteil zum Betriebsvermögen gehört, ist zum Teil verschieden zu beantworten, je nachdem, ob es sich handelt um

a) den Betrieb eines Gewerbetreibenden, dessen Firma nicht im Handelsregister eingetragen ist, oder den Betrieb eines selbständig Tätigen oder

b) den Betrieb eines Gewerbetreibenden, dessen Firma im Handelsregister eingetragen ist, oder den Betrieb einer Personengesellschaft.

(2) Bei Gewerbetreibenden, deren Firma nicht im Handelsregister eingetragen ist, und bei selbständig Tätigen gehören Grundstücke oder Grundstücksteile, die unmittelbar und ausschließlich für Zwecke des eigenen Betriebs genutzt werden, regelmäßig zum Betriebsvermögen.

Beispiele:

Zum Betriebsvermögen gehören grundsätzlich das Grundstück, in dem ein Arzt ausschließlich ein Entbindungsheim unterhält; der Teil des Einfamilienhauses eines Rechtsanwalts, in dem er seine Praxis ausübt; das Garagengrundstück eines Fuhrunternehmers; der Teil des Mietwohnhauses eines Lebensmittelhändlers, in dem er sein Lebensmittelgeschäft betreibt.

Eigenbetrieblich genutzte Grundstücksteile können aber nicht als Betriebsvermögen behandelt werden, wenn ihr Wert im Verhältnis zum Wert des ganzen Grundstücks von untergeordneter Bedeutung ist. Ein Grundstücksteil ist in der Regel nicht mehr von untergeordneter Bedeutung, wenn sein Wert mehr als ein Fünftel des Werts des ganzen Grundstücks oder mehr als 10 000 RM beträgt.

Beispiele:

A. Ein Steuerpflichtiger unterhält im eigenen Haus eine Tischlerei. Der Wert des ganzen Grundstücks beträgt 50 000 RM. Der Wert des eigenbetrieblich genutzten Grundstücksteils beträgt 15 000 RM.

Der eigenbetriebiich genutzte Grundstücksteil ist als Betriebsvermögen zu behandeln.

B. Ein Arzt übt seine ärztliche Praxis im eigenen Haus aus. Der Wert des ganzen Grundstücks beträgt 45 000 RM. Der Wert des eigenbetrieblich genutzten Grundstücksteils beträgt 8000 RM.

Der eigenbetrieblich genutzte Grundstücksteil kann nicht als Betriebsvermögen behandelt werden, weil sein Wert nicht mehr als ein Fünftel des Werts des ganzen Grundstücks ausmacht und auch 10 000 RM nicht übersteigt.

(3) Grundstücke oder Grundstücksteile gehören bei Gewerbetreibenden, deren Firma nicht im Handelsregister eingetragen ist, und bei selbständig Tätigen grundsätzlich nicht zum Betriebsvermögen, sondern zum Privatvermögen, wenn sie von dem Gewerbetreibenden oder dem selbständig Tätigen zu eigenen Wohnzwecken genutzt oder von ihm zu Wohnzwecken oder zu Betriebszwecken vermietet werden.

Beispiel:

Ein Gewerbetreibender, dessen Firma nicht im Handelsregister eingetragen ist, besitzt ein Haus, in dem sich zwei Läden mit geringem Nebengelaß und zwei kleine Wohnungen befinden. Der Steuerpflichtige unterhält in dem einen Laden ein Friseurgeschäft. Die eine Wohnung dient seinen eigenen Wohnzwecken; der zweite Laden ist an einen Tabakwarenkleinhändler, die zweite Wohnung an einen Beamten vermietet. Der Wert des ganzen Grundstücks beträgt 30 000 RM. Der Wert jedes Ladens und jeder Wohnung beträgt 7500 RM.

Der Laden, den der Steuerpflichtige für sein Friseurgeschäft benutzt, ist als Betriebsvermögen zu behandeln. Der andere Laden und die beiden Wohnungen gehören zum Privatvermögen des Steuerpflichtigen.

(4) Für Gewerbetreibende, deren Firma im Handelsregister eingetragen ist, gilt wegen der Zugehörigkeit eigenbetrieblich genutzter Grundstücke oder Grundstücksteile Absatz 2 Satz 1 sinngemäß. Ein Gewerbetreibender, dessen Firma im Handelsregister eingetragen ist, kann auch Grundstücke oder Grundstücksteile, die er zu Wohnzwecken oder zu betrieblichen Zwecken vermietet, in sein Betriebsvermögen aufnehmen. Der Teil eines Grundstücks, der eigenbetrieblich oder durch Vermietung genutzt wird, kann aber nicht als Betriebsvermögen behandelt werden, wenn der andere Teil des Grundstücks eigenen Wohnzwecken dient und wenn der Wert des eigenbetrieblich oder durch Vermietung genutzten Teils im Verhältnis zum Wert des ganzen Grundstücks von untergeordneter Bedeutung ist. Hinweis auf das RFH-Urteil vom 6. November 1935 (Reichssteuerbl. 1936 S. 278). Wann ein Grundstücksteil von untergeordneter Bedeutung ist, ergibt sich aus Absatz 2 Satz 3. Ein Gewerbetreibender, dessen Firma im Handelsregister eingetragen ist, kann auch den zu Eigenwohnzwecken genutzten Teil eines Grundstücks in sein Betriebsvermögen aufnehmen, wenn

sein Wert weniger als die Hälfte des Werts des ganzen Grundstücks beträgt und der andere Teil des Grundstücks als Betriebsvermögen behandelt wird. Grundstücke und Grundstücksteile, die nicht eigenbetrieblich genutzt werden, sind jedoch in jedem Fall nur dann zum Betriebsvermögen zu rechnen, wenn sie in der Buchführung und in den Hauptabschlußbilanzen eindeutig als Betriebsvermögen behandelt werden.

Beispiel:

Ein Gewerbetreibender, dessen Firma im Handelsregister eingetragen ist, unterhält in einem Teil seines Grundstücks ein Großhandelsgeschäft. Er vermietet einen anderen Teil des Grundstücks teils zu Wohnzwecken und teils zu Betriebszwecken an Fremde. Er benutzt außerdem einen Teil des Grundstücks zu Eigenwohnzwecken. Der Wert des ganzen Grundstücks beträgt 150 000 RM, der Wert jedes der drei verschieden genutzten Grundstücksteile beträgt je 50 000 RM.

Der für das eigene Großhandelsgeschäft genutzte Teil muß als Betriebsvermögen behandelt werden, der an Fremde vermietete Teil kann als Betriebsvermögen behandelt werden. Der zu Eigenwohnzwecken benutzte Teil kann als Betriebsvermögen behandelt werden, wenn der an Fremde vermietete Teil als Betriebsvermögen behandelt wird, weil dann der Wert des als Betriebsvermögen behandelten Grundstücksteils mehr als die Hälfte und der Wert des zu Eigenwohnzwecken benutzten Grundstücksteils weniger als die Hälfte des ganzen Grundstücks beträgt.

(5) Die Finanzämter brauchen es nicht zu beanstanden, wenn Grundstücksteile abweichend von den obigen Grundsätzen (Absätze 2 bis 4) buchmäßig als Betriebsvermögen behandelt werden. Eine etwaige Veräußerung des Grundstücks und eine etwaige Abschreibung auf den niedrigeren Teilwert dürfen sich aber auch in solchen Fällen nur insoweit auf den Gewinn auswirken, als dadurch der Teil des Grundstücks betroffen wird, der eigenbetrieblich genutzt wird oder gemäß Absatz 4 Satz 2 als Betriebsvermögen behandelt worden ist.

(6) Aus eigenbetrieblich genutzten Grundstücken oder Grundstücksteilen werden meist keine Einnahmen erzielt. Soweit Entgelte für die Nutzung von eigenbetrieblich genutzten Grundstücken oder Grundstücksteilen erzielt werden (z. B. bei Vermietung von Sälen in Gastwirtschaften), sind sie stets Betriebseinnahmen. Das gleiche gilt von allen Entgelten, die für die Nutzung von Grundstücken oder Grundstücksteilen erzielt werden, die Absatz 4 Satz 2 gemäß als Betriebsvermögen behandelt werden. Aufwendungen für Grundstücke oder Grundstücksteile

die eigenbetrieblich genutzt oder Absatz 4 Satz 2 gemäß als Betriebsvermögen behandelt werden, sind stets Betriebsausgaben. Die Finanzämter brauchen es jedoch nicht zu beanstanden, wenn

a) Gewerbetreibende und selbständig Tätige die Aufwendungen (einschließlich der Absetzungen für Abnutzung) für einen eigenbetrieblich genutzten Grundstücksteil, der von untergeordneter Bedeutung ist und deshalb nicht als Betriebsvermögen behandelt werden kann (Absätze 2 und 4) und die etwaigen Einnahmen aus einem solchen Grundstücksteil bei der Berechnung der Einkünfte aus Vermietung und Verpachtung ansetzen,

b) Gewerbetreibende, deren Firma im Handelsregister eingetragen ist, die Aufwendungen (einschließlich der Absetzungen für Abnutzung) für einen Grundstücksteil, der eigenen Wohnzwecken dient und dessen Wert mehr als die Hälfte des Werts des ganzen Grundstücks beträgt (Absatz 4), als Betriebsausgaben behandeln. Der Nutzungswert der eigenen Wohnung in dem Grundstück ist in diesem Fall als Betriebseinnahme anzusetzen,

c) Gewerbetreibende, deren Firma nicht im Handelsregister eingetragen ist, und selbständig Tätige die Einnahmen und die Ausgaben (einschließlich der Absetzungen für Abnutzung), die ein nur zum Teil eigenbetrieblich genutztes Grundstück betreffen, ganz als Betriebseinnahmen und Betriebsausgaben oder ganz als Einnahmen und Werbungskosten bei den Einkünften aus Vermietung und Verpachtung behandeln.

Der Inhaber eines Betriebs kann jedoch für das eigenbetrieblich genutzte Grundstück oder für den eigenbetrieblich genutzten Teil des eigenen Grundstücks in keinem Fall Miete als Betriebsausgabe absetzen. Er kann deshalb eine solche Miete auch nicht als Einnahme aus Vermietung und Verpachtung ansetzen.

(7) Gehört ein Grundstück, das unentgeltlich erworben oder vor dem 1. Januar 1925 angeschafft oder hergestellt worden ist, nur teilweise zum Betriebsvermögen, so sind die Absetzungen für Abnutzung für das ganze Grundstück nach dem Wert zu bemessen, der maßgebend wäre, wenn

das ganze Grundstück zum Betriebsvermögen gehören würde. § 9 Ziffer 1 EStDV 1941 gilt nur für solche Grundstücke, die ausschließlich zum Privatvermögen der Steuerpflichtigen gehören.

(8) Grundstücke, die sich im Gesamthandseigentum der Gesellschafter einer Personengesellschaft befinden, sind in der Regel notwendiges Betriebsvermögen. Werden solche Grundstücke aber nur von einzelnen Gesellschaftern zu Wohnzwecken benutzt, so ist das Grundstück als Privatvermögen dieser Gesellschafter zu behandeln.

(9) Grundstücke oder Grundstücksteile, die von einer Personengesellschaft genutzt werden, aber nicht der Gesamtheit der Gesellschafter, sondern nur einem oder einigen Gesellschaftern gehören, sind notwendiges Betriebsvermögen, wenn sie eine wesentliche Grundlage für den Betrieb der Personengesellschaft bilden, das heißt, wenn sie dem Betrieb der Personengesellschaft ausschließlich und unmittelbar dienen. Hinweis auf das RFH-Urteil vom 29. September 1937 (Reichssteuerbl. 1937 S. 1204). Das gilt auch dann, wenn bei der Einbringung eines Grundstücks in die Personengesellschaft vereinbart worden ist, daß Gewinne und Verluste aus dem Grundstück ausschließlich den einbringenden Gesellschafter treffen. Hinweis auf das RFH-Urteil vom 4. Januar 1939 (Reichssteuerbl. 1939 S. 284). Die Aufnahme von Vermögensgegenständen eines Gesellschafters in die Hauptabschlußbilanz der Personengesellschaft beweist in der Regel die Zugehörigkeit zum Betriebsvermögen. Hinweis auf das RFH-Urteil vom 23. März 1938 (Reichssteuerbl. 1938 S. 565). Ein Grundstück, das nur Eigenwohnzwecken der Gesellschafter dient, wird aber nicht dadurch Betriebsvermögen, daß es buchmäßig als Betriebsvermögen behandelt wird. Hinweis auf das RFH-Urteil vom 5. Februar 1936 (Reichssteuerbl. 1936 S. 726). Es kommt für die einkommensteuerliche Behandlung nicht darauf an, wie ein Grundstück § 49 RBewDV gemäß bei der Einheitsbewertung behandelt worden ist.

(10) Das Entgelt, das eine Personengesellschaft an ihre Gesellschafter für die Ueberlassung eines Grundstücks oder Grundstücksteils zu betrieblichen Zwecken

zahlt, ist bei der einheitlichen Gewinnfeststellung zunächst als Betriebsausgabe zu behandeln. Das gilt auch, wenn das Grundstück nur einem oder einigen, aber nicht allen Gesellschaftern der Personengesellschaft gehört. Das Entgelt, das der einzelne Gesellschafter erhält, ist jedoch § 15 Ziffer 2 EStG gemäß bei der einheitlichen Gewinnfeststellung seinem vertragsmäßigen Gewinnanteil hinzuzurechnen.

8. Berichtigung und Aenderung der Vermögensübersicht.

(1) Buchführende Steuerpflichtige dürfen § 4 Absatz 2 EStG gemäß die Vermögensübersicht (Bilanz) auch nach der Einreichung beim Finanzamt unter bestimmten Voraussetzungen ändern.

(2) Ist ein Ansatz in der Vermögensübersicht unrichtig, so kann der Steuerpflichtige die Unrichtigkeit durch eine entsprechende Mitteilung an das Finanzamt beseitigen. Der Vorgang heißt „Bilanzberichtigung“. Ein Ansatz in der Vermögensübersicht ist unrichtig, wenn er unzulässig ist, das heißt, wenn er gegen zwingende Vorschriften des Einkommensteuerrechts oder des Handelsrechts oder gegen die einkommensteuerrechtlich zu beachtenden Grundsätze ordnungsmäßiger Buchführung verstößt. Eine Bilanzberichtigung nach Rechtskraft der Veranlagung führt in der Regel nur dann zu einer Veranlagungsberichtigung, wenn die Voraussetzungen des § 222 AO. vorliegen. Hinweis auf das RFH-Urteil vom 15. Februar 1939 (Reichssteuerbl. 1939 S. 393).

(3) Es gibt Fälle, in denen steuerrechtlich und handelsrechtlich verschiedene Ansätze zulässig sind und der Steuerpflichtige demgemäß die Wahl hat, so oder so zu verfahren. Durch die Einreichung der Steuererklärung an das Finanzamt hat der Steuerpflichtige seine Entscheidung getroffen. Eine Aenderung dieser Entscheidung zugunsten eines anderen zulässigen Ansatzes ist eine „Bilanzänderung“. Eine solche ist nur mit Zustimmung des Finanzamts, im Rechtsmittelverfahren nur mit Zustimmung der Rechtsmittelbehörde zulässig. Sie kann nur vor Rechtskraft der Veranlagung, spätestens vor Erlaß der Anfechtungsentscheidung beantragt werden, weil

nach Erlaß der Anfechtungsentscheidung neues tatsächliches Vorbringen zum streitigen Sachverhalt nicht mehr berücksichtigt werden kann.

(4) Das Begehren nach einer Bilanzänderung muß wirtschaftlich begründet sein. Das wird nur selten der Fall sein. Die Zustimmung ist z. B. zu versagen, wenn der Steuerpflichtige im Laufe des Veranlagungsverfahrens oder des Rechtsmittelverfahrens die an sich zulässige Herabsetzung eines Wertansatzes verlangt, weil das Finanzamt beabsichtigt, einen anderen Wertansatz zu erhöhen. Hinweis auf das RFH-Urteil vom 1. Juli 1936 (Reichssteuerbl. 1936 S. 779).

9 Gewinnermittlung § 4 Absatz 3 EStG gemäß.

(1) Der Steuerpflichtige kann § 4 Absatz 3 EStG gemäß als Gewinn den Ueberschuß der Betriebseinnahmen über die Betriebsausgaben ansetzen, wenn das Betriebsvermögen wesentlichen Schwankungen in der Regel nicht unterliegt. Die Vorschrift gilt nicht für Steuerpflichtige, deren Betriebsvermögen wesentlichen Schwankungen nicht unterliegt, wenn sie § 160 oder § 161 Absatz 1 AO. gemäß verpflichtet sind, Bücher zu führen und auf Grund jährlicher Bestandsaufnahmen regelmäßig Abschlüsse zu machen, oder wenn sie ohne eine solche Verpflichtung regelmäßig jährliche Bestandsaufnahmen machen. Hinweis auf das RFH-Urteil vom 24. Oktober 1938 (Reichssteuerbl. 1939 S. 193).

(2) Die Anschaffungskosten für abnutzbare Anlagegüter des Betriebsvermögens können im Jahr der Verausgabung voll als Betriebsausgaben berücksichtigt werden, wenn sie für das einzelne Anlagegut 200 RM nicht übersteigen. Uebersteigen die Anschaffungskosten für ein abnutzbares Anlagegut des Betriebsvermögens 200 RM, so sind die Aufwendungen § 7 EStG gemäß zu verteilen.

(3) Wirtschaftlich ins Gewicht fallende Schwankungen im Betriebsvermögen, die in einem Wirtschaftsjahr ausnahmsweise auftreten, können bei der Gewinnermittlung § 4 Absatz 3 EStG gemäß auf Antrag des Steuerpflichtigen oder von Amts wegen durch Zuschläge oder

Abschläge berücksichtigt werden. Die Vermehrungen und die Verminderungen der Geldposten (Geldbestand, Postscheckguthaben, Bankguthaben u. dgl.) haben sich bereits bei der Gegenüberstellung der Betriebseinnahmen und der Betriebsausgaben ausgewirkt. Es sind deshalb nur Schwankungen im anderen Teil des Betriebsvermögens zu berücksichtigen. Schwankungen, die wirtschaftlich ins Gewicht fallen, liegen in der Regel nur vor, wenn der Wert dieses anderen Teils des Betriebsvermögens am Schluß des Wirtschaftsjahrs um mindestens die Hälfte höher oder niedriger ist als am Schluß des vorangegangenen Wirtschaftsjahrs.

(4) Der Uebergang von der Gewinnermittlung § 4 Absatz 3 EStG gemäß (Ueberschuß der Betriebseinnahmen über die Betriebsausgaben) zur Gewinnermittlung § 4 Absatz EStG gemäß (Bestandsvergleich) erfordert, daß Betriebsvorgänge, die bisher nicht berücksichtigt worden sind, beim ersten Bestandsvergleich berücksichtigt werden. Das gilt insbesondere für Betriebsvorgänge, die die Waren betreffen. Der Unterschiedsbetrag zwischen dem Wert der Warenbestände und der Warenforderungen abzüglich des Werts der Warenschulden beim Beginn der Gewinnermittlung gemäß § 4 Absatz 3 EStG, frühestens aber am 1. Januar 1925, und dem Wert der gleichen Posten am Schluß des Kalenderjahrs (Wirtschaftsjahrs), für das der Gewinn erstmals durch Bestandsvergleich ermittelt wird, ist dem erstmals durch Bestandsvergleich ermittelten Gewinn hinzuzurechnen oder von diesem Gewinn abzusetzen. Hinweis auf das RFH-Urteil vom 7. Dezember 1938 (Reichssteuerbl. 1939 S. 172). Das kommt nicht in Betracht, wenn der Gewinn in den Vorjahren griffweise oder nach dem Ist-Umsatz oder dem Soll-Umsatz unter Anwendung von Richtsätzen geschätzt worden ist. Hinweis auf das RFH-Urteil vom 6. März 1940 (Reichssteuerbl. 1940 S. 423).

(5) Es kann vorkommen, daß sich bei dem Uebergang zur Gewinnermittlung durch Bestandsvergleich infolge von Hinzurechnungen Absatz 4 gemäß ein außergewöhnlich hoher Gewinn und eine außergewöhnlich hohe Steuer ergeben. Führt das zu Härten für den Steuerpflichtigen, so können sie auf Antrag des Steuerpflichtigen dadurch

beseitigt werden, daß die Zurechnungsbeträge nicht voll dem Gewinn des Uebergangsjahrs hinzugesetzt, sondern auf mehrere Jahre verteilt werden.

11. Nachholung von Rückstellungen für abzugsfähige Steuern bei Berichtigungsveranlagungen.

Führen Berichtigungsveranlagungen zu abzugsfähigen Mehrsteuern (z. B. Gewerbesteuer und Umsatzsteuer), so können diese Mehrsteuern zu Lasten des Wirtschaftsjahrs verbucht werden, in dem der Steuerpflichtige mit der Nachforderung rechnen kann. Die Mehrsteuern können auf Antrag des Steuerpflichtigen aber auch in den Wirtschaftsjahren berücksichtigt werden, in die sie wirtschaftlich gehören. Den Anträgen der Steuerpflichtigen ist in der Regel zu entsprechen. Wenn es sich um hinterzogene Steuern handelt, sind die Mehrsteuern aber grundsätzlich in den Jahren zu berücksichtigen, in die sie wirtschaftlich gehören.

EStR 1943

8. Gewerbesteuer, zeitliche Berücksichtigung bei der Gewinnermittlung.

(8) Wirtschaftliche Belastungen eines Betriebs (Unkosten) wirken auf den Betriebsgewinn vermindernd und auf den Betriebsverlust erhöhend. Sie müssen demgemäß bei der Ermittlung des Betriebsergebnisses grundsätzlich in dem Umfang berücksichtigt werden, in dem sie das betreffende Wirtschaftsjahr tatsächlich belasten. Belastungsbeträge, die im Laufe des Wirtschaftsjahres verausgabt werden, stellen, soweit sie sich wirtschaftlich auf ein späteres Wirtschaftsjahr beziehen, grundsätzlich Forderungen an die kommende Geschäftszeit dar. Sie müssen bei der Aufstellung der Hauptabschlußbilanz als transitorische Ausgaben aktiviert werden. Belastungsbeträge, die auf das abgelaufene Wirtschaftsjahr entfallen, aber noch nicht verausgabt sind, stellen Schulden an die kommende Geschäftszeit dar. Sie müssen bei der Aufstellung der Hauptabschlußbilanz als rückständige oder später fällige Unkosten oder als Rückstellungen passiviert werden.

(9) Es sind schon in der Vergangenheit Fälle vorgekommen, in denen es nicht leicht war, den genauen Betrag an Gewerbesteuer festzustellen, der noch das abgelaufene Wirtschaftsjahr belastete, aber erst später fällig war. Es handelte sich dabei insbesondere um die Fälle, in denen im Zeitpunkt der Aufstellung der Hauptabschlußbilanz die Veranlagung für den in Betracht kommenden Erhebungszeitraum noch nicht durchgeführt war und demgemäß der genaue Betrag der Abschlußzahlung noch nicht feststand. Es mußte in diesen Fällen der Teil der Gewerbesteuer, der noch das abgelaufene Wirtschaftsjahr belastete, aber als Abschlußzahlung erst später festgestellt und fällig wurde, geschätzt und als Rückstellung passiviert werden. Durch § 2 GewStVV vom 31. März 1943 ist der Gewerbeertrag-Bemessungszeitraum mit dem Gewerbesteuer-Erhebungszeitraum zusammengelegt worden. Danach wird es in fast allen Fällen unmöglich sein, im Zeitpunkt der Aufstellung der Hauptabschlußbilanz den genauen Betrag der etwa erforderlichen Gewerbesteuer-Abschlußzahlung festzustellen; denn es kann in diesem Zeitpunkt in keinem Fall die Veranlagung bereits durchgeführt sein. Außerdem würde bei der Berechnung der Jahressteuer von einem gewerblichen Gewinn ausgegangen werden müssen, bei dessen Feststellung die zu berechnende Jahressteuer (einschließlich Abschlußzahlung) bereits voll als wirtschaftliche Belastung (Unkosten) berücksichtigt ist. Diese Berechnung würde ein sehr umständliches mathematisches Verfahren erfordern und den meisten Gewerbesteuerpflichtigen unmöglich sein. Dieser veränderten Lage, die sich aus der Zusammenlegung des Bemessungszeitraums mit dem Erhebungszeitraum ergibt, wird durch eine Vereinfachungsmaßnahme entsprochen, die § 6 der Zweiten GewStVV vom 16 November 1943 vorschreibt. Danach darf die Gewerbesteuer nach dem Gewerbeertrag und nach dem Gewerbekapital für steuerliche Zwecke nur insoweit zu Lasten eines Wirtschaftsjahres genommen werden, als sie in diesem Wirtschaftsjahr fällig geworden ist. Ein Bilanzpassivposten wegen später fälliger Gewerbesteuer kommt demgemäß nicht mehr in Betracht. Es brauchen infolgedessen bei der Aufstel-

lung der Hauptabschlußbilanz auch keinerlei schwierige Berechnungen wegen der etwa erforderlichen Gewerbesteuer-Abschlußzahlung vorgenommen zu werden. Es kann als Bilanzpassivposten nur noch rückständige Gewerbesteuer in Betracht kommen. Darunter sind Gewerbesteuerbeträge zu verstehen, die im abgelaufenen Wirtschaftsjahr fällig geworden, aber am Schluß des Wirtschaftsjahres noch nicht entrichtet sind.

EStR 1941

16. Mitarbeit von Kindern im gewerblichen Betrieb.

Vergütungen an volljährige Kinder, die in einem gewerblichen Betrieb der Eltern oder eines Elternteils eine Arbeitskraft ersetzen, sind in der Regel nicht Unterhaltsbeiträge, sondern entweder Arbeitslohn oder Gewinnbeteiligung aus Mitinhaberschaft. Die Gewährung freier Wohnung und freier Verpflegung ist dabei als Teil des Arbeitslohns oder der Gewinnbeteiligung zu behandeln.

EStR 1943

11. Mitarbeit von Kindern im gewerblichen Betrieb.

(1) Nicht nur bei volljährigen, sondern auch bei minderjährigen Kindern, die in einem gewerblichen Betrieb der Eltern oder eines Elternteils eine Arbeitskraft ersetzen, stellt die Vergütung in der Regel Arbeitslohn oder Gewinnbeteiligung aus Mitinhaberschaft dar. Die Gewährung freier Wohnung und freier Verpflegung ist dabei als Teil des Arbeitslohnes oder der Gewinnbeteiligung zu behandeln. Der Begriff „Arbeitslohn" setzt voraus, daß ein ernsthaft gewolltes Arbeitsverhältnis gegeben ist. Ein solches wird in der Regel angenommen werden können, wenn von der Vergütung Lohnsteuer und Sozialversicherungsbeiträge einbehalten und an die zuständigen Stellen abgeführt werden.

(2) Die Einkünfte, die minderjährige Kinder aus dem Betrieb des Haushaltsvorstands beziehen, sind mit den Einkünften des Haushaltsvorstands zusammenzurechnen, wenn die Kinder zum Haushalt des Steuerpflichtigen gehören und dem Steuerpflichtigen Kinderermäßigung für die Kinder zusteht (§ 27 Absatz 1 EStG). Die Einkünfte

der minderjährigen Kinder sind, wenn sie als Arbeitslohn zu behandeln sind, bei dem Haushaltsvorstand als Einkünfte aus nichtselbständiger Arbeit anzusetzen.

§ 5. Gewinn bei Vollkaufleuten.

Bei Gewerbetreibenden, deren Firma im Handelsregister eingetragen ist, ist für den Schluß des Wirtschaftsjahres das Betriebsvermögen anzusetzen (§ 4 Abs. 1 Satz 1), das nach den Grundsätzen ordnungsmäßiger Buchführung auszuweisen ist. Die Vorschriften über die Entnahmen und die Einlagen (§ 4 Abs. 1), über die Zulässigkeit der Bilanzänderung (§ 4 Abs. 2), über die Betriebsausgaben (§ 4 Abs. 4) und über die Bewertung (§ 6) sind zu befolgen.

Bei buchführungspflichtigen Kaufleuten ist die Handelsbilanz für die Ermittlung des Gewinns zugrunde zu legen; dieselbe ist gegebenenfalls nach steuerlichen Vorschriften zu berichtigen. Die Grundsätze ordnungsgemäßer Buchführung ergeben sich aus den Bestimmungen der §§ 39, 40, 261 HGB.

EStR 1941

28. Bedeutung der Eintragung im Handelsregister.

§ 5 EStG 1939 gilt nur für Gewerbetreibende, deren Firma im Handelsregister eingetragen ist. Ob ein Steuerpflichtiger einkommensteuerrechtlich als Gewerbetreibender anzusehen ist, ist gemäß § 15 EStG zu beurteilen. Die Eintragung im Handelsregister ist nicht entscheidend. Es kann vorkommen, daß trotz der Eintragung im Handelsregister steuerrechtlich ein Gewerbebetrieb nicht anzunehmen ist.

Beispiele:

Ein Saatzuchtbetrieb, der im Handelsregister eingetragen ist, gehört steuerrechtlich zur Land- und Forstwirtschaft. — Zwei Steuerberater, die sich auf die Ausübung der freien Berufstätigkeit beschränken, haben sich in der Form einer eingetragenen Offenen Handelsgesellschaft zusammengeschlossen. Sie haben trotz der Eintragung im Handelsregister keinen Gewerbebetrieb.

29. Bestandsaufnahme.

(1) Der buchführungspflichtige Kaufmann hat § 39 Absatz 2 HGB. gemäß grundsätzlich jährlich eine Inventur und eine Bilanz aufzustellen. Eine Ausnahme von diesem Grundsatz enthält § 39 Absatz 3 HGB. Diese Vorschrift lautet:

„Hat der Kaufmann ein Warenlager, bei dem nach der Beschaffenheit des Geschäfts die Aufnahme des Inventars nicht füglich in jedem Jahre geschehen kann, so genügt es, wenn sie alle zwei Jahre erfolgt. Die Verpflichtung zur jährlichen Aufstellung der Bilanz wird hierdurch nicht berührt."

(2) Für steuerliche Zwecke ist die Vorschrift im § 161 AO. zu befolgen. Wenn eine der dort im Absatz 1 Ziffer 1 bezeichneten Voraussetzungen gegeben ist, sind „auf Grund jährlicher Bestandsaufnahmen regelmäßig Abschlüsse zu machen". Diese Vorschrift geht als steuerliche Sondervorschrift den allgemeinen Vorschriften des Handelsgesetzbuchs vor. Gewerbetreibende, die unter die Vorschrift im § 161 AO. fallen, haben eine Bestandsaufnahme für Steuerzwecke auch dann jährlich zu machen, wenn sie § 39 Absatz 3 HGB. gemäß eine Bestandsaufnahme nur alle zwei Jahre zu machen brauchten.

§ 6. Bewertung.

Für die Bewertung der einzelnen Wirtschaftsgüter, die dem Betrieb dienen, gilt das Folgende:

1. Wirtschaftsgüter des Anlagevermögens, die der Abnutzung unterliegen, sind mit den Anschaffungs- oder Herstellungskosten, vermindert um die Absetzungen für Abnutzung nach § 7, anzusetzen. Ist der Teilwert niedriger, so kann dieser angesetzt werden. Teilwert ist der Betrag, den ein Erwerber des ganzen Betriebs im Rahmen des Gesamtkaufpreises für das einzelne Wirtschaftsgut ansetzen würde; dabei ist davon auszugehen, daß der Erwerber den Betrieb fortführt. Bei Wirtschaftsgütern des Anlagevermögens, deren be-

triebsgewöhnliche Nutzungsdauer erfahrungsgemäß fünf Jahre nicht übersteigt, dürfen buchführende Land- und Forstwirte sowie Gewerbetreibende und Angehörige der freien Berufe, die Bücher nach den Vorschriften des Handelsgesetzbuches ordnungsmäßig führen, die Absetzungen für Abnutzung höher als nach § 7 und ohne Rücksicht auf den Teilwert bemessen. (Gilt nur für Wirtschaftsgüter, die vor dem 1. Oktober 1937 bestellt worden sind. Der Verfasser.) Bei Wirtschaftsgütern, die bereits am Schluß des vorangegangenen Wirtschaftsjahres zum Anlagevermögen des Steuerpflichtigen gehört haben, darf der Bilanzansatz nicht über den letzten Bilanzansatz hinausgehen.

2. Andere als die in Ziffer 1 bezeichneten Wirtschaftsgüter des Betriebs (Grund und Boden, Beteiligungen, Geschäfts- oder Firmenwert, Umlaufsvermögen) sind mit den Anschaffungs- oder Herstellungskosten anzusetzen. Statt der Anschaffungs- oder Herstellungskosten kann der niedrige Teilwert (Ziffer 1 Satz 3) angesetzt werden. Bei Wirtschaftsgütern, die bereits am Schluß des vorangegangenen Wirtschaftsjahrs zum Betriebsvermögen gehört haben, kann der Steuerpflichtige in den folgenden Wirtschaftsjahren den Teilwert auch dann ansetzen, wenn er höher ist als der letzte Bilanzansatz; es dürfen jedoch höchstens die Anschaffungs- oder Herstellungskosten angesetzt werden. Bei land- und

forstwirtschaftlichen Betrieben ist auch der Ansatz des höheren Teilwerts zulässig, wenn das den Grundsätzen ordnungsmäßiger Buchführung entspricht.

3. Verbindlichkeiten sind unter sinngemäßer Anwendung der Vorschriften der Ziffer 2 anzusetzen.
4. Entnahmen des Steuerpflichtigen für sich, für seinen Haushalt oder für andere betriebsfremde Zwecke sind mit dem Teilwert anzusetzen.
5. Einlagen sind mit dem Teilwert für den Zeitpunkt der Zuführung, höchstens jedoch mit den tatsächlichen Anschaffungs- oder Herstellungskosten anzusetzen.
6. Bei Eröffnung eines Betriebs oder entgeltlichen Erwerb eines Betriebs sind die Wirtschaftsgüter mit dem Teilwert, höchstens jedoch mit den tatsächlichen Anschaffungs- oder Herstellungskosten anzusetzen.

Bei der Aufstellung der Bilanz ist die Frage der Bewertung von ausschlaggebender Bedeutung.

Das Gesetz unterscheidet zwischen Anschaffungs- bzw. Herstellungskosten und dem Teilwert. Der Teilwert ist als neuer Wertbegriff seit 1934 in das Einkommensteuergesetz eingeführt. Nach der Rechtsprechung des RFH ist Teilwert der Betrag, den ein Erwerber des ganzen Betriebs im Gesamtkaufpreis für das einzelne Wirtschaftsgut ansetzen würde. Dabei ist davon auszugehen, daß der Erwerber den Betrieb fortsetzt.

Die Begründung zu § 6 EStG 1934 (RStBl. 35, 38) versteht unter Anschaffungskosten die Kosten des entgeltlichen Erwerbs einschließlich aller Nebenkosten. Nach der Rechtsprechung des RFH gehören zu den Anschaffungskosten außer dem Kaufpreis alle Aufwendungen, die der Käufer machen muß, um die Kaufsache zu erhalten, also auch die Transport-, Aufstellungs- und ähnliche Kosten.

Unter Herstellungskosten werden alle auf die Herstellung verwandten Kosten verstanden. Die steuerlich maßgebenden Herstellungskosten beruhen auf den Selbstkosten, hierzu gehören auch die Fertigungsgemeinkosten.

EStR 1941

34. Fertigungsgemeinkosten.

(1) Fertigungsgemeinkosten sind ein Teil der Selbstkosten. Die Selbstkosten setzen sich zusammen aus den Werkstoffkosten, den Fertigungslöhnen, den Gemeinkosten und den Sonderkosten. Die Gemeinkosten setzen sich zusammen aus den Fertigungsgemeinkosten und den Verwaltungs- und Vertriebs(gemein)kosten. Wegen der hauptsächlichsten Kostenarten der Fertigungsgemeinkosten Hinweis auf Nr. 25 der Leitsätze für die Preisermittlung auf Grund der Selbstkosten bei Leistungen für öffentliche Auftraggeber (LSOe) vom 15. November 1938 (Reichsgesetzbl. I S. 1624). Allgemeine Verwaltungskosten, die danach nicht zu den Fertigungsgemeinkosten gehören, und Vertriebskosten gehören nicht zu den Herstellungskosten. Sonderkosten können zu den Herstellungskosten gehören, soweit sie zur Fertigstellung der Erzeugnisse im einzelnen aufgewendet werden müssen und nicht zu den allgemeinen Verwaltungskosten oder den Vertriebskosten zu rechnen sind. Hinweis auf Nr. 34 und folgende der LSOe.

(2) Die Fertigungsgemeinkosten gehören zu den Herstellungskosten im Sinn des § 6 EStG. Sie sind steuerlich zu berücksichtigen, einerlei, wie in der Handelsbilanz verfahren ist. Der niedrigere Teilwert kann statt der Herstellungskosten (einschließlich der Fertigungsgemeinkosten) nur dann angesetzt werden, wenn nachgewiesen wird, daß ein Käufer des Betriebs weniger bezahlen würde als den üblichen Aufwand für die Herstellung der Erzeugnisse. Hinweis auf das Gutachten des RFH vom 4. Februar 1939 (Reichssteuerbl. 1939 S. 321) und das RFH-Urteil vom 11. Januar 1939 (Reichssteuerbl. 1939 S. 323).

(3) Von den Steuern, die unter Nr. 25 Buchstabe i LSOe als Fertigungsgemeinkosten bezeichnet sind, gehören die Steuern vom Einkommen und die Vermögensteuer steuerrechtlich nicht zu den abzugsfähigen Betriebsausgaben und auch nicht zu den Fertigungsgemeinkosten. Dazu und auch wegen der Verwaltungskosten,

die nicht zu berücksichtigen sind, Hinweis auf das RFH-Urteil vom 21. November 1939/5. März 1940 (Reichssteuerbl. 1940 S. 683).

(4) Die Gewerbesteuer wird in den LSOe unter Nr. 25 Buchstabe i (Fertigungsgemeinkosten) und Nr. 27 Buchstabe i (Verwaltungsgemeinkosten)* angeführt. Sie gehört deshalb anteilig zu den Herstellungskosten. Der Anteil, der auf die Herstellungskosten entfällt, ist zu schätzen.

(5) Ich bin damit einverstanden, daß entgegen dem im Absatz 3 bezeichneten RFH-Urteil die Aufbringungsumlage nicht zu den Herstellungskosten gerechnet wird. Sie ist in den LSOe nur unter Nr. 27 Buchstabe i (Verwaltungsgemeinkosten), nicht aber auch unter Nr. 25 Buchstabe i (Fertigungsgemeinkosten) aufgeführt.

(6) Es kann dahingestellt bleiben, ob betriebswirtschaftlich die Zinsen vom Fremdkapital anteilig zu den Herstellungskosten gehören. Ich bin damit einverstanden, daß die Fremdkapitalzinsen nicht zu den Herstellungskosten gerechnet werden. Zinsen vom Eigenkapital dürfen in keinem Fall zu den Herstellungskosten gerechnet werden.

38. Bewertung der Schulden.

(1) Schulden sind § 6 Ziffer 3 EStG gemäß unter sinngemäßer Anwendung des § 6 Ziffer 2 EStG mit dem Gegenwert (Verfügungsbetrag) anzusetzen, der dem Schuldner zugeflossen ist. Dieser stimmt in der Regel mit dem Betrag überein, den der Schuldner insgesamt zu entrichten hat (Tilgungsbetrag).

(3) Darlehensschulden, deren Verfügungsbetrag unter dem Nennbetrag liegt und die mit dem Nennbetrag zurückgezahlt werden müssen, sind mit dem Verfügungsbetrag anzusetzen. Der Unterschiedsbetrag zwischen dem Nennbetrag und dem Verfügungsbetrag ist auf die Laufzeit des Darlehens zu verteilen.

Beispiel:

Nennbetrag der Darlehensschuld	20 000 RM
Verfügungsbetrag	19 000 RM
Unterschiedsbetrag (Abgeld)	1 000 RM

Laufzeit des Darlehens zehn Jahre.

Schuldbetrag auf dem Darlehenskonto . . . . 19 000 RM

Daneben ist ein Abgeldkonto zu bilden.

Es ist am Ende des ersten Jahres anzusetzen mit 100 RM
und fortlaufend um jährlich . . . . 100 RM
bis auf . . . . 1000 RM
am Ende des zehnten Jahres zu erhöhen.

39. Einlagen.

(1) Einlagen, die in Sachwerten bestehen, sind mit den Anschaffungs- oder Herstellungskosten oder mit dem etwa niedrigeren Teilwert anzusetzen. Es ist dabei einerlei, zu welchem Zweck die eingebrachten Wirtschaftsgüter ursprünglich angeschafft worden sind.

(2) Die Anschaffungs- oder Herstellungskosten von Wirtschaftsgütern, die einem Betriebsvermögen entnommen worden sind und ihm später als Einlage wieder zugeführt werden, entsprechen dem Teilwert im Zeitpunkt der Entnahme aus dem Betriebsvermögen.

(3) Die Anschaffungs- oder Herstellungskosten abnutzbarer Anlagegüter des Betriebsvermögens sind um die Absetzungen für Abnutzung zu kürzen, die auf die Zeit vor ihrer Einbringung in den Betrieb entfallen.

§ 7. Absetzung für Abnutzung oder Substanzverringerung.

(1) Bei Gebäuden und sonstigen Wirtschaftsgütern, deren Verwendung oder Nutzung durch den Steuerpflichtigen zur Erzielung von Einkünften sich erfahrungsgemäß auf einen Zeitraum von mehr als einem Jahr erstreckt, kann jeweils für ein Jahr der Teil der Anschaffungs- oder Herstellungskosten abgesetzt werden, der bei Verteilung dieser Kosten auf die Gesamtdauer der Verwendung oder Nutzung auf ein Jahr entfällt (Absetzung für Abnutzung). Die Absetzung bemißt sich hierbei nach der betriebsgewöhnlichen Nutzungsdauer des Wirtschaftsguts. Absetzun-

gen für außergewöhnliche technische oder wirtschaftliche Abnutzung sind zulässig.

(2) Bei Bergbauunternehmen, Steinbrüchen und anderen Betrieben, die einen Verbrauch der Substanz mit sich bringen, sind Absetzungen für Substanzverringerung zulässig. Absatz 1 ist entsprechend anzuwenden.

Ausgangspunkt für die Berechnung der Absetzungen oder Substanzverringerungen sind die Anschaffungs- oder Herstellungskosten. Die jährlichen Absetzungen sind grundsätzlich in der Weise zu berechnen, daß die Anschaffungs- bzw. Herstellungskosten auf die Gesamtdauer der Verwendung oder Nutzung verteilt werden. Darüber hinaus sind Absetzungen für außergewöhnliche technische oder wirtschaftliche Abnutzung zulässig.

EStR 1941, 43

(2) Eine erhöhte Abnutzung von Anlagegütern des Betriebsvermögens wird in manchen Fällen auch dadurch verursacht, daß Instandhaltungsarbeiten nicht oder nicht in dem erforderlichen Ausmaß ausgeführt werden können. Die Nutzungsdauer des Anlageguts wird geringer, wenn es nicht laufend instand gehalten wird. Das gilt nicht nur für Maschinen und Geräte, sondern auch für Gebäude und für bauliche Anlagen.

(3) Die erhöhte Abnutzung kann bei der Ermittlung des Gewinns § 7 Absatz 1 letzter Satz EStG gemäß als außergewöhnliche technische Abnutzung durch eine erhöhte Absetzung berücksichtigt werden. Die erhöhte Absetzung für Abnutzung ist jeweils für das Kalenderjahr (Wirtschaftsjahr) zulässig, in dem die erhöhte Abnutzung eingetreten ist. Rückstellungen für unterbliebene Instandhaltung können steuerlich nicht anerkannt werden.

(4) Wegen der erhöhten Absetzungen für Abnutzung bei Gebäuden, die nicht zu einem Betriebsvermögen gehören, Hinweis auf Abschnitt 103.

Bei Betrieben, die einen Verbrauch der Substanz mit sich bringen, z. B. Bergbauunternehmungen, Steinbrüchen, Sandgruben usw., sind Absetzungen für Substanzverringerung zulässig. Die Höhe dieser Absetzungen ist im Einzelfall schwer zu berechnen, weil die Menge der vorhandenen Substanz und dementsprechend die betriebliche Nutzungsdauer meistens unbekannt ist. In der Praxis wird deshalb die in dem betreffenden Wirtschaftsjahr entnommene Substanz dieser Berechnung zugrunde gelegt.

§ 8. Einnahmen.

(1) Einnahmen sind alle Güter, die in Geld oder Geldeswert bestehen und dem Steuerpflichtigen im Rahmen einer der Einkunftsarten des § 2 Absatz 3 Ziffern 4 bis 7 zufließen.

(2) Einnahmen, die nicht in Geld bestehen (Wohnung, Kost, Waren und sonstige Sachbezüge), sind mit den üblichen Mittelpreisen des Verbrauchsorts anzusetzen.

Einnahmen im Sinne des § 8 haben diejenigen Steuerpflichtigen, denen Einkünfte aus nicht selbständiger Arbeit, aus Kapitalvermögen, aus Vermietung und Verpachtung sowie sonstige Einkünfte im Sinne des § 22 zufließen. Steuerpflichtig sind alle Einnahmen, die dem Steuerpflichtigen im Veranlagungszeitraum zugeflossen sind. Bestehen diese Einnahmen nicht in Geld oder Geldeswert, sondern in Sachbezügen, wie z. B. freier Wohnung, Kost, Deputat usw., so sind sie mit den üblichen Mittelpreisen des Verbrauchsortes anzusetzen.

§ 9. Werbungskosten.

Werbungskosten sind Aufwendungen zur Erwerbung, Sicherung und Erhaltung der Einnahmen. Sie sind bei der Einkunftsart abzuziehen, bei der sie erwachsen sind. Werbungskosten sind auch:

1. Schuldzinsen und auf besonderen Verpflichtungsgründen beruhende Renten und dauernde Lasten, soweit sie mit einer Einkunftsart in wirtschaftlichem Zusammenhang stehen;
2. Steuern vom Grundbesitz, sonstige öffentliche Abgaben und Versicherungsbeiträge, soweit solche Ausgaben sich auf Gebäude oder auf Gegen-

stände beziehen, die dem Steuerpflichtigen zur Einnahmeerzielung dienen;

3. Aufwendungen für Arbeitsmittel (Werkzeuge und Berufskleidung);
4. Absetzungen für Abnutzung und für Substanzverringerung (§ 7).

Der § 9 hat durch das Gesetz Nr. 12 der Alliierten Kontrollbehörde eine Aenderung erfahren. Fortgefallen ist die Abzugsfähigkeit der Beiträge zu Berufsständen und sonstigen Berufsverbänden, deren Zweck nicht auf einem wirtschaftlichen Geschäftsbetrieb gerichtet ist sowie die notwendigen Aufwendungen des Steuerpflichtigen für Fahrten zwischen Wohnung und Arbeitsstätte.

Die abzugsfähigen Werbungskosten müssen mit den Einnahmen zu deren Erwerbung, Sicherung oder Erhaltung sie gemacht sind, in irgendeinem mittelbaren oder unmittelbaren Zusammenhang stehen.

Die Ziffern 1—4 des § 9 stellen eine beispielsweise Aufzählung der wichtigsten Arten dar.

Absetzungen für Abnutzung kommen in Frage für Hausbesitzer, Absetzungen für Substanzverringerungen z. B. für Besitzer von Bergwerken, Steinbrüchen, Sandgruben, die selbst keinen Gewerbebetrieb damit ausüben.

EStDV 1941

Zu § 9 des Gesetzes

§ 9

Absetzung für Abnutzung oder Substanzverringerung.

Gehört ein Gebäude oder ein sonstiges Wirtschaftsgut nicht zu einem Betriebsvermögen, so sind für die Bemessung der Absetzung für Abnutzung oder Substanzverringerung als Anschaffungs- oder Herstellungskosten zugrunde zu legen:

1. bei einem Gebäude, das unentgeltlich erworben oder vor dem 1. Januar 1925 angeschafft oder hergestellt worden ist der letzte Einheitswert. Der letzte Einheitswert ist der Einheitswert, der auf den letzten Feststellungszeitpunkt (Hauptfeststellungszeitpunkt, Fortschreibungszeitpunkt oder Nachfeststellungszeitpunkt) vor dem Ende des Veranlagungszeitraums lautet;

bei einem sonstigen Wirtschaftsgut:

a) das vor dem 1. Januar 1925 angeschafft, hergestellt oder unentgeltlich erworben worden ist, der Betrag, den der Steuerpflichtige für die Anschaffung am 1. Januar 1925 hätte aufwenden müssen,

b) das nach dem 31. Dezember 1924 unentgeltlich erworben worden ist, der Betrag, den der Steuerpflichtige für die Anschaffung im Zeitpunkt des Erwerbs hätte aufwenden müssen.

§ 10

Pauschbeträge für Werbungskosten

(1) Für Werbungskosten ist bei der Veranlagung mindestens ein Pauschbetrag von je 200 Reichsmark abzusetzen:

1. bei Einkünften aus nichtselbständiger Arbeit,

2. bei Einkünften aus Kapitalvermögen, wenn die Einnahmen aus Kapitalvermögen 1500 Reichsmark nicht übersteigen und das Einkommen nach Abzug des Pauschbetrages 3000 Reichsmark nicht übersteigt,

3. bei wiederkehrenden Bezügen im Sinn des § 22 Ziff. 1 des Gesetzes, wenn die Einnahmen aus wiederkehrenden Bezügen 3000 Reichsmark nicht übersteigen.

(2) Hat die Steuerpflicht nicht während des vollen Kalenderjahrs bestanden, so ermäßigen sich die einzelnen Pauschbeträge auf 15 Reichsmark für jeden vollen Kalendermonat, in dem die Steuerpflicht bestanden hat.

EStR 1941

44. Pauschbeträge für Werbungskosten.

(1) Treffen bei einem Steuerpflichtigen mehrere der im § 10 Absatz 1 EStDV 1941 bezeichneten Einkunftsarten zusammen, so kommt ein Pauschbetrag für Werbungskosten bei jeder der bezeichneten Einkunftsarten in Betracht.

(2) Der Pauschbetrag für Werbungskosten kann bei jeder der bezeichneten Einkunftsarten nur einmal abgesetzt werden. Das gilt auch in den Fällen der Haushaltsbesteuerung (§§ 26 und 27 EStG) für die Einkünfte, die zusammen veranlagt werden.

(3) Sind die Einnahmen bei einer der im § 10 Absatz 1 EStDV 1941 bezeichneten Einkunftsarten kleiner als der Pauschbetrag, so sind nur diese abzugsfähig. Der Abzug eines Pauschbetrags kann demnach nicht zu einem Verlust bei der betreffenden Einkunftsart führen.

(4) Einkünfte aus Land- und Forstwirtschaft bleiben bei der Ermittlung der Einkommensgrenze von 3000 RM, die im § 10 Absatz 1 Ziffer 2 EStDV 1941 vorgesehen ist, aus Vereinfachungsgründen außer Betracht, wenn sie infolge der Freigrenze im § 13 Absatz 3 Satz 2 EStG nicht ermittelt zu werden brauchen.

Beispiel:

Der Steuerpflichtige hat 1200 RM Einnahmen aus Kapitalvermögen. Er bewirtschaftet einen kleinen landwirtschaftlichen Betrieb. Die Einkünfte aus diesem Betrieb sind nicht ermittelt worden, weil sie § 13 Absatz 3 Satz 2 EStG gemäß zur Einkommensteuer nicht herangezogen werden. Sie bleiben auch für die Einkommensgrenze von 3000 RM im § 10 Absatz 1 Ziffer 2 EStDV 1941 außer Betracht[1]).

(5) Die einzelnen Pauschbeträge für Werbungskosten ermäßigen sich § 10 Absatz 2 EStDV 1941 gemäß nur, wenn die persönliche Steuerpflicht (§ 1 EStG) nicht während des vollen Kalenderjahrs bestanden hat. Es ist für die Anwendung des § 10 Absatz 2 EStDV 1941 ohne Bedeutung, ob der Steuerpflichtige während des vollen Kalenderjahrs Einkünfte aus der in Betracht kommenden Einkunftsart bezogen hat.

Beispiele:

A. Der Steuerpflichtige, der aus der Knappschaftsversicherung eine monatliche Rente von 180 RM bezog, ist am 10. Mai 1941 gestorben. Seine Steuerpflicht ist am 10. Mai 1941 erloschen. Der Pauschbetrag bei den wiederkehrenden Bezügen ermäßigt sich auf 4 × 15 RM = 60 RM.

B. Der Steuerpflichtige ist bis 30. April 1941 Angestellter gewesen. Er bezieht ab 1. Mai 1941 aus der Angestelltenversicherung eine monatliche Rente von 100 RM. Es werden bei der Veranlagung für 1941 bei den Einkünften aus nichtselbständiger Arbeit und bei den wiederkehrenden Bezügen je 200 RM abgesetzt.

---

[1]) Aenderung durch Art. IX des Gesetzes Nr. 12 beachten! Siehe S. 54.

(6) Die Pauschbeträge für Werbungskosten gelten nicht bei der Veranlagung beschränkt Steuerpflichtiger.

5. Sonderausgaben.

§ 10.

(1) Sonderausgaben, die vom Gesamtbetrag der Einkünfte abzuziehen sind, sind nur die folgenden:

1. Schuldzinsen und auf besonderen Verpflichtungsgründen beruhende Renten und dauernde Lasten, die weder Betriebsausgaben oder Werbungskosten sind noch mit Einkünften in wirtschaftlichem Zusammenhang stehen, die bei der Veranlagung außer Betracht bleiben;
2. Beiträge zu Sozialversicherungen, deren Abzug vom Lohn gesetzlich zulässig ist;
3. bezahlte Vermögensteuern;
4. bei buchführenden Land- und Forstwirten und bei Gewerbetreibenden, die Bücher nach den Vorschriften des Handelsgesetzbuches führen, die in den beiden vorangegangenen Wirtschaftsjahren entstandenen Verluste aus Land- und Forstwirtschaft und aus Gewerbebetrieb, soweit sie nicht bei der Veranlagung für die vorangegangenen Kalenderjahre ausgeglichen oder abgezogen worden sind. Die Höhe des Verlustes ist nach den Vorschriften der §§ 4—7 zu ermitteln.

(2) Ergänzungen zu Absatz 1 Ziffern 2 und 3.

Die Abzüge für Sonderausgaben im Sinne des Absatzes 1 Ziffern 2 und 3 dürfen zusammen für den Steuerpflichtigen selbst RM 300 im Jahr nicht übersteigen. Dazu kommt je RM 300 im Jahr für seine

Ehefrau und jeden Angehörigen im Sinne des § 10 Ziffer 3—6 des Steueranpassungsgesetzes.

Soweit sich die Erhöhung nach der Zahl der Angehörigen bemißt, tritt sie nur ein, wenn die Angehörigen mit dem Steuerpflichtigen zusammen veranlagt werden oder wenn es sich um volljährige Kinder handelt, für die dem Steuerpflichtigen Kinderermäßigung gewährt wird.[1])

Hat die Steuerpflicht nicht während eines vollen Kalenderjahres bestanden, so ist der Jahresbetrag nach Ziffer 3 entsprechend der Zahl der vollen Monate, in denen die Steuerpflicht bestanden hat, herabzusetzen und auf volle Reichsmark nach unten abzurunden.

Durch das Gesetz Nr. 12 des Alliierten Kontrollrats sind die abzugsfähigen Sonderausgaben neu geregelt worden. Fortgefallen ist die Steuerfreiheit der Beiträge an Bausparkassen zur Erlangung von Baudarlehen. Die Bestimmung der Ziffer 2 des Absatzes 1, wonach Beiträge und Versicherungsprämien zu Kranken-, Unfall-, Haftpflicht-, Angestellten-, Invaliden- und Erwerbslosenversicherungen, zu Versicherungen auf den Lebens- oder Todesfall und zu Witwen-, Waisen-, Versorgungs- und Sterbekassen steuerfrei bleiben, ist dahin geändert, daß steuerfrei bleiben Beiträge zu Sozialversicherungen, deren Abzug vom Lohn gesetzlich zulässig ist. Neu ist die Bestimmung, daß bezahlte Vermögensteuer ebenfalls als Sonderausgaben, abzugsfähig sind. Die Höhe der abzugsfähigen Sonderausgaben ist ebenfalls neu festgesetzt worden. Sie dürfen für Sozialversicherungsbeiträge und Vermögensteuer zusammen für den Steuerpflichtigen selbst RM 300 im Jahr nicht übersteigen. Der Betrag erhöht sich um RM 300 pro Jahr für die Ehefrau und für jeden Angehörigen im Sinne des § 10 Ziffer 3—6 des Steueranpassungsgesetzes. Es sind dies:

3. Verwandte in gerader Linie und Verwandte zweiten und dritten Grades in der Seitenlinie,
4. Verschwägerte in gerader Linie und Verschwägerte zweiten Grades in der Seitenlinie,

---

[1]) Aenderung durch Artikel II des Gesetzes Nr. 12 beachten! Kinderermäßigung wird jetzt nur mehr gewährt für Kinder, die während des Steuerjahres das 21. Lebensjahr nicht vollendet haben.

b) durch Annahme an Kindes Statt in gerader Linie Verbundene,

c) Pflegeeltern und Pflegekinder.

Die Erhöhung für die Ehefrau tritt nur ein, wenn der Steuerpflichtige zu Beginn des Veranlagungszeitraums oder mindestens vier Monate im Veranlagungszeitraum verheiratet war.

EStDV 1941

Zu § 10 des Gesetzes

§ 11

Pauschbetrag für Sonderausgaben

(1) Für Sonderausgaben im Sinn des § 10 Absatz 1 Ziffern 1 bis 3 des Gesetzes ist bei der Veranlagung mindestens ein Pauschbetrag von 200 Reichsmark abzusetzen.

(2) Hat die Steuerpflicht nicht während des vollen Kalenderjahrs bestanden, so ermäßigt sich der Pauschbetrag auf 15 Reichsmark für jeden vollen Kalendermonat, in dem die Steuerpflicht bestanden hat.

EStR 1941

58. Pauschbetrag für Sonderausgaben.

(1) Der Pauschbetrag für Sonderausgaben ermäßigt sich § 11 Absatz 2 EStDV 1941 gemäß nur, wenn die persönliche Steuerpflicht (§ 1 EStG) nicht während des vollen Kalenderjahrs bestanden hat.

Beispiel:

Der Steuerpflichtige ist am 15. März 1941 gestorben. Seine Steuerpflicht ist am 15. März 1941 erloschen. Der Pauschbetrag für Sonderausgaben ermäßigt sich bei der Veranlagung für 1941 auf 2 × 15 RM 30 RM.

(2) Der Pauschbetrag für Sonderausgaben kommt § 50 Absatz 1 EStG gemäß bei der Veranlagung beschränkt Steuerpflichtiger nicht in Betracht.

59. Verlustabzug.

(1) Der Verlustabzug steht buchführenden Land- und Forstwirten und Gewerbetreibenden, die Bücher nach den Vorschriften des Handelsgesetzbuchs führen, zu. Voraussetzung für den Verlustabzug ist jedoch nicht, daß der

Steuerpflichtige im Jahr der Vornahme des Verlustabzugs noch Land- und Forstwirt oder Gewerbetreibender ist.

(2) Der Verlustabzug steht demjenigen zu, der den Verlust erlitten hat. Er geht nicht durch Rechtsgeschäft unter Lebenden oder von Todes wegen auf einen anderen über. Der Rechtsnachfolger kann jedoch den Verlust des Rechtsvorgängers geltend machen, wenn er mit diesem im Zeitpunkt der Entstehung des Verlustes zusammen veranlagt (§§ 26 und 27 EStG) worden ist. Hinweis auf das RFH-Urteil vom 2. Juli 1941 (Reichssteuerbl. 1941 S. 658).

(3) Ein Verlust aus Land- und Forstwirtschaft oder aus Gewerbebetrieb kommt für den Verlustabzug nur insoweit in Betracht, als er bei der Veranlagung § 2 Absatz 2 EStG gemäß nicht ausgeglichen worden ist. Der Verlust ist insoweit nicht ausgeglichen, als sich beim Gesamtbetrag der Einkünfte ein Verlust ergibt.

Beispiel:

Verlust aus Land- und Forstwirtschaft . . .	— 25 000 RM
Einkünfte aus Kapitalvermögen	+ 15 000 RM
Verlust aus Vermietung und Verpachtung .	— 5 000 RM
Gesamtbetrag der Einkünfte (Verlust) . . .	— 15 000 RM

Der Verlust aus Land- und Forstwirtschaft von 25 000 RM ist in Höhe von 15 000 RM nicht ausgeglichen worden. Diese 15 000 RM kommen für den Verlustabzug in Betracht.

Wegen der Sonderfälle bei steuerabzugspflichtigen Einkünften Hinweis auf die RFH-Urteile vom 22. Januar 1941 (Reichssteuerbl. 1941 S. 379) und vom 29. Oktober 1941 (Reichssteuerbl. 1942 S. 84).

(4) Der Steuerpflichtige muß den Verlustabzug bei der Veranlagung für das Kalenderjahr, das auf das Verlustjahr folgt (Erstjahr), geltend machen. Der Verlustabzug kann bei der Veranlagung für das Zweitjahr nur insoweit geltend gemacht werden, als er bei der Veranlagung für das Erstjahr nicht vorgenommen werden konnte. Der Verlustabzug kann z. B. nicht vorgenommen werden, wenn der Steuerpflichtige nach dem Verbrauch (§ 48 EStG) besteuert wird.

(5) Wegen weiterer Einzelheiten über den Verlustabzug Hinweis auf meinen Erlaß vom 8. März 1939, S 2127 — 60 III (Reichssteuerbl. 1939 S. 433).

Verlustabzug bei der Einkommensteuer und bei der Körperschaftsteuer
(§ 10 Absatz 1 Ziffer 6 EStG 1938, § 10 Absatz 1 Ziffer 4 EStG 1939). Runderlaß vom 8. März 1939.

I. Allgemeine Bestimmungen

(1) Die Vorschrift des § 10 Absatz 1 Ziffer 6 EStG 1938 ist § 51 Absatz 1 EStG 1938 gemäß erstmals bei der Veranlagung für das Kalenderjahr 1938 anzuwenden. Sie gilt nur bei buchführenden Land- und Forstwirten und bei Gewerbetreibenden, die Bücher nach den Vorschriften des Handelsgesetzbuchs führen. Es ist gleichgültig, ob die Bücher auf Grund gesetzlicher Verpflichtung oder freiwillig geführt werden. Die Vorschrift gilt nur bei unbeschränkter Steuerpflicht.

(2) Für den Verlustabzug kommen nur Verluste in Betracht, die bei den Einkunftsarten des § 2 Absatz 3 Ziffern 1 und 2 EStG (Einkünfte aus Land- und Forstwirtschaft und Einkünfte aus Gewerbebetrieb) entstanden sind. Die Verluste sind nach den Vorschriften der §§ 4 bis 7 EStG, d. h. nach den Vorschriften über die Gewinnermittlung zu ermitteln. Vorgänge innerhalb des Betriebes, die den Gewinn nicht beeinflussen dürfen, bleiben demgemäß auch bei der Ermittlung des Verlustes unberücksichtigt. Zu diesen Vorgängen gehören z. B. Entnahmen und Einlagen, die Zahlung und Erstattung von Personensteuern. Vermögensmehrungen, die dadurch entstehen, daß Schulden zum Zweck der Sanierung ganz oder teilweise erlassen werden (Sanierungsgewinne), sind nach ständiger Rechtsprechung des Reichsfinanzhofs Vorgänge außerhalb des Betriebs. Sie beseitigen jedoch Verluste, die innerhalb des Betriebs entstanden sind.

(3) Die Verluste müssen in den beiden Wirtschaftsjahren entstanden sein, die dem Kalenderjahr vorangehen, dessen Einkommen zu veranlagen ist. Zu den Wirtschaftsjahren gehören auch Rumpfwirtschaftsjahre. Hat z. B. ein Steuerpflichtiger, der bisher regelmäßig

Abschlüsse für die Zeit vom 1. April bis 31. März machte, im Kalenderjahr 1938 sein Wirtschaftsjahr auf das Kalenderjahr umgestellt und deshalb ein Rumpfwirtschaftsjahr vom 1. April bis zum 31. Dezember 1938 eingefügt, so sind das Wirtschaftsjahr vom 1. April 1937 bis 31. März 1938 und das Rumpfwirtschaftsjahr vom 1. April 1938 bis zum 31. Dezember 1938 die beiden dem Kalenderjahr 1939 vorangegangenen Wirtschaftsjahre.

(4) Die Anwendung der Vorschrift des § 10 Absatz 1 Ziffer 6 EStG 1938 bei der Veranlagung für 1938 ergibt sich aus dem folgenden Beispiel:

Im Kalenderjahr 1937 betrugen:	
der Verlust aus Gewerbebetrieb	20 000 RM,
der Ueberschuß der Einnahmen aus Vermietung und Verpachtung	5 000 RM,
die Sonderausgaben im Sinn des § 10 Absatz 1 Ziffern 1 bis 5 EStG 1938	1 000 RM,
das Einkommen (Verlust)	— 16 000 RM.
Der in den beiden folgenden Jahren abzugsfähige Verlust beträgt aber nur (20 000 — 5000 =) . . .	15 000 RM.
Im Kalenderjahr 1938 betragen:	
der Gewinn aus Gewerbebetrieb	5 000 RM,
der Ueberschuß der Einnahmen aus Vermietung und Verpachtung	6 000 RM,
der Gesamtbetrag der Einkünfte	11 000 RM.
Davon sind zunächst abzuziehen die Sonderausgaben im Sinn des § 10 Absatz 1 Ziffern 1 bis 5 EStG 1938	1 000 RM;
und sodann von dem abzugsfähigen Verlust aus 1937 gemäß § 10 Absatz 1 Ziffer 6 EStG 1938	10 000 RM,
mithin steuerpflichtiges Einkommen 1938	0 RM.

Von dem abzugsfähigen Verlust aus 1937 in Höhe von 15 000 RM bleiben für 1939 abzugsfähig 5000 RM

(5) Verluste aus Land- und Forstwirtschaft dürfen § 13 Absatz 3 letzter Satz EStG 1938 gemäß nur ausgeglichen oder abgezogen werden, wenn sie 1000 RM übersteigen. Für die Abzugsfähigkeit kommt es darauf an, ob der ursprünglich entstandene und abzugsfähige Verlust 1000 Reichsmark überstiegen hat.

Beispiel:

Der bei der Veranlagung für das Kalenderjahr 1937 festgestellte nicht ausgeglichene Verlust aus Land- und Forstwirtschaft betrug 2000 RM. Bei der Veranlagung für das Kalenderjahr 1938 werden davon 1200 RM § 10 Absatz 1 Ziffer 6 EStG 1938 gemäß abgezogen. Die verbleibenden 800 RM sind im Kalenderjahr 1939 abzugsfähig.

Für die Frage, ob das Einkommen im Sinn des § 13 Absatz 3 EStG 1938 8000 RM übersteigt, ist das Einkommen maßgebend, das sich nach Abzug des § 10 Absatz 1 Ziffer 6 EStG 1938 gemäß abzugsfähigen Verluste ergibt.[1])

6. Vereinnahmung und Verausgabung.

§ 11.

(1) Einnahmen sind innerhalb des Kalenderjahrs bezogen, in dem sie dem Steuerpflichtigen zugeflossen sind. Regelmäßig wiederkehrende Einnahmen, die dem Steuerpflichtigen kurze Zeit vor Beginn oder kurze Zeit nach Beendigung des Kalenderjahrs, zu dem sie wirtschaftlich gehören, zugeflossen sind, gelten als in diesem Kalenderjahr bezogen. Die Vorschriften über die Gewinnermittlung (§ 4 Absatz 1, § 5) bleiben unberührt.

(2) Ausgaben sind für das Kalenderjahr abzusetzen, in dem sie geleistet worden sind. Für regelmäßig wiederkehrende Ausgaben gilt Absatz 1 Satz 2 entsprechend. Die Vorschriften über die Gewinnermittlung (§ 4 Absatz 1, § 5) bleiben unberührt.

7. Nichtabzugsfähige Ausgaben.

§ 12.

Unbeschadet der Vorschrift des § 10 dürfen weder bei den einzelnen Einkunftsarten noch vom Gesamtbetrag der Einkünfte abgezogen werden:

1. die für den Haushalt des Steuerpflichtigen und für den Unterhalt seiner Familienangehörigen aufgewendeten Beträge. Dazu gehören auch die

---

[1]) Aenderung durch Art. IX des Gesetzes Nr. 12 beachten!

Aufwendungen für die Lebensführung, die die wirtschaftliche oder gesellschaftliche Stellung des Steuerpflichtigen mit sich bringt, auch wenn sie zur Förderung des Berufs oder der Tätigkeit des Steuerpflichtigen erfolgen,

2. freiwillige Zuwendungen und Zuwendungen an gesetzlich unterhaltsberechtigte Personen, auch wenn diese Zuwendungen auf einer besonderen Vereinbarung beruhen,
3. die Steuern vom Einkommen und sonstige Personensteuern.

EStR 1941

61. Abgrenzung der Betriebsausgaben und der Werbungskosten von den Kosten der Lebensführung.

(1) Ausgaben eines Steuerpflichtigen sind Betriebsausgaben (Werbungskosten) oder Aufwendungen für die Lebensführung. Aufwendungen für die Lebensführung sind grundsätzlich § 12 Ziffer 1 EStG gemäß nicht abzugsfähig. Solche Ausgaben können nur, soweit sie im § 10 EStG als Sonderausgaben zugelassen sind, abgezogen werden.

(2) Repräsentationsaufwendungen und Aufwendungen für Ernährung, Kleidung und Wohnung sind in der Regel Kosten der Lebensführung im Sinn des § 12 EStG. Es besteht bei solchen Aufwendungen oft ein Zusammenhang mit der gewerblichen oder beruflichen Tätigkeit des Steuerpflichtigen. Es ist dann zu prüfen, ob und in welchem Umfang die Aufwendungen ausschließlich betrieblichen (beruflichen) Zwecken dienen und nichts mit dem Privatleben zu tun haben. Dienen die Aufwendungen ausschließlich betrieblichen (beruflichen) Zwecken, so sind sie abzugsfähig. Sind die Aufwendungen nur zum Teil durch betriebliche (berufliche) Zwecke veranlaßt worden und läßt sich dieser Teil der Aufwendungen von den Ausgaben, die ganz oder teilweise der

privaten Lebensführung gedient haben, einwandfrei trennen, so sind die Aufwendungen insoweit als Betriebsausgaben (Werbungskosten) zu berücksichtigen. Der Teil der Aufwendungen, der zu berücksichtigen ist, kann gegebenenfalls geschätzt werden. Läßt sich eine Trennung der Aufwendungen in Betriebsausgaben (Werbungskosten) und in Kosten der Lebensführung nicht einwandfrei durchführen — auch nicht schätzungsweise —, so gehört der gesamte Betrag derartiger Aufwendungen § 12 Ziffer 1 EStG gemäß zu den nicht abzugsfähigen Ausgaben. Hinweis z. B. auf das RFH-Urteil vom 15. November 1939 (Reichssteuerbl. 1940 S. 28).

(3) Eine Trennung in Betriebsausgaben (Werbungskosten) und Privatausgaben ist bei der Bewirtung und bei der Unterhaltung von Geschäftsfreunden und deren Angehörigen im Haushalt des Steuerpflichtigen nicht möglich. Es muß deshalb der gesamte Betrag der Aufwendungen § 12 Ziffer 1 EStG gemäß als Privatausgabe betrachtet werden. Aufwendungen für die Bewirtung und für die Unterhaltung eines Geschäftsfreundes und seiner Angehörigen außerhalb des Haushalts sind in der Regel als Betriebsausgaben (Werbungskosten) anzuerkennen, weil sie in der Regel ausschließlich betrieblichen (beruflichen) Zwecken dienen. In den Fällen, in denen Personen zur Erlangung von Bestellungen auf Getränke und Lebensmittel Gast- und Schankwirtschaften besuchen und dort über den normalen Umfang hinaus Aufwendungen machen müssen, sind die Ausgaben nicht mehr als Kosten der privaten Lebensführung anzusehen, sondern als Aufwendungen, die im betrieblichen (beruflichen) Interesse vorgenommen sind.

(4) Die gleichen Grundsätze gelten für Geschäftsreisen von Unternehmern. Aufwendungen für solche Geschäftsreisen (Kosten der Fahrt, Verpflegung, Unterbringung u. dergl.) sind abzugsfähig, wenn die Reise ausschließlich für betriebliche (berufliche) Zwecke unternommen worden ist. Eine Trennung der Aufwendungen mit Rücksicht darauf, daß auch Beträge für die persönliche Verpflegung in den Aufwendungen enthalten sind, kommt nicht in Betracht. Die Geschäftsreise als solche hat mit

dem Privatleben nichts zu tun. Die Haushaltsersparnisse (Absatz 5) sind jedoch in einem solchen Fall zu berücksichtigen. Wird die Reise nicht nur aus betrieblichen (beruflichen), sondern auch aus privaten Gründen unternommen, muß eine einwandfreie Trennung der Aufwendungen vorgenommen werden. Ist das nicht möglich, so kommen die gesamten Aufwendungen nicht als Betriebsausgaben (Werbungskosten) in Betracht, Hinweis auf Absatz 2.

(5) Kommen nach den Ausführungen in den Absätzen 3 und 4 Aufwendungen beim Besuch von Gastwirtschaften zur Erlangung von Bestellungen oder Aufwendungen für eine Geschäftsreise als Betriebsausgaben in Betracht, so sind für die Feststellung der Haushaltsersparnis die Bestimmungen in § 4 Ziffer 2 LStDB entsprechend anzuwenden.

Beispiel:

Ein verheirateter Fabrikant hat für eine fünftägige Reise seinem Betrieb insgesamt 350 RM entnommen und nur 250 RM (einschließlich 50 RM Fahrtkosten) als für Geschäftszwecke ausgegeben glaubhaft gemacht. Der übrige Betrag von 100 RM kommt als Betriebsausgabe nicht in Betracht Der Betrag von 250 RM ist noch um die Haushaltsersparnis zu kürzen. Ist der Fabrikant nach seinen Einkommensverhältnissen mit einem Beamten der Reisekostenstufe 1 a (Gehalt über 19 000 RM) zu vergleichen, so ist für jeden Reisetag eine Haushaltsersparnis von 20 Prozent von 14 RM (Tagegeld des vergleichbaren Beamten) = 2,80 RM anzunehmen.

Bei den Haushaltsersparnissen handelt es sich meist um Beträge, die den Gewinn nur unwesentlich beeinflussen. Es ist deshalb bei Unternehmern von ihrer Berücksichtigung abzusehen, wenn insgesamt nicht mehr als fünfzig Reisetage im Jahr in Betracht kommen.

EStR 1943

27. Reisekosten der Gewerbetreibenden.

(1) Ausgaben eines Gewerbetreibenden für Beförderung, Unterkunft und Verpflegung sind bei Reisen, die ausschließlich durch seinen Gewerbebetrieb veranlaßt worden sind, Betriebsausgaben. Hinweis auf Abschnitt 61 Absätze 4 und 5 EStR 1941.

(2) Die Ausgaben für Unterkunft und Verpflegung werden bei Inlandsreisen, die sich über mehr als sechs

Stunden erstrecken, von den Finanzämtern ohne Einzelnachweis mit den im Absatz 3 bezeichneten Pauschsätzen als Betriebsausgaben anerkannt, wenn

1. die einzelnen Reisetage und die ausschließlich betriebliche Veranlassung der Reise nachgewiesen werden und
2. höhere Aufwendungen als die Pauschsätze innerhalb eines Wirtschaftsjahres nicht geltend gemacht werden.

(3) Die Pauschsätze für Unterkunft und Verpflegung betragen:

a) bei einem vollen Reisetag (Abwesenheit vom Sitz des Betriebes oder der Betriebsstätte, die ununterbrochen mehr als zwölf Stunden gedauert hat),
bei Einkünften aus Gewerbebetrieb im Veranlagungszeitraum von nicht mehr als 3000 RM oder bei einem Verlust aus Gewerbebetrieb = 10 RM,
von mehr als 3000 RM, aber nicht mehr als 4000 RM . . . . = 12 RM,
von mehr als 4000 RM, aber nicht mehr als 5500 RM . . . . = 15 RM,
von mehr als 5500 RM, aber nicht mehr als 10 000 RM . . . . = 18 RM,
von mehr als 10 000 RM, aber nicht mehr als 20 000 RM . . . . = 22 RM,
von mehr als 20 000 RM . . . . . = 25 RM,

b) bei einer Reisedauer von mehr als sechs Stunden, aber nicht mehr als acht Stunden = $^{3}/_{10}$,
von mehr als acht Stunden, aber nicht mehr als zwölf Stunden . . . . . . = $^{5}/_{10}$
der unter Buchstabe a bezeichneten Beträge.

(4) In den folgenden Fällen müssen die tatsächlichen Ausgaben im einzelnen nachgewiesen werden:

1. wenn für Inlandsreisen von mehr als sechs Stunden Dauer höhere Beträge als die im Absatz 3 bezeichneten Pauschsätze als Betriebsausgaben angesetzt werden,
2. wenn die Inlandsreise nicht länger als sechs Stunden dauert,
3. wenn die Reise eine Auslandsreise ist.

EStR 41

62. Spenden.

(1) Aufwendungen, die ein Steuerpflichtiger zu nationalen, sozialen, gemeinnützigen, mildtätigen, kirchlichen und ähnlichen Zwecken macht (Spenden), sind Aufwendungen der privaten Lebensführung und als solche § 12 Ziffer 1 EStG gemäß nicht abzugsfähig. Sie sind als Spenden auch dann anzusehen, wenn sie auf Grund einer tatsächlichen oder vermeintlichen moralischen Verpflichtung oder aus sonstigen Gründen, denen sich der Geber nicht entziehen zu können glaubt, gegeben werden. Hinweis auf das RFH-Urteil vom 15. Juni 1937 (Reichssteuerbl. 1937 S. 990).

(2) Das gilt für Gewerbetreibende, Land- und Forstwirte und selbständig tätige Steuerpflichtige auch dann, wenn die Spenden durch betriebliche Erwägungen mitveranlaßt worden sind. Hinweis auf das RFH-Urteil vom 22. Juli 1936 (Reichssteuerbl. 1936 S. 898).

63. Unentgeltlich überlassene Wohnung.

Zu den Zuwendungen, die § 12 Ziffer 2 EStG gemäß nicht abgezogen werden können, gehört auch der Nutzungswert einer ganz oder teilweise unentgeltlich überlassenen Wohnung (§ 21 Absatz 2 EStG). Dem unentgeltlich Nutzenden ist in diesen Fällen die Wohnung nicht zuzurechnen, wenn der Ueberlasser unbeschränkt steuerpflichtig ist (§ 22 Ziffer 1 Buchstabe c EStG). Hinweis auf die RFH-Urteile vom 8. September 1938 (Reichssteuerbl. 1939 S. 4), vom 9. März 1939 (Reichssteuerbl. 1939 S. 758) und vom 31. Juli 1941 (Reichssteuerbl. 1941 S. 861).

Beispiel:

Ein Steuerpflichtiger bewohnt in seinem Zweifamilienhaus das Erdgeschoß. Er hat den ersten Stock seinem verheirateten Sohn unentgeltlich überlassen. Der Nutzungswert jeder Wohnung beträgt 1200 RM jährlich. Es sind bei dem Steuerpflichtigen 2400 RM Mieteinnahmen anzusetzen. Bei dem Sohn ist nichts anzusetzen.

8. Die einzelnen Einkunftsarten.

a) Land- und Forstwirtschaft (§ 2 Abs. 3 Ziff. 1)

§ 13. Einkünfte aus Land- und Forstwirtschaft.

(1) Einkünfte aus Land- und Forstwirtschaft sind:

1. Einkünfte aus dem Betrieb von Landwirtschaft, Forstwirtschaft, Weinbau, Gartenbau, Obstbau, Gemüsebau, Baumschulen und aus allen Betrieben, die Pflanzen und Pflanzenteile mit Hilfe der Naturkräfte gewinnen,
2. Einkünfte aus Tierzucht, Viehmästereien, Abmelkställen, Geflügelfarmen und ähnlichen Betrieben, wenn zur Tierzucht oder Tierhaltung überwiegend Erzeugnisse verwendet werden, die im eigenen land- und forstwirtschaftlichen Betrieb gewonnen sind,
3. Einkünfte aus Binnenfischerei, Fischzucht und Teichwirtschaft,
4. Einkünfte aus Jagd, wenn diese mit dem Betrieb einer Landwirtschaft oder einer Forstwirtschaft in Zusammenhang steht.

(2) Zu den Einkünften im Sinn des Absatzes 1 gehören auch:

1. Einkünfte aus einem land- und forstwirtschaftlichen Nebenbetrieb. Als Nebenbetrieb gilt ein Betrieb, der dem land- und forstwirtschaftlichen Hauptbetrieb zu dienen bestimmt ist,
2. der Nutzungswert der Wohnung des Steuerpflichtigen, wenn die Wohnung die bei Betrieben gleicher Art übliche Größe nicht überschreitet.

(3) Einkünfte aus Land- und Forstwirtschaft werden in vollem Umfang zur Einkommensteuer herangezogen, wenn das Einkommen den Betrag von 6000 Reichsmark übersteigt. Wenn das Einkommen diesen Betrag nicht übersteigt, so werden die Einkünfte aus Land- und Forstwirtschaft zur Einkommensteuer nur herangezogen, soweit sie den Betrag von 1000 Reichsmark übersteigen. Verluste aus Land- und Forstwirtschaft dürfen bei Ermittlung des Einkommens nur ausgeglichen (§ 2 Absatz 2) oder abgezogen (§ 10 Absatz 1 Ziffer 4) werden, wenn sie 1000 Reichsmark übersteigen.

Der vorstehende Absatz 3 des § 13 hat durch das Gesetz Nr. 12 der Alliierten Kontrollbehörde eine Aenderung erfahren. Er ist durch Artikel IX Absatz 2 dahingehend geändert, daß den Land- und Forstwirten, die keine Bücher führen, ein Freibetrag von RM 1000 gewährt wird, falls ihr Reineinkommen 6000 RM im Jahre nicht übersteigt. Die Bestimmungen des Artikel IX lauten:

Steuer auf Einkommen aus Land- und Forstwirtschaft.

1. Das Einkommen von Land- und Forstwirten, die keine Bücher führen, wird zum Zwecke der Berechnung ihrer Einkommensteuer von einem Achtzehntel des Wertes ihres landwirtschaftlichen oder forstwirtschaftlichen Vermögens (wie dies im § 2 der Verordnung vom 31. Dezember 1936 über die Aufstellung von Durchschnittssätzen für die Ermittlung des Gewinns aus Land- und Forstwirtschaft vorgesehen ist) auf ein Zwölftel des Wertes dieses Vermögens erhöht.
2. Den in Ziffer 1 genannten Personen wird, falls ihr Einkommen 6000 RM im Jahre nicht über-

steigt, ein Freibetrag von 1000 RM gewährt. Absatz 3 des § 13 des Einkommensteuergesetzes wird demgemäß geändert.

3. Einwanderern, welche die seit dem 8. Mai 1945 bestehenden Grenzen Deutschlands überschritten haben und Land- und Forstwirtschaft betreiben, ohne daß ihr Einkommen 6000 RM übersteigt, wird ein Freibetrag von 2000 RM gewährt. Dieser Freibetrag wird auf die Dauer von fünf Jahren gewährt, und zwar vom 1. Januar 1946 oder vom Tage der Einreise ab, falls diese zu einem späteren Zeitpunkt erfolgt ist. Er wird nicht mehr gewährt von dem Tage ab, an dem die obenerwähnten Personen die Land- oder Forstwirtschaft aufgeben.

4. Personen, die sich nach dem 8. Mai 1945 als Landwirte niedergelassen haben und deren Einkommen 6000 RM nicht übersteigt, wird ein Freibetrag von 2000 RM gewährt, und zwar vom 1. Januar 1946 oder von dem Tage der Niederlassung ab, falls diese zu einem späteren Zeitpunkt erfolgt ist. Er wird jedoch solchen Personen nicht gewährt, die einmal ein Recht darauf hatten und sich nach Verlust dieses Rechts aufs neue als Landwirt niedergelassen haben.

Land- und Forstwirte, die ein Reineinkommen von mehr als 6000 RM gehabt haben, sind nach § 161 Absatz 1 Ziffer 1 e AO verpflichtet, Bücher zu führen und auf Grund jährlicher Bestandsaufnahmen regelmäßig Abschlüsse zu machen.

EStR 1941

64. Richtlinien für Viehbewertung.

(1) Buchführende Land- und Forstwirte setzen das Vieh meist mit Durchschnittswerten an. Die Viehdurchschnittswerte werden von den Oberfinanzpräsidenten festgesetzt. Sie sind Schätzungswerte, die in der Regel den Teilwerten im Sinn des § 6 EStG entsprechen. Es liegt im übrigen im Wesen der Durchschnittswerte, daß einzelne Wertschwankungen, die sich im Laufe der Jahre von selbst ausgleichen, bei der Bewertung an den einzelnen Bilanzstichtagen unberücksichtigt bleiben müssen. Hinweis auf das RFH-Urteil vom 29. Januar 1936 (Reichssteuerbl. 1936 S. 752).

(2) Die Viehdurchschnittswerte sind für den Schluß des Wirtschaftsjahres 1932/33 gesenkt worden, weil damals die Viehpreise zurückgegangen waren. Die buchführenden Land- und Forstwirte mußten, wenn sie ihre Viehdurchschnittswerte senken wollten, die gesenkten Viehdurchschnittswerte ab dem Schluß des Wirtschaftsjahres 1932/33 oder 1933/34 ansetzen. Die Viehpreise sind inzwischen gestiegen. Die buchführenden Land- und Forstwirte müssen deshalb ab dem Wirtschaftsjahr 1939/40 ihren Zugang an Vieh (Geburt oder Zukauf) mit den ungesenkten Durchschnittswerten ansetzen.

Beispiel:

Der Landwirt A. hatte seine Milchkühe vor dem Wirtschaftsjahr 1932/33 mit dem vom Oberfinanzpräsidenten festgesetzten Durchschnittswert von 450 RM das Stück angesetzt. Er hat in der Hauptabschlußbilanz des Wirtschaftsjahres 1933/34 diese Werte um 20 Prozent auf 360 RM gesenkt. A muß die Milchkühe, die er ab dem Wirtschaftsjahr 1939/40 zugekauft hat, mit 450 RM das Stück bewerten.

(3) Es gibt buchführende Land- und Forstwirte, die ihre Viehdurchschnittswerte gesenkt haben, jedoch vor der Senkung andere (höhere oder niedrigere) Viehdurchschnittswerte hatten, als sie der Oberfinanzpräsident festgesetzt hat. Diese Land- und Forstwirte müssen ihren Zugang an Vieh ab dem oben bezeichneten Zeitpunkt mit ihrem früheren Durchschnittswert ansetzen.

Beispiel:

Der vom Oberfinanzpräsidenten festgesetzte ungesenkte Durchschnittswert für Milchkühe ist 450 RM das Stück. Der Landwirt B. hatte seine

Milchkühe vor dem Wirtschaftsjahr 1932/33 mit dem Durchschnittswert von 500 RM das Stück angesetzt. Er hat in der Hauptabschlußbilanz des Wirtschaftsjahres 1933/34 diese Werte um 20 Prozent auf 400 RM gesenkt. B. muß die Milchkühe, die er ab dem Wirtschaftsjahr 1939/40 zugekauft hat, mit 500 RM das Stück ansetzen.

(4) Es kann zu Schwierigkeiten führen, wenn der vorhandene Viehbestand mit den gesenkten Viehdurchschnittswerten und der jeweilige Zugang an Vieh mit den ungesenkten Viehdurchschnittswerten angesetzt werden muß. Ich habe deshalb durch meinen Erlaß vom 30. September 1940 — S 2141 — 112 III (Reichssteuerbl. 1940 S. 859) zugelassen, daß buchführende Land- und Forstwirte in der Hauptabschlußbilanz des Wirtschaftsjahrs 1939/40 ihren gesamten Viehbestand mit den ungesenkten Viehdurchschnittswerten ansetzen. Der Unterschiedsbetrag (Unterschied zwischen den gesenkten und den ungesenkten Viehdurchschnittswerten) erhöhte den Gewinn des Wirtschaftsjahrs 1939/40. Diese Gewinnerhöhung kann auf fünf Jahre gleichmäßig verteilt werden. In diesem Fall mußte in der Hauptabschlußbilanz des Wirtschaftsjahrs 1939/40 ein Schuldposten von vier Fünfteln der Gewinnerhöhung gebildet werden. Dieser Schuldposten ist am Schluß der vier folgenden Wirtschaftsjahre mit je einem Viertel aufzulösen.

(5) Land- und Forstwirte, die ihre Viehdurchschnittswerte nicht gesenkt haben, setzen auch ihren Zugang an Vieh mit ihren bisherigen Viehdurchschnittswerten an. Das gilt auch dann, wenn diese Viehdurchschnittswerte den gesenkten Viehdurchschnittswerten des Oberfinanzpräsidenten entsprechen. Ist ein land- und forstwirtschaftlicher Betrieb unentgeltlich erworben worden, so muß der Erwerber den Zugang an Vieh mit den ungesenkten Viehdurchschnittswerten ansetzen, wenn er Gesamtrechtsnachfolger ist und der Rechtsvorgänger die Viehdurchschnittswerte gesenkt hat.

Beispiel:

Der Landwirt C. hat seine Viehdurchschnittswerte in der Hauptabschlußbilanz des Wirtschaftsjahres 1932/33 gesenkt. Im Jahr 1938 ist der landwirtschaftliche Betrieb durch Erbfolge auf seinen Sohn übergegangen. Der Sohn hat die bisherigen Viehdurchschnittswerte übernommen. Er hat ab dem Wirtschaftsjahr 1939/40 den Zugang an Vieh mit den ungesenkten Durchschnittswerten anzusetzen.

(6) Das Vieh kann nach den von den Oberfinanzpräsidenten festgesetzten Durchschnittswerten auch bei der Eröffnung eines Betriebs oder beim Beginn der Buchführungspflicht ohne Rücksicht auf die tatsächlichen Anschaffungskosten in der Eröffnungsbilanz angesetzt werden. Es sind dabei die ungesenkten Viehdurchschnittswerte zugrunde zu legen. Es werden durch den Ansatz der Durchschnittswerte in der Eröffnungsbilanz Härten vermieden, die entstehen können, wenn für den Schluß des Wirtschaftsjahrs die Durchschnittswerte angesetzt werden und die Anschaffungskosten unter den Durchschnittswerten liegen.

(7) Besonders wertvolle Tiere können mit Viehdurchschnittswerten nicht angesetzt werden. Sie sind einzeln zu bewerten. Das gilt insbesondere für Zuchttiere (Zuchthengste, Zuchtstiere usw.) und für Rennpferde. Hinweis auf das RFH-Urteil vom 6. Dezember 1939 (Reichssteuerbl. 1940 S. 282).

70. Mitarbeit von Kindern.

Ein Dienstverhältnis zwischen den Eltern und ihren im Betrieb mitarbeitenden Kindern ist nach der Rechtsprechung des Reichsfinanzhofs in der Land- und Forstwirtschaft in der Regel nicht anzunehmen. Das gilt auch, wenn die Kinder volljährig sind. Es kann nur in Ausnahmefällen, insbesondere in größeren land- und forstwirtschaftlichen Betrieben, ein Dienstverhältnis anerkannt werden, wenn die Umstände des Falles für ein solches Verhältnis sprechen. Hinweis auf das RFH-Urteil vom 24. August 1938 (Reichssteuerbl. 1938 S. 979). Zuwendungen (freier Unterhalt, Taschengeld usw.) an Kinder, auch wenn sie volljährig sind, sind deshalb bei der Ermittlung des Gewinns in der Regel nicht abzugsfähig. Ich bin jedoch damit einverstanden, daß Land- und Forstwirte für ihre im Betrieb tätigen Kinder und Schwiegerkinder, für die ihnen Kinderermäßigung nicht zusteht, einen Betrag in Höhe der Hälfte des ortsüblichen Arbeitslohns eines volljährigen Knechts oder einer volljährigen Magd bei der Ermittlung des Gewinns absetzen. Hinweis auf § 4 Absatz 2 der Verordnung über die Aufstellung von Durchschnittssätzen für die Ermittlung des Gewinns aus Land- und Forstwirtschaft vom 31. Dezember 1936.

72. Durchschnittssätze und Richtsätze.

(1) Bei Land- und Forstwirten, die weder Bücher führen noch zur Führung von Büchern verpflichtet sind, ist der Gewinn aus Betrieben, die bei der Einheitsbewertung als landwirtschaftliche Betriebe bewertet worden sind, so zu ermitteln, wie die Verordnung über die Aufstellung von Durchschnittssätzen für die Ermittlung des Gewinns aus Land- und Forstwirtschaft vom 31. Dezember 1936 (Reichsgesetzbl. 1937 I S. 1, Reichssteuerbl. 1937 S. 33) es vorschreibt. Voraussetzung ist, daß der Umsatz die durch den Oberfinanzpräsidenten zu bestimmende Grenze nicht übersteigt. Diese Grenze darf auf höchstens 40 000 RM festgesetzt werden. Ist eine der im § 1 der Verordnung bezeichneten Voraussetzungen nicht erfüllt, so ist die Verordnung nicht anzuwenden. Das gilt auch, wenn ein Land- und Forstwirt freiwillig zur ordnungsmäßigen Buchführung übergeht. Hinweis auf das RFH-Urteil vom 11. September 1940 (Reichssteuerbl. 1940 S. 1051). Ein willkürlicher Wechsel zwischen den Gewinnermittlungsarten ist unzulässig. Wegen weiterer Zweifelsfragen Hinweis auf meinen Erlaß vom 31. Dezember 1936 — S 2142 — 85 III (Reichssteuerbl. 1937 S. 35).

(2) Bei den anderen Land- und Forstwirten, die weder Bücher führen noch zur Führung von Büchern verpflichtet sind, ist der Gewinn nach Richtsätzen zu ermitteln. Es kommen insbesondere Betriebe in Betracht, die bei der Einheitsbewertung nicht als landwirtschaftliche Betriebe behandelt worden sind, sondern z. B. als Forstbetriebe oder Weinbaubetriebe. Sind Richtsätze nicht festgesetzt worden, so ist der Gewinn im Einzelfall zu schätzen.

(3) Bei Land- und Forstwirten, die zur Buchführung verpflichtet sind, ordnungsmäßige Bücher aber nicht führen, ist der Gewinn im Einzelfall zu schätzen.

Der Begriff land- und forstwirtschaftlicher Nebenbetrieb war nach dem EStG 1925 unbekannt, er ist durch das EStG

1934 eingeführt. Was im einzelnen Fall als Nebenbetrieb zu gelten hat, richtet sich nach der Verkehrsauffassung. In den Veranlagungsrichtlinien zur Einkommen- und Körperschaftsteuer für 1934 ist darüber unter B I 5 folgendes ausgeführt:

Die Tatsache, daß für einen Betrieb, der Erzeugnisse des land- und forstwirtschaftlichen Hauptbetriebs verbraucht oder verarbeitet, weitere landwirtschaftliche Erzeugnisse zugekauft werden, braucht dem Betrieb die Eigenschaft eines landwirtschaftlichen Nebenbetriebs nicht zu nehmen, wenn der Zukauf im Verhältnis zu den verbrauchten oder verarbeiteten eigenen Erzeugnissen nicht bedeutend ist. Erfolgt ein Zukauf dauernd in nicht unbedeutendem Umfang, so wird anzunehmen sein, daß es dem Betriebsinhaber weniger darauf ankommt, dem land- und forstwirtschaftlichen Hauptbetrieb zu dienen, als darauf, möglichst hohe Ergebnisse zu erzielen. Auch die Höhe des im Nebenbetrieb angelegten Kapitals im Verhältnis zum Wert des land- und forstwirtschaftlichen Hauptbetriebs und eine etwaige Eintragung im Handelsregister bieten äußere Merkmale für die Abgrenzung.

Einkünfte aus Substanzbetrieben gehören zu den Einkünften aus Land- und Forstwirtschaft nur dann, wenn der Substanzbetrieb land- und forstwirtschaftlicher Nebenbetrieb ist, d. h. dem land- und forstwirtschaftlichen Hauptbetrieb zu dienen bestimmt ist. Bei Kiesgruben, Torfbetrieben und anderen Substanzbetrieben kommt es darauf an, daß der abgebaute Kies (z. B. zur Beschotterung der Wege) oder der Torf (z. B. zu Heizungszwecken oder als Torfstreu) überwiegend im eigenen Betrieb verwendet wird.

§ 14. Veräußerung des Betriebs.

(1) Zu den Einkünften aus Land- und Forstwirtschaft gehören auch Gewinne, die bei der Veräußerung oder Aufgabe eines land- und forstwirtschaftlichen Betriebs oder Teilbetriebs erzielt werden. Veräußerungsgewinn ist der Betrag, um den der Ver-

äußerungspreis nach Abzug der Veräußerungskosten den Wert des Betriebsvermögens übersteigt, der nach § 4 Absatz 1 für den Zeitpunkt der Veräußerung ermittelt wird.

(2) Die Einkommensteuer vom Veräußerungsgewinn wird auf Antrag ermäßigt oder erlassen, wenn der Steuerpflichtige den veräußerten Betrieb oder Teilbetrieb innerhalb der letzten drei Jahre vor der Veräußerung erworben und infolge des Erwerbs Erbschaftssteuer entrichtet hat.

Durch Artikel XII des Gesetzes Nr. 12 ist die bisher in § 14 Absatz 2 vorgesehene Steuerbefreiung aufgehoben. Absatz 2 lautete:

Die Steuerpflicht tritt nur ein, wenn der Veräußerungsgewinn bei der Veräußerung des ganzen Betriebs den Betrag von 10 000 Reichsmark und bei Veräußerung eines Teilbetriebs den entsprechenden Teil von 10 000 Reichsmark übersteigt.

b) Gewerbebetrieb (§ 2 Absatz 3 Ziffer 2)

§ 15. Einkünfte aus Gewerbebetrieb.

Einkünfte aus Gewerbebetrieb sind:

1. Einkünfte aus gewerblichen Unternehmen. Dazu gehören auch Einkünfte aus gewerblicher Bodenbewirtschaftung, z. B. aus Bergbauunternehmen und aus Betrieben zur Gewinnung von Torf, Steinen und Erden, soweit sie nicht land- oder forstwirtschaftliche Nebenbetriebe sind,
2. die Gewinnanteile der Gesellschafter einer Offenen Handelsgesellschaft, einer Kommanditgesellschaft und einer anderen Gesellschaft, bei der der Gesellschafter als Unternehmer (Mitunternehmer) anzusehen ist, und die Vergütungen, die der Ge-

sellschafter von der Gesellschaft für seine Tätigkeit im Dienst der Gesellschaft oder für die Hingabe von Darlehen oder für die Ueberlassung von Wirtschaftsgütern bezogen hat,

3. die Gewinnanteile der persönlich haftenden Gesellschafter einer Kommanditgesellschaft auf Aktien, soweit sie nicht auf Anteile am Grundkapital entfallen, und die Vergütungen, die der persönlich haftende Gesellschafter von der Gesellschaft für seine Tätigkeit im Dienst der Gesellschaft oder für die Hingabe von Darlehen oder für die Ueberlassung von Wirtschaftsgütern bezogen hat.

Unter Gewerbe ist jede mit der Absicht auf Gewinnerzielung unternommene, selbständige, berufsmäßige, also fortgesetzte Arbeitstätigkeit zu verstehen, welche sich als Beteiligung am allgemeinen wirtschaftlichen Verkehr darstellt und nicht zum Betrieb der Land- und Forstwirtschaft gehört. Der Begriff Gewerbebetrieb ist also einmal abzugrenzen gegenüber dem Betrieb der Land- und Forstwirtschaft. Auch ein land- oder forstwirtschaftlicher Nebenbetrieb gehört steuerrechtlich gemäß § 13 Absatz 2 Ziffer 1 zu einem land- oder forstwirtschaftlichen Betrieb.

Ferner ist der Begriff Gewerbebetrieb abzugrenzen gegenüber der selbständigen Arbeitstätigkeit, insbesondere gegenüber den freien Berufen gemäß § 18 EStG.

Die Gewinnanteile der Gesellschafter einer Offenen Handelsgesellschaft bzw. Kommanditgesellschaft, die als Mitunternehmer anzusprechen sind, gelten ebenfalls als Einkünfte aus Gewerbebetrieb.

Bei der stillen Gesellschaft unterscheidet man die sogenannte typische stille Gesellschaft; die Einkünfte hieraus gehören zu den Einkünften aus Kapitalvermögen gemäß § 20 Absatz 1 Ziffer 2 EStG. Ist der stille Gesellschafter jedoch auf Grund des Gesellschaftsvertrages an den Anlagewerten beteiligt und daher als Mitunternehmer anzusehen, so gelten seine Gewinnanteile als Einkünfte aus Gewerbebetrieb.

§ 16. Veräußerung des Betriebs.

(1) Zu den Einkünften aus Gewerbebetrieb gehören auch Gewinne, die erzielt werden bei der Veräußerung

1. des ganzen Gewerbebetriebs oder eines Teilbetriebs,
2. des Anteils eines Gesellschafters, der als Unternehmer (Mitunternehmer) des Betriebs anzusehen ist (§ 15 Ziffer 2),
3. des Anteils eines persönlich haftenden Gesellschafters einer Kommanditgesellschaft auf Aktien (§ 15 Ziffer 3).

(2) Veräußerungsgewinn im Sinn des Absatzes 1 ist der Betrag, um den der Veräußerungspreis nach Abzug der Veräußerungskosten den Wert des Betriebsvermögens (Absatz 1 Ziffer 1) oder den Wert des Anteils am Betriebsvermögen (Absatz 1 Ziffern 2 und 3) übersteigt. Der Wert des Betriebsvermögens oder des Anteils ist für den Zeitpunkt der Veräußerung nach § 4 Absatz 1 oder nach § 5 zu ermitteln.

(3) Als Veräußerung gilt auch die Aufgabe des Gewerbebetriebs. Werden die einzelnen dem Betrieb gewidmeten Wirtschaftsgüter im Rahmen der Aufgabe des Betriebs veräußert, so sind die Veräußerungspreise anzusetzen. Werden die Wirtschaftsgüter nicht veräußert, so ist der gemeine Wert im Zeitpunkt der Aufgabe anzusetzen. Bei Aufgabe eines Gewerbebetriebs, an dem mehrere Personen beteiligt waren, ist für jeden einzelnen Beteiligten der gemeine Wert der Wirtschaftsgüter anzusetzen, die er bei der Auseinandersetzung erhalten hat.

Durch Artikel XII des Gesetzes Nr 12 sind die in den Absätzen 4 und 5 des § 6 vorgesehenen Steuerbefreiungen aufgehoben worden.

Diese beiden Absätze hatten folgenden Wortlaut:

(4) Die Steuerpflicht tritt nur ein, wenn der Veräußerungsgewinn bei der Veräußerung des ganzen Gewerbebetriebs (Absatz 1 Ziffer 1) den Betrag von 10 000 Reichsmark und bei der Veräußerung eines Teilbetriebs oder eines Anteils am Betriebsvermögen (Absatz 1 Ziffern 1 und 3) den entsprechenden Teil von 10 000 Reichsmark übersteigt.

(5) Die Einkommensteuer vom Veräußerungsgewinn wird auf Antrag ermäßigt oder erlassen, wenn der Steuerpflichtige den veräußerten Betrieb oder Teilbetrieb oder den veräußerten Anteil am Betriebsvermögen innerhalb der letzten drei Jahre vor der Veräußerung erworben und infolge des Erwerbs Erbschaftsteuer entrichtet hat.

EStDV 1941 Zu § 16 des Gesetzes

§ 13

Veräußerung von Bodenschätzen

(1) Zu den Einkünften aus Gewerbebetrieb gehört auch der Gewinn aus der Veräußerung von Bodenschätzen, die nicht zu einem land- und forstwirtschaftlichen oder einem gewerblichen Betriebsvermögen gehören.

(2) Veräußerungsgewinn im Sinn des Absatzes 1 ist der Betrag, um den der Veräußerungspreis nach Abzug der Veräußerungskosten die Anschaffungskosten übersteigt.

(3) Sind die Bodenschätze vor dem 1. Januar 1925 angeschafft oder unentgeltlich erworben worden, so ist als Anschaffungskosten der Betrag zugrunde zu legen, mit dem die Bodenschätze bei der Einheitsbewertung auf den 1. Januar 1925 berücksichtigt worden sind. Sind die Bodenschätze nach dem 31. Dezember 1924 unentgeltlich erworben worden, so ist als Anschaffungskosten der Betrag zugrunde zu legen, mit dem die Bodenschätze bei der letzten Einheitsbewertung vor dem unentgeltlichen Erwerb berücksichtigt worden sind.

(5) Ein Verlust aus der Veräußerung von Bodenschätzen darf bei der Ermittlung des Einkommens nicht ausgeglichen werden (92 Absatz 2 des Gesetzes).

EStR 1941

78. Veräußerung des Betriebs.

(1) Die Veräußerung eines Betriebs oder eines Teilbetriebs oder die Veräußerung eines Mitunternehmeranteils im ganzen oder zu einem Bruchteil ist ein Vorfall, der bei der Ermittlung des gewerblichen Gewinns des Unternehmers oder Mitunternehmers zu berücksichtigen ist. Ein dabei erzielter Veräußerungsgewinn gehört ebenso wie der laufende Gewinn aus dem Gewerbebetrieb zu den gewerblichen Einkünften. Ein Verlust aus einem Veräußerungsgeschäft der bezeichneten Art ist bei der Ermittlung des Gewinns aus Gewerbebetrieb und, falls sich danach ein Verlust bei den Einkünften aus Gewerbebetrieb ergibt, bei der Ermittlung des Gesamtbetrags der Einkünfte auszugleichen. Verbleibt auch dann noch ein Verlust aus Gewerbebetrieb oder aus Land- und Forstwirtschaft, so ist er § 10 Absatz 1 Ziffer 4 EtSG gemäß abzugsfähig.

79. Veräußerung von Bodenschätzen.

(1) § 13 EStDV 1941 regelt die Veräußerung von Bodenschätzen, wie Kohle, Kali, Mineralien, Erdöl, Steine, Ziegellehm, Kieslager usw. Es ist dabei ohne Bedeutung, ob die Bodenschätze für sich allein oder mit dem Grund und Boden veräußert werden. Es muß sich aber im wesentlichen um einen einmaligen Vorgang handeln. Laufendes Entgelt für die zeitlich begrenzte Ueberlassung der Entnahme von Bodenschätzen gehört grundsätzlich zu den Einkünften aus Vermietung und Verpachtung (§ 21 EStG).

(2) § 13 EStDV 1941 regelt nur die Veräußerung von Bodenschätzen, die nicht zu einem land- und forstwirtschaftlichen oder einem gewerblichen Betriebsvermögen gehören. Ob Bodenschätze zu einem land- und forstwirtschaftlichen oder einem gewerblichen Betriebsvermögen gehören oder nicht, richtet sich nach den allgemeinen Grundsätzen. Bei Gewerbetreibenden, deren Firma im Handelsregister eingetragen ist, kommt es in der Hauptsache auf die buchmäßige Behandlung des Grundstücks an. Bei anderen Gewerbetreibenden und

bei Land- und Forstwirten kommt es insbesondere darauf an, ob die Bodenschätze dem Betrieb zu dienen bestimmt sind. Ungenutzte Bodenschätze gehören bei diesen Steuerpflichtigen nicht zum Betriebsvermögen. Werden Bodenschätze veräußert, die zu einem land- und forstwirtschaftlichen oder zu einem gewerblichen Betriebsvermögen gehören, so richtet sich die Besteuerung nach den allgemeinen Vorschriften (§§ 4 bis 7 EStG, in den Fällen der Veräußerung eines Betriebs oder Teilbetriebs auch §§ 14 und 16 EStG).

(3) Veräußerungsgewinn ist § 13 Absatz 2 EStDV 1941 gemäß der Betrag, um den der Veräußerungspreis nach Abzug der Veräußerungskosten die Anschaffungskosten übersteigt. Anschaffungskosten kommen nicht in Betracht, wenn die Bodenschätze bei dem Erwerb des Grund und Bodens auf den Kaufpreis ohne Einfluß gewesen sind, z. B. weil das Vorhandensein von Bodenschätzen damals nicht bekannt war. Wegen der Anschaffungskosten in den Fällen des unentgeltlichen Erwerbs oder der Anschaffung vor dem 1. Januar 1925 Hinweis auf § 13 Absatz 3 EStDV 1941.

§ 17. Veräußerung wesentlicher Beteiligungen.

(1) Zu den Einkünften aus Gewerbebetrieb gehört auch der Gewinn aus der Veräußerung eines Anteils an einer Kapitalgesellschaft, wenn der Veräußerer am Kapital der Gesellschaft wesentlich beteiligt war und der veräußerte Anteil eins vom Hundert des Grund- oder Stammkapitals der Gesellschaft übersteigt. Eine wesentliche Beteiligung ist gegeben, wenn der Veräußerer allein oder mit seinen Angehörigen an der Kapitalgesellschaft zu mehr als einem Viertel unmittelbar oder mittelbar, z. B. durch Treuhänder oder durch eine Kapitalgesellschaft, innerhalb der letzten fünf Jahre beteiligt war.

(2) Veräußerungsgewinn im Sinn des Absatzes 1 ist der Betrag, um den der Veräußerungspreis nach Abzug der Veräußerungskosten die Anschaffungskosten übersteigt.

(3) Verluste, die bei der Veräußerung von Anteilen an einer Kapitalgesellschaft entstanden sind, dürfen bei Ermittlung des Einkommens nicht ausgeglichen werden (§ 2 Absatz 2).

Die in den Absätzen 3 und 4 des § 17 vorgesehenen Steuervergünstigungen sind durch Artikel XII des Gesetzes Nr. 12 aufgehoben. Der in § 17 geregelte Tatbestand ist begrenzt auf die Fälle, in denen die veräußerte wesentliche Beteiligung nicht zu einem Betriebsvermögen gehört hat. Veräußerungsgewinn von Beteiligungen, die zu einem Betriebsvermögen gehören, sind gemäß §§ 4 und 5 EStG steuerpflichtig.

EStDV 1941

Zu § 17 des Gesetzes

§ 14

Veräußerung wesentlicher Beteiligungen

(1) Anteile an einer Kapitalgesellschaft im Sinn des § 17 des Gesetzes sind Aktien, Anteile an einer Gesellschaft mit beschränkter Haftung, Kuxe, Genußscheine oder ähnliche Beteiligungen und Anwartschaften auf solche Beteiligungen.

(2) Gewinn aus der Veräußerung eines Anteils an einer Kapitalgesellschaft ist auch der Gewinn, den der Gesellschafter bei der Auflösung der Kapitalgesellschaft erzielt.

EStR 1941

80. Veräußerung von Anteilen an einer Kapitalgesellschaft

(1) § 17 EStG gilt nicht für die Veräußerung von Anteilen an einer Kapitalgesellschaft, die zu einem Betriebsvermögen gehören. In diesem Fall ist die Veräußerung ein Betriebsvorgang wie jeder andere. Der betriebliche Gewinn ist § 4 oder § 5 EStG gemäß zu ermitteln.

(2) Bei der Veräußerung von Anteilen an einer Kapitalgesellschaft, die nicht zu einem Betriebsvermögen ge-

hören, ist § 17 EStG nicht anzuwenden, wenn es sich um ein Spekulationsgeschäft im Sinn des § 23 EStG handelt. Hinweis auf das RFH-Urteil vom 4. August 1937 (Reichssteuerbl. 1938 S. 82).

(3) Verluste aus der Veräußerung von Anteilen an einer Kapitalgesellschaft, die nicht zu einem Betriebsvermögen gehören und nicht das Ergebnis eines Spekulationsgeschäfts im Sinn des § 23 EStG sind, dürfen § 17 Absatz 5 EStG gemäß bei Ermittlung des Einkommens nicht ausgeglichen werden. Liegen mehrere Veräußerungsgeschäfte vor, so ist jedes einzelne Veräußerungsgeschäft für sich zu betrachten. Ein Verlust bei dem einen Veräußerungsgeschäft darf mit dem Gewinn aus dem anderen Veräußerungsgeschäft nicht ausgeglichen werden.

(4) Als Veräußerungskosten im Sinn des § 17 Absatz 2 EStG können nur solche Aufwendungen geltend gemacht werden, die in unmittelbarer Beziehung zu dem einzelnen Veräußerungsgeschäft stehen.

c) Selbständige Arbeit (§ 2 Absatz 3 Ziffer 3)

§ 18.

(1) Einkünfte aus selbständiger Arbeit sind:

1. Einkünfte aus freien Berufen. Zu den freien Berufen gehören insbesondere die wissenschaftliche, künstlerische, schriftstellerische, unterrichtende oder erzieherische Tätigkeit, die Berufstätigkeit der Aerzte, Rechtsanwälte und Notare, der Ingenieure, der Architekten, der Handelschemiker, der Heilpraktiker, der Dentisten, der Landmesser, der Wirtschaftsprüfer, der Steuerberater, der Buchsachverständigen und ähnlicher Berufe,
2. Einkünfte der Einnehmer der Deutschen Reichslotterie, wenn sie nicht Einkünfte aus Gewerbebetrieb sind,

3. Einkünfte aus sonstiger selbständiger Arbeit, z. B. Vergütungen für die Vollstreckung von Testamenten, für Vermögensverwaltung und für die Tätigkeit als Aufsichtsratsmitglied.

(2) Einkünfte nach Absatz 1 sind auch dann steuerpflichtig, wenn es sich nur um eine vorübergehende Tätigkeit handelt.

(3) Zu den Einkünften aus selbständiger Arbeit gehören auch Gewinne, die bei der Veräußerung des der selbständigen Arbeit dienenden Vermögens oder bei Aufgabe der Tätigkeit erzielt werden. Die Einkommensteuer von Gewinnen im Sinn des Satzes 1 wird auf Antrag ermäßigt oder erlassen, wenn der Steuerpflichtige das veräußerte Vermögen innerhalb der letzten drei Jahre vor der Veräußerung erworben und infolge des Erwerbs Erbschaftssteuer entrichtet hat.

EStR 1941

81. Buchführungspflicht von Angehörigen der freien Berufe

(1) Eine Buchführungspflicht von Angehörigen der freien Berufe kann sich ergeben aus

a) § 160 Absatz 1 der Reichsabgabenordnung. Dieser Vorschrift gemäß hat der Steuerpflichtige, der nach anderen Gesetzen als den Steuergesetzen Bücher und Aufzeichnungen zu führen hat, die für die Besteuerung von Bedeutung sind, die Verpflichtungen, die ihm nach den anderen Gesetzen obliegen, auch im Interesse der Besteuerung zu erfüllen,

b) § 160 Absatz 2 der Reichsabgabenordnung. Hinweis auf die Verordnung zur Durchführung des § 160 Absatz 2 der Reichsabgabenordnung vom 24. März 1932 (Reichsgesetzbl. I S. 165, Reichssteuerbl. 1932

S. 320) und meinen Erlaß vom 24. März 1932 — S 1160 — 16 III R (Reichssteuerbl. 1932 S. 319).

§ 2 dieser Verordnung (Aufzeichnungsverordnung) gemäß ist aufzeichnungspflichtig, wer nach dem im Besteuerungsverfahren getroffenen Feststellungen bei einer einzelnen Einkunftsart oder bei mehreren Einkunftsarten zusammen Einkünfte von mehr als 100 000 RM gehabt hat. § 8 der Aufzeichnungsverordnung gemäß brauchen Aufzeichnungen über Ausgaben und über Vermögen nicht gemacht zu werden. Eine Aufzeichnungspflicht nach der Aufzeichnungsverordnung besteht nicht, solange und soweit Bücher oder Aufzeichnungen nach § 160 Absatz 1 (Hinweis auf den obigen Buchstaben a) oder nach § 161 der Reichsabgabenordnung (Hinweis auf den folgenden Buchstaben c) geführt werden,

c) § 161 Absatz 1 Ziffer 1 Buchstabe a oder b (nicht Buchstabe d) der Reichsabgabenordnung. Die „Vorläufigen Richtlinien für die Buchführungspflicht der freien Berufe und ähnlicher Erwerbszweige nach § 161 Absatz 1 Ziffer 1 AO" (mein Erlaß vom 22. Juni 1932 — S 2164 — 1 III, Reichssteuerbl. 1932 S. 613) sind mit Wirkung ab 1. Januar 1940 aufgehoben worden. Es müßten deshalb die Angehörigen der freien Berufe, bei denen die Voraussetzung des § 161 Absatz 1 Ziffer 1 Buchstabe a oder b vorliegt, ab 1. Januar 1940 Bücher führen und auf Grund jährlicher Bestandsaufnahmen regelmäßig Abschlüsse machen. Ich bin jedoch damit einverstanden, daß diese Steuerpflichtigen, soweit sie vor dem 1. Januar 1940 als Gewinn den Ueberschuß der Betriebseinnahmen über die Betriebsausgaben angesetzt haben, diese Gewinnermittlungsart bis zur Neuregelung der Buchführungspflicht bei Einkünften aus selbständiger Arbeit beibehalten. Auch Angehörige der freien Berufe, die neu unter § 161 Absatz 1 Ziffer 1 AO fallen, können bei der Gewinnermittlungsart des § 4 Absatz 3 EStG bleiben.

(2) Bei der Gewinnermittlung auf Grund des § 4 Absatz 3 EStG sind Vorschüsse, z. B. bei Rechtsanwälten, ohne Rücksicht auf die Art der Verbuchung schon im Zeitpunkt des Zufließens als Betriebseinnahmen zu behandeln. Müssen Vorschüsse später ganz oder teilweise zurückgezahlt werden, so stellen die Rückzahlungen Betriebsausgaben dar.

EStR 1943

35. Nebentätigkeit

(1) Eine Nebentätigkeit im Sinn der folgenden Anordnungen ist eine Tätigkeit, die jemand neben seinem Hauptberuf in einem Arbeitsverhältnis oder im Rahmen eines Tätigkeitsverhältnisses, das einem Arbeitsverhältnis ähnlich ist, ausübt.

(2) Die nebenberuflich tätige Person übt die Nebentätigkeit in einem Arbeitsverhältnis aus, wenn sie in das Unternehmen (Betrieb oder Haushalt) des Leistungsempfängers derart eingegliedert ist, daß sie dessen Weisungen hinsichtlich der geschuldeten Arbeitsleistung zu folgen verpflichtet ist (Hinweis auf § 1 Absatz 3 LStDB). Die Einnahmen aus der Nebentätigkeit sind in einem solchen Fall Arbeitslohn.

(3) Die nebenberuflich tätige Person übt die Nebentätigkeit selbständig im Rahmen eines Tätigkeitsverhältnisses, das einem Arbeitsverhältnis ähnlich ist, aus, wenn sie die Nebentätigkeit zwar nicht in einem Arbeitsverhältnis (Absatz 2) ausübt, ihre Stellung jedoch wegen der Weisungsbefugnis des Leistungsempfängers oder wegen anderer Umstände derjenigen eines Arbeitnehmers ähnlich ist.

Beispiele:

Der praktische Tierarzt als amtlich bestellter Fleischbeschauer, der Rentner als Wetterbeobachter, der Beamte als Vortragender an einer Verwaltungsakademie, der Landwirt als amtlich bestellter Viehwieger.

Die Einkünfte aus einer solchen Nebentätigkeit gehören nicht zu den Einkünften aus nichtselbständiger Arbeit.

Sie gehören in der Regel zu den Einkünften aus selbständiger Arbeit (§ 18 EStG). Sie sind jedoch der Einkunftsart des Hauptberufs (insbesondere Land- und Forstwirtschaft oder Gewerbebetrieb) zuzurechnen, wenn die Nebentätigkeit die Ausübung des Hauptberufs zur Voraussetzung hat oder mit dem Hauptberuf in engem wirtschaftlichen Zusammenhang steht.

Beispiele:

A. Voraussetzung für die Uebertragung eines Ehrenamts im Handwerk ist die Eintragung in der Handwerksrolle als Handwerker. Die Einnahmen aus dem Ehrenamt gehören grundsätzlich zu den Einkünften aus Gewerbebetrieb.

B. Fleischbeschauer können Tierärzte, Gewerbetreibende, Landwirte, Beamte und andere Personen sein. Die Einnahmen aus der Fleischbeschauung gehören zu den Einkünften aus selbständiger Arbeit.

C. Als Viehwieger werden Landwirte, Rentner, Beamte, Angestellte und andere Personen bestellt. Die Einnahmen aus der Wiegetätigkeit gehören zu den Einkünften aus selbständiger Arbeit.

(4) Wegen der nebenberuflichen Lehrtätigkeit Hinweis auf Abschnitt 40 EStR 1943.

d) Nichtselbständige Arbeit (§ 2 Absatz 3 Ziffer 4)

§ 19.

(1) Zu den Einkünften aus nichtselbständiger Arbeit gehören:

a) Gehälter, Löhne, Gratifikationen, Tantiemen und andere Bezüge und Vorteile, die für eine Beschäftigung im öffentlichen oder privaten Dienst gewährt werden,

b) Wartegelder, Ruhegelder, Witwen- und Waisengelder und andere Bezüge und Vorteile aus früheren Dienstleistungen.

Es ist gleichgültig, ob es sich um laufende oder um einmalige Bezüge handelt und ob ein Rechtsanspruch auf sie besteht.

(2) Zu den Einkünften aus nichtselbständiger Arbeit gehören nicht:

a) durchlaufende Gelder und Beträge, durch die Auslagen des Arbeitnehmers für den Arbeitgeber ersetzt werden,

b) die Beträge, die den in privatem Dienst angestellten Personen für Reisekosten und Fahrtauslagen gezahlt werden, soweit sie die tatsächlichen Aufwendungen nicht übersteigen.

EStR 1941

88. Allgemeines

Die Anordnungen, die in den Lohnsteuer-Richtlinien für den Steuerabzug vom Arbeitslohn enthalten sind, gelten im gleichen Umfang auch für die Veranlagung von Einkünften aus nichtselbständiger Arbeit zur Einkommensteuer.

EStR 1943

37. Wert der Mahlzeiten bei veranlagten Arbeitnehmern

(1) Es kommt vor, daß Arbeitgeber ihren Arbeitnehmern Mahlzeiten unentgeltlich oder unter dem üblichen Mittelpreis des Verbrauchsorts gewähren. Ich habe durch meinen Erlaß vom 17. April 1943 (Reichssteuerbl. 1943 S. 345 Nr. 308) zur Vereinfachung des Lohnsteuerverfahrens zugelassen, daß der Arbeitgeber die Lohnsteuer von dem steuerpflichtigen Wert der Mahlzeiten pauschal berechnen kann. Voraussetzung ist dabei, daß der Arbeitgeber die Lohnsteuer übernimmt.

(2) Es werden durch diese Regelung auch Arbeitnehmer betroffen, die zur Einkommensteuer zu veranlagen sind. Die Einkommensteuer für den steuerpflichtigen Wert des Sachbezugs ist durch die Pauschversteuerung (Absatz 1) auch bei den Arbeitnehmern, die zur Einkommensteuer zu veranlagen sind, abgegolten. Arbeitnehmer, bei denen der steuerpflichtige Wert von Mahlzeiten im Lohnsteuerverfahren pauschal versteuert worden ist, brauchen deshalb in ihrer Einkommensteuererklärung Angaben über den Wert der Mahlzeiten nicht zu machen.

38. Zuweisungen des Arbeitgebers an eine Pensionskasse oder Unterstützungskasse

Ich habe durch meinen Erlaß vom 22. Dezember 1941 (Reichssteuerbl. 1941 S. 969) die lohnsteuerliche Behandlung der Ausgaben des Arbeitgebers für die Zukunftsicherung des Arbeitnehmers geregelt. Wird die Lohnsteuer von einer Zuweisung des Arbeitgebers an eine Pensionskasse oder an eine Unterstützungskasse in einem Pauschbetrag erhoben, scheidet der Anteil, der von der Zuweisung auf den einzelnen Arbeitnehmer entfallen würde, bei der Ermittlung der Einkünfte aus nichtselbständiger Arbeit aus. Der Arbeitnehmer kann den Teil der Zuweisung, der auf ihn entfallen würde, nicht als Sonderausgabe geltend machen.

40. Einkünfte aus nichtselbständiger Arbeit, die durch Veranlagung zur Einkommensteuer heranzuziehen sind

(1) Berufsschulen, Fachschulen und Veranstalter von Lehrgängen ziehen zur Durchführung des Lehrbetriebs als Lehrkräfte oft Personen heran, die die Lehrtätigkeit bei der Schule als Nebentätigkeit ausüben. Hinweis auf Abschnitt 35 EStR 1943. Es handelt sich dabei um Personen, die im Hauptberuf Land- und Forstwirte, Gewerbetreibende, selbständig Berufstätige oder Arbeitnehmer sind. Die Lehrkräfte haben über ein bestimmtes Gebiet zu festgesetzten Stunden Vorlesungen oder Unterricht zu halten. Die Ausübung der Lehrtätigkeit im Nebenberuf ist in der Regel als Ausübung eines freien Berufs anzusehen. Die nebenberuflich tätigen Lehrkräfte sind nur dann Arbeitnehmer, wenn sie in den Schulbetrieb fest eingegliedert sind und in der Ausübung ihrer Lehrtätigkeit an die Weisungen der Schulleitung gebunden sind. Eine solche Eingliederung ist in der Regel nicht anzunehmen, wenn die nebenberuflich tätige Lehrkraft in der Woche oder im Monat nur wenige Unterrichtsstunden zu geben hat.

(2) Soweit nebenberuflich tätige Lehrkräfte als Arbeitnehmer in Betracht kommen, sind die Vergütungen, die sie für die Lehrtätigkeit erhalten, Arbeitslohn. Es kann in den Fällen, die im Absatz 3 bezeichnet sind, vom Lohnsteuerabzug immer dann abgesehen werden, wenn der Arbeitnehmer damit einverstanden ist und die Schule oder der Veranstalter des Lehrgangs sich verpflichtet, spätestens im Monat Januar eines jeden Jahres den Finanzämtern des Wohnsitzes der Lehrkraft das Folgende mitzuteilen:

a) Namen, Stand und Wohnung der im abgelaufenen Kalenderjahr beschäftigten Lehrkräfte,

b) die Höhe der an jede Lehrkraft im abgelaufenen Kalenderjahr insgesamt gezahlten Vergütungen.

Die Vergütungen sind in diesen Fällen zur Einkommensteuer durch Veranlagung heranzuziehen. Hinweis auf Abschnitt 73 Absatz 2 EStR 1943.

(3) Das im Absatz 2 zugelassene Verfahren kann auf nebenberuflich tätige Lehrkräfte angewendet werden, die beschäftigt werden

a) bei Lehrgängen, die von Gauwirtschaftskammern, Wirtschaftskammern, Innungen und ähnlichen Gliederungen des Handwerks veranstaltet werden,

b) an Gemeindeverwaltungs- und Sparkassenschulen,

c) an gewerblichen und landwirtschaftlichen Berufsschulen und Fachschulen,

d) bei Fachlehrgängen für Krankenkassenangestellte.

Die Oberfinanzpräsidenten können das Verfahren auf Antrag auch bei anderen Schulen oder Veranstaltern von Lehrgängen zulassen.

(4) Die katholischen Geistlichen erhalten oft Meßstipendien. Das Meßstipendium ist nach katholischem Kirchenrecht eine für den Geistlichen bestimmte Zuwendung, durch deren Annahme er zur Abhaltung einer Messe verpflichtet wird. Das Meßstipendium und die

Stolgebühr sind Arbeitslohn. Sie sind zur Einkommensteuer nicht im Lohnsteuerverfahren, sondern durch Veranlagung heranzuziehen. Es kann in geeigneten Fällen zwischen dem Oberfinanzpräsidenten und den katholischen Kirchenbehörden die Vornahme des Steuerabzugs vom Arbeitslohn vereinbart werden.

e) Kapitalvermögen (§ 2 Absatz 3 Ziffer 5)

§ 20.

(1) Zu den Einkünften aus Kapitalvermögen gehören:

a) Gewinnanteile (Dividenden), Zinsen, Ausbeuten und sonstige Bezüge aus Aktien, Kuxen, Genußscheinen, Anteilen an Gesellschaften mit beschränkter Haftung, an Erwerbs- und Wirtschaftsgenossenschaften und Kolonialgesellschaften, aus Anteilen an der Reichsbank und an bergbautreibenden Vereinigungen, die die Rechte einer juristischen Person haben,

b) Einkünfte aus der Beteiligung an einem Handelsgewerbe als stiller Gesellschafter,

c) Zinsen aus Hypotheken und Grundschulden und Renten aus Rentenschulden. Bei Tilgungshypotheken und Tilgungsgrundschulden ist nur der Teil der Zahlung steuerpflichtig, der als Zins auf den jeweiligen Kapitalrest entfällt,

d) Zinsen aus sonstigen Kapitalforderungen jeder Art, z. B. aus Darlehen, Anleihen, Einlagen und Guthaben bei Sparkassen, Banken und anderen Kreditanstalten,

e) Diskontbeträge von Wechseln und Anweisungen einschließlich der Schatzwechsel.

(2) Zu den Einkünften aus Kapitalvermögen gehören auch:

a) besondere Entgelte oder Vorteile, die neben den im Absatz 1 bezeichneten Einkünften oder an deren Stelle gewährt werden,

b) Einkünfte aus der Veräußerung von Dividendenscheinen, Zinsscheinen und sonstigen Ansprüchen, wenn die dazugehörigen Aktien, Schuldverschreibungen oder sonstigen Anteile nicht mitveräußert werden.

(3) Soweit Einkünfte der in den Absätzen 1 und 2 bezeichneten Art zu den Einkünften aus Land- und Forstwirtschaft, aus Gewerbebetrieb, aus selbständiger Arbeit oder aus Vermietung und Verpachtung gehören, sind sie diesen Einkünften zuzurechnen.

Zu den Einkünften aus Kapitalvermögen gehören nicht diejenigen Kapitalerträge, die im Betriebe einer Land- und Forstwirtschaft, Gewerbebetrieb oder innerhalb selbständiger Arbeit bzw. Vermietung und Verpachtung anfallen und ihnen nach der Verkehrsauffassung zuzurechnen sind.

EStR 1941

96. Stückzinsen

Werden festverzinsliche Wertpapiere im Laufe eines Zinszeitraums mit dem laufenden Zinsschein veräußert, so hat der Erwerber dem Veräußerer den Zinsbetrag zu ersetzen, der auf die Zeit seit dem letzten Zinstermin bis zur Veräußerung entfällt. Solche Zinsen heißen „Stückzinsen". Sie werden nach dem Zinsfuß, mit dem das Wertpapier zu verzinsen ist, besonders berechnet und vergütet. Für die Behandlung der Stückzinsen gilt das Folgende:

1. Der Veräußerer hat die besonders in Rechnung gestellten und vereinnahmten Stückzinsen als Einkünfte aus Kapitalvermögen zu versteuern.

2. Der Erwerber der Wertpapiere kann von den Einnahmen, die ihm bei der späteren Einlösung des Zinsscheins zufließen, die entrichteten Stückzinsen als Werbungskosten absetzen. Hinweis auf das RFH-Urteil vom 3. Februar 1938 (Reichssteuerbl. 1938 S. 499).

Diese Regelung gilt nur, wenn Wertpapiere veräußert werden, bei denen Stückzinsen besonders zu berechnen sind und tatsächlich berechnet werden. Wer Wertpapiere erwirbt, bei denen sich der erwartete Ertrag im Kurswert der Wertpapiere ausdrückt (z. B. Aktien), ist nicht berechtigt, von dem ihm später zufließenden Ertrag (z. B. der Dividende) den Mehrpreis abzusetzen, den er wegen der erwarteten Dividende entrichtet hat.

98. Pauschbetrag für Werbungskosten

Wegen des Pauschbetrags für Werbungskosten bei Einkünften aus Kapitalvermögen Hinweis auf Abschnitt 44.

f) Vermietung und Verpachtung (§ 2 Absatz 3 Ziffer 6)

§ 21.

(1) Einkünfte aus Vermietung und Verpachtung sind:

a) Einkünfte aus Vermietung und Verpachtung von unbeweglichem Vermögen, insbesondere von Grundstücken, Gebäuden, Gebäudeteilen, Schiffen, die in ein Schiffsregister eingetragen sind, und Rechten, die den Vorschriften des bürgerlichen Rechts über Grundstücke unterliegen (z. B. Erbbaurecht, Erbpachtrecht, Mineralgewinnungsrecht),

b) Einkünfte aus Vermietung und Verpachtung von Sachinbegriffen, insbesondere von beweglichem Betriebsvermögen,

c) Einkünfte aus zeitlich begrenzter Ueberlassung von Rechten, insbesondere von schriftstellerischen, künstlerischen und gewerblichen Urheberrechten, von gewerblichen Erfahrungen und von Gerechtigkeiten und Gefällen,

d) Einkünfte aus der Veräußerung von Miet- und Pachtzinsforderungen, auch dann, wenn die Einkünfte im Veräußerungspreis von Grundstücken enthalten sind und die Miet- oder Pachtzinsen sich auf einen Zeitraum beziehen, in dem der Veräußerer noch Besitzer war.

(2) Zu den Einkünften aus Vermietung und Verpachtung gehört auch der Nutzungswert der Wohnung im eigenen Haus oder der Nutzungswert einer dem Steuerpflichtigen ganz oder teilweise unentgeltlich überlassenen Wohnung einschließlich der zugehörigen sonstigen Räume und Gärten.

(3) Einkünfte der in den Absätzen 1 und 2 bezeichneten Art sind Einkünfte aus anderen Einkunftsarten zuzurechnen, soweit sie zu diesen gehören.

(4) Jeder, der einen Mietzins bezahlt oder irgendeine Zahlung auf Grund eines Vertrages über Land, Häuser oder andere Immobilien leistet, hat dem zuständigen Finanzamt vierteljährlich eine besondere Erklärung abzugeben, aus der die gezahlten Beträge und die Zahlungsempfänger ersichtlich sind.

EStR 1941

99. Pauschsätze für Werbungskosten

(1) Die Oberfinanzpräsidenten können als Hilfsmittel zur Ermittlung des Ueberschusses der Einnahmen über die Werbungskosten bei Vermietung und Verpachtung Pauschsätze für Werbungskosten aufstellen. Die Pausch-

sätze kommen nur für Gebäude in Betracht, die vor dem 1. Januar 1925 bezugsfertig geworden sind. Steuerpflichtige, die diese Pauschsätze angewendet haben, dürfen zum Einzelnachweis übergehen, aber in Zukunft die Pauschsätze nicht wieder anwenden.

100. Erhaltungsaufwand und Herstellungsaufwand

(1) Zu den Werbungskosten bei Vermietung und Verpachtung gehören auch der Erhaltungsaufwand und der Herstellungsaufwand. Der letztere ist auf die Gesamtdauer der Nutzung zu verteilen (§ 7 Absatz 1 EStG).

(2) Zum Erhaltungsaufwand gehören insbesondere die Aufwendungen für die laufende Instandhaltung und für die Instandsetzung (Nachholung zurückgestellter Instandhaltungsarbeiten). Zum Erhaltungsaufwand gehören auch die Aufwendungen für Ersatzzäune, die an Stelle der eisernen Vorgartenzäune beschafft worden sind. Aufwendungen für umfangreiche Instandsetzungsarbeiten an neuerworbenen Grundstücken sind grundsätzlich als Herstellungsaufwand zu behandeln.

(3) Der Erhaltungsaufwand ist § 11 Absatz 2 EStG gemäß in voller Höhe in dem Kalenderjahr abzusetzen, in dem er geleistet worden ist. Sind in einem Jahr besonders hohe Aufwendungen dieser Art entstanden (z. B. für Neudeckung des Daches, Anstrich des ganzen Hauses), so kann dem Steuerpflichtigen daran gelegen sein, die Kosten für Zwecke der Einkommensbesteuerung auf mehrere Jahre zu verteilen. Es kann in solchen Fällen dem Steuerpflichtigen auf Antrag gestattet werden, die Aufwendungen auf drei Jahre zu verteilen, so daß im Jahr der Entstehung und in den beiden folgenden Jahren je ein Drittel der Aufwendungen bei der Ermittlung der Einkünfte abzusetzen ist. Das entspricht auch der bisherigen Verwaltungsübung.

(4) Zum Herstellungsaufwand gehören insbesondere Aufwendungen für die Erweiterung (z. B. Anbau, Umbau)

und für die Verbesserung eines Gebäudes über den ursprünglichen Zustand hinaus (z. B. Einbau einer Sammelheizung an Stelle der Ofenheizung, einer Fahrstuhlanlage). Herstellungsaufwand ist auch gegeben, wenn durch die Aufwendungen die Wesensart des Gebäudes geändert wird (z. B. durch Aufteilung von Großwohnungen in Kleinwohnungen). Liegt Herstellungsaufwand vor, und fallen in den Rahmen dieser Aufwendungen auch Aufwendungen, die sonst als Erhaltungsaufwand angesehen werden (z. B. für Tapezieren, für Anstrich von Türen und Fenstern), so gehören auch diese zum Herstellungsaufwand, Hinweis auf das RFH-Urteil vom 17. April 1940 (Reichssteuerbl. 1940 S. 675).

(5) Die Grenzen zwischen Erhaltungsaufwand und Herstellungsaufwand sind flüssig. Ob Herstellungsaufwand vorliegt, ist deshalb nur zu prüfen, wenn es sich um eine verhältnismäßig große Aufwendung handelt.

102. Absetzung für Abnutzung bei Gebäuden, die unentgeltlich erworben oder vor dem 1. Januar 1925 angeschafft oder hergestellt worden sind

(1) Es ist § 9 Ziffer 1 EStDV 1941 gemäß für die Bemessung der Absetzung für Abnutzung als Anschaffungs- oder Herstellungskosten der letzte Einheitswert zugrunde zu legen:

a) bei einem Gebäude, das von dem Steuerpflichtigen unentgeltlich erworben worden ist, ohne Rücksicht auf den Zeitpunkt des Erwerbs,

b) bei einem Gebäude, das von dem Steuerpflichtigen vor dem 1. Januar 1925 angeschafft oder hergestellt worden ist.

Voraussetzung ist, daß das Gebäude nicht, auch nicht teilweise, zu einem Betriebsvermögen gehört.

(3) Für den Grund und Boden kommt eine Absetzung für Abnutzung nicht in Betracht. Die Absetzung für Abnutzung ist deshalb nach dem Gebäudeanteil am Ein-

heitswert zu bemessen. Sie richtet sich nach der Restlebensdauer. Diese ist insbesondere von dem Alter, der Bauweise, dem Bauzustand und der Nutzungsart des Gebäudes abhängig.

(4) Ich überlasse es den Oberfinanzpräsidenten, Richtsätze für die Bemessung der Absetzung für Abnutzung auf der Grundlage des letzten Einheitswerts aufzustellen, soweit dafür ein Bedürfnis besteht. Es ist dabei das Folgende zu beachten:

a) Die Richtsätze sind nach dem Anteil der Gebäude am Einheitswert zu bemessen. Sie sind aber zur Vereinfachung der Veranlagung in Hundertsätzen des ganzen Einheitswerts auszudrücken. Es ist dabei von einem durchschnittlichen Anteil des Grund und Bodens am Einheitswert auszugehen. Ist dieser Anteil im Einzelfall erheblich größer oder kleiner, so ist der Anteil des Grund und Bodens aus dem Einheitswert ganz auszuscheiden. Es ist in dem Fall der Hundertsatz, der vor der Umrechnung des Richtsatzes auf den ganzen Einheitswert ermittelt worden ist, auf den Gebäudeanteil am Einheitswert anzuwenden.

b) Die Berücksichtigung der Umstände, von denen die Restlebensdauer der Gebäude abhängt (Absatz 3), kann zur Aufstellung von Richtsätzen für bestimmte Gruppen von Gebäuden führen. Gebäude mit vielen Kleinwohnungen (Mietkasernen), Gebäude in besonders schlechtem Bauzustand und Gebäude, die in unsolider Bauweise errichtet worden sind, haben z. B. eine kürzere Lebensdauer als Gebäude, die sich normal abnutzen.

(5) Die Oberfinanzpräsidenten können bestimmen, daß Hilfswerte für die Bemessung der Absetzung für Abnutzung, die sich als brauchbar erwiesen haben, bis auf weiteres beibehalten werden. Voraussetzung für ihre Anwendung ist, daß zwischen dem Steuerpflichtigen und

dem Finanzamt über den Betrag der Absetzung für Abnutzung kein Streit besteht.

103. Erhöhte Absetzung für Abnutzung bei Gebäuden

(2) Eine erhöhte Absetzung für Abnutzung kann nicht allgemein, sondern nur in begründeten Einzelfällen gewährt werden. Es sind das die Fälle, in denen wesentliche Instandhaltungsarbeiten oder Instandsetzungsarbeiten wegen der Kriegsverhältnisse unterblieben sind. Voraussetzung ist, daß dadurch die Nutzungsdauer des Gebäudes beeinträchtigt worden ist. Als derartiger Erhaltungsaufwand werden insbesondere Außenarbeiten (z. B. Dachreparatur, Fassadenerneuerung) in Betracht kommen. Das Unterlassen von sogenannten Schönheitsreparaturen rechtfertigt eine erhöhte Absetzung für Abnutzung nicht.

(3) Der Steuerpflichtige, der eine erhöhte Absetzung für Abnutzung beantragt, muß dem Finanzamt glaubhaft machen, daß eine wesentliche Instandhaltungsarbeit oder Instandsetzungsarbeit an seinem Gebäude unterblieben ist. Der Rückgang des Erhaltungsaufwands gegenüber den Vorkriegsjahren (ohne die Schönheitsreparaturen) kann dabei als Anhalt dienen, reicht aber allein nicht aus.

(4) Der Umfang der erhöhten Absetzung für Abnutzung hängt davon ab, in welchem Ausmaß die Nutzungsdauer eines Gebäudes durch den unterbliebenen Erhaltungsaufwand beeinträchtigt worden ist. Diese Feststellung wird oft schwierig sein. Ich bin zur Vereinfachung des Verfahrens damit einverstanden, daß in den Fällen, in denen eine außergewöhnliche technische Abnutzung vorliegt, der bisherige normale Abnutzungsbetrag um 25 v. H. bis höchstens 50 v. H. erhöht wird.

(5) Soweit Hausbesitzer die von einzelnen Oberfinanzpräsidenten aufgestellten Pauschsätze für Werbungskosten (Hinweis auf Abschnitt 99) in Anspruch nehmen, scheidet eine Erhöhung der Absetzung für Abnutzung aus.

104. Absetzung für Abnutzung bei Sammelheizungen und Fahrstuhlanlagen

(1) Die Absetzung für Abnutzung kann bei Gebäuden, die nicht zu einem Betriebsvermögen gehören, nur einheitlich vom gesamten Gebäudewert nach der Nutzungsdauer des Gebäudes vorgenommen werden. Das gilt auch, wenn in ein Haus besondere Anlagen eingebaut sind. Gesonderte Absetzungen für Abnutzung für diese Anlagen, insbesondere für Sammelheizungen und Fahrstuhlanlagen, sind in der Regel unzulässig. Alle Ausgaben für Wiederherstellung und Erneuerung der bezeichneten Anlagen müssen dementsprechend als Erhaltungsaufwand für die Gebäude angesehen werden. Sie können sofort in voller Höhe abgesetzt werden. Hinweis auf das RFH-Urteil vom 27. Mai 1936 (Reichssteuerbl. 1936 S. 886).

(2) Die Grundsätze des Absatzes 1 gelten auch, wenn die Anlagen nicht sofort, sondern erst später in das Gebäude eingebaut werden. Es können dann ebenfalls gesonderte Absetzungen nicht vorgenommen werden. Die Anlagekosten sind dem Gebäudewert zuzuschreiben und mit diesem nach der Restlebensdauer des Gebäudes abzusetzen, wenn nicht im einzelnen Fall Erhaltungsaufwand anzunehmen ist.

(3) Ausnahmen von dem Grundsatz, daß alle Bestandteile des Gebäudes nur einheitlich mit dem Gebäude selbst abgesetzt werden können, sind nur für solche Anlagen zulässig, die von vornherein nur für eine vorübergehende Zeit errichtet werden.

Beispiele:

Es wird eine Anlage für besondere Zwecke eines Mieters eingebaut. Die Anlage hat nur für diesen Mieter Wert. Sie kann nach der voraussichtlichen Dauer des Mietvertrages abgesetzt werden.

Das gleiche gilt für Ladeneinbauten in Wohnhäusern. Auch bei Umbauten von Läden, Kaffeehäusern usw. in großstädtischen Verhältnissen, die nach der Erfahrung nur für verhältnismäßig kurze Zeit einen wirtschaftlichen

Wert haben, kann die Verteilung der Absetzung auf die Dauer der voraussichtlichen wirtschaftlichen Nutzung in Betracht kommen. Hinweis auf das RFH-Urteil vom 8. Mai 1941 (Reichssteuerbl. 1941 S. 548).

105. Ermittlung des Nutzungswerts der Wohnung im eigenen Einfamilienhaus

(1) Die Verordnung über die Bemessung des Nutzungswerts der Wohnung im eigenen Einfamilienhaus ist im Anhang abgedruckt. § 2 Absatz 2 der Verordnung bestimmt, daß von dem Grundbetrag (3 oder $3^1/_2$ v. H. des Einheitswerts) nur die Schuldzinsen bis zur Höhe des Grundbetrags abgezogen werden können. Alle anderen Aufwendungen für das Einfamilienhaus sind bereits bei der Bemessung des Grundbetrags berücksichtigt. Auch Aufwendungen für Gitterersatz an Stelle der unentgeltlich abgelieferten Eisenzäune können von dem Grundbetrag nicht abgesetzt werden.

EStR 1943

44. Ermittlung des Nutzungswerts der Wohnung im eigenen Einfamilienhaus

(1) Sind auf ein Einfamilienhaus, das vor dem 1. Januar 1925 bezugsfertig geworden ist, nach diesem Zeitpunkt Aufwendungen gemacht worden, die Herstellungsaufwand sind (zum Beispiel für einen Anbau, für einen Umbau oder für eine Verbesserung über den ursprünglichen Zustand hinaus), so sind als Grundbetrag im Sinn des § 2 der Verordnung vom 26. Januar 1937 (Anhang 6 EStR. 1941) $3^1/_2$ v. H. des Einheitswerts anzusetzen, wenn der Neubauanteil wertmäßig überwiegt. Hinweis auf die entsprechende Bestimmung im § 31 GrStDV 1937 (Reichssteuerbl. 1937 S. 781 Nr. 543).

(2) Der Nutzungswert der Wohnung, die einer nicht unterhaltsberechtigten Person freiwillig unentgeltlich überlassen wird, ist vom Ueberlasser zu versteuern,

wenn dieser unbeschränkt steuerpflichtig ist. Hinweis auf Abschnitt 63 EStR 1941 und auf das RFH-Urteil vom 29. Januar 1942 (Reichssteuerbl. 1942 S. 471 Nr. 337).

g) Sonstige Einkünfte (§ 2 Absatz 3 Ziffer 7)

§ 22. Arten der sonstigen Einkünfte.

Sonstige Einkünfte sind:

1. wiederkehrende Bezüge, soweit sie nicht zu anderen Einkunftsarten (§ 2 Absatz 3 Ziffern 1 bis 6) gehören, insbesondere
   a) vererbliche Renten,
   b) Leibrenten, Leibgedinge, Zeitrenten und andere unvererbliche Renten,
   c) Zuschüsse und sonstige Vorteile, die als wiederkehrende Bezüge gewährt werden. Ist die Zuwendung freiwillig oder an eine gesetzlich unterhaltsberechtigte Person gewährt, so ist sie nicht dem Empfänger zuzurechnen, wenn der Geber unbeschränkt steuerpflichtig ist,
2. Einkünfte aus Spekulationsgeschäften im Sinn des § 23,
3. Einkünfte aus Leistungen, soweit sie weder zu anderen Einkunftsarten (§ 2 Absatz 3 Ziffern 1 bis 6) noch zu den Einkünften im Sinn der Ziffer 1 oder Ziffer 2 gehören, z. B. Einkünfte aus gelegentlichen Vermittlungen und aus der Vermietung beweglicher Gegenstände. Solche Einkünfte sind nicht steuerpflichtig, wenn sie weniger als 300 RM im Kalenderjahr betragen haben. Uebersteigen die Werbungskosten die Einnahmen, so darf der übersteigende Betrag bei Ermittlung

des Einkommens nicht ausgeglichen (§ 2 Absatz 2) werden.

EStR 1941

110. Pauschbetrag für Werbungskosten

Wegen des Pauschbetrags für Werbungskosten bei wiederkehrenden Bezügen im Sinn des § 22 Ziffer 1 EStG Hinweis auf Abschnitt 44.

§ 23. Spekulationsgeschäfte.

(1) Spekulationsgeschäfte (§ 22 Ziffer 2) sind

a) Veräußerungsgeschäfte, bei denen der Zeitraum zwischen Anschaffung und Veräußerung beträgt:

1. bei Grundstücken und Rechten, die den Vorschriften des bürgerlichen Rechts über Grundstücke unterliegen (z. B. Erbbaurecht, Erbpachtrecht, Mineralgewinnungsrecht), nicht mehr als zwei Jahre,

2. bei anderen Wirtschaftsgütern, insbesondere bei Wertpapieren, nicht mehr als ein Jahr,

b) Veräußerungsgeschäfte, bei denen die Veräußerung der Wirtschaftsgüter früher erfolgt als der Erwerb.

(2) Außer Ansatz bleiben die Einkünfte aus der Veräußerung von

a) Schuld- und Rentenverschreibungen von Schuldnern, die Wohnsitz, Geschäftsleitung oder Sitz im Inland haben, es sei denn, daß bei ihnen neben der festen Verzinsung ein Recht auf Umtausch in Gesellschaftsanteile (Wandelanleihen) oder eine Zusatzverzinsung, die sich nach der Höhe der Gewinnausschüttungen des Schuldners richtet, eingeräumt ist oder daß sie von dem Steuerpflichtigen im Ausland erworben worden sind,

b) Forderungen, die in ein inländisches öffentliches Schuldbuch eingetragen sind,

c) Vorzugsaktien der Deutschen Reichsbahn.

(3) Spekulationsgeschäfte liegen nicht vor, wenn Wirtschaftsgüter veräußert werden, deren Wert bei Einkünften im Sinn des § 2 Absatz 3 Ziffern 1 bis 6 anzusetzen ist.

(4) Gewinn oder Verlust aus Spekulationsgeschäften ist der Unterschied zwischen dem Veräußerungspreis einerseits und den Anschaffungs- oder Herstellungskosten und den Werbungskosten andererseits. Gewinne aus Spekulationsgeschäften bleiben steuerfrei, wenn der aus Spekulationsgeschäften erzielte Gesamtgewinn im Kalenderjahr weniger als 1000 Reichsmark betragen hat. Verluste aus Spekulationsgeschäften dürfen nur bis zur Höhe des Spekulationsgewinns, den der Steuerpflichtige im gleichen Kalenderjahr erzielt hat, ausgeglichen werden.

Die Bestimmung des § 23 über Spekulationsgeschäfte findet keine Anwendung, wenn es sich um Veräußerungsgeschäfte handelt, die bei den Einkunftsarten des § 2 Absatz 3 Ziffer 1 bis 6 zu berücksichtigen sind, d. h. also die bei den Einkünften aus Land- und Forstwirtschaft, aus Gewerbebetrieb oder aus selbständiger Arbeit im Rahmen des Bestandsvergleichs zu erfassen sind oder deren Gewinn bei den Einkünften aus nichtselbständiger Arbeit, aus Kapitalvermögen oder aus Vermietung und Verpachtung eine Einnahme bildet; in allen diesen Fällen ist der Veräußerungsgewinn steuerpflichtig.

h) Gemeinsame Vorschriften

§ 24.

Zu den Einkünften im Sinn des § 2 Absatz 3 gehören auch

1. Entschädigungen, die gewährt worden sind

a) als Ersatz für entgangene oder entgehende Einnahmen oder

b) für die Aufgabe oder Nichtausübung einer Tätigkeit, für die Aufgabe einer Gewinnbeteiligung oder einer Anwartschaft auf eine solche,

2. Einkünfte aus einer ehemaligen Tätigkeit im Sinn des § 2 Absatz 3 Ziffern 1 bis 4 oder aus einem früheren Rechtsverhältnis im Sinn des § 2 Absatz 3 Ziffern 5 bis 7, und zwar auch dann, wenn sie dem Steuerpflichtigen als Rechtsnachfolger zufließen.

Der § 24 bringt eine gemeinsame Vorschrift für die im § 2 Absatz 3 aufgeführten sieben Einkunftsarten. Inwieweit die Entschädigungen als Ersatz für entgangene oder entgehende Einnahmen oder für die Aufgabe oder Nichtausübung einer Tätigkeit, für die Aufgabe einer Gewinnbeteiligung oder einer Anwartschaft auf eine solche der einen oder anderen Einkunftsart des § 2 Absatz 3 zuzurechnen sind, ist nur nach Lage des Einzelfalles zu entscheiden.

III. Veranlagung

§ 25. Veranlagungszeitraum.

(1) Die Einkommensteuer wird nach Ablauf des Kalenderjahrs (Veranlagungszeitraums) nach dem Einkommen veranlagt, das der Steuerpflichtige in diesem Veranlagungszeitraum bezogen hat, soweit nicht nach § 46 eine Veranlagung unterbleibt.

(2) Hat die Steuerpflicht nicht während des vollen Veranlagungszeitraums bestanden, so wird das während der Dauer der Steuerpflicht bezogene Einkommen zugrunde gelegt. In diesem Fall kann die Veranlagung bei Wegfall der Steuerpflicht sofort vorgenommen werden.

Auch nach dem Gesetz Nr. 12 ist der Veranlagungszeitraum das Kalenderjahr geblieben. Nur werden die Vorauszahlungen festgesetzt auf Grund des Einkommens in den einzelnen Quartalen. Näheres siehe unter § 35.

EStDV 41

§ 16

Steuererklärungspflicht im Fall der Haushaltsbesteuerung

(1) Der Ehemann hat in seiner Steuererklärung auch die Einkünfte seiner Ehefrau anzugeben, die § 26 des Gesetzes gemäß bei der Zusammenveranlagung der Ehegatten mit seinen Einkünften zusammenzurechnen sind. Das gilt nicht für die Einkünfte aus nichtselbständiger Arbeit, die die Ehefrau in einem dem Ehemann fremden Betrieb bezogen hat (§ 19 Absatz 1).

(2) Der Haushaltsvorstand hat in seiner Steuererklärung auch die Einkünfte der Kinder und anderen Angehörigen anzugeben, die § 27 des Gesetzes gemäß bei der Zusammenveranlagung mit seinen Einkünften zusammenzurechnen sind.

(3) Die Ehefrau hat eine Steuererklärung über ihre Einkünfte, die in der Steuererklärung ihres Ehemanns nicht enthalten sind, abzugeben, wenn das Finanzamt sie dazu auffordert. Entsprechendes gilt für die Kinder und anderen Angehörigen im Fall des Absatzes 2.

§ 17

Erklärungen bei gesonderter Feststellung der Besteuerungsgrundlagen

(1) Der Unternehmer ist verpflichtet, eine besondere Erklärung über den Gewinn aus Gewerbebetrieb an das Betriebsfinanzamt (§ 72 Ziffer 2 der Reichsabgabenordnung) abzugeben, wenn der Gewinn aus dem gewerblichen Betrieb gesondert festzustellen ist. Hinweis auf § 1 der Verordnung über gesonderte Feststellung von Besteuerungsgrundlagen vom 27. November 1937 (Reichsgesetzbl. I S. 1317, Reichssteuerbl. 1937 S. 1205).

(2) Die zur Geschäftsführung oder Vertretung einer Gesellschaft oder Gemeinschaft befugten Personen sind, wenn die Einkünfte einheitlich und gesondert festzu-

stellen sind (§ 215 Absätze 2 bis 4 der Reichsabgabenordnung), verpflichtet, eine Erklärung zur einheitlichen Feststellung der Einkünfte der einzelnen Beteiligten abzugeben.

§ 18

Form der Erklärungen

(1) Die Erklärungen (§§ 15 bis 17) müssen auf den amtlichen Vordrucken abgegeben werden. Sie müssen eigenhändig oder durch einen Bevollmächtigten unterschrieben sein. Das Finanzamt kann die Vorlage einer schriftlichen Vollmacht verlangen, wenn Zweifel über die Erteilung der Vollmacht bestehen.

(2) Wer Bücher führt und regelmäßig Abschlüsse macht, muß seiner Erklärung eine Abschrift der Vermögensübersicht (Bilanz) beifügen. Diese muß auf dem Zahlenwerk der Buchführung beruhen. Wer Bücher führt, die den Grundsätzen der doppelten Buchführung entsprechen, muß außerdem eine Hauptabschlußübersicht beifügen. Das muß in der Form des amtlichen Musters geschehen.

(3) Es kommt vor, daß mancher Betrag in den Uebersichten nicht ohne weiteres bereits den steuerlichen Erfordernissen entspricht. Diese Beträge müssen durch geeignete Zusätze oder Anmerkungen den steuerlichen Erfordernissen angepaßt werden, wenn es der Steuerpflichtige nicht vorzieht, eine besondere Uebersicht mit dem Zusatz „für steuerliche Zwecke" beizufügen.

(4) Liegen Jahresberichte (Geschäftsberichte) oder Treuhandberichte (Wirtschaftsprüfungsberichte) vor, so müssen auch diese der Erklärung beigefügt werden.

(5) Hat eine natürliche Person, eine Personengesellschaft oder eine juristische Person, die geschäftsmäßig Hilfe in Steuersachen leistet, bei der Anfertigung der Anlagen (Absätze 2 bis 4) mitgewirkt, so sind ihr Name und ihre Anschrift in der Erklärung anzugeben.

EStR 1941

113. Steuererklärung der Ehefrau über ihre Einkünfte aus nichtselbständiger Arbeit

Einkünfte aus nichtselbständiger Arbeit, die die Ehefrau in einem ihrem Ehemann fremden Betrieb bezogen hat, sind in der Steuererklärung des Ehemanns nicht anzugeben.

114. Steuererklärung der Ehefrau über ihre anderen Einkünfte

Die Verpflichtung der Ehefrau, § 16 Absatz 3 Satz 1 EStDV 1941 gemäß eine Steuererklärung abzugeben, bezieht sich auf diejenigen Einkünfte der Ehefrau, die den Einkünften ihres Ehemannes im Rahmen der Haushaltsbesteuerung § 26 Absatz 2 EStG (§ 16 Absatz 1 Satz 1 EStDV 41) gemäß hinzuzurechnen, aber in der Steuererklärung des Ehemannes nicht enthalten sind. Dafür kommen alle Einkünfte in Betracht mit Ausnahme der Einkünfte aus nichtselbständiger Arbeit in einem dem Ehemann fremden Betrieb.

115. Steuererklärung der Kinder und anderen Angehörigen

Die Ausführungen in den Abschnitten 113 und 114 gelten für die Kinder und anderen Angehörigen, die mit dem Haushaltsvorstand § 27 EStG gemäß zusammen zu veranlagen sind, entsprechend. Hinweis auf § 16 Absatz 2 und Absatz 3 Satz 2 EStDV 1941.

EStR 1943

48. Besondere Erklärung über den Gewinn aus Gewerbebetrieb

Die Verpflichtung des Unternehmers, eine besondere Erklärung über den Gewinn aus Gewerbebetrieb an das Betriebsfinanzamt abzugeben, hat ab 1. Februar 1944 ihren Grund im § 6 der Verordnung über die Zuständigkeit im Besteuerungsverfahren vom 3. Januar 1944

(Reichsgesetzbl. I S. 11 und Reichssteuerbl. 1944 S. 17 Nr. 19). Diese Verordnung ist ab dem bezeichneten Zeitpunkt an die Stelle der Verordnung über gesonderte Feststellung von Besteuerungsgrundlagen vom 27. November 1937 (Reichsgesetzbl. I S. 1317 und Reichssteuerbl. 1937 S. 1205 Nr. 950) getreten.

49. Hauptabschlußübersicht

(1) Wer Bücher führt, die den Grundsätzen der doppelten Buchführung entsprechen, muß seiner Einkommensteuererklärung oder Körperschaftsteuererklärung auch eine Hauptabschlußübersicht beifügen (§ 18 Absatz 2 Satz 3 EStDV 1941). Die Hauptabschlußübersicht stellt die Betriebsergebnisübersicht (die Verlust- und Gewinnübersicht) und, dieser vorgelagert, eine Uebersicht über das Zahlenwerk, aus dem sich die Teile des Betriebsergebnisses (die „Verluste" und die „Gewinne") ergeben, dar. Was durch die Hauptabschlußübersicht verlangt wird, ist nichts Neues, insbesondere nichts, was irgendwelche besonderen Kenntnisse erfordert.

(2) Das Wesen der doppelten Buchführung besteht darin, daß jeder Betriebsvorgang, durch den das Betriebsvermögen eine Aenderung in seiner Zusammensetzung und in vielen Fällen gleichzeitig in seiner Höhe erfährt, sachkontenmäßig festgehalten wird. Die Sachkonten stellen die Aufgliederung des Betriebsvermögens in seine verschiedenen Bestandteile dar. Sie vermitteln auch eine Uebersicht über die Zusammensetzung des Betriebsergebnisses (des Betriebsgewinns oder Betriebsverlustes). Bei der sachkontenmäßigen Festhaltung (Verbuchung) eines jeden Betriebsvorgangs der bezeichneten Art erscheint jeder Betrag zweimal: auf dem einen Sachkonto unter bekommt Rechnung, auf dem anderen unter gibt Rechnung. Es muß infolgedessen das Zahlenwerk der Buchführung sich ausgleichen, es müssen die Summe aller bekommt Rechnungs-Beträge

und die Summe aller gibt Rechnungs-Beträge miteinander übereinstimmen (sich die Waage halten). Die doppelte Buchführung stellt, kurz gesagt, ein in sich ausgeglichenes Rechnungswerk dar.

(3) Es muß von Zeit zu Zeit, mindestens einmal im Jahr — am Schluß des Wirtschaftsjahres —, geprüft werden, ob die bezeichnete Uebereinstimmung der Kontensummen gegeben ist. Das geschieht dadurch, daß auf jedem Sachkonto die bekommt Rechnungs-Summe auf die gibt Rechnungs-Summe festgestellt werden, und daß diese Summe auf einem besonderen Blatt Papier oder in einem besonderen Heft oder Buch übersichtlich zusammengestellt werden. Diese Uebersicht enthält für jedes Sachkonto eine Zeile. Sie besteht aus drei Spalten: in der ersten Spalte erscheint der Name des Sachkontos, in der zweiten die bekommt Rechnungs-Summe, die sich seit Beginn des Wirtschaftsjahres bis zu dem Tag, auf den die Uebersicht lautet, auf dem Sachkonto ergibt, in der dritten die gibt Rechnungs-Summe, die sich seit Beginn des Wirtschaftsjahres bis zu dem Tag, auf den die Uebersicht lautet, auf dem Sachkonto ergibt. Die beiden Summenspalten sind aufzurechnen. In der ersten Summenspalte ergibt sich die Gesamtsumme aller bekommt Rechnungs-Summen, in der zweiten die Gesamtsumme aller gibt Rechnungs-Summen, die in der Uebersicht verzeichnet sind. Die beiden Gesamtsummen müssen, wenn jeder Betrag bei der Verbuchung einmal unter bekommt Rechnung und einmal unter gibt Rechnung erschienen ist, gleich groß sein. Stimmen sie nicht miteinander überein, muß der Unstimmigkeit nachgegangen werden, bis der Buchungsfehler festgestellt ist und Uebereinstimmung der beiden Gesamtsummen erreicht ist.

(4) Die Uebersicht, in der die bekommt Rechnungs-Summen und die gibt Rechnungs-Summen der Sachkonten zusammengestellt sind und die Gesamtsummen übereinstimmen (sich die Waage halten) müssen, wird als

Summenbilanz oder Probebilanz bezeichnet, als „Summenbilanz", weil sich die Summen die Waage halten müssen, als „Probebilanz", weil es sich um die Probe darauf handelt, ob sich die Summen die Waage halten.

(5) Die Summenbilanz stellt den Beweis dafür dar, daß das Rechnungswerk, um das es sich bei der doppelten Buchführung handelt, in sich ausgeglichen ist und demgemäß bekommt Rechnung und gibt Rechnung (Soll und Haben) sich die Waage halten. Sie stellt damit gleichzeitig eine Uebersicht über den Summenstand der Sachkonten dar.

(6) Bei der Führung eines Einheitsbuchs wird eine Summenbilanz bereits jedesmal aufgestellt, wenn eine Seite vollgeschrieben ist; denn ein gewissenhafter Buchhalter wird die Summen, die sich zum Schluß der Seite ergeben, nicht auf die nächste Seite übertragen, ohne geprüft zu haben, ob das Rechnungswerk in sich ausgeglichen ist. Wenn nicht, braucht er nur die Buchungen der einen Seite zu überpüfen, um den Fehler zu finden.

(7) Die doppelte Buchführung besteht aus zwei Teilen: aus dem Rechnungswerk und der Hauptabschlußbilanz. Die Hauptabschlußbilanz ergibt sich aus dem Rechnungswerk und den Bewertungsvorschriften, die für die Feststellung des Betriebsergebnisses bestehen (den Bilanzbewertungsvorschriften). Das Rechnungswerk ist die Grundlage. Die Bewertungsvorschriften, die für die Feststellung des Betriebsergebnisses bestehen (die Bilanzbewertungsvorschriften), stellen die Ergänzung dieser Grundlage dar. Die Hauptabschlußbilanz ist demgemäß das Ergebnis des durch die Bilanzbewertungsvorschriften ergänzten Rechnungswerks.

(8) Vor Aufstellung der Hauptabschlußbilanz muß demgemäß der Stand des Rechnungswerks festgestellt und übersichtlich zusammengestellt werden. Der Beginn dieser Feststellung ist die Aufstellung der Summen-

bilanz, die sich aus dem Rechnungswerk ergibt. Im Anschluß an die Summenbilanz muß die Ueberschußbilanz aufgestellt werden. Diese ergibt sich aus der Summenbilanz; denn sie besteht in einer Zusammenstellung der Ueberschüsse, die sich auf jedem Sachkonto ergeben. Die Ueberschüsse müssen aufgerechnet werden. Die Summen, die sich bei der Aufrechnung ergeben, müssen miteinander übereinstimmen; denn aus einer ausgeglichenen Summenübersicht ergibt sich zwangsläufig eine ausgeglichene Ueberschußübersicht. Die Ueberschußbilanz stellt den Stand der Sachkonten dar, der sich unmittelbar aus dem Rechnungswerk ergibt — die Buchwerte. Von diesem Stand der Sachkonten — von diesen Buchwerten — ist bei der Aufstellung der Hauptabschlußbilanz auszugehen. Die Aufstellung der Summenbilanz und der Ueberschußbilanz ist demgemäß die unerläßliche Voraussetzung für die ordnungsmäßige Aufstellung der Hauptabschlußbilanz.

(9) Die Ueberschußbilanz wird auch als Buchbilanz oder Sachkontenbilanz bezeichnet, weil sie sich unmittelbar aus dem Rechnungswerk (dem Sachkontenwerk, dem Buchwerk) ergibt. Es sind in ihr noch nicht diejenigen Wertveränderungen enthalten, die üblicherweise nur bei der Aufstellung der Hauptabschlußbilanz festgestellt und berücksichtigt werden. Um diese Wertveränderungen wird das Rechnungswerk (die Buchbilanz) durch die Hauptabschlußbilanz ergänzt.

(10) Die Beträge, die in der Ueberschußbilanz (in der Buchbilanz) erschienen sind, stellen die Buchwerte dar. Sie ergeben sich unmittelbar aus der laufenden Buchführung (aus dem Buchwerk, dem Rechnungswerk). Die Beträge, die in der Hauptabschlußbilanz erscheinen, stellen die Bilanzwerte dar. Der Buchwert ist, wenn er nicht einer Ergänzung durch die Bilanzbewertungsvorschriften bedarf, auch Bilanzwert; mancher Buchwert ist nicht auch Bilanzwert; er wird erst durch die

Berücksichtigung der Bilanzbewertungsvorschriften zum Bilanzwert.

(11) Ist die Hauptabschlußbilanz aufgestellt, muß deren Zahlenwerk mit dem Zahlenwerk der Buchbilanz (der Ueberschußbilanz) verglichen werden. Was sich dabei für das einzelne Sachkonto als Unterschied zwischen Hauptabschlußbilanz und Buchbilanz (zwischen Bilanzwert und Buchwert) ergibt, ist Teil des Betriebsergebnisses (eine Betriebsvermögensverminderung — ein Verlust — oder eine Betriebsvermögenserhöhung — ein Gewinn). Die übersichtliche Zusammenstellung der verschiedenen Teile des Betriebsergebnisses ist die Betriebsergebnisübersicht (die Verlust- und Gewinnübersicht). Diese stellt die Uebersicht über die Zusammensetzung des Betriebsergebnisses dar.

(12) Zusammenfassung: Ohne Summenbilanz keine Feststellung, ob das Rechnungswerk in sich ausgeglichen ist. Ohne diese Feststellung keine Ueberschußbilanz (keine Buchbilanz, keine Buchwerte). Ohne Ueberschußbilanz (ohne Buchwerte) keine Hauptabschlußbilanz (keine Bilanzwerte). Ohne Vergleich der Posten in der Hauptabschlußbilanz mit denjenigen in der Ueberschußbilanz (der Bilanzwerte mit den Buchwerten) keine Betriebsergebnisübersicht (keine Verlust- und Gewinnübersicht). — Aus dem Rechnungswerk ergibt sich die Summenbilanz, aus der Summenbilanz die Ueberschußbilanz, aus der Ueberschußbilanz und den ergänzenden Bewertungsvorschriften, die für die Feststellung des Betriebsergebnisses bestehen (den Bilanzbewertungsvorschriften), die Hauptabschlußbilanz, aus dem Vergleich der Hauptabschlußbilanz mit der Ueberschußbilanz die Betriebsergebnisübersicht (die Verlust- und Gewinnübersicht). Die Nebeneinanderstellung der Summenbilanz, der Ueberschußbilanz, der Hauptabschlußbilanz und der Betriebsergebnisübersicht (der Verlust- und Gewinnübersicht) in der Weise, daß auf der Zeile eines jeden Sachkontos zunächst die Summen, dann

rechts anschließend der Ueberschuß (der Buchwert), dann der Bilanzwert und schließlich der Unterschied zwischen Bilanzwert und Buchwert als Teil des Betriebsergebnisses erscheinen, stellt die Hauptabschlußübersicht dar.

(13) Wir können die Hauptabschlußübersicht als begründete Betriebsergebnisübersicht (begründete Verlust- und Gewinnübersicht) bezeichnen. Die Begründung besteht darin, daß dargestellt wird, wie der einzelne Teil des Betriebsergebnisses (der Verlust oder Gewinn) sich aus dem Rechnungswerk und den ergänzenden Bilanzbewertungsvorschriften ergibt.

(14) Das Finanzamt kann, wenn der Gewerbetreibende angibt, ordnungsmäßige doppelte Buchführung zu haben, nicht darauf verzichten, daß der Gewerbetreibende außer der Hauptabschlußbilanz die Betriebsergebnisübersicht (die Verlust- und Gewinnübersicht) vorlegt. § 18 Absatz 2 Satz 3 EStDV 1941 gemäß muß die Betriebsergebnisübersicht (die Verlust- und Gewinnübersicht) begründet sein, das heißt, sie muß sich in der Form der Hauptabschlußübersicht befinden.

(15) § 18 Absatz 2 Satz 4 EStDV 1941 gemäß muß sich die Hauptabschlußübersicht in der Form des amtlichen Musters befinden. Dieses enthält vor der Summenbilanz noch die Wiedereröffnungsbilanz und eine Uebersicht über die Summenzugänge. Auf diese beiden Abteilungen kann verzichtet werden. Es erleichtert aber die Prüfung der Hauptabschlußbilanz und erhöht den Wert der Hauptabschlußübersicht, wenn der Summenbilanz wenigstens die Wiedereröffnungsbilanz vorgelagert wird.

(16) Es gibt Unternehmer, deren Buchführung so gestaltet ist, daß auf dem einzelnen Sachkonto sich jeweils nicht die bekommt Rechnungs-Summe und die gibt Rechnungs-Summe, sondern nur der Unterschied zwischen diesen beiden Summen ergibt. Dieser stellt

einen bekommt Rechnungs-Ueberschuß oder einen gibt Rechnungs-Ueberschuß dar. Solche Art von Buchführung wird als Saldenbuchführung bezeichnet. In dem Fall ist nicht auch die Aufstellung einer Summenbilanz, sondern nur die Aufstellung einer Ueberschußbilanz möglich. Das Finanzamt kann eine solche Buchführung und die daraus sich ergebende Hauptabschlußübersicht als Grundlage für die Gewinnermittlung für steuerliche Zwecke anerkennen. Die Sachkontenaufgliederung muß jedoch so gestaltet sein, daß auch die Ueberschußbilanz dem Finanzbeamten jede Auskunft gibt, deren er zur richtigen Beurteilung der Entwicklungen im Rechnungswerk des Unternehmens bedarf. Dazu gehört insbesondere, daß zwei Warenkonten geführt werden: ein Wareneingangskonto und ein Warenausgangskonto, oder daß in anderer Weise, so zum Beispiel auf Grund eines Wareneingangsbuchs, ohne jede Schwierigkeit festgestellt werden kann, wie groß im abgelaufenen Wirtschaftsjahr der Wareneingang und der Warenausgang gewesen sind.

(17) Es gibt Gewerbetreibende, die ihre Buchführung sehr stark aufgliedern und infolgedessen eine sehr große Zahl von Sachkonten führen. Das Finanzamt ist an einer Aufgliederung nur insoweit interessiert, als sie steuerlich von Bedeutung sein kann. Es ist geboten, daß die Gewerbetreibenden, in deren Buchführung die Aufgliederung über das steuerliche Interesse hinausgeht, vor der Aufstellung der für steuerliche Zwecke erforderlichen Hauptabschlußübersicht ihre Sachkonten entsprechend zusammenfassen, und zwar so, daß die Hauptabschlußübersicht aus möglichst nicht mehr als fünfzig Sachkonten besteht.

(18) Erklärt ein Steuerpflichtiger, daß seine Buchführung ihm die Aufstellung einer Hauptabschlußübersicht nicht ermögliche, so wird das in der Regel ein Beweis dafür sein,

a) daß entweder doppelte Buchführung überhaupt nicht

vorhanden ist oder daß die vermeintliche doppelte Buchführung nicht in Ordnung ist oder

b) daß die Hauptabschlußbilanz und die unbegründete Betriebsergebnisübersicht (Verlust- und Gewinnübersicht) nicht auf dem Zahlenwerk der laufenden Buchführung (auf dem Rechnungswerk, dem Buchwerk) beruhen und demgemäß für steuerliche Zwecke nicht maßgebend sein können.

(19) In den Steuererklärungsvordrucken für 1943 wird den Gewerbetreibenden nur empfohlen, eine Hauptabschlußübersicht beizufügen. Es wird angenommen, daß alle diejenigen Gewerbetreibenden, deren doppelte Buchführung in Ordnung ist, die Hauptabschlußübersicht beifügen. Das Finanzamt kann, wenn der Gewerbetreibende seiner Steuererklärung eine Hauptabschlußübersicht nicht beifügt, auf Grund des § 18 Absatz 2 Satz 3 EStDV 1941 früher oder später, auch noch zu Beginn einer Betriebsprüfung verlangen, daß die Hauptabschlußübersicht nachgereicht wird. Der Gewerbetreibende muß beweisen können, daß das Rechnungswerk seiner Buchführung in sich ausgeglichen ist und daß seine Hauptabschlußbilanz und die Betriebsergebnisübersicht (die Verlust- und Gewinnübersicht) auf dem Zahlenwerk der laufenden Buchführung (dem Rechnungswerk, dem Buchwerk) beruhen. Kann der Gewerbetreibende diesen Beweis nicht erbringen, ist das Finanzamt an die Angaben in der eingereichten Hauptabschlußbilanz und der Betriebsergebnisübersicht (der Verlust- und Gewinnübersicht) nicht gebunden.

(20) Muster von Hauptabschlußübersichten sind in den Bänden 2 und 3 von „Buchführung, Bilanz und Steuern" enthalten.

§ 26. Haushaltsbesteuerung: Ehegatten.

(1) Ehegatten werden zusammen veranlagt, solange beide unbeschränkt steuerpflichtig sind und nicht

dauernd getrennt leben. Diese Voraussetzungen müssen im Veranlagungszeitraum mindestens vier Monate bestanden haben.

(2) Bei der Zusammenveranlagung sind die Einkünfte der Ehegatten zusammenzurechnen.

EStDV 1941

Zu § 26 des Gesetzes

§ 19

Haushaltsbesteuerung mit Bezug auf die Ehegatten

(1) Es kommt vor, daß eine Ehefrau Einkünfte aus nichtselbständiger Arbeit in einem dem Ehemann fremden Betrieb bezieht. Solche Einkünfte scheiden bei der Zusammenveranlagung aus.

(2) Liegen bei einer minderjährigen Ehefrau während eines Teils des Veranlagungszeitraums die Voraussetzungen für ihre Zusammenveranlagung mit einem Haushaltsvorstand § 27 des Gesetzes gemäß und während des anderen Teils des Veranlagungszeitraums die Voraussetzung für ihre Zusammenveranlagung mit ihrem Ehemann § 26 des Gesetzes gemäß vor, so wird die Ehefrau nur mit ihrem Ehemann zusammen veranlagt.

EStR 1941

116. Haushaltsbesteuerung mit Bezug auf die Ehegatten

(1) Ehegatten werden § 26 Absatz 1 EStG gemäß entweder für den ganzen Veranlagungszeitraum oder überhaupt nicht zusammen veranlagt. Entscheidend ist, ob die Voraussetzungen des § 26 Absatz 1 Satz 1 EStG mindestens vier Monate im Veranlagungszeitraum gleichzeitig bestanden haben.

Beispiele:

A. Die Ehegatten haben am 31. August 1941 geheiratet. Sie werden für 1941 zusammen veranlagt. Die Einkünfte, die beide Ehegatten während des ganzen Kalenderjahres 1941 bezogen haben, sind vorbehaltlich der Ausführungen im Absatz 2 zusammenzurechnen

B. Der Ehemann ist am 30. Juni gestorben. Die Ehegatten werden für 1941 zusammen veranlagt. Die Einkünfte, die der Ehemann bis 30. Juni 1941 bezogen hat, und die Einkünfte, die die Ehefrau während des ganzen Kalenderjahres 1941 bezogen hat, sind vorbehaltlich der Ausführungen im Absatz 2 zusammenzurechnen.

C. Die Ehe ist am 1. April 1941 geschieden worden, oder die Ehegatten leben seit dem Zeitpunkt dauernd getrennt. Die Ehegatten werden für 1941 nicht zusammen veranlagt.

(2) Bei der Zusammenveranlagung sind die Einkünfte der Ehegatten zusammenzurechnen (§ 26 Absatz 2 EStG). Das gilt aber nicht für die Einkünfte der Ehefrau aus nichtselbständiger Arbeit, die sie in einem dem Ehemann fremden Betrieb bezogen hat. Hinweis auf § 19 Absatz 1 EStDV 1941.

(3) Die Ehefrau wird selbständig veranlagt, wenn ihre Einkünfte aus nichtselbständiger Arbeit im Veranlagungszeitraum zu einem Einkommen von mehr als 8000 RM geführt haben. Hinweis auf § 46 Absatz 1 Ziffer 1 EStG. Als Sonderausgaben kommen bei der Veranlagung der Ehefrau nur die Beträge in Betracht, die nicht schon bei der Veranlagung des Ehemanns abgezogen werden dürfen. Hinweis auf Abschnitt 53 Absatz 2. Es ist jedoch mindestens ein Pauschbetrag von 200 RM abzuziehen. Wegen der Verpflichtung der Ehefrau zur Abgabe einer Steuererklärung Hinweis auf Abschnitt 113.

(4) Heiratet eine minderjährige Tochter im Veranlagungszeitraum nach dem 30. April, aber vor dem 1. September, so können in diesem Veranlagungszeitraum die Voraussetzungen für ihre Zusammenveranlagung mit ihrem bisherigen Haushaltsvorstand (Vater oder Mutter) § 27 EStG gemäß und die Voraussetzungen für ihre Zusammenveranlagung mit ihrem Ehemann § 26 EStG gemäß erfüllt sein. In dem Fall findet nur eine Zusammenveranlagung der Tochter mit ihrem Ehemann statt. Hinweis auf § 19 Absatz 2 EStDV 1941.

Beispiel:

Eine 20 Jahre alte Tochter hat am 1. Juni 1941 geheiratet. Sie hat bis zu diesem Zeitpunkt zum Haushalt ihres Vaters gehört. Es sind sowohl die Voraussetzungen für eine Zusammenveranlagung der Tochter mit ihrem Vater als auch die Voraussetzungen für ihre Zusammenveranlagung mit dem Ehemann erfüllt. Die Tochter wird § 19 Absatz 2 EStDV 1941 gemäß nur mit ihrem Ehemann zusammen veranlagt.

(5) Die Regelung im § 19 Absatz 2 EStDV 1941 gilt auch für das Jahr, in dem die minderjährige Ehefrau sich von ihrem Ehemann dauernd trennt, oder in dem ihre Ehe infolge Scheidung oder Tod des Ehemanns aufgelöst wird.

Beispiel:

Der Ehemann einer 20 Jahre alten Ehefrau ist am 30. Juni 1941 gestorben. Kinder sind aus der Ehe nicht hervorgegangen. Die Ehefrau hat bis zum Tode ihres Ehemanns nicht dauernd von ihm getrennt gelebt. Sie kehrt nach dem Tode ihres Ehemanns in den Haushalt ihres Vaters zurück.

Die Ehefrau ist für 1941 nur mit ihrem verstorbenen Ehemann zusammen zu veranlagen. Wegen der Zusammenrechnung der Einkünfte Hinweis auf das Beispiel B im Absatz 1.

EStR 1943

50. Ausscheidung der Einkünfte der Ehefrau aus nichtselbständiger Arbeit bei der Haushaltsbesteuerung der Ehegatten

(1) Bei der Zusammenveranlagung der Ehegatten sind ihre Einkünfte zusammenzurechnen. Hinweis auf § 26 Absatz 2 EStG. Dieser Grundsatz wird durch § 19 Absatz 1 EStDV 1941 insoweit durchbrochen, als es sich um die Einkünfte der Ehefrau aus nichtselbständiger Arbeit handelt, die sie aus einem dem Ehemann fremden Betrieb (Hinweis auf Absatz 2) bezieht. Solche Einkünfte sind den Einkünften des Ehemanns nicht hinzuzurechnen. Es muß sich aber bei den bezeichneten Einkünften der Ehefrau um Einkünfte aus nichtselbständiger Arbeit auf Grund eines gegenwärtigen Arbeitsverhältnisses handeln. Einkünfte der Ehefrau aus nichtselbständiger Arbeit aus einem früheren Arbeitsverhältnis scheiden bei der Zusammenrechnung der Einkünfte der Ehegatten § 26 Absatz 2 EStG gemäß nicht aus. Hinweis auf meinen Erlaß vom 29. Mai 1942 (Reichssteuerbl. 1942 S. 569 Nr. 432).

(2) Ein dem Ehemann fremder Betrieb im Sinn des § 19 Absatz 1 EStDV 1941 ist ein Betrieb, der dem Ehemann oder einer Person, die mit dem Ehemann § 26 oder § 27 EStG gemäß zusammenveranlagt wird, weder ganz noch

zum — wenn auch geringen — Teil gehört und dessen Ertrag ihm oder dieser Person weder ganz noch zum Teil zufließt. Eine Personengesellschaft, deren Mitunternehmer der Ehemann oder eine mit ihm zusammenveranlagte Person ist, ist in keinem Fall ein dem Ehemann fremder Betrieb. Ist die Ehefrau als Angestellte (z. B. als Geschäftsführerin, Prokuristin oder Sekretärin) bei einer Kapitalgesellschaft (z. B. einer GmbH oder einer AG) beschäftigt und ist ihr Ehemann oder eine mit ihm zusammenveranlagte Person an der Kapitalgesellschaft beteiligt, so sind die Einkünfte der Ehefrau nicht als Einkünfte aus nichtselbständiger Arbeit in einem dem Ehemann fremden Betrieb anzusehen. Voraussetzung ist, daß der Ehemann und die mit ihm zusammenveranlagten Personen an der Kapitalgesellschaft mindestens zu 25 vom Hundert beteiligt sind.

(3) § 19 Absatz 1 EStDV 1941 bezieht sich nur auf diejenigen Einkünfte der Ehefrau aus nichtselbständiger Arbeit in einem dem Ehemann fremden Betrieb, die auf die Zeit nach ihrer Verheiratung entfallen. Die Einkünfte aus nichtselbständiger Arbeit, die die Ehefrau im Kalenderjahr ihrer Verheiratung vor der Verheiratung bezogen hat, sind § 26 Absatz 2 EStG gemäß mit den Einkünften des Ehemanns zusammenzurechnen, wenn die Ehegatten für dieses Kalenderjahr § 26 Absatz 1 EStG gemäß zusammen zu veranlagen sind.

§ 27. Haushaltsbesteuerung: Kinder.

(1) Der Haushaltsvorstand und seine minderjährigen Kinder und anderen minderjährigen Angehörigen im Sinn von § 10 Ziffern 3 bis 6 des Steueranpassungsgesetzes, die zu seinem Haushalt gehören und für die ihm Kinderermäßigung nach § 32 zusteht, werden zusammen veranlagt, solange er und die Kinder oder anderen Angehörigen unbeschränkt steuerpflichtig sind.

(2) Bei der Zusammenveranlagung sind die Einkünfte des Haushaltsvorstandes, der Kinder und der anderen Angehörigen zusammenzurechnen.

(3) Einkünfte aus nichtselbständiger Arbeit (§ 2 Absatz 3 Ziffer 4), die Kinder oder andere Angehörige aus einem dem Haushaltsvorstand fremden Betrieb beziehen, scheiden bei der Zusammenveranlagung aus.

§ 32 Absatz 2 Ziffer 2 ist durch Artikel II des Gesetzes Nr. 12 geändert worden. Näheres siehe unter § 32.

EStDV 1941

Zu § 27 des Gesetzes

§ 20

Haushaltsbesteuerung mit Bezug auf die Kinder

Liegen bei einem minderjährigen Steuerpflichtigen während eines Teils des Veranlagungszeitraums die Voraussetzungen für seine Zusammenveranlagung mit seinen minderjährigen Kindern und anderen minderjährigen Angehörigen (§ 32 Absatz 5 Ziffer 4 des Gesetzes) § 27 des Gesetzes gemäß und während des anderen Teils des Veranlagungszeitraums die Voraussetzungen für seine Zusammenveranlagung mit einem anderen Haushaltsvorstand § 27 des Gesetzes gemäß vor, so wird der Steuerpflichtige nur mit seinen Kindern und anderen Angehörigen zusammen veranlagt.

EStR 1941

117. Haushaltsbesteuerung mit Bezug auf die Kinder

(1) Der Haushaltsvorstand, seine Kinder, seine anderen Angehörigen und die Angehörigen der mit ihm zusammen veranlagten Ehefrau werden § 27 Absatz 1 EStG gemäß zusammen veranlagt, wenn die folgenden Voraussetzungen mindestens vier Monate im Veranlagungszeitraum gleichzeitig erfüllt sind:

a) Die Kinder und die anderen Angehörigen müssen minderjährig gewesen sein.

b) Die Kinder und die anderen Angehörigen müssen zum Haushalt des Steuerpflichtigen gehört haben.

c) Der Haushaltsvorstand, seine Kinder und die anderen Angehörigen müssen unbeschränkt steuerpflichtig gewesen sein.

(2) Der Haushaltsvorstand und seine minderjährigen Kinder und anderen minderjährigen Angehörigen werden entweder für den ganzen Veranlagungszeitraum oder überhaupt nicht zusammen veranlagt. Entscheidend ist, ob die Voraussetzungen des Absatzes 1 mindestens vier Monate im Veranlagungszeitraum gleichzeitig bestanden haben.

Beispiele:

A. Ein minderjähriges Kind, das zum Haushalt des Steuerpflichtigen gehört, ist am 30. Juni 1941 volljährig geworden. Das Kind wird mit dem Haushaltsvorstand für 1941 zusammen veranlagt. Die Einkünfte, die der Haushaltsvorstand und das Kind während des ganzen Kalenderjahrs 1941 bezogen haben, sind zusammenzurechnen mit Ausnahme der Einkünfte aus nichtselbständiger Arbeit, die das Kind in einem dem Haushaltsvorstand fremden Betrieb bezogen hat.

B. Ein minderjähriges Kind, das zum Haushalt des Steuerpflichtigen gehört, ist vor dem 1. Mai 1941 volljährig geworden. Der Haushaltsvorstand und das Kind werden für 1941 nicht zusammen veranlagt.

(3) Wegen der Zusammenrechnung der Einkünfte und wegen der selbständigen Veranlagung der Kinder und anderen Angehörigen Hinweis auf § 27 Absätze 2 und 3 EStG. Die Ausführungen im Abschnitt 116 Absätze 2 und 3 gelten hier entsprechend.

(4) Eine minderjährige Ehefrau gehört ab dem Zeitpunkt ihrer Verheiratung zum Haushalt ihres Ehemanns, solange sie von ihm nicht dauernd getrennt lebt. Hinweis auf § 21 Absatz 2 EStDV 1941. Eine Zusammenveranlagung der Ehefrau mit dem Steuerpflichtigen, zu dessen Wohngemeinschaft sie nach ihrer Verheiratung allein oder zusammen mit ihrem Ehemann gehört, kommt nicht oder nicht mehr in Betracht.

Beispiel:

Die verheiratete minderjährige Tochter, die von ihrem Ehemann nicht dauernd getrennt lebt, teilt die Wohnung ihres Vaters. Sie ist nicht mit dem Vater, sondern mit ihrem Ehemann zusammen zu veranlagen.

Eine Zusammenveranlagung der Ehegatten scheidet nur dann aus, wenn die im § 26 Absatz 1 EStG bezeichneten Voraussetzungen nicht gegeben sind, z. B. wenn die Ehegatten dauernd getrennt leben. In Fällen dieser Art werden die verheirateten minderjährigen Kinder und die anderen verheirateten minderjährigen Angehörigen mit dem Steuerpflichtigen, zu dessen Haushalt sie gehören, zusammen veranlagt.

(5) Es kommt vor, daß ein Steuerpflichtiger (A) mit seinen minderjährigen Kindern und anderen minderjährigen Angehörigen zur Wohngemeinschaft eines anderen Haushalts (des Steuerpflichtigen B) gehört. Die minderjährigen Kinder und anderen minderjährigen Angehörigen werden nur mit dem Steuerpflichtigen A zusammen veranlagt.

Beispiele:

A. Die minderjährige Tochter teilt mit ihrem unehelichen Kind während des ganzen Veranlagungszeitraums die Wohnung ihres Vaters. Sie wird mit ihrem Kind zusammen veranlagt. Eine Zusammenveranlagung des Vaters mit seiner Tochter oder mit seinem Enkelkind kommt nicht in Betracht.

B. Der 30 Jahre alte verheiratete Sohn gehört mit seinen minderjährigen Kindern zur Wohngemeinschaft seines Vaters. Die Kinder werden nicht mit ihrem Großvater, sondern mit ihrem Vater zusammen veranlagt.

(6) Es kommt vor, daß bei einem minderjährigen Steuerpflichtigen in einem Veranlagungszeitraum die Voraussetzungen für seine Zusammenveranlagung mit seinen minderjährigen Kindern und anderen minderjährigen Angehörigen (§ 27 EStG gemäß) und die Voraussetzungen für seine Zusammenveranlagung mit einem anderen Haushaltsvorstand (§ 27 EStG gemäß) vorliegen. In dem Fall findet nur eine Zusammenveranlagung des minderjährigen Steuerpflichtigen mit seinen Kindern und anderen Angehörigen statt. Hinweis auf § 20 EStDV 1941.

Beispiel:

Die unverheiratete minderjährige Tochter, die im Haushalt ihres Vaters lebt, hat ein uneheliches Kind. Das Kind ist am 1. August 1941 geboren worden. Die Tochter teilt mit ihrem Kind auch nach dem 1. August 1941 die Wohnung ihres Vaters.

Es sind sowohl die Voraussetzungen für eine Zusammenveranlagung der Tochter mit ihrem Vater als auch die Voraussetzungen für eine Zusammenveranlagung mit ihrem Kind erfüllt. Die Tochter wird § 20 EStDV 1941 gemäß nur mit ihrem Kind zusammen veranlagt.

(7) Die Regelung im § 20 EStDV 1941 gilt auch für das Jahr, in dem die Voraussetzungen für die Zusammenveranlagung des Steuerpflichtigen mit seinen minderjährigen Kindern und anderen minderjährigen Angehörigen wegfallen.

Beispiel:

Das uneheliche Kind einer 20 Jahre alten Tochter, die mit ihrem Kind die Wohnung ihres Vaters teilt, ist am 30. Juni 1941 gestorben.

Die Tochter ist für den Veranlagungszeitraum 1941 nur mit ihrem verstorbenen Kind zusammen zu veranlagen.

EStR 1943

52. Ausscheidung der Einkünfte der Kinder und anderen Angehörigen aus nichtselbständiger Arbeit bei der Haushaltsbesteuerung

(1) Wegen der Frage, wann ein dem Haushaltsvorstand fremder Betrieb im Sinn des § 27 Absatz 3 EStG vorliegt, Hinweis auf die Ausführungen im Abschnitt 50 Absatz 2 EStER 1943, die hier entsprechend gelten.

§ 28. Besteuerung bei fortgesetzter Gütergemeinschaft.

Bei fortgesetzter Gütergemeinschaft gelten Einkünfte, die in das Gesamtgut fallen, als Einkünfte des überlebenden Ehegatten, wenn dieser unbeschränkt steuerpflichtig ist.

Durch die Vereinbarung der allgemeinen Gütergemeinschaft wird das Vermögen des Mannes und das der Frau gemeinschaftliches Vermögen beider Ehegatten, sogenanntes Gesamtgut (§ 1438 BGB). Sind beim Tode eines Ehegatten gemeinschaftliche Abkömmlinge vorhanden, so wird zwischen den überlebenden Ehegatten und den gemeinschaftlichen Abkömmlingen, die im Falle der gesetzlichen Erbfolge als Erben berufen sind, die Gütergemeinschaft fortgesetzt (§ 1483 BGB). Die Einkünfte aus dem Gesamtgut werden nun nicht auf die einzelnen Partner der fortgesetzten Gütergemeinschaft verteilt, sondern gelten als Einkünfte des überlebenden Ehegatten, wenn dieser unbeschränkt steuerpflichtig ist.

§ 29. Durchschnittssätze.

(1) Durchschnittssätze können aufgestellt werden

1. für die Ermittlung des Gewinns aus Land- und Forstwirtschaft, aus Gewerbebetrieb oder aus selbständiger Arbeit,
2. für die Ermittlung des Ueberschusses der Einnahmen über die Werbungskosten bei Vermietung und Verpachtung.

(2) Die aufgestellten Durchschnittssätze sind zugrunde zu legen

1. der Gewinnermittlung, wenn
   a) der Umsatz die bestimmte Grenze nicht übersteigt und
   b) ordnungsmäßige Bücher nicht geführt werden oder die Bücher sachliche Unrichtigkeit vermuten lassen,
2. der Ermittlung der Einkünfte aus Vermietung und Verpachtung, wenn die Werbungskosten nicht ordnungsmäßig aufgezeichnet werden oder die Aufzeichnungen sachliche Unrichtigkeit vermuten lassen.

(3) Der Nutzungswert der Wohnung im eigenen Haus kann in einem Hundertsatz des zuletzt festgestellten Einheitswerts des Grundstücks bemessen werden.

(4) Der Steuerpflichtige kann nicht einwenden, daß die Durchschnittssätze zu hoch festgesetzt seien.

Hinsichtlich der Durchschnittssätze für die Ermittlung des Gewinns aus Land- und Forstwirtschaft wird auf die im Anhang abgedruckte Verordnung vom 31. Dezember 1936 und hinsichtlich der Bemessung des Nutzungswertes der Wohnung im eigenen Einfamilienhaus auf die ebenfalls im Anhang abgedruckte Verordnung vom 26. Januar 1937 verwiesen.

§ 30. Besteuerung bei Auslandsbeziehungen.

Der Oberfinanzpräsident kann bei Einkünften aus Land- und Forstwirtschaft, aus Gewerbebetrieb oder aus selbständiger Arbeit ohne Rücksicht auf das ausgewiesene Ergebnis die Einkommensteuer in einem Pauschbetrag festsetzen, wenn besondere unmittelbare oder mittelbare wirtschaftliche Beziehungen des Betriebs zu einer Person, die im Inland entweder nicht oder nur beschränkt steuerpflichtig ist, eine Gewinnminderung ermöglichen. Der Oberfinanzpräsident entscheidet nach seinem Ermessen.

§ 31. Pauschbesteuerung.

Der Reichsminister der Finanzen kann

1. die Einkommensteuer bei Personen, die durch Zuzug aus dem Ausland unbeschränkt steuerpflichtig werden, bis zur Dauer von zehn Jahren seit Begründung der unbeschränkten Steuerpflicht in einem Pauschbetrag festsetzen,
2. die Besteuerung der Auslandsbeamten abweichend von den allgemeinen Vorschriften regeln.

Wer an Stelle des Reichsministers der Finanzen in Zukunft zuständig ist, Richtlinien für Pauschbesteuerung herauszugeben, ist bisher vom Kontrollrat noch nicht bekanntgegeben worden.

IV. Tarif

§ 32. Steuerklassen.

1. Für die Errechnung der Einkommensteuer werden die Steuerpflichtigen in folgende Steuerklassen eingeteilt:

   a) Steuerklasse I

   Steuerklasse I umfaßt diejenigen Personen, die zu Beginn des Steuerjahres nicht verheiratet waren, und diejenigen, die in diesem Jahre nicht mindestens vier Monate verheiratet waren. Personen, die unter die unten aufgezählten Steuerklassen fallen, gehören nicht zur Steuerklasse I.

b) Steuerklasse II

Zur Steuerklasse II gehören folgende Personen, soweit sie nicht in der dritten Gruppe inbegriffen sind:

I. Personen, die zu Beginn des Steuerjahres oder mehr als vier Monate in diesem Jahre verheiratet waren sowie

II. unverheiratete Personen, die mindestens vier Monate vor Ablauf des Steuerjahres das 65. Lebensjahr erreicht haben.

c) Steuerklasse III

I. Steuerklasse III umfaßt diejenigen Personen, denen Kinderermäßigung zusteht (wie in Absatz II erläutert) oder denen diese Ermäßigung auf Antrag gewährt wird (wie in Absatz III erläutert).

II. Der Steuerpflichtige hat Anrecht auf Kinderermäßigung — für den Begriff „Kinder" ist die bestehende deutsche Gesetzgebung maßgebend —, falls die beiden folgenden Bedingungen erfüllt sind:

1. Die Kinder müssen mindestens vier Monate im Steuerjahr zu dem Haushalt des Steuerpflichtigen gehört haben oder in diesem Jahr hauptsächlich auf seine Kosten unterhalten und erzogen worden sein. Im letzteren Falle muß der Steuerpflichtige die Kosten für ihren Unterhalt und ihre Erziehung mindestens vier Monate getragen haben.

2. Die Kinder dürfen während dieses Zeitraums das 16. Lebensjahr nicht vollendet haben.

III. Auf Antrag wird dem Steuerpflichtigen eine Kinderermäßigung gewährt, wenn Kinder, die das 16. Lebensjahr erreicht haben, die beiden folgenden Bedingungen erfüllen:

1. Die Kinder müssen im Steuerjahre mindestens vier Monate eine von dem Kontrollrat oder den zuständigen Zonenbefehlshaber genehmigte Unterrichtsanstalt besucht haben und während dieser Zeit hauptsächlich auf Kosten des Steuerpflichtigen unterhalten worden sein.
2. Die Kinder dürfen während des Steuerjahres das 21. Lebensjahr nicht vollendet haben.

Durch Artikel II des Gesetzes vom 11. Februar 1946 ist der bisherige § 32 EStG fortgefallen. Die vorstehenden Bestimmungen sind an seine Stelle getreten. § 32 in seiner bisherigen Fassung teilte die Steuerpflichtigen in vier Steuergruppen ein, jetzt werden sie nur mehr in drei Steuerklassen eingeteilt. Die Kinderermäßigung fällt nunmehr auch in jedem Falle fort, wenn die Kinder während des Steuerjahres das 21. Lebensjahr vollendet haben.

EStDV 1941

Zu § 32 des Gesetzes

§ 21

Haushaltszugehörigkeit

(1) Ein minderjähriges Kind gehört zum Haushalt des Steuerpflichtigen (Haushaltsvorstand), wenn das Kind unter Leitung des Steuerpflichtigen dessen Wohnung teilt oder sich mit seiner Einwilligung außerhalb der Wohnung zu anderen als Erwerbszwecken aufhält.

(2) Durch eine Verheiratung entsteht in jedem Fall ein neuer Haushalt, auch wenn die Verheirateten zur Wohn-

gemeinschaft eines anderen Haushalts gehören. Eine Ehefrau gehört demgemäß in jedem Fall zum Haushalt ihres Ehemanns, solange sie von ihm nicht dauernd getrennt lebt. Das gilt auch, wenn die Ehefrau minderjährig ist und allein oder zusammen mit ihrem Ehemann zur Wohngemeinschaft eines anderen Haushalts gehört.

Beispiel:

Eine minderjährige Tochter lebt im Haushalt ihres Vaters. Sie heiratet am 1. Februar 1942.

Die Tochter scheidet durch ihre Verheiratung zwangsläufig aus dem Haushalt ihres Vaters aus. Sie gehört ab 1. Februar 1942 steuerlich zum Haushalt ihres Ehemanns. Das gilt auch, wenn die Tochter nach ihrer Verheiratung wie bisher zur Wohngemeinschaft ihres Vaters gehört, sei es allein oder zusammen mit ihrem Ehemann.

(3) Ein Steuerpflichtiger ist, solange er eigene Kinder hat, selbst als Haushaltsvorstand zu betrachten, auch wenn er minderjährig ist und allein oder zusammen mit seinen Kindern zur Wohngemeinschaft eines anderen Haushalts gehört.

Beispiel:

Eine unverheiratete minderjährige Tochter, die im Haushalt ihres Vaters lebt, hat ein uneheliches Kind. Das Kind ist am 1. August 1941 geboren worden. Die Tochter teilt mit ihrem Kind auch nach dem 1. August 1941 die Wohnung ihres Vaters. Sie gehört jedoch ab 1. August 1941 nicht mehr zum Haushalt ihres Vaters. Sie ist wegen ihres Kindes selbst als Haushaltsvorstand zu betrachten.

(5) Die Zugehörigkeit minderjähriger Kinder zum Haushalt des Steuerpflichtigen (Haushaltsvorstands) wird nicht dadurch beeinträchtigt, daß der Steuerpflichtige (Haushaltsvorstand) mit seinen minderjährigen Kindern zur Wohngemeinschaft eines anderen Haushalts gehört.

EStR 1943

57. Begriff „Kinder“

(3) Ein Pflegekindschaftsverhältnis liegt nur vor, wenn das Pflegekind im Haushalt der Pflegeeltern seine Heimat hat und wenn zwischen den Pflegeeltern und dem Pflegekind ein familienartiges, auf die Dauer berechnetes Band besteht. Das ist zum Beispiel bei einem unehelichen Kind anzunehmen, wenn die Beziehungen des Kindes zu der Kindesmutter vollständig gelöst sind und die Pflegeeltern das Kind wie ein eigenes Kind halten. Ein Pflegekind-

schaftsverhältnis wird nicht dadurch ausgeschlossen, daß die Kindesmutter oder der Kindesvater zum Unterhalt des Kindes beiträgt. Auch ein vom Jugendamt zugewiesenes Kind kann Pflegekind sein, wenn die Pflegeeltern das Kind dauernd bei sich behalten und für das Kind wie für ein eigenes Kind sorgen. Das gilt auch dann, wenn das Jugendamt für das Kind Pflegegeld zahlt und andere Leistungen übernimmt, wie zum Beispiel die Beschaffung von Kleidung, Uebernahme von Arztkosten, Vermittlung einer Lehrstelle usw. Die Pflegeeltern müssen aber in jedem Fall einen Teil der Kosten für die Erziehung des Kindes selbst tragen. Ein Kind, das von dem Haushaltsvorstand nur des Erwerbs wegen in den Haushalt aufgenommen wird oder das der Haushaltsvorstand bei Wegfall von Unterhaltsgeldern usw. nicht mehr bei sich behalten würde, ist nicht Pflegekind, sondern Kostkind. Für ein solches kommt Kinderermäßigung nicht in Betracht.

(4) Die Annahme an Kindes Statt setzt einen gerichtlich bestätigten Annahmevertrag voraus (§ 1741 BGB). Ein Kind wird deshalb auch steuerlich noch nicht ab dem Zeitpunkt des Abschlusses des Annahmevertrags, sondern erst nach der gerichtlichen Bestätigung des Annahmevertrags als Adoptivkind behandelt. Hinweis auf das RFH-Urteil vom 26. Mai 1943 (Reichssteuerbl. 1943 S. 557 Nr. 531).

(5) Als Stiefkind im Sinn des § 32 EStG werden nur eheliche Stiefkinder berücksichtigt. Hinweis auf das RFH-Urteil vom 22. April 1942 (Reichssteuerbl. 1942 S. 723 Nr. 558).

Artikel II. Einkommensteuer.

Allgemeine Erhöhung der Steuersätze.

1. Die am 8. Mai 1945 gültigen Sätze für die Einkommensteuer werden nach den folgenden allgemeinen Grundsätzen erhöht:

a) Für Steuerklasse I werden die Sätze für die Einkommensteuer wie folgt erhöht:

I. um 25 v. H. für Gehälter, Löhne und Einkünfte aus freien Berufen,

II. um 35 v. H. für alle anderen Einkunftsarten.

b) Auf die Steuerklassen II und III finden die in Absatz a vorgesehenen Erhöhungen Anwendung mit folgenden Ausnahmen:

1. 600 RM des jährlichen Einkommens aller Steuerpflichtigen der Klassen II und III bleiben einkommensteuerfrei.

Für jedes Kind, für das dem Steuerpflichtigen gemäß Artikel II eine Steuerermäßigung zusteht, bleiben weitere 400 RM seines jährlichen Einkommens steuerfrei, wenn er der Steuerklasse III angehört.

c) Falls sich die gemäß den Bestimmungen des Absatzes b erfolgte Aenderung der bisherigen Gesetzgebung in einer Herabsetzung statt Erhöhung der Steuerschuld des Steuerpflichtigen auswirkt, ist die Steuerschuld grundsätzlich so zu errechnen, daß zunächst der Betrag festgestellt wird, der zu erheben gewesen wäre, wenn die Bestimmungen dieses Gesetzes (mit Ausnahme von Artikel I) nicht erlassen worden wären; dazu wird dann unter Beachtung der Bestimmungen in Absatz a ein Zuschlag von 25 v. H. oder 35 v. H. hinzugefügt.

2. Diese allgemeinen Grundsätze finden auf die Festsetzung der Lohnsteuer Anwendung.

3. Ueber die praktische Anwendung dieser allgemeinen Grundsätze geben die als Anlagen A und B beigefügten Tabellen zu diesem Gesetz Aufschluß. Diese Anlagen treten an die Stelle

der Tabellen in den Anlagen 1 und 2 zum Einkommensteuergesetz.

Durch Artikel III des Gesetzes Nr. 12 sind die bisher gültigen Sätze für die Einkommensteuer, d. h. die Steuersätze der Einkommensteuertabelle einschließlich Kriegszuschlag zur Einkommensteuer, wie sie am 8. Mai 1945 gültig waren, allgemein erhöht worden, und zwar um 25 v. H. für Gehälter, Löhne und Einkünfte aus freien Berufen, um 35 v. H. für alle anderen Einkunftsarten.

Sollte in dem einen oder anderen Falle die durch Artikel III des Gesetzes Nr. 12 eingeführte Erhöhung der Steuersätze gegenüber den bisher gültigen Sätzen zu einer Herabsetzung statt zu einer Erhöhung führen, so ist die Steuerschuld grundsätzlich nach dem bisherigen Einkommensteuertarif zu errechnen, wozu dann ein Zuschlag von 25 bzw. 35 v. H. hinzuzurechnen ist.

§ 33. Außergewöhnliche Belastungen.

Bei der Veranlagung werden auf Antrag außergewöhnliche Belastungen, die dem Steuerpflichtigen zwangsläufig erwachsen und seine steuerliche Leistungsfähigkeit wesentlich beeinträchtigen, durch Ermäßigung der Einkommensteuer berücksichtigt.

EStDV 1941

Zu § 33 des Gesetzes

§ 22

Außergewöhnliche Belastungen

(1) Eine außergewöhnliche Belastung, die zu einer Ermäßigung der Einkommensteuer führt, liegt vor, wenn einem Steuerpflichtigen zwangsläufig (Absatz 2) größere Aufwendungen als der Mehrzahl der Steuerpflichtigen gleicher Einkommensverhältnisse, gleicher Vermögensverhältnisse und gleichen Familienstands entstehen und diese Aufwendungen die steuerliche Leistungsfähigkeit des Steuerpflichtigen wesentlich beeinträchtigen (Absatz 3). Aufwendungen, die zu den Betriebsausgaben, Werbungskosten oder Sonderausgaben gehören, bleiben dabei außer Betracht.

(2) Die Belastung erwächst dem Steuerpflichtigen zwangsläufig, wenn er sich ihr aus tatsächlichen, rechtlichen oder sittlichen Gründen nicht entziehen kann.

(3) Die Aufwendungen beeinträchtigen die Leistungsfähigkeit des Steuerpflichtigen nur insoweit wesentlich, als sie die in der folgenden Uebersicht bezeichneten Hundertsätze des Einkommens (gewöhnliche Belastung) übersteigen:

bei einem Einkommen von	bei einem Steuerpflichtigen der			
	Steuergruppe	Steuergruppe	Steuergruppe IV bei Kinderermäßigung für	
RM	I	II oder III	1 oder 2 Personen	3 oder mehr Personen
höchstens 3 000	6	5	3	1
mehr als 3 000 bis 6 000	7	6	4	2
„ „ 6 000 „ 12 000	8	7	5	3
„ „ 12 000 „ 25 000	9	8	6	4
„ „ 25 000 „ 50 000	10	9	7	5
„ „ 50 000	11	10	8	6

(4) Sind die Voraussetzungen der Absätze 1 bis 3 gegeben, so wird der Betrag, der den nach Absatz 3 sich ergebenden Hundertsatz übersteigt, als außergewöhnliche Belastung für die Berechnung der Einkommensteuer vom Einkommen abgezogen.

Anmerkung: Da auf Grund des Gesetzes Nr. 12 die Steuerpflichtigen in drei Steuerklassen eingeteilt sind, kann die vorstehende Uebersicht nur mehr als Anhaltspunkt für die Steuerermäßigung dienen.

EStR 1941

127. Außergewöhnliche Belastungen im allgemeinen

(1) Zweck der Vorschrift im § 33 EStG ist, der steuerlichen Gleichmäßigkeit und der sozialen Gerechtigkeit zu dienen und Härten zu beseitigen oder zu mildern, die sich durch außergewöhnliche Belastungen im Sinn des § 22 EStDV 1941 im Einzelfall ergeben können.

Beispiel:
Außergewöhnliche Aufwendungen, die dem Steuerpflichtigen durch Krankheit, Unfall, Tod, durch Unterhaltsgewährung für mittellose An-

gehörige oder an geschiedene Frauen oder durch Tilgung von Schulden entstanden sind.

(2) Beantragt der Steuerpflichtige eine Steuerermäßigung für Aufwendungen, die ihm oder seiner Ehefrau durch den Unterhalt von Kindern oder von anderen Angehörigen erwachsen, so sind die folgenden beiden Fälle zu unterscheiden:

a) Der Steuerpflichtige erhält für das Kind oder für den anderen Angehörigen wegen Haushaltszugehörigkeit oder wegen Uebernahme der Kosten des Unterhalts und der Erziehung oder Berufsausbildung Kinderermäßigung. Durch die Kinderermäßigung werden die Aufwendungen des Steuerpflichtigen für das Kind oder für den anderen Angehörigen in der Regel ausreichend berücksichtigt. Eine außergewöhnliche Belastung kommt nur in Betracht, wenn der Steuerpflichtige für das Kind oder für den anderen Angehörigen größere Aufwendungen machen muß als die Mehrzahl der Steuerpflichtigen, die den gleichen Familienstand haben und in den gleichen Einkommensverhältnissen und gleichen Vermögensverhältnissen leben.

Beispiel:

Das Kind ist in einer Blindenanstalt oder in einer Taubstummenanstalt untergebracht.

Die Aufwendungen für das Kind kommen als außergewöhnliche Belastung in Betracht, soweit sie die Hundertsätze des § 22 Absatz 3 EStDV 1941 übersteigen.

b) Der Steuerpflichtige erhält für das Kind oder für den anderen Angehörigen keine Kinderermäßigung. Die Aufwendungen für den Unterhalt des Kindes oder des anderen Angehörigen sind in der Regel als außergewöhnliche Belastung anzuerkennen, soweit sie die Hundertsätze des § 22 Absatz 3 EStDV 1941 übersteigen.

Beispiel:

Der Steuerpflichtige unterhält seinen 26 Jahre alten Sohn, der infolge eines Unfalls seine Stellung verloren hat und ohne Einkommen ist.

Die Aufwendungen für den Unterhalt des Sohnes sind für den Vater eine außergewöhnliche Belastung, soweit sie die Hundertsätze des § 22 Absatz 3 EStDV 1941 übersteigen.

(3) Aufwendungen für den Unterhalt von Kindern und von anderen Angehörigen (Absatz 2 Ziffern 1 und 2) können zu einer Steuerermäßigung nur führen, wenn und

soweit sie zwangsläufig erwachsen (§ 22 Absatz 2 EStDV 1941).

Das erfordert:

a) Der Unterhaltsempfänger muß die Quellen, die ihm für seinen Unterhalt zur Verfügung stehen, ausgeschöpft haben. Vermögen des Unterhaltsempfängers ist dabei nicht zu berücksichtigen, soweit es sich handelt um
   1. Vermögensgegenstände, deren Veräußerung offensichtlich eine Verschleuderung von Besitz bedeuten würde.
   2. Vermögensgegenstände, die einen besonderen persönlichen Wert für den Besitzer haben (z. B. Erinnerungswert) oder zu seinem Hausrat gehören,
   3. eine Vermögensrücklage für etwaige Notfälle, die sich in angemessenen Grenzen hält (Hinweis auf das RFH-Urteil vom 25. November 1936, Reichssteuerbl. 1937 S. 666).

   Wegen der Berücksichtigung des Vermögens des Unterhaltsleistenden Hinweis auf Absatz 5.

b) Der Unterhalt darf einen angemessenen Betrag nicht übersteigen. Das bürgerliche Recht bestimmt das Maß des zu gewährenden Unterhalts nach der Lebensstellung des Unterhaltsberechtigten, auch wenn diese höher ist als die Lebensstellung des Unterhaltsleistenden (1610 BGB). Das gilt nicht ohne weiteres bei Anwendung des § 33 EStG.

Beispiele:

A. Eine ledige Steuerpflichtige mit einem Einkommen von 2400 RM unterstützt ihre verwitwete und mittellose Mutter mit 600 RM jährlich. Die Aufwendungen übersteigen das angemessene Maß nicht.

Die Aufwendungen sind, gekürzt um die gewöhnliche Belastung von (6 v. H. von 2400 RM =) 144 RM, mithin in Höhe von (600 RM abzüglich 144 RM =) 456 RM als außergewöhnliche Belastung vom Einkommen abzuziehen.

B. Ein lediger Steuerpflichtiger mit einem Einkommen von 10 000 RM unterstützt seinen verwitweten und mittellosen Vater mit 400 RM monatlich. Aufwendungen in dieser Höhe übersteigen das angemessene Maß. Sie sind nur insoweit zu berücksichtigen,
   a) als sie unter Berücksichtigung der besonderen Umstände des Einzelfalls als angemessen angesehen werden können und
   b) als der angemessene Betrag (Buchstabe a) die gewöhnliche Belastung (§ 22 Absatz 3 EStDV 1941) übersteigt.

(4) Gewährt der Steuerpflichtige einem Kind oder einem anderen Angehörigen den vollen Unterhalt durch Aufnahme in den eigenen Haushalt und erhält er für diese Person keine Kinderermäßigung (Absatz 2 Ziffer 2), so können seine tatsächlichen Aufwendungen bis zu einem Höchstbetrag von 80 RM für jeden vollen Kalendermonat als angemessen angesehen werden. Es ist denkbar, daß ein kleinerer Betrag als 80 RM in Betracht kommt. Der Betrag ermäßigt sich um die eigenen Einkünfte des unterhaltenen Angehörigen. Haushaltshilfe, die der unterhaltene Angehörige dem Steuerpflichtigen etwa leistet, ist auf den Wert des Unterhalts nicht anzurechnen.

(5) Eine Steuerermäßigung ist nicht zu gewähren, wenn sie dem Zweck des Gesetzes widersprechen würde. § 33 EStG setzt voraus, daß das besteuerte Einkommen durch die Aufwendungen belastet ist. Es gibt aber Steuerpflichtige, denen neben dem besteuerten Einkommen andere Quellen zur Verfügung stehen, aus denen sie die Aufwendungen ohne Schwierigkeiten bestreiten können, z. B. Steuerpflichtige, die über erhebliches, leicht verwertbares Vermögen verfügen (Hinweis auf das RFH-Urteil vom 30. Juni 1937, Reichssteuerbl. 1937 S. 897) oder über erhebliche Eirkünfte, die der deutschen Besteuerung infolge von Doppelbesteuerungsabkommen nicht unterliegen. Das Finanzamt prüft in diesen Fällen nach pflichtgemäßem Ermessen, ob eine Steuerermäßigung § 33 EStG gemäß zu versagen ist, obwohl die Voraussetzungen des § 22 EStDV 1941 sämtlich erfüllt sind.

(6) Es darf bei der Anwendung des § 33 EStG (§ 22 EStDV 1941), insbesondere bei der Anforderung von Unterlagen und Nachweisungen, nicht kleinlich verfahren werden. Es muß im allgemeinen die Glaubhaftmachung genügen.

128. Außergewöhnliche Belastung durch die Beschäftigung einer Hausgehilfin

(1) Aufwendungen für eine Hausgehilfin können durch Gewährung einer Steuerermäßigung § 33 EStG gemäß berücksichtigt werden, wenn eine Hausgehilfin beschäftigt wird

a) von einem Steuerpflichtigen mit mindestens drei minderjährigen Kindern oder anderen minderjährigen

Angehörigen im Sinn des § 10 Ziffern 3 bis 6 StAnpG, die das vierzehnte Lebensjahr noch nicht vollendet haben, zum Haushalt des Steuerpflichtigen gehören und in seinem Haushalt leben,

b) von Land- und Forstwirten und Gewerbetreibenden, wenn zu ihrem Haushalt mindestens ein minderjähriges Kind oder ein anderer minderjähriger Angehöriger im Sinn des § 10 Ziffern 3 bis 6 StAnpG gehört und in ihrem Haushalt lebt, und wenn die Ehefrau überwiegend im Betrieb mitarbeitet,

c) von Kriegsbeschädigten und ihnen gleichgestellten Personen, deren Beschädigung eine wesentliche körperliche Behinderung zur Folge hat. Der Steuerpflichtige hat das Vorliegen einer wesentlichen körperlichen Behinderung darzulegen. Das ist nicht erforderlich, wenn die Erwerbsfähigkeit des Steuerpflichtigen um mindestens 45 v. H. gemindert ist.

d) von einem Steuerpflichtigen, der das 70. Lebensjahr vollendet hat oder körperlich hilflos ist. Bei Ehegatten genügt es, wenn einer von ihnen das 70. Lebensjahr vollendet hat oder körperlich hilflos ist.

Wenn es sich um diese Tatbestände handelt, gelten alle Voraussetzungen des § 33 EStG erfüllt. Die Finanzämter haben in diesen Fällen keine weitere Nachprüfung vorzunehmen.

(2) Die Steuerermäßigung kann nur für eine Hausgehilfin gewährt werden. Die Aufwendungen für die Hausgehilfin sind dabei mit 50 RM für jeden vollen Kalendermonat zu berücksichtigen, in dem die Voraussetzungen einer der Ziffern a bis d des Absatzes 1 erfüllt waren und die Hausgehilfin beim Steuerpflichtigen beschäftigt war.

Beispiel:

Ein Steuerpflichtiger mit drei Kindern im Alter von zwei bis sechs Jahren, die in seinem Haushalt leben (Hinweis auf Absatz 1 Ziffer 1), bezieht ein Einkommen von 5000 RM jährlich. Er hat während des ganzen Kalenderjahrs eine Hausgehilfin beschäftigt, der er neben freier Verpflegung und Wohnung im Monat 40 RM zahlt. Der Steuerpflichtige beantragt Steuerermäßigung für die Hausgehilfin.

Die Aufwendungen für die Hausgehilfin sind mit (12 × 50 RM =) 600 RM zu berücksichtigen. Sie sind vom Einkommen abzuziehen. Die Steuer ist wie folgt zu berechnen:

Einkommen	5 000 RM
davon ab die Aufwendungen für die Hausgehilfin mit	600 RM
	4 400 RM

(3) Macht der Steuerpflichtige Aufwendungen für eine Hausgehilfin, die zum Teil in seinem Haushalt und zum Teil in seinem Betrieb beschäftigt ist, als Betriebsausgaben geltend, so ist ihm eine Steuerermäßigung Absätzen 1 und 2 gemäß nicht zu gewähren.

(4) Die Fälle, in denen die Beschäftigung einer Hausgehilfin für sich allein eine außergewöhnliche Belastung darstellt, sind im Absatz 1 abschließend geregelt. Diese Regelung schließt aber nicht aus, daß in anderen Fällen Aufwendungen für eine Hausgehilfin im Zusammenhang mit einer anderen außergewöhnlichen Belastung im Sinn des § 33 EStG berücksichtigt werden können.

Beispiel:

Ein Steuerpflichtiger hat wegen der Krankheit der Ehefrau eine Hausgehilfin für die Dauer der Krankheit eingestellt. Die tatsächlichen Aufwendungen für die Hausgehilfin gehören zu den Ausgaben, die durch die Krankheit erwachsen sind.

129. Kriegsbeschädigte und ihnen Gleichgestellte

(1) Kriegsbeschädigte und ihnen Gleichgestellte haben in der Regel höhere Werbungskosten und höhere Sonderausgaben als andere Steuerpflichtige. Sie sind in der Regel auch durch besondere Aufwendungen, die ihnen durch ihre Beschädigung erwachsen, außergewöhnlich belastet. Es sind ihnen dafür auf Antrag die in der folgenden Uebersicht bezeichneten Pauschbeträge zu gewähren. Die Anwendung der Pauschbeträge kommt nicht in Betracht, wenn der Steuerpflichtige höhere Werbungskosten als in der Spalte 2 der Uebersicht oder höhere Sonderausgaben als in der Spalte 3 der Uebersicht oder wegen seiner Beschädigung eine höhere außergewöhnliche Belastung als in der Spalte 4 der Uebersicht geltend macht. Die erhöhten Pauschbeträge für Werbungskosten und für Sonderausgaben (Spalten 2 und 3 der Uebersicht) treten an die Stelle der Pauschbeträge von je 200 RM im § 10 Absatz 1 Ziffer 1 und im § 11 Absatz 1 EStDV 1941. Die Höhe der Pauschbeträge in den Spalten 2 bis 4 der Uebersicht richtet sich nach der Minderung der Erwerbsfähigkeit, die von der Versorgungsbehörde der Versorgung zugrunde gelegt wird, bei Empfängern von Versehrtengeld nach der Versehrtengeldstufe. Es werden gewährt:

bei einer Minderung der Erwerbsfähigkeit um	bei erwerbstätigen Arbeitnehmern als erhöhter Pauschbetrag für Werbungskosten bei den Einnahmen aus nichtselbständiger Arbeit RM	bei erwerbstätigen Arbeitnehmern als erhöhter Pauschbetrag für Sonderausgaben RM	bei allen Steuerpflichtigen als außergewöhnliche Belastung RM
1	2	3	4
25 v. H. bis ausschließlich 35 v. H. und bei Versehrtengeldstufe I ...	275	275	200
35 v. H. bis ausschließlich 45 v. H.	300	300	300
45 v. H. bis ausschließlich 55 v. H. und bei Versehrtengeldstufe II ...	450	450	750
55 v. H. bis ausschließlich 65 v. H.	500	500	875
65 v. H. bis ausschließlich 75 v. H.	550	550	1 025
75 v. H. bis ausschließlich 85 v. H. und bei Versehrtengeldstufe III .	600	600	1 150
85 v. H. bis ausschließlich 95 v. H.	650	650	1 300
95 v. H. bis einschließlich 100 v. H. und bei Bezug von Rente für Arbeitsverwendungsunfähige.	700	700	1 500
bei Bezug von Pflegezulage, von Blindenzulage oder von erhöhter Verstümmelungszulage	1 200	1 200	3 000

(2) Die Pauschbeträge (Absatz 1 Spalten 2 bis 4 der Uebersicht) werden, auch wenn die Voraussetzungen für ihre Gewährung nicht während des ganzen Kalenderjahres bestanden haben, nicht gekürzt. Ein Abzug des erhöhten Pauschbetrags für Werbungskosten (Absatz 1 Spalte 2 der Uebersicht) ist nur bis zur Höhe der Einnahmen aus nichtselbständiger Arbeit zulässig.

130. Außergewöhnliche Belastung aus verschiedenen Anlässen

(1) Es können bei einem Steuerpflichtigen im gleichen Kalenderjahr (Veranlagungszeitraum) verschiedene Anlässe zusammentreffen, die zu einer außergewöhnlichen Belastung führen.

Beispiel:

Ein Steuerpflichtiger hat im Veranlagungszeitraum aus Anlaß eines Unfalls, von dem er selbst betroffen wurde, und aus Anlaß einer längeren Krankheit seiner Ehefrau erhebliche Aufwendungen gehabt.

In diesen Fällen sind die tatsächlichen Aufwendungen aus verschiedenen Anlässen, soweit sie dem Steuerpflichtigen zwangsläufig erwachsen sind, zusammenzurechnen. Der Gesamtbetrag ist, vermindert um die gewöhnliche Belastung (§ 22 Absatz 3 EStDV 1941), als außergewöhnliche Belastung vom Einkommen abzuziehen.

Beispiel:

Ein Steuerpflichtiger hat aus Anlaß eines Unfalls, von dem er selbst betroffen wurde, und für eine längere Krankheit seiner Ehefrau erhebliche Aufwendungen gehabt. Sein Einkommen hat 3000 RM betragen. Er hat aus Anlaß seines Unfalls 400 RM und aus Anlaß der Krankheit seiner Ehefrau 250 RM aufwenden müssen. Die Steuer ist wie folgt zu berechnen:

Einkommen		3 000 RM
davon ab die außergewöhnliche Belastung:		
tatsächliche Aufwendungen	650 RM	
gewöhnliche Belastung (5 v. H. von 3000 RM =)	150 RM	500 RM
zu versteuern		2 500 RM

(2) Sind dem Steuerpflichtigen außergewöhnliche Belastungen erwachsen, für die Pauschbeträge vorgesehen sind, so kann er den Abzug der Pauschbeträge beantragen. Sind dem Steuerpflichtigen noch andere außergewöhnliche Belastungen erwachsen, für die Pauschbeträge nicht vorgesehen sind, so kann er außerdem den Abzug der tatsächlichen Aufwendungen, die ihm durch

die anderen außergewöhnlichen Belastungen erwachsen sind, geltend machen. Diese tatsächlichen Aufwendungen sind aber nur insoweit abzuziehen. als sie die gewöhnliche Belastung übersteigen.

Beispiel:

Ein Steuerpflichtiger, dessen Erwerbsfähigkeit durch Kriegsbeschädigung um 55 v. H. gemindert ist, hat wegen seiner Kriegsbeschädigung eine Hausgehilfin beschäftigt. Sein Einkommen hat 6000 RM betragen. Der Steuerpflichtige hat seine kranke Mutter in seinen Haushalt aufgenommen und ihren Lebensunterhalt und die Kosten der ärztlichen Behandlung in Höhe von 200 RM getragen. Die Steuer ist wie folgt zu berechnen:

Einkommen (unter Berücksichtigung der erhöhten Pauschbeträge für Werbungskosten und Sonderausgaben Abschnitt 129 gemäß)			6 000 RM
davon ab die außergewöhnliche Belastung:			
1. Pauschbetrag wegen Kriegsbeschädigung		875 RM	
2. Pauschbetrag für Hausgehilfin .		600 RM	
3. Aufwendungen für die Aufnahme der Mutter in den eigenen Haushalt (Höchstbetrag Abschnitt 127 Absatz 4 gemäß) . =	960 RM		
4. Aufwendungen für die Krankheit der Mutter .	200 RM		
zusammen	1 160 RM		
gewöhnliche Belastung (4 v. H. von 6000 RM =)	240 RM	920 RM	2 395 RM
zu versteuern			3 605 RM

Diese Berechnung ist für den Steuerpflichtigen günstiger als die Berechnung Absatz 1 gemäß. Es hätte sich dabei die folgende Berechnung ergeben:

Einkommen (unter Berücksichtigung der erhöhten Pauschbeträge für Werbungskosten und Sonderausgaben Abschnitt 129 gemäß) 6 000 RM

davon ab die außergewöhnliche Belastung:

1. tatsächliche eigene Aufwendungen aus Anlaß der Kriegsbeschädigung

a) für Arzt, Heilmittel usw. . .	200 RM	
b) für die Hausgehilfin	1 000 RM	
2 Aufwendungen für die Aufnahme der Mutter in den eigenen Haushalt gemäß (Höchstbetrag Abschnitt 127 Absatz 4)	960 RM	
3. Aufwendungen für die Krankheit der Mutter	200 RM	
zusammen	2 360 RM	
gewöhnliche Belastung (4 v. H. von 6000 RM =) . . .	240 RM	2 120 RM
zu versteuern		3 880 RM

§ 34. Außerordentliche Einkünfte

1. Außerordentliche Einkünfte, die die Entlohnung für eine Tätigkeit darstellen, die sich über mehrere Jahre erstreckt, unterliegen der Einkommensteuer zu den auf anderes Einkommen anwendbaren Sätzen. Zum Zwecke der Einkommensteuerveranlagung können diese außerordentlichen Einkünfte auf die Jahre verteilt werden, in deren Verlauf sie erzielt werden, und als Einkommen eines jeden dieser Jahre angesehen werden, vorausgesetzt, daß die Gesamtverteilung drei Jahre nicht überschreitet.

2. Gewinne, die aus Veräußerungen im Sinne der Paragraphen 14, 16 und 17 des Einkommensteuergesetzes stammen (d. h. gewisse Gewinne aus der Veräußerung von Betrieben, Liegenschaften, Wertpapieren, Anteilscheinen oder Schuldverschreibungen), werden nicht mehr als außerordentliche Einkünfte angesehen, sondern unterliegen der Einkommensteuer zu den auf andere Einkommen anwendbaren Sätzen.

Das EStG 1939 sah im bisherigen § 34 eine Ermäßigung der Steuersätze auf 10 bis 25 v. H. der außerordentlichen Einkünfte vor. Durch Artikel XIV des Gesetzes Nr. 12 ist der § 34 geändert worden. Nunmehr unterliegen außerordentliche Einkünfte, die eine Entlohnung für eine Tätigkeit darstellen, welche sich über mehrere Jahre erstreckt, nicht mehr ermäßigten Steuersätzen. Solche außerordentlichen Einkünfte können als Einkommen derjenigen Jahre angesehen werden, in denen sie erzielt wurden, jedoch darf die Gesamtverteilung drei Jahre nicht überschreiten. Die Tätigkeit, die sich über mehrere Jahre erstreckt, muß eine einheitliche sein (StuW 1931 S. 1036), und die Vergütung muß im allgemeinen in einer Summe gezahlt worden sein, sie muß außerdem von der sonstigen Tätigkeit des Steuerpflichtigen klar abgrenzbar sein. So käme die Verteilung z. B. in Betracht bei einem Universitätsprofessor, der neben seiner Lehrtätigkeit ein größeres wissenschaftliches Werk schreibt, an dem er mehrere Jahre arbeiten muß und dann bei Erscheinen vom Verlag eine größere Geldsumme ausgezahlt erhält.

Die **EStR 1943** bestimmen über solche Einkünfte u. a. folgendes:

64. Einkünfte, die die Entlohnung für eine Tätigkeit darstellen, die sich über mehrere Jahre erstreckt

Abschnitt 133 EStR 1941 erhält die folgende Fassung:

(1) Bezieht ein Steuerpflichtiger Einkünfte, die die Entlohnung für eine Tätigkeit darstellen, die sich über mehrere Jahre erstreckt, so gilt das Folgende:

a) Bei Einkünften aus Gewinnbetrieben (Land- und Forstwirtschaft, Gewerbebetrieb und selbständige Arbeit) kommt eine tarifliche Vergünstigung § 34 EStG gemäß grundsätzlich nicht in Betracht. Hinweis auf das RFH-Urteil vom 2. Juni 1943 (Reichssteuerbl. 1943 S. 595 Nr. 574). § 34 EStG ist jedoch ausnahmsweise bei den Einkünften aus selbständiger Arbeit anzuwenden,

1. wenn die Tätigkeit des Steuerpflichtigen mehrere Jahre hindurch ausschließlich der einen Sache gewidmet war und die Vergütung für diese gesamte mehrjährige Tätigkeit in einem Jahr geschieht, oder
2. wenn eine Sondertätigkeit, die sich über mehrere Jahre erstreckt und die ausreichend abgrenzbar ist, in einem Jahr entschädigt wird. Voraussetzung ist, daß die Sondertätigkeit nicht zum regelmäßigen Gewinnbetrieb gehört.

Hinweis auf die RFH-Urteile vom 1. Februar 1940 (Reichssteuerbl. 1940 S. 601 Nr. 470) und vom 19. November 1941 (Reichssteuerbl. 1942 S. 19 Nr. 18).

b) Bei Einkünften aus nichtselbständiger Arbeit ist die tarifliche Vergünstigung § 34 EStG gemäß zu gewähren, wenn es sich bei diesen Einkünften um einmalige besondere Vergütungen für eine Sondertätigkeit handelt, die sich über mehrere Jahre erstreckt und von der laufenden Tätigkeit klar abgrenzbar ist. Sie ist aber auch zu gewähren, wenn sich Vergütungen, die sich auf mehrere Jahre beziehen, aus dem einen oder anderen zwingenden Grund in einem Jahr zusammenballen. § 34 Absatz 2 Ziffer 1 EStG ist zum Beispiel anzuwenden,

1. wenn eine Lohnzahlung für eine Zeit, die vor dem Veranlagungszeitraum liegt, deshalb nachträglich geleistet wird, weil vom Arbeitgeber Lohnbeträge zu Unrecht einbehalten oder mangels flüssiger Mittel des Arbeitgebers nicht in der festgesetzten Höhe ausgezahlt worden sind. Hinweis auf die RFH-Urteile vom 1. Februar 1940 (Reichssteuerbl. 1940 S. 601 Nr. 470), vom 29. Februar 1940 (Reichssteuerbl. 1940 S. 602 Nr. 471) und vom 26. September 1940 (Reichssteuerbl. 1940 S. 981 Nr. 907),

2. wenn eine Vorauszahlung oder Nachzahlung von Prämien mehrere Jahre für eine Versorgung oder für eine Unfallversicherung des Arbeitnehmers durch den Arbeitgeber deshalb geschieht, weil auf diese Weise günstigere Prämiensätze erzielt werden oder weil die Zusammenfassung satzungsgemäßen Bestimmungen einer Versorgungseinrichtung entspricht. Hinweis auf das RFH-Urteil vom 22. August 1940 (Reichssteuerbl. 1940 S. 859 Nr. 768).

(2) § 34 EStG ist nicht anzuwenden, wenn freiwillig und ohne ausreichende sachliche Voraussetzungen Zahlungen, insbesondere Lohn- oder Gehaltsnachzahlungen, etwa mit der Begründung geleistet werden, die bisherigen Zahlungen seien ungenügend gewesen. Hinweis auf die RFH-Urteile vom 19. November 1941 (Reichssteuerbl. 1942 S. 19 Nr. 18), vom 16. April 1942 (Reichssteuerbl. 1942 S. 882 Nr. 708) und vom 22. Oktober 1942 (Reichssteuerbl. 1942 S. 1109 Nr. 1003).

EStR 1941

134. Jubiläumsgeschenke

(1) Jubiläumsgeschenke, bei denen nicht alle Voraussetzungen des § 5 Absatz 1 LStDB vorliegen, sind in voller Höhe einkommensteuerpflichtig (§ 3 EStDV 1941 und § 5 Absatz 2 LStDB). Die Hinzurechnung des steuerpflichtigen Jubiläumsgeschenks zu den anderen Einkünften führt bei der Veranlagung des Arbeitnehmers oft dazu, daß das Einkommen einem wesentlich höheren Steuersatz als dem Steuersatz unterliegt, der sich ohne die Hinzurechnung des Jubiläumsgeschenks ergeben würde.

(2) Ich bin damit einverstanden, daß die steuerpflichtigen Jubiläumsgeschenke bei der Veranlagung als außerordentliche Einkünfte im Sinn des § 34 EStG angesehen werden. Voraussetzung dafür ist, daß entweder der Arbeitnehmer ununterbrochen 25, 40 oder 50 Jahre bei dem Arbeitgeber oder seinem Rechtsnachfolger beschäftigt war oder daß die Firma 25 oder 50 Jahre oder ein sonstiges Mehrfaches von 25 Jahren bestanden hat.

Nach der bisherigen Fassung des § 34 waren auch Veräußerungsgewinne steuerbegünstigt, das ist jetzt nicht mehr der Fall. Veräußerungsgewinne unterstehen nunmehr der Einkommensteuer zu den auf andere Einkommen anwendbaren Sätzen.

V. Entrichtung der Steuer

1. Vorauszahlungen.

§ 35. Bemessung und Entrichtung der Vorauszahlungen.

(1) Vorauszahlungen auf die Einkommensteuer sind am 10. April, 10. Juli, 10. Oktober und 10. Januar zu entrichten.

(2) Die Grundlage für die Berechnung der Vorauszahlungen bildet für jedes Vierteljahr das Einkommen des vorhergehenden Vierteljahres.

(3) Vorbehaltlich der Ausnahmebestimmungen in Satz 2 dieses Absatzes muß jeder Steuerpflichtige gleichzeitig mit der Vorauszahlung eine „vierteljähr-

liche Erklärung" abgeben, in der er angeben muß, wie er die Vorauszahlung berechnet hat. Land- und Forstwirten, die keine Bücher führen, sowie Personen, deren Einkommen für das vorhergehende Vierteljahr 1000 RM nicht übersteigt, brauchen diese Erklärung nicht abzugeben.

(4) Spätestens am 10. März eines jeden Jahres muß der Steuerpflichtige eine Erklärung über sein Gesamteinkommen des mit dem vorhergehenden 31. Dezember abgelaufenen Kalenderjahres abgeben („jährliche Steuererklärung"). Folgende Personen brauchen diese Erklärung nicht abzugeben:

a) alle Personen, deren aus Löhnen stammendes Einkommen 24 000 RM nicht erreicht und deren sonstiges steuerpflichtiges Einkommen 600 RM im Jahre nicht übersteigt,

b) Land- und Forstwirte, die keine Bücher führen und deren nicht aus Land- und Forstwirtschaft stammendes steuerpflichtiges Einkommen 600 RM im Jahre nicht übersteigt,

c) andere Personen, deren steuerpflichtiges Einkommen 600 RM im Jahre nicht übersteigt.

(5) Auf Grund der gemäß Absatz 4 abgegebenen jährlichen Steuererklärungen berechnet das Finanzamt neuerdings den Gesamtbetrag der Einkommensteuer für das ganze Jahr. Wenn aus dieser neuen Berechnung hervorgeht, daß ein die Einkommensteuerschuld übersteigender Betrag bezahlt worden ist, wird dieser je nach Wunsch des Steuerpflichtigen ihm entweder auf seine Steuerschuld des folgenden Jahres gutgeschrieben oder zurückgezahlt. Wenn es sich hingegen ergibt, daß eine Nachzahlung zu leisten ist, so muß diese von dem Steuerpflichtigen binnen 14 Tagen nach Mitteilung der neu errechneten Steuerschuld geleistet werden.

(6) Falls die vierteljährlichen Vorauszahlungen 25 v. H. oder mehr unter dem tatsächlichen Betrag der endgültig für das Vierteljahr zu zahlenden Steuern liegen, muß der Steuerpflichtige als Strafe eine zusätzliche Steuer zahlen, die sich auf 15 v. H. der endgültigen, für das betreffende Vierteljahr errechneten Summe beläuft. Bei der Ermittlung, ob ein Minderbetrag von 25 v. H. oder mehr besteht, wird ein für ein Vierteljahr zuviel bezahlter Betrag dem Steuerpflichtigen für die Steuerzahlung des folgenden Vierteljahres gutgeschrieben.

(7) Das Finanzamt kann nötigenfalls die Richtigkeit der von dem Steuerpflichtigen in seiner auf Grund der Ziffer 3 abgegebenen vierteljährlichen Steuererklärung über sein Einkommen gemachten Angaben sofort nachprüfen und eine neue Berechnung der Steuerschuld vornehmen, ohne das Jahresende und die Abgabe der jährlichen Einkommensteuererklärung abzuwarten.

Durch Artikel XVI des Gesetzes Nr. 12 sind die bisherigen Bestimmungen über die Vorauszahlungen grundlegend geändert worden. Nunmehr sind die Vorauszahlungen auf die Einkommensteuer am 10. April, 10. Juli, 10. Oktober und 10. Januar statt wie bisher am 10. März, 10. Juni, 10. September und 10. Dezember zu leisten.

Bemessungsgrundlage für die Vorauszahlungen ist auch nicht mehr die für das Vorjahr veranlagte Einkommensteuer, sondern das im vorhergehenden Vierteljahr erzielte Einkommen. Die bis zum 10. April zu entrichtende Vorauszahlung ist also z. B. zu berechnen nach dem Einkommen, welches der Steuerpflichtige in der Zeit vom 1. Januar bis 31. März erzielt hat. Gleichzeitig mit der Entrichtung der Vorauszahlung ist dann auch eine „vierteljährliche Erklärung" abzugeben, in der anzugeben ist, wie die Vorauszahlung errechnet wurde. Diese „vierteljährliche Erklärung" gilt auch als Steuererklärung. Nach Jahresschluß muß der Steuerpflichtige dann bis zum 10. März des folgenden Jahres eine „jährliche Steuererklärung" abgeben, welche sein Gesamteinkommen im abgelaufenen Kalenderjahr umfaßt. Die Steuerpflichtigen haben also nunmehr fünf Steuererklärungen in jedem Jahr abzugeben, nämlich vier „vierteljährliche Erklärungen" und eine „jährliche Steuererklärung". Von der Abgabe der „vierteljährlichen Erklärungen" sind diejenigen Land- und Forstwirte, die keine Bücher führen, sowie diejenigen Steuerpflichtigen befreit, deren Einkommen für das vorhergehende Vierteljahr 1000 RM nicht überstiegen hat. Von der Abgabe der „jährlichen Steuererklärung" sind befreit alle Lohn- und Gehaltsempfänger unter 24 000 RM Jahreseinkommen, sofern ihr sonstiges Einkommen 600 RM im Jahre nicht übersteigt, ferner Land- und Forstwirte, die keine Bücher führen, sofern auch ihr sonstiges Einkommen 600 RM im Jahre nicht übersteigt und endlich alle anderen Steuerpflichtigen mit einem steuerpflichtigen Einkommen von nicht mehr als 600 RM. Der Betrag von 600 RM ist also die Grenze, nach deren Ueberschreitung eine Steuererklärung abzugeben ist.

Auf Grund der „jährlichen Steuererklärung" nimmt das Finanzamt dann die Veranlagung vor. Stellt sich dabei heraus, daß der Steuerpflichtige seine Einkommensteuerschuld überzahlt hat, so wird ihm der überzahlte Betrag entweder auf die Steuerschuld des folgenden Jahres gutgeschrieben oder zurückgezahlt, je nach Wunsch des Steuerpflichtigen. Hat dagegen der Steuerpflichtige eine Nachzahlung zu leisten, so muß dieselbe binnen 14 Tagen nach Mitteilung der neu errechneten Steuerschuld geleistet werden. Damit der Steuerpflichtige seine vierteljährlichen Steuerzahlungen auch sorgfältig errechnet, ist bestimmt, daß er als Strafe eine zusätzliche Steuer zahlen muß, wenn festgestellt wird, daß die vierteljährlichen Vorauszahlungen 25 v. H. oder mehr unter dem tatsächlichen Betrag der endgültig für das Vierteljahr zu zahlenden Steuern liegen. Die Höhe der Strafe beträgt 15 v. H. der endgültig für das betreffende Vierteljahr errechneten Summe. Hat ein Steuerpflichtiger in einem Vierteljahr eine zu hohe Vorauszahlung entrichtet, so wird ihm bei der Ermittlung, ob ein Minderbetrag von 25 v. H. oder mehr besteht, dieser zuviel gezahlte Betrag für das folgende Vierteljahr gutgeschrieben.

Wenn auch die Veranlagung der Steuerpflichtigen erst nach Abgabe der „jährlichen Steuererklärung" vorgenommen werden soll, so kann das Finanzamt doch die Richtigkeit der „vierteljährlichen Erklärung" schon früher nachprüfen und gegebenenfalls eine neue Berechnung der Steuerschuld vornehmen, ohne das Jahresende und die Abgabe der „jährlichen Steuererklärung" abzuwarten.

§ 36 und § 37. Ueberholt durch Artikel XVI des Gesetzes Nr. 12 der Alliierten Kontrollbehörde.

2. Steuerabzug vom Arbeitslohn (Lohnsteuer).

§ 38. Entrichtung der Lohnsteuer.

(1) Bei den Einkünften aus nichtselbständiger Arbeit wird die Einkommensteuer durch Abzug vom Arbeitslohn erhoben (Lohnsteuer). Der Arbeitgeber hat die Lohnsteuer für den Arbeitnehmer bei jeder Lohnzahlung einzubehalten und an das Finanzamt abzuführen.

(2) Wenn der Arbeitslohn ganz oder teilweise aus Sachbezügen (§ 8) besteht und der Barlohn zur Deckung der Lohnsteuer nicht ausreicht, so hat der Arbeitnehmer dem Arbeitgeber den zur Deckung der Lohnsteuer erforderlichen Betrag zu zahlen. Unterläßt das der Arbeitnehmer, so hat der Arbeitgeber einen entsprechenden Teil der Sachbezüge nach seinem Ermessen zurückzubehalten und die Lohnsteuer abzuführen.

(3) Der Arbeitnehmer ist beim Steuerabzug vom Arbeitslohn (Lohnsteuer) Steuerschuldner. Der Arbeitgeber haftet aber dem Reich für die Einbehaltung und Abführung der Lohnsteuer. Der Arbeitnehmer (Steuerschuldner) wird nur in Anspruch genommen,

a) wenn der Arbeitgeber den Arbeitslohn nicht vorschriftsmäßig gekürzt hat oder
b) wenn der Arbeitnehmer weiß, daß der Arbeitgeber die eingehaltene Lohnsteuer nicht vorschriftsmäßig abgeführt hat und dies dem Finanzamt nicht unverzüglich mitteilt oder
c) wenn der Arbeitnehmer eine ihm ausdrücklich auferlegte Verpflichtung, seine Steuerkarte berichtigen zu lassen, nicht erfüllt.

Ueber die Bewertung der Sachbezüge für die Zwecke des Steuerabzugs vom Arbeitslohn hat der Magistrat der Stadt Berlin folgende Bekanntmachung erlassen:

Bekanntmachung
über die Bewertung der Sachbezüge für die Zwecke des Steuerabzugs vom Arbeitslohn und für die Zwecke der Sozialversicherung

I.

Der Wert der Sachbezüge wird für die Zwecke des Steuerabzugs vom Arbeitslohn und für die Zwecke der

Sozialversicherung im Gebiet der Stadt Berlin mit Wirkung vom 1. April 1946 einheitlich wie folgt festgesetzt:

A. Volle freie Station (einschließlich Wohnung, Heizung und Beleuchtung) monatlich:

1.	für Lohnempfänger	RM 48,—
2.	für Gehaltsempfänger, soweit sie nicht unter Nr. 3 fallen, und für das gesamte auf Binnenschiffen beschäftigte Personal, soweit es nicht unter Nr. 3 fällt	„ 54,—
3.	Gehaltsempfänger höherer Ordnung (z. B. Aerzte, Apotheker, Hauslehrer, Hausdamen, Werkmeister, Gutsinspektoren . .	„ 69,—

B. Bei teilweiser Gewährung von freier Station monatlich:

1.	für erstes und zweites Frühstück	RM 7,20
2.	für Mittagessen	„ 15,60
3.	für Nachmittagskaffee	„ 4,80
4.	für Abendessen	„ 10,80
5.	für Wohnung	
	a) der Lohnempfänger (oben A 1)	„ 7,20
	b) der Gehaltsempfänger (oben A 2) . . .	„ 13,20
	c) der Gehaltsempfänger höherer Ordnung (oben A 3)	„ 28,20
6.	für Heizung und Beleuchtung	„ 2,40

C. Wird die freie Station nicht nur dem Beschäftigten allein, sondern auch seinen Familienangehörigen gewährt, so erhöhen sich die in den Abschnitten A und B bezeichneten Beträge

1.	für den Ehegatten	um 80 v. H.
2.	für jedes Kind bis zum vollendeten 6. Lebensjahr	„ 30 v. H.
3.	für jedes zum Haushalt gehörige Kind über 6 Jahre	„ 40 v. H.

D. Wird die volle oder teilweise freie Station tageweise oder wochenweise gewährt, so sind für den Tag $^1/_{30}$ und für die Woche $^7/_{30}$ der in den Abschnitten A bis C bezeichneten Beträge anzusetzen.

E. Freie Wohnung für mehrere Personen (Familienwohnung)

1. bei Lohn- und Gehaltsempfängern . . . RM 20,—
2. bei Gehaltsempfängern höherer Ordnung . „ 30,—

F. Freie Heizung und Beleuchtung einer Familienwohnung mit Küche monatlich . . „ 7 50

Hiervon entfallen $^2/_3$ auf Heizung und $^1/_3$ auf Beleuchtung

G. Dienstkleidung monatlich . . . . . . „ 8,70

II.

Die vorstehend aufgeführten Bewertungssätze gelten auch dann, wenn in einer Tarifordnung, einer Betriebs-, oder Dienstordnung oder in einem Arbeitsvertrag für die Sachbezüge höhere oder niedrigere Werte festgesetzt worden sind. Sie gelten nicht, wenn an Stelle der vorgesehenen Sachbezüge die in der Tarifordnung, der Betriebs- oder Dienstordnung oder in dem Arbeitsvertrag festgesetzten Werte nicht nur gelegentlich oder vorübergehend (z. B. bei tageweiser auswärtiger Beschäftigung, bei Urlaub) bar ausgezahlt werden.

Wenn im Einzelfall der Wert der Sachbezüge offenbar völlig aus dem Rahmen des Ueblichen herausfällt, so k. die Generalsteuerdirektion im Benehmen mit dem Hauptamt für Sozialwesen andere Sätze festsetzen.

Berlin, den 11. März 1946

Der Magistrat der Stadt Berlin

Der Stadtkämmerer
i. V. Rumpf

Hauptamt für Sozialwesen
i. V. Dr. Schellenberg

§ 39. Bemessung der Lohnsteuer — geändert durch Artikel III des Gesetzes Nr. 12.

Bei der Festsetzung der Lohnsteuer sind die Bestimmungen des Artikels III über die Allgemeine Erhöhung der Steuersätze anzuwenden. Danach werden die Steuersätze für Lohn- und Gehaltsempfänger im allgemeinen um 25 Prozent erhöht. Näheres ist aus der im Anhang abgedruckten Tabelle B zur Berechnung der Lohnsteuer für das Jahr 1946 zu ersehen.

Für die in Berlin beschäftigten Lohnsteuerpflichtigen hat der Magistrat der Stadt Berlin unter dem 9. März 1946 nachfolgende Bekanntmachung erlassen:

Betrifft: Abänderung der Lohnsteuer

I.

1. Die Lohnsteuer ist durch Gesetz Nr. 12 des Kontrollrats vom 11. Februar 1946 mit Rückwirkung vom 1. Januar 1946 insofern neu geregelt worden, als

a) eine Erhöhung der Tarifsätze,

b) eine veränderte Berücksichtigung des Familienstandes und

c) eine Einschränkung der Freibeträge eintritt.

2. Maßgebend für die Berechnung der Lohnsteuer sind die Steuersätze der Anlage B des in der Presse veröffentlichten Gesetzes Nr. 12. Die Bemerkungen 1 und 2 sind dabei zu berücksichtigen.

3. Lohnsteuertabellen auf Grund der Anlage B werden von uns, wie bisher üblich, für die einzelnen Lohnstufen, getrennt nach Monats-, Wochen-, Tageslohn usw., ausgearbeitet. Sie werden sofort nach ihrer Fertigstellung in der Presse und im Handel erscheinen.

4. Die Arbeitgeber haben bis zum 10. April d. J. außer der laufenden neuen Lohnsteuer des Monats März auch diejenigen Lohnsteuerbeträge abzuführen, die nach dem neuen Gesetz vom 1. Januar ab in den Monaten Januar und Februar mehr zu erheben sind

II.

Berichtigung hinsichtlich der Steuerklassen

1. Die Veränderungen hinsichtlich des Familienstandes und der Freigrenzen bedingen eine Berichtigung der Lohnsteuerkarte. Da neue Karten in kurzer Frist nicht hergestellt werden können, muß die Berichtigung durch Vermerke auf den jetzt maßgebenden Karten, die bis zum 31. Dezember 1946 in Kraft bleiben, erfolgen.

2. a) Die Berichtigung des Familienstandes erfolgt durch die Arbeitgeber unter Gegenzeichnung des Steuerpflichtigen.

b) Grundsätzlich wird die jetzt auf den Steuerkarten eingetragener Steuergruppe und die eingetragene Kinderzahl für ungültig erklärt.

c) Der Arbeitgeber hat die Neueintragung der Steuerklassen gemäß Artikel II Ziffer 1 des Gesetzes Nr. 12 wie folgt vorzunehmen:

Zur Steuerklasse I gehören alle Personen, die „ledig", „verwitwet" oder „geschieden" sind, sofern sie noch nicht 65 Jahre alt sind und keinen Anspruch auf Kinderermäßigung haben.

Zur Steuerklasse II gehören alle verheirateten Personen und solche unverheirateten Personen vom 65. Lebensjahre ab, die keine Kinderermäßigung erhalten.

Zur Steuerklasse III gehören alle Personen, denen Kinderermäßigung für Kinder bis zum 16. Lebensjahr zusteht und diejenigen, denen Kinderermäßigung für Kinder bis zum 21. Lebensjahr vom Finanzamt bewilligt wird.

d) Betrifft Steuerklasse II. Der Arbeitgeber hat die Steuerklasse II auf der Steuerkarte einzutragen, wenn der Lohnsteuerpflichtige ihm nachweist, daß er verheiratet oder das 65. Lebensjahr vollendet hat.

e) Betrifft Steuerklasse III. Der Arbeitgeber hat die Steuerklasse III und die Untergruppe nach der Kinderzahl einzutragen, wenn der Lohnsteuerpflichtige ihm nachweist oder schriftlich versichert, daß und wieviel Kinder unter 16 Jahren zu seinem Haushalt gehören oder von ihm hauptsächlich unterhalten werden.

Die Versicherungen sind zu den Steuerkarten zu legen.

f) Für die Kinder zwischen dem 16. und 21. Lebensjahr darf der Arbeitgeber nicht ohne weiteres die Kinderermäßigung berücksichtigen. In diesen Fällen hat der Lohnsteuerpflichtige entsprechende Anträge bei dem Arbeitgeber zu stellen.

Diese Anträge werden dem für den Wohnsitz des Arbeitnehmers zuständigen Finanzamt zur Entscheidung übersandt, das über die Berichtigung entscheidet.

III.

Berichtigung hinsichtlich der Freigrenzen

1. Die jetzt auf den Lohnsteuerkarten eingetragenen Freibeträge verlieren von sofort ab ihre Gültigkeit.

2. Für Werbungskosten und Sonderausgaben sind 39 RM monatlich als Freibetrag in die Lohnsteuertabelle eingearbeitet.

3. Falls ein Lohnsteuerpflichtiger höhere Werbungskosten und Sonderausgaben oder eine außerordentliche Belastung gemäß § 33 EStG geltend machen will, kann er einen entsprechend begründeten Antrag unter Beachtung der neuen Bestimmungen des Gesetzes Nr. 12 bei seinem Arbeitgeber einreichen.

Vom Arbeitgeber werden die Anträge den zuständigen Finanzämtern zur Entscheidung vorgelegt.

4. Bei unzweifelhaft weiter anzuerkennenden außerordentlichen Belastungen, insbesondere bei Kriegsversehrten, Opfern des Faschismus, genügt bei den Anträgen die Berufung auf die bei den Finanzämtern vorhandenen Unterlagen.

IV.

Sondertarif für sonstige, einmalige Bezüge

1. Der Sondertarif des § 35 der Lohnsteuerdurchführungsbestimmungen für sonstige, insbesondere einmalige Bezüge (wie Tantiemen, Gratifikationen) des Arbeitnehmers ist aufgehoben.

2. Solche Bezüge sind in dem Lohnzahlungszeitraum, in dem sie gewährt werden, zum Lohn hinzuzurechnen und mit diesem nach der allgemeinen Steuertabelle zu versteuern.

V.

Diese Regelung gilt für die in Berlin beschäftigten Lohnsteuerpflichtigen.

Berlin, den 9. März 1946.

Der Magistrat der Stadt Berlin
— Finanzabteilung —

§ 40. Bemessung der Lohnsteuer bei sonstigen Bezügen.

Der § 40 in der bisherigen Fassung ist durch Artikel III des Gesetzes Nr. 12 aufgehoben. Die „sonstigen Bezüge" eines Arbeitnehmers, die derselbe neben dem laufenden Arbeitslohn aus demselben Dienstverhältnis bezogen hat, insbesondere also einmalige Bezüge, wie z. B. Tantiemen, Gratifikationen usw. werden nach den auf die anderen Einkunftsarten anwendbaren Sätzen versteuert.

§ 41. Berücksichtigung besonderer Verhältnisse.

(1) Auf Antrag des Arbeitnehmers werden für die Berechnung der Lohnsteuer die folgenden Beträge vom Arbeitslohn abgezogen:

a) wenn die Werbungskosten, die bei den Einkünften aus nichtselbständiger Arbeit erwachsen, und die Sonderausgaben zusammen 39 RM monatlich übersteigen, der 39 RM übersteigende Betrag,

b) wenn außergewöhnliche Belastungen dem Arbeitnehmer zwangsläufig erwachsen und seine steuerliche Leistungsfähigkeit wesentlich beeinträchtigen (§ 33), ein vom Finanzamt nach seinem Ermessen zu bestimmender Betrag.

(2) Das Finanzamt hat die nach Absatz 1 vom Arbeitslohn abzuziehenden Beträge auf der Steuerkarte (§ 42) einzutragen. Der Abzug ist erst bei der Lohnzahlung vorzunehmen, bei der dem Arbeitgeber die Steuerkarte mit dieser Eintragung vorgelegt wird.

Entsprechend der zu § 39 abgedruckten Bekanntmachung des Magistrats der Stadt Berlin vom 9. März 1946, betreffend Abänderung der Lohnsteuer, können besondere Verhältnisse auf entsprechend begründeten Antrag unter Beachtung der neuen Bestimmungen des Gesetzes Nr. 12 vom Finanzamt berücksichtigt werden. Die Anträge sind vom Arbeitnehmer bei seinem Arbeitgeber einzureichen, der sie dann dem zuständigen Finanzamt zur Entscheidung vorlegt.

§ 42. Steuerkarte.

Der Arbeitnehmer muß sich für die Lohnsteuerberechnung vor Beginn des Kalenderjahrs oder des Dienstverhältnisses von der Gemeindebehörde eine Steuerkarte ausschreiben lassen und muß diese dem Arbeitgeber vorlegen. Der Arbeitgeber hat die

Steuerkarte während der Dauer des Dienstverhältnisses aufzubewahren und sie dem Arbeitnehmer am Ende des Kalenderjahrs oder bei Beendigung des Dienstverhältnisses zurückzugeben.

3. Steuerabzug vom Kapitalertrag (Kapitalertragsteuer).

§ 43. Steuerabzugspflichtige Kapitalerträge.

(1) Die den Dividenden der Vorzugsaktien der Reichsbahngesellschaft in § 43 Absatz 1 Ziffer 1 des Einkommensteuergesetzes und in § 1 Absatz 1 Ziffer 1 der Kapitalertragsteuerverordnung gewährte Ausnahme von der Abzugspflicht für die Kapitalertragsteuer wird aufgehoben.

(2) Der Anwendungskreis des § 1 der Kapitalertragsteuerverordnung wird auf folgende Kapitalerträge ausgedehnt, die nunmehr dem Steuerabzug vom Kapitalertrag unterliegen:

a) Zinsen aus Hypotheken, Schuldverschreibungen und sonstigen Darlehen aller Aktien- und anderen Gesellschaften, Regierungen, Körperschaften oder öffentlichen Verwaltungsstellen (mit Einschluß des Reiches, der Provinzen, der Länder, der Regierungsbezirke, der Kreise und der Gemeinden). Die Zinsen aus Kontokorrenten und kurzfristigen Bankvorschüssen fallen nicht unter diese Bestimmung. Der Kontrollrat kann Befreiungen von diesen Bestimmungen dieses Absatzes gewähren,

b) von einer Bank (mit Einschluß der Postsparkassen und anderer Sparkassen) bezahlte oder gutgeschriebene Zinsen, wenn der Gesamtbetrag der Zinsen 250 RM im Jahr oder im Falle einer kürzeren Zeitdauer einen proportional herabgesetzten Betrag übersteigt.

3) Die Befreiung vom Steuerabzug, die Gesellschaften oder Körperschaften auf Grund des § 2 Absatz 1 Ziffer 2 der Kapitalertragsteuerverordnung und des § 9 des Körperschaftsteuergesetzes zuerkannt war, wird aufgehoben.

Durch Artikel XV des Gesetzes Nr. 12 ist die Bestimmung des § 43 EStG 1939, betreffend steuerpflichtige Kapitalerträge, geändert worden. Die den Dividenden der Vorzugsaktien der Reichsbahngesellschaft bisher gewährte Ausnahme von der Abzugspflicht für die Kapitalertragsteuer ist aufgehoben worden.

§ 44. Bemessung und Entrichtung der Kapitalertragsteuer.

(1) Der Schuldner hat die Kapitalertragsteuer mit 25 v. H. der Kapitalerträge für den Gläubiger einzubehalten. Er hat den Steuerabzug in dem Zeitpunkt vorzunehmen, in dem die Kapitalerträge dem Gläubiger zufließen, und die einbehaltenen Steuerabzüge innerhalb einer Woche an das Finanzamt abzuführen. Der Steuerabzug ist auch dann vorzunehmen, wenn die Kapitalerträge beim Gläubiger zu den Einkünften aus Land- und Forstwirtschaft, aus Gewerbebetrieb, aus selbständiger Arbeit oder aus Vermietung und Verpachtung gehören.

(2) Dem Steuerabzug unterliegen die vollen Kapitalerträge ohne Abzug.

(3) Der Gläubiger ist beim Steuerabzug vom Kapitalertrag (Kapitalertragsteuer) Steuerschuldner. Der Schuldner der Kapitalerträge haftet aber dem Reich für die Einbehaltung und Abführung der Kapitalertragsteuer. Der Gläubiger (Steuerschuldner) wird nur in Anspruch genommen,

a) wenn der Schuldner die Kapitalerträge nicht vorschriftsmäßig gekürzt hat oder

b) wenn der Gläubiger weiß, daß der Schuldner die einbehaltene Kapitalertragsteuer nicht vorschriftsmäßig abgeführt hat und dies dem Finanzamt nicht unverzüglich mitteilt.

Wenn eine Bank oder eine Versicherungsgesellschaft für eigene Rechnung Kapitalerträge vereinnahmt, für welche die Steuer an der Quelle abgezogen worden ist, und wenn dieser Abzug ihre ordnungsgemäße Steuerschuld übersteigt, kann die Gesellschaft die Rückerstattung des von ihr zuviel bezahlten Betrages beantragen.

Durch das Gesetz Nr. 12 ist die Kapitalertragsteuer von 10 v. H. auf 25 v. H. erhöht worden.

§ 45. Steuer auf Aufsichtsratsvergütungen.

Der § 45 EStG 1939 regelte ursprünglich den Steuerabzug von sonstigen Einkünften. Er ist durch § 12 Absatz 1 Satz 3 der Reichsabgabenordnung überholt. Die durch Artikel VII des Gesetzes Nr. 12 geregelte Steuer auf Aufsichtsratsvergütungen ist hier eingefügt:

(1) Die durch das Gesetz über die Erhebung einer Abgabe der Aufsichtsratsmitglieder vom 28. März 1934 (in der Fassung des Gesetzes vom 17. Februar 1939) eingeführte Sondersteuer für Aufsichtsratsvergütungen wird aufgehoben.

(2) Aufsichtsratsvergütungen, die, wäre dieses Gesetz nicht erlassen worden, unter diese Sonderabgabe gefallen wären, unterliegen der Einkommensteuer zum Satze von 65 v. H. Die Steuer wird durch Abzug an der Quelle erhoben.

(3) Die Steuerpflichtigen, die jährlich eine Einkommensteuererklärung abzugeben haben, müssen in ihrer Erklärung den Bruttobetrag der von ihnen als Aufsichtsratsmitglieder bezogenen Summen angeben. Sie haben Anspruch auf entsprechende Gutschrift für an der Quelle erhobene Abzüge.

Der Steuersatz betrug bei Aufsichtsratsvergütungen, die den Aufsichtsratsmitgliedern vor dem 1. April 1939 zugeflossen sind, 10 v. H. Auf Grund des Gesetzes über die Erhebung einer Abgabe der Aufsichtsratsmitglieder in der Fassung des Gesetzes vom 27. Februar 1939 wurde die Abgabe auf 20 v. H. erhöht. Jetzt beträgt die Abgabe 65 v. H.

§ 45a. Steuer zur Erfassung außerordentlicher Gewinne.

Durch Artikel VI des Gesetzes Nr. 12 ist folgende Bestimmung neu eingeführt worden:

Die gemäß der Gewinnabführungsverordnung erfolgende Veranlagung für die Besteuerung außerordentlicher Gewinne wird folgendermaßen geregelt: Der Gesamtbetrag der sich aus der Einkommensteuer, der Körperschaftsteuer und der Besteuerung außerordentlicher Gewinne ergebende Steuerschuld darf 90 v. H. des gesamten Reineinkommens nicht überschreiten.

5. Veranlagung von steuerabzugspflichtigen Einkünften.

§ 46.

Die Einkommensteuer wird für alle Personen veranlagt, die zur jährlichen Abgabe einer Einkommensteuererklärung verpflichtet sind. Diesen Personen werden auch weiterhin die von dem Lohn oder anderen Einkommen als Steuer abgezogenen Summen gutgeschrieben.

Durch Artikel III Absatz 5 ist § 46 des EStG in der Fassung des § 7 der Steuervereinfachungsverordnung vom 14. September 1944 geändert worden. Danach werden veranlagt alle Personen, deren aus Löhnen stammendes Einkommen 24 000 RM und darüber beträgt.

Artikel VIII. Steuerermäßigungen wegen erlittener Verluste.

Bei der Veranlagung zur Einkommensteuer und zur Besteuerung außerordentlicher Gewinne für natürliche oder juristische Personen und bei der Errechnung der Steuerschuld dieser Personen für die verflossenen Jahre sind keine Gutschriften und keine Ermäßigungen für aus folgenden Ursachen entstandene Verluste zu gewähren:

a) Wehrmachtaufträge,
b) öffentliche Schuld,
c) durch den Krieg verursachte Zerstörungen oder Beschädigungen,
d) Steuergutscheine.

Vorstehende Bestimmung ist durch das Gesetz Nr. 12 neu eingefügt worden.

6. Abschlußzahlung.

§ 47.

Die bisherige Bestimmung des § 47 ist durch Artikel XVI des Gesetzes Nr. 12 der Alliierten Kontrollbehörde geändert worden. Näheres siehe unter § 35 Absätze 5 und 6.

VI. Besteuerung nach dem Verbrauch

§ 48.

(1) Der Steuerpflichtige kann nach dem Verbrauch besteuert werden, wenn der Verbrauch im Kalenderjahr 10 000 RM überstiegen hat und um mindestens die Hälfte höher ist als das Einkommen. Der Betrag von 10 000 RM erhöht sich um je 2000 RM für jedes Kind und jeden anderen Angehörigen, für die dem Steuerpflichtigen Kinderermäßigung zusteht oder gewährt wird.

(2) Zum Verbrauch gehören alle Aufwendungen des Steuerpflichtigen für seinen Haushalt und für seine Lebensführung und die Lebensführung seiner Angehörigen.

(3) Zum Verbrauch gehören nicht

1. die Sonderausgaben (§ 10 Absatz 1),
2. die Steuern vom Einkommen und sonstige Personensteuern,
3. Ausgaben für Aussteuern oder Ausstattungen, soweit sie das den Verhältnissen des Steuer-

pflichtigen entsprechende Maß nicht überstiegen haben,

4. Ausgaben für politische, wissenschaftliche, künstlerische, mildtätige oder gemeinnützige Zwecke,

5. Ausgaben, die durch Krankheiten, Todesfälle oder Unglücksfälle oder durch körperliche oder geistige Gebrechen verursacht sind,

6. Aufwendungen, die durch Geburt eines Kindes entstanden sind,

7. außerordentliche Aufwendungen, die durch den Unterhalt oder die Erziehung eines Kindes oder den Unterhalt eines bedürftigen Angehörigen entstanden sind,

8. Aufwendungen aus sozialen Beweggründen für Arbeitnehmer oder frühere Arbeitnehmer oder für ihre Angehörigen,

9. der Teil des Verbrauchs, den der Steuerpflichtige bestritten hat

   a) aus Einkommen, das er in den letzten drei Jahren versteuert, aber nicht verbraucht hat,

   b) aus Bezügen, die nach § 3 steuerfrei sind, oder aus Bezügen, die dem Steuerpflichtigen nach § 22 Ziffer 1 Buchstabe c Satz 2 nicht zuzurechnen sind.

(4) Die Einkommensteuer nach dem Verbrauch beträgt nur die Hälfte der Steuer, die sich aus der Einkommensteuertabelle ergibt. Wenn der sich danach ergebende Steuerbetrag geringer ist als der Steuerbetrag, der sich bei Zugrundelegung des Einkommens ergeben würde, so ist der Besteuerung nicht der Verbrauch, sondern das Einkommen zugrunde zu legen.

EStR 1941

147. Besteuerung nach dem Verbrauch

(1) Der Besteuerung nach dem Verbrauch ist der Verbrauch im Kalenderjahr zugrunde zu legen. Das gilt auch für Steuerpflichtige, die ein vom Kalenderjahr abweichendes Wirtschaftsjahr haben. Ergeben sich dabei Härten, so kann im Billigkeitsweg geholfen werden.

VII. Besteuerung beschränkt Steuerpflichtiger

§ 49. Beschränkt steuerpflichtige Einkünfte.

Inländische Einkünfte im Sinn der beschränkten Einkommensteuerpflicht (§ 1 Absatz 2) sind:

1. Einkünfte aus einer im Inland betriebenen Land- und Forstwirtschaft (§§ 13, 14),
2. Einkünfte aus Gewerbebetrieb (§§ 15, 16), für den im Inland eine Betriebsstätte unterhalten wird oder ein ständiger Vertreter bestellt ist, und Einkünfte aus der Veräußerung eines Anteils an einer inländischen Kapitalgesellschaft (§ 17),
3. Einkünfte aus selbständiger Arbeit (§ 18), die im Inland ausgeübt oder verwertet wird oder worden ist,
4. Einkünfte aus nichtselbständiger Arbeit (§ 19), die im Inland ausgeübt oder verwertet wird oder worden ist, und Einkünfte, die aus inländischen öffentlichen Kassen einschließlich der Kassen der Deutschen Reichsbahn und der Reichsbank mit Rücksicht auf ein gegenwärtiges oder früheres Dienstverhältnis gewährt werden,
5. Einkünfte aus Kapitalvermögen im Sinn des § 20 Absatz 1 Ziffern 1 und 2, wenn der Schuldner Wohnsitz, Geschäftsleitung oder Sitz im Inland hat und Einkünfte im Sinn des § 20 Absatz 1 Ziffern 3 und 4, wenn das Kapitalvermögen

durch inländischen Grundbesitz, durch inländische Rechte, die den Vorschriften des bürgerlichen Rechts über Grundstücke unterliegen, oder durch Schiffe, die in ein inländisches Schiffsregister eingetragen sind, unmittelbar oder mittelbar gesichert ist. Ausgenommen sind die Dividenden aus Vorzugsaktien der Deutschen Reichsbahn und Zinsen aus Anleihen und Forderungen, die in ein öffentliches Schuldbuch eingetragen sind oder über die Teilschuldverschreibungen ausgegeben sind. Die Einkünfte aus Teilschuldverschreibungen unterliegen aber der beschränkten Steuerpflicht, wenn bei ihnen neben der festen Verzinsung ein Recht auf Umtausch in Gesellschaftsanteile (Wandelanleihen) oder eine Zusatzverzinsung eingeräumt ist, die sich nach der Höhe der Gewinnausschüttungen des Schuldners richtet (Gewinnobligationen), und wenn der Schuldner Wohnsitz, Geschäftsleitung oder Sitz im Inland hat,

6. Einkünfte aus Vermietung und Verpachtung (§ 21), wenn das unbewegliche Vermögen, die Sachinbegriffe oder Rechte im Inland belegen oder in ein inländisches öffentliches Buch oder Register eingetragen sind oder in einer inländischen Betriebsstätte verwertet werden,
7. sonstige Einkünfte im Sinn des § 22 Ziffer 1, soweit sie dem Steuerabzug unterworfen werden,
8. sonstige Einkünfte im Sinn des § 22 Ziffer 2, soweit es sich um Spekulationsgeschäfte mit inländischen Grundstücken oder mit inländischen Rechten handelt, die den Vorschriften des bürgerlichen Rechts über Grundstücke unterliegen.

Durch Artikel XV Absatz 1 des Gesetzes Nr. 12 ist die den Dividenden der Vorzugsaktien der Reichsbahngesellschaft gewährte Ausnahme von der Abzugspflicht für die Kapitalertragsteuer aufgehoben worden. Hinsichtlich der Steuerfreiheit der Dividenden aus Vorzugsaktien der Deutschen Reichsbahn von der Steuerpflicht für beschränkt steuerpflichtige Einkünfte ist in dem Gesetz Nr. 12 keine Bestimmung getroffen worden. Es ist aber anzunehmen, daß entsprechend in Artikel XV des Gesetzes Nr. 12 gebrachten Bestimmung auch diese Steuerfreiheit aufgehoben ist.

§ 50. Sondervorschriften für beschränkt Steuerpflichtige.

(1) Beschränkt Steuerpflichtige dürfen Betriebsausgaben (§ 4 Absatz 4) oder Werbungskosten (§ 9) nur insoweit abziehen, als sie mit inländischen Einkünften in wirtschaftlichem Zusammenhang stehen. Die Vorschriften des § 10 (Sonderausgaben), des § 33 (außergewöhnliche Belastungen) und des § 34 (Steuersätze bei außerordentlichen Einkünften) sind nicht anwendbar.

(2) Bei Einkünften, die dem Steuerabzug unterliegen, und bei Einkünften im Sinn des § 20 Absatz 1 Ziffern 3 und 4 ist für beschränkt Steuerpflichtige ein Ausgleich (§ 2 Absatz 2) mit Verlusten aus anderen Einkunftsarten nicht zulässig.

(3) Die Einkommensteuer beträgt bei beschränkt Steuerpflichtigen, die veranlagt werden, mindestens 10 v. H. der Einkünfte.

(4) Die Einkommensteuer für Einkünfte, die dem Steuerabzug vom Arbeitslohn oder vom Kapitalertrag unterliegen, gilt bei beschränkt Steuerpflichtigen durch den Steuerabzug als abgegolten, wenn die Einkünfte nicht Betriebseinnahmen eines inländischen Betriebes sind. Die Höhe der Lohnsteuer bestimmt der Reichsminister der Finanzen.

(5) Das Finanzamt kann die Einkommensteuer bei beschränkt Steuerpflichtigen ganz oder zum Teil erlassen oder in einem Pauschbetrag festsetzen, wenn es aus volkswirtschaftlichen Gründen zweckmäßig ist oder eine gesonderte Berechnung der Einkünfte besonders schwierig ist.

(6) Das Finanzamt kann die Einkommensteuer von beschränkt steuerpflichtigen Einkünften, soweit diese nicht bereits dem Steuerabzug unterliegen, im Weg des Steuerabzugs erheben, wenn dies zur Sicherstellung des Steueranspruchs zweckmäßig ist. Das Finanzamt bestimmt hierbei die Höhe des Steuerabzugs.

Absatz 3 des bisherigen § 50 bestimmte, daß die Einkommensteuer bei beschränkt Steuerpflichtigen, die veranlagt werden, mindestens 10 v. H. der Einkünfte beträgt. Das Gesetz Nr. 12 gibt hierüber keine Bestimmungen. Es ist aber anzunehmen, daß auch bei beschränkt Steuerpflichtigen die Grundtabelle zur Berechnung der Einkommensteuer im Jahre 1946 anzuwenden ist.

VIII. Schlußvorschriften

§ 51.

Jede mit dem gegenwärtigen Gesetz unvereinbare deutsche steuergesetzliche Vorschrift wird aufgehoben oder den Bestimmungen des gegenwärtigen Gesetzes entsprechend geändert.

Die in diesem Gesetz bestimmten Steuersätze finden ab 1. Januar 1946 Anwendung.

Ausgefertigt in Berlin, den 11. Februar 1946.

Anhang A

Alliierte Kontrollbehörde — Kontrollrat

Gesetz Nr. 12

Aenderung der Gesetzgebung in bezug auf Einkommensteuer, Körperschaftsteuer und Gewinnabführung

Der Kontrollrat hat das folgende Gesetz beschlossen:

Erster Teil — Allgemeine Grundsätze

Artikel I

Alle deutschen Steuergesetze sind ohne Unterschied der Rasse, des Glaubens, der Staatsangehörigkeit oder der politischen Einstellung anzuwenden. Alle gesetzlichen Bestimmungen, die mit diesem Grundsatz unvereinbar sind, werden aufgehoben,

insbesondere diejenigen, die vorschreiben, daß die deutschen Steuergesetze im nationalsozialistischen Geiste zu verstehen und auszulegen sind.

Zweiter Teil — Steuersätze

Artikel II

Einkommensteuer — Steuerklassen

1. Für die Errechnung der Einkommensteuer werden die Steuerpflichtigen in folgende Steuerklassen eingeteilt:

a) Steuerklasse I

Steuerklasse I umfaßt diejenigen Personen, die zu Beginn des Steuerjahres nicht verheiratet waren, und diejenigen, die in diesem Jahre nicht mindestens vier Monate verheiratet waren. Personen, die unter die unten aufgezählten Steuerklassen fallen, gehören nicht zur Steuerklasse I.

b) Steuerklasse II

Zur Steuerklasse II gehören folgende Personen, soweit sie nicht in der dritten Gruppe einbegriffen sind:

I. Personen, die zu Beginn des Steuerjahres oder mehr als vier Monate in diesem Jahre verheiratet waren, sowie

II. unverheiratete Personen, die mindestens vier Monate vor Ablauf des Steuerjahres das 65. Lebensjahr erreicht haben.

c) Steuerklasse III

I. Steuerklasse III umfaßt diejenigen Personen, denen Kinderermäßigung zusteht (wie in Absatz II erläutert) oder denen diese Ermäßigung auf Antrag gewährt wird (wie in Absatz III erläutert).

II. Der Steuerpflichtige hat Anrecht auf Kinderermäßigung — für den Begriff „Kinder" ist die bestehende Gesetzgebung maßgebend —, falls die beiden folgenden Bedingungen erfüllt sind:

1. Die Kinder müssen mindestens vier Monate im Steuerjahr zu dem Haushalt des Steuerpflichtigen gehört haben oder in diesem Jahr hauptsächlich auf seine Kosten unterhalten und erzogen worden sein. Im letzteren Falle muß der Steuerpflichtige die Kosten für ihren Unterhalt und ihre Erziehung mindestens vier Monate getragen haben.
2. Die Kinder dürfen während dieses Zeitraums das 16. Lebensjahr nicht vollendet haben.

III. Auf Antrag wird dem Steuerpflichtigen eine Kinderermäßigung gewährt, wenn Kinder, die das 16. Lebensjahr erreicht haben, die beiden folgenden Bedingungen erfüllen:

1. Die Kinder müssen im Steuerjahr mindestens vier Monate eine von dem Kontrollrat oder den zuständigen Zonenbefehlshabern genehmigte Unterrichtsanstalt besucht haben und während dieser Zeit hauptsächlich auf Kosten des Steuerpflichtigen unterhalten worden sein.

2. Die Kinder dürfen während des Steuerjahres das 21. Lebensjahr nicht vollendet haben.

2. Die Bestimmungen dieses Artikels treten an die Stelle des § 32 des Einkommensteuergesetzes sowie aller diesen Paragraphen abändernden gesetzlichen Bestimmungen.

3. Die Bestimmungen dieses Artikels sind bei der Festsetzung der Lohnsteuer anzuwenden. Paragraph 39 des Einkommensteuergesetzes wird dementsprechend geändert.

Artikel III

Einkommensteuer — Allgemeine Erhöhung der Steuersätze

1. Die am 8. Mai 1945 gültigen Sätze für die Einkommensteuer werden nach den folgenden allgemeinen Grundsätzen erhöht:

a) Für Steuerklasse I werden die Sätze für die Einkommensteuer wie folgt erhöht:

I. um 25 Prozent für Gehälter, Löhne und Einkünfte aus freien Berufen,

II. um 35 Prozent für alle anderen Einkunftsarten

b) Auf die Steuerklassen II und III finden die in Absatz a vorgesehenen Erhöhungen Anwendung mit folgenden Ausnahmen:

1. 600 RM des jährlichen Einkommens aller Steuerpflichtigen der Kassen II und III bleiben einkommensteuerfrei.

Für jedes Kind, für das dem Steuerpflichtigen gemäß Artikel II eine Steuerermäßigung zusteht, bleiben weitere 400 RM seines jährlichen Einkommens steuerfrei, wenn er der Steuerklasse III angehört.

c) Falls sich die gemäß den Bestimmungen des Absatzes b erfolgte Aenderung der bisherigen Gesetzgebung in einer Herabsetzung statt Erhöhung der Steuerschuld des Steuerpflichtigen auswirkt, ist die Steuerschuld grundsätzlich so zu errechnen, daß zunächst der Betrag festgestellt wird, der zu erheben gewesen wäre, wenn die Bestimmungen dieses Gesetzes (mit Ausnahme von Artikel I) nicht erlassen worden wären; dazu wird dann unter Beachtung der Bestimmungen in Absatz a ein Zuschlag von 25 Prozent oder 35 Prozent hinzugefügt.

2. Diese allgemeinen Grundsätze finden auf die Festsetzung der Lohnsteuer Anwendung.

3. Ueber die praktische Anwendung dieser allgemeinen Grundsätze geben die als Anlagen A und B beigefügten Tabellen zu diesem Gesetz Aufschluß. Diese Anlagen treten an die Stelle der Tabellen in den Anlagen 1 und 2 zum Einkommensteuergesetz.

4. § 40 des Einkommensteuergesetzes, der besonders auf die sonstigen Bezüge der Arbeitnehmer anwendbare Sätze für die Lohnsteuer festgesetzt hat, wird aufgehoben. Diese Bezüge werden nach den auf die anderen Einkunftsarten anwendbaren Sätze versteuert.

5. Die Einkommensteuer wird für alle Personen veranlagt, die gemäß Ziffer 4 des Artikels VI dieses Gesetzes zur jährlichen Abgabe einer Einkommensteuererklärung verpflichtet sind. Diesen Personen werden auch weiterhin die von dem Lohn oder anderen Einkommen als Steuer abgezogenen Summen gutgeschrieben. § 46 des Einkommensteuergesetzes (in der Fassung des § 7 der Steuervereinfachungsverordnung vom 14. September 1944) wird dementsprechend geändert.

Artikel IV

Körperschaftsteuer — Erhöhung der Steuersätze

1. Die Sätze für die Körperschaftsteuer (§ 19 Absatz I des Körperschaftsteuergesetzes) sind die folgenden:

a) bei Einkommen bis zu 50 000 RM . . 35 Prozent

b) bei Einkommen von 50 000 RM bis zu 100 000 RM . . . . 45 Prozent,

c) bei Einkommen von 100 000 RM bis zu 500 000 RM . . . . 60 Prozent,

d) bei Einkommen über 500 000 RM . . . 65 Prozent.

2. Zur Vermeidung von Unbilligkeiten in Grenzfällen wird die folgende Angleichung vorgesehen:
wenn das Einkommen einer Körperschaft in eine der in den Absätzen b, c oder d der obigen Ziffer 1 angeführten Stufen fällt, soll der fällige Steuerbetrag nicht höher sein als

a) die Steuer für das höchste Einkommen der nächstniedrigeren Steuerstufe mit einem Zuschlag von

b) 90 Prozent des Unterschieds zwischen dem Gesamteinkommen und dem höchsten Einkommen der nächstniedrigeren Stufe.

3. Die praktische Anwendung dieser Bestimmungen ist aus Anlage C ersichtlich.

Artikel V

Steuerabzug vom Kapitalertrag

1. Der in § 3 der Kapitalertragsteuerverordnung in ihrer gegenwärtigen Fassung vorgesehene Steuersatz wird auf 25 Prozent des gesamten Kapitalertrages festgesetzt.

2. Wenn eine Bank oder eine Versicherungsgesellschaft für eigene Rechnung Kapitalerträge vereinnahmt, für welche die Steuer an der Quelle abgezogen worden ist, und wenn dieser Abzug ihre ordnungsgemäße Steuerschuld übersteigt, kann die Gesellschaft die Rückerstattung des von ihr zuviel bezahlten Betrages beantragen.

Artikel VI

Steuer zur Erfassung außerordentlicher Gewinne

Die gemäß der Gewinnabführungsverordnung erfolgende Veranlagung für die Besteuerung außerordentlicher Gewinne wird folgendermaßen geregelt:
der Gesamtbetrag der sich aus der Einkommensteuer, der Körperschaftsteuer und der Besteuerung außerordentlicher Gewinne ergebenden Steuerschuld darf 90 Prozent des gesamten Reineinkommens nicht überschreiten.

Artikel VII

Steuer auf Aufsichtsratvergütungen

1. Die durch das Gesetz über die Erhebung einer Abgabe der Aufsichtsratmitglieder vom 28. März 1934 (in der Fassung des Gesetzes vom 17. Februar 1939) eingeführte Sondersteuer für Aufsichtsratvergütungen wird aufgehoben.

2. Aufsichtsratvergütungen, die, wäre dieses Gesetz nicht erlassen worden, unter diese Sonderabgabe gefallen wären, unterliegen der Einkommensteuer zum Satze von 65 Prozent. Die Steuer wird durch Abzug an der Quelle erhoben.

3. Die Steuerpflichtigen, die nach Artikel XVI Ziffer 4 dieses Gesetzes jährlich eine Einkommensteuererklärung abzugeben haben, müssen in ihrer Erklärung den Bruttobetrag der von ihnen als Aufsichtsratmitglieder bezogenen Summen angeben Sie haben Anspruch auf entsprechende Gutschrift für an der Quelle erhobene Abzüge.

4. Die Verordnung vom 31. März 1939 über den Steuerabzug von Aufsichtsratvergütungen wird den Bestimmungen des gegenwärtigen Artikels gemäß geändert.

Dritter Teil — Verfahren zur Ermittlung des Einkommens

Artikel VIII

Steuerermäßigung wegen erlittener Verluste

Bei der Veranlagung zur Einkommensteuer und zur Besteuerung außerordentlicher Gewinne für natürliche oder juristische Personen und bei der Errechnung der Steuerschuld dieser Personen für die verflossenen Jahre sind keine Gutschriften und keine Ermäßigungen für aus folgenden Ursachen entstandene Verluste zu gewähren:

a) Wehrmachtsaufträge,
b) öffentliche Schuld,
c) durch den Krieg verursachte Zerstörungen oder Beschädigungen,
d) Steuergutscheine.

Artikel IX

Steuer auf Einkommen aus Land- und Forstwirtschaft

1. Das Einkommen von Land- und Forstwirten, die keine Bücher führen, wird zum Zwecke der Berechnung ihrer Einkommensteuer von einem Achtzehntel des Wertes ihres landwirtschaftlichen oder forstwirtschaftlichen Vermögens (wie dies in § 2 der Verordnung vom 31. Dezember 1936 über die Aufstellung von Durchschnittssätzen für die Ermittlung des Gewinns aus Land- und Forstwirtschaft vorgesehen ist) auf ein Zwölftel des Wertes dieses Vermögens erhöht.

2. Den in Ziffer 1 genannten Personen wird, falls ihr Reineinkommen 6000 RM im Jahre nicht übersteigt, ein Freibetrag von 1000 RM gewährt. Absatz 3 des § 13 des Einkommensteuergesetzes wird demgemäß geändert.

3. Einwanderern, welche die seit dem 8. Mai 1945 bestehenden Grenzen Deutschlands überschritten haben und Land- oder Forstwirtschaft betreiben, ohne daß ihr Einkommen 6000 RM übersteigt, wird ein Freibetrag von 2000 RM gewährt. Dieser Freibetrag wird auf die Dauer von fünf Jahren gewährt, und zwar vom 1 Januar 1946 oder vom Tage der Einreise ab, falls diese zu einem späteren Zeitpunkt erfolgt ist. Er wird nicht mehr gewährt von dem Tage ab, an dem die obenerwähnten Personen die Land- oder Forstwirtschaft aufgeben.

4. Personen, die sich nach dem 8. Mai 1945 als Landwirte niedergelassen haben und deren Einkommen 6000 RM nicht übersteigt, wird ein Freibetrag von 2000 RM gewährt, und zwar vom 1. Januar 1946 oder von dem Tage der Niederlassung ab, falls diese zu einem späteren Zeitpunkt erfolgt ist. Er wird jedoch solchen Personen nicht gewährt, die einmal ein Recht darauf hatten und sich nach Verlust dieses Rechtes aufs neue als Landwirt niedergelassen haben.

Artikel X

Steuerfreie Einkünfte

1. Die Vergünstigung der Einkommensteuerfreiheit für gewisse Einkunftsarten gemäß § 3 des Einkommensteuer-

gesetzes wird mit Ausnahme der unter Ziffer 2 aufgeführten Einkunftsarten aufgehoben.

2. Die folgenden Einkunftsarten genießen auch weiterhin Steuerbefreiung:

a) Bezüge aus der Sozialversicherung,

b) Ruhegehälter,

c) Bezüge aus der öffentlichen Fürsorge, soweit diese Bezüge von dem Kontrollrat oder dem zuständigen Zonenbefehlshaber genehmigt sind.

Artikel XI

Abzüge für Werbungskosten

1. Die folgenden Ziffern des § 9 des Einkommensteuergesetzes werden aufgehoben:

a) Ziffer 3, welche Beiträge zu Berufsständen und sonstigen Berufsverbänden, deren Zweck nicht auf einen wirtschaftlichen Geschäftsbetrieb gerichtet ist, als Werbungskosten anerkennt,

b) Ziffer 4, welche notwendige Aufwendungen des Steuerpflichtigen für Fahrten zwischen Wohnung und Arbeitsstätte als Werbungskosten anerkennt.

2. § 10 des Einkommensteuergesetzes wird folgendermaßen geändert:

a) Die Ziffern 2 und 3 des Absatzes 1, welche gewisse Arten von Sonderausgaben anführen, werden aufgehoben und durch folgende neue Ziffern ersetzt:

„2. Beiträge zu Sozialversicherungen, deren Abzug vom Lohn gesetzlich zulässig ist."

„3. Bezahlte Vermögensteuern."

b) In Absatz 2, Ziffer 3 wird der Gesamtbetrag der für Sonderausgaben zulässigen Abzüge für den Steuerpflichtigen selbst auf 300 RM im Jahr herabgesetzt. Dazu kommen je 300 RM im Jahr für seine Ehefrau und jeden Angehörigen im Sinne des § 10, Ziffer 3 bis 6 des Steueranpassungsgesetzes.

Artikel XII

Veräußerung von Betrieben

Gewinne, die aus der Veräußerung von Betrieben, von Aktien oder von Geschäftsanteilen an Gesellschaften jeder Art erzielt werden, sind, unbeschadet der Höhe dieser Gewinne, in das steuerpflichtige Reineinkommen einzubegreifen, sofern diese Gewinne unter die Paragraphen 14, 16 und 17 des Einkommensteuergesetzes fallen.

Die in den § 14 Absatz 2, § 16 Absätze 4 und 5, § 17 Absätze 3 und 4 des Einkommensteuergesetzes vorgesehenen Steuerbefreiungen werden aufgehoben.

Artikel XIII

Einkünfte aus Vermietung und Verpachtung

Jeder, der einen Mietzins bezahlt oder irgendeine Zahlung auf Grund eines Vertrages über Land, Häuser oder andere Immobilien leistet, hat dem zuständigen Finanzamt vierteljährlich eine besondere Erklärung abzugeben, aus der die gezahlten Beträge und die Zahlungsempfänger ersichtlich sind.

Artikel XIV

Außerordentliche Einkünfte

1. Außergewöhnliche Einkünfte, die die Entlohnung für eine Tätigkeit darstellen, die sich über mehrere Jahre erstreckt (§ 34 [2], Ziffer 1 des Einkommensteuergesetzes), unterliegen der Einkommensteuer zu den auf anderes Einkommen anwendbaren Sätzen. Zum Zwecke der Einkommensteuerveranlagung können diese außerordentlichen Einkünfte auf die Jahre verteilt werden, in deren Verlauf sie erzielt wurden, und als Einkommen eines jeden dieser Jahre angesehen werden, vorausgesetzt, daß die Gesamtverteilung drei Jahre nicht überschreitet.

2. Gewinne, die aus Veräußerungen im Sinne der Paragraphen 14, 16 und 17 des Einkommensteuergesetzes

stammen (d. h. gewisse Gewinne aus der Veräußerung von Betrieben, Liegenschaften, Wertpapieren, Anteilscheinen oder Schuldverschreibungen), werden nicht mehr als außerordentliche Einkünfte im Sinne des § 34 des genannten Gesetzes angesehen, sondern unterliegen der Einkommensteuer zu den auf andere Einkommen anwendbaren Sätzen.

3. § 34 des Einkommensteuergesetzes wird entsprechend geändert.

Artikel XV

Steuerabzug vom Kapitalertrag — Kapitalertragsteuer

1. Die den Dividenden der Vorzugsaktien der Reichsbahngesellschaft in § 43, Absatz 1, Ziffer 1 des Einkommensteuergesetzes und in § 1, Absatz 1, Ziffer 1 der Kapitalertragsteuerverordnung gewährte Ausnahme von der Abzugspflicht für die Kapitalertragsteuer wird aufgehoben.

2. Der Anwendungskreis des § 1 der Kapitalertragsteuerverordnung wird auf folgende Kapitalerträge ausgedehnt, die nunmehr dem Steuerabzug vom Kapitalertrag unterliegen:

a) Zinsen aus Hypotheken, Schuldverschreibungen und sonstigen Darlehen aller Aktien- oder anderen Gesellschaften, Regierungen, Körperschaften oder öffentlichen Verwaltungsstellen (mit Einschluß des Reiches, der Provinzen, der Länder, der Regierungsbezirke, der Kreise und der Gemeinden). Die Zinsen aus Kontokorrenten und kurzfristigen Bankvorschüssen fallen nicht unter diese Bestimmung. Der Kontrollrat kann Befreiungen von den Bestimmungen dieses Absatzes gewähren.

b) Von einer Bank (mit Einschluß der Postsparkassen und anderer Sparkassen) bezahlte oder gutgeschriebene Zinsen, wenn der Gesamtbetrag der Zinsen 250 RM im Jahr oder im Falle einer kürzeren Zeitdauer einen proportional herabgesetzten Betrag übersteigt.

3. Die Befreiung vom Steuerabzug, die Gesellschaften oder Körperschaften auf Grund des § 2 Absatz 1, Ziffer 2 der Kapitalertragsteuerverordnung und des § 9 des Körperschaftsteuergesetzes zuerkannt war, wird aufgehoben.

Vierter Teil — Steuerveranlagung, Vorauszahlungen und Steuererklärung

Artikel XVI

Steuererklärung — Vorauszahlungen (Einkommensteuer und Körperschaftsteuer)

1. Vorauszahlungen auf die Einkommen- und die Körperschaftsteuer sind am 10. April, 10. Juli, 10. Oktober und 10. Januar zu entrichten. § 35, Absatz 1 des Einkommensteuergesetzes wird demgemäß geändert.

2. Die Grundlage für die Berechnung der Vorauszahlungen bildet für jedes Vierteljahr das Einkommen des vorhergehenden Vierteljahres. Die Bestimmungen des § 35, Absatz 2 des Einkommensteuergesetzes und des § 24, Absatz 1 der Einkommensteuer-Durchführungsverordnung (vom 7. Dezember 1941), welche diese Vorauszahlungen auf der Grundlage der bei der vorhergehenden Veranlagung festgesetzten Besteuerung vorsehen, werde demgemäß geändert.

3. Vorbehaltlich der Ausnahmebestimmungen in Satz 3 dieses Absatzes muß jeder Steuerpflichtige gleichzeitig mit der Vorauszahlung eine „vierteljährliche Erklärung" abgeben, in der er angeben muß, wie er die Vorauszahlung berechnet hat. Land- und Forstwirten, die keine Bücher führen, sowie Personen, deren Einkommen für das vorhergehende Vierteljahr 1000 RM nicht übersteigt, brauchen diese Erklärung nicht abzugeben.

4. Spätestens am 10. März eines jeden Jahres muß der Steuerpflichtige eine Erklärung über sein Gesamteinkommen des mit dem vorhergehenden 31. Dezember abgelaufenen Kalenderjahres abgeben („jährliche Steuererklärung"). Folgende Personen brauchen diese Erklärung nicht abzugeben:

a) alle Personen, deren aus Löhnen stammendes Einkommen 24 000 RM nicht erreicht und deren sonstiges steuerpflichtiges Einkommen 600 RM im Jahre nicht übersteigt,

b) Land- und Forstwirte, die keine Bücher führen und deren nicht aus Land- und Forstwirtschaft stammendes steuerpflichtiges Einkommen 600 RM im Jahre nicht übersteigt,

c) andere Personen, deren steuerpflichtiges Einkommen 600 RM im Jahre nicht übersteigt.

§ 15 der Einkommensteuer-Durchführungsverordnung wird zwecks Durchführung der Bestimmungen dieses Absatzes entsprechend geändert.

5. Auf Grund der gemäß Artikel 4 abgegebenen jährlichen Steuererklärungen berechnet das Finanzamt neuerdings den Gesamtbetrag der Einkommensteuer und der Körperschaftsteuer für das ganze Jahr. Wenn aus dieser neuen Berechnung hervorgeht, daß ein die Einkommensteuerschuld übersteigender Betrag bezahlt worden ist, wird dieser je nach Wunsch des Steuerpflichtigen ihm entweder auf seine Steuerschuld des folgenden Jahres gutgeschrieben oder zurückgezahlt. Wenn es sich hingegen ergibt, daß eine Nachzahlung zu leisten ist, so muß diese von dem Steuerpflichtigen binnen 14 Tagen nach Mitteilung der neu errechneten Steuerschuld geleistet werden.

6. Falls die vierteljährlichen Vorauszahlungen 25 Prozent oder mehr unter dem tatsächlichen Betrag der endgültig für das Vierteljahr zu zahlenden Steuern liegen, muß der Steuerpflichtige als Strafe eine zusätzliche Steuer zahlen, die sich auf 15 Prozent der endgültig für das betreffende Vierteljahr errechneten Summe beläuft. Bei der Ermittlung, ob ein Minderbetrag von 25 Prozent oder mehr besteht, wird ein für ein Vierteljahr zuviel bezahlter Betrag dem Steuerpflichtigen für die Steuerzahlung des folgenden Vierteljahres gutgeschrieben.

7. Das Finanzamt kann nötigenfalls die Richtigkeit der von dem Steuerpflichtigen in seiner auf Grund der Ziffer 3 abgegebenen vierteljährlichen Steuererklärung

über sein Einkommen gemachten Angaben sofort nachprüfen und eine neue Berechnung der Steuerschuld vornehmen, ohne das Jahresende und die Abgabe der jährlichen Einkommensteuererklärung abzuwarten.

Fünfter Teil — Schlußbestimmungen

Artikel XVII

Aufhebung und Abänderung von Gesetzen

Jede mit dem gegenwärtigen Gesetz unvereinbare deutsche steuergesetzliche Vorschrift wird aufgehoben oder den Bestimmungen des gegenwärtigen Gesetzes entsprechend geändert.

Artikel XVIII

Zeitpunkt des Inkrafttretens der Steuersätze

Die in diesem Gesetz bestimmten Steuersätze finden ab 1. Januar 1946 Anwendung.

Ausgefertigt in Berlin, den 11. Februar 1946.

Armeekorps-General P. Koenig
Marschall der Sowjetunion G. Shukow
General Joseph McNarney
Admiral H. M. Burrough.

Anlage A

Grundtabelle
zur Berechnung der Einkommensteuer im Jahre 1946
(Veranlagte Einkommensteuer)

Jahreseinkommen		— Steuerbetrag
0— 600 RM	=	0 RM
600— 1 200 RM	=	11 RM
plus 17 % des		600 RM übersteigenden Betrages
1 200— 2 400 RM	=	113 RM
plus 25 % des		1 200 RM übersteigenden Betrages
2 400— 4 800 RM	=	413 RM
plus 50 % des		2 400 RM übersteigenden Betrages
4 800— 9 600 RM	=	1 613 RM
plus 55 % des		4 800 RM übersteigenden Betrages

9 600— 13 200 RM = 4 253 RM
plus 60 % des 9 600 RM übersteigenden Betrages
13 200— 15 600 RM = 6 413 RM
plus 70 % des 13 200 RM übersteigenden Betrages
15 600— 18 000 RM = 8 093 RM
plus 80 % des 15 600 RM übersteigenden Betrages
18 000— 24 000 RM = 10 013 RM
plus 85 % des 18 000 RM übersteigenden Betrages
24 000— 60 000 RM = 15 113 RM
plus 90 % des 24 000 RM übersteigenden Betrages
60 000—100 000 RM = 47 513 RM
plus 95 % des 60 000 RM übersteigenden Betrages
über 100 000 RM = 85 513 RM
plus 95 % des 100 000 RM übersteigenden Betrages

Bemerkungen:

1. Vor der Anwendung der Tabelle werden die Einkünfte aus Löhnen, Gehältern und freien Berufen entweder um 10 % oder um 1000 RM gekürzt, wobei jedoch nur die kleinere der beiden Summen abgezogen werden darf.

2. Folgende Steuerbefreiungen werden ferner vor Anwendung der Tabelle gewährt:

   für die Steuerpflichtigen der Steuerklasse II
   600 RM im Jahre
   für die Steuerpflichtigen der Steuerklasse III
   1000 RM im Jahre (1 Kind)
   für die Steuerpflichtigen der Steuerklasse III
   1400 RM im Jahre (2 Kinder)
   für die Steuerpflichtigen der Steuerklasse III
   1800 RM im Jahre (3 Kinder)
   für die Steuerpflichtigen der Steuerklasse III
   2200 RM im Jahre (4 Kinder)

   Für die anderen Steuerpflichtigen der Klasse III wird der Freibetrag für jedes Kind um 400 RM im Jahre erhöht, d. h. daß er bei fünf Kindern 2600 RM beträgt usw.

3. Die in Bemerkung 2 erwähnten Freibeträge werden nicht gewährt und die Grundtabelle wird nicht angewandt in folgenden Fällen:

für Steuerpflichtige der Klasse I, deren Einkommen 1500 RM im Jahre nicht übersteigt

für Steuerpflichtige der Klasse II, deren Einkommen 4400 RM im Jahre nicht übersteigt

für Steuerpflichtige der Klasse III, deren Einkommen 2400 RM im Jahre nicht übersteigt (1 Kind)

für Steuerpflichtige der Klasse III, deren Einkommen 3200 RM im Jahre nicht übersteigt (2 Kinder)

für Steuerpflichtige der Klasse III, deren Einkommen 3200 RM im Jahre nicht übersteigt (3 Kinder)

für Steuerpflichtige der Klasse III, deren Einkommen 3200 RM im Jahre nicht übersteigt (4 Kinder)

In diesen Fällen wird das ganze Einkommen, nach Vornahme der in Bemerkung 1 erwähnten Kürzung, um 10 % (insofern es sich um Einkünfte aus Löhnen, Gehältern oder freien Berufen handelt), nach folgenden Sätzen besteuert:

für die Steuerpflichtigen der Klasse I (Absätze 1, 2, 3 und 4) nach dem Steuersatz von 1945 für die ehemalige Gruppe I (Absätze 1, 2, 3 und 4)

für die Steuerpflichtigen der Klasse II (Absätze 1, 2, 3 und 4) nach dem Steuersatz von 1945 für die ehemalige Gruppe II (Absätze 1, 2, 3 und 4)

für die Steuerpflichtigen der Klasse III (Absätze 1, 2, 3 und 4) nach dem Steuersatz von 1945 für die ehemalige Gruppe IV (Absätze 1, 2, 3 und 4)

Dazu tritt in jedem Falle eine Erhöhung um 35 %.

4. Um dem Steuerpflichtigen die Berechnung der am 10. Januar, 10. April, 10. Juli und 10. Oktober fälligen Vorauszahlungen zu ermöglichen, werden gemäß der Grundtabelle für alle den Betrag von 4000 RM im Jahre (1000 RM im Vierteljahr) übersteigenden Einkommen Vierteljahrestabellen aufgestellt.

Anlage B

Tabelle
zur Berechnung der Lohnsteuer für das Jahr 1946

Steuerklasse I — Unverheiratete Personen

Monatslöhne		Abzuziehende Steuern
0— 83 RM	=	0 RM
84— 100 RM	=	0,58 RM
		dazu 14 % des Betrages über 84 RM
100— 150 RM	=	2,82 RM
		dazu 18 % des Betrages über 100 RM
150— 200 RM	=	11,82 RM
		dazu 22 % des Betrages über 150 RM
200— 250 RM	=	22,82 RM
		dazu 35 % des Betrages über 200 RM
250— 300 RM	=	40,82 RM
		dazu 40 % des Betrages über 250 RM
300— 800 RM	=	60,32 RM
		dazu 50 % des Betrages über 300 RM
800—1100 RM	=	310,32 RM
		dazu 55 % des Betrages über 800 RM
1100—1200 RM	=	475,32 RM
		dazu 60 % des Betrages über 1100 RM
1200—1300 RM	=	535,32 RM
		dazu 65 % des Betrages über 1200 RM
1300—1600 RM	=	600,32 RM
		dazu 75 % des Betrages über 1300 RM
1600—2000 RM	=	825,32 RM
		dazu 80 % des Betrages über 1600 RM
über 2000 RM		
		57 % des Gesamtlohnes

Steuerklasse II — Verheiratete Personen ohne Kinder

Monatslöhne		Abzuziehende Steuern
0— 94 RM	=	0 RM
95— 200 RM	=	0,85 RM
		dazu 15 % des Betrages über 95 RM
200— 250 RM	=	16,60 RM
		dazu 24 % des Betrages über 200 RM

250— 450 RM	=	28,60 RM
		dazu 40 % des Betrages über 250 RM
450— 850 RM	=	108,60 RM
		dazu 50 % des Betrages über 450 RM
850—1150 RM	=	308,60 RM
		dazu 55 % des Betrages über 850 RM
1150—1250 RM	=	473,60 RM
		dazu 60 % des Betrages über 1150 RM
1250—1350 RM	=	533,60 RM
		dazu 65 % des Betrages über 1250 RM
1350—1650 RM	=	598,60 RM
		dazu 75 % des Betrages über 1350 RM
1650—2000 RM	=	823,60 RM
		dazu 80 % des Betrages über 1650 RM
über 2000 RM		54 % des Gesamtlohnes

Steuerklasse III (1) — Personen mit einem Kind

Monatslöhne		Abzuziehende Steuern
0— 133 RM	=	0 RM
133— 150 RM	=	1,25 RM
		dazu 8 % des Betrages über 133 RM
150— 233 RM	=	2,53 RM
		dazu 10 % des Betrages über 150 RM
233— 283 RM	=	10,83 RM
		dazu 23 % des Betrages über 233 RM
283— 383 RM	=	22,83 RM
		dazu 40 % des Betrages über 283 RM
383— 883 RM	=	62,33 RM
		dazu 50 % des Betrages über 383 RM
883—1183 RM	=	312,33 RM
		dazu 55 % des Betrages über 883 RM
1183—1283 RM	=	477,23 RM
		dazu 60 % des Betrages über 1183 RM
1283—1383 RM	=	537,23 RM
		dazu 65 % des Betrages über 1283 RM
1383—1683 RM	=	602,23 RM
		dazu 75 % des Betrages über 1383 RM
1683—2000 RM	=	827,23 RM
		dazu 80 % des Betrages über 1683 RM
über 2000 RM		55 % des Gesamtlohnes

Steuerklasse III (2) — Personen mit zwei Kindern

Monatslöhne		Abzuziehende Steuern
0— 156 RM	=	0 RM
156— 200 RM	=	0,83 RM dazu 10 % des Betrages über 156 RM
200— 266 RM	=	5,18 RM dazu 12 % des Betrages über 200 RM
266— 316 RM	=	13,10 RM dazu 20 % des Betrages über 266 RM
316— 416 RM	=	23,10 RM dazu 40 % des Betrages über 316 RM
416— 916 RM	=	63,10 RM dazu 50 % des Betrages über 416 RM
916—1216 RM	=	313,10 RM dazu 55 % des Betrages über 916 RM
1216—1316 RM	=	478,10 RM dazu 60 % des Betrages über 1216 RM
1316—1416 RM	=	538,10 RM dazu 65 % des Betrages über 1316 RM
1416—1716 RM	=	608,10 RM dazu 75 % des Betrages über 1416 RM
1716—2000 RM	=	828,10 RM dazu 80 % des Betrages über 1716 RM
über 2000 RM		53 % des Gesamtlohnes

Steuerklasse III (3) — Personen mit drei Kindern

Monatslöhne		Abzuziehende Steuern
0— 210 RM	=	0 RM
211— 300 RM	=	1,00 RM dazu 13 % des Betrages über 211 RM
300— 350 RM	=	12,57 RM dazu 20 % des Betrages über 300 RM
350— 450 RM	=	22,57 RM dazu 40 % des Betrages über 350 RM
450— 950 RM	=	62,57 RM dazu 50 % des Betrages über 450 RM
950—1250 RM	=	312,57 RM dazu 55 % des Betrages über 950 RM

1250—1350 RM	=	477,57 RM
		dazu 60 % des Betrages über 1250 RM
1350—1450 RM	=	537,57 RM
		dazu 65 % des Betrages über 1350 RM
1450—1750 RM	=	602,57 RM
		dazu 75 % des Betrages über 1450 RM
1750—2000 RM	=	827,57 RM
		dazu 80 % des Betrages über 1750 RM
über 2000 RM		
		51 % des Gesamtlohnes

Steuerklasse III (4) — Personen mit vier Kindern

Monatslöhne	—	Abzuziehende Steuern
0— 266 RM	=	0 RM
267— 283 RM	=	1,20 RM
		dazu 10 % des Betrages über 267 RM
283— 383 RM	=	2,80 RM
		dazu 20 % des Betrages über 283 RM
383— 483 RM	=	22,80 RM
		dazu 40 % des Betrages über 383 RM
483— 983 RM	=	62,80 RM
		dazu 50 % des Betrages über 483 RM
983—1283 RM	=	312,80 RM
		dazu 55 % des Betrages über 983 RM
1283—1383 RM	=	477,80 RM
		dazu 60 % des Betrages über 1283 RM
1383—1483 RM	=	537,80 RM
		dazu 65 % des Betrages über 1383 RM
1483—1783 RM	=	602,80 RM
		dazu 75 % des Betrages über 1483 RM
1783—2000 RM	=	827,80 RM
		dazu 80 % des Betrages über 1783 RM
über 2000 RM		
		50 % des Gesamtlohnes

Steuerklasse III (5) — Personen mit fünf Kindern

Monatslöhne	—	Abzuziehende Steuern
0— 299 RM	=	0 RM
300— 315 RM	=	0,58 RM
		dazu 12 % des Betrages über 300 RM

316— 366 RM	=	2,50 RM	
		dazu 18 % des Betrages über	316 RM
366— 416 RM	=	11,50 RM	
		dazu 22 % des Betrages über	366 RM
416— 516 RM	=	22,50 RM	
		dazu 40 % des Betrages über	416 RM
516—1016 RM	=	62,50 RM	
		dazu 50 % des Betrages über	516 RM
1016—1316 RM	=	312,50 RM	
		dazu 55 % des Betrages über	1016 RM
1316—1416 RM	=	477,50 RM	
		dazu 60 % des Betrages über	1316 RM
1416—1516 RM	=	537,50 RM	
		dazu 65 % des Betrages über	1416 RM
1516—1816 RM	=	602,50 RM	
		dazu 75 % des Betrages über	1516 RM
1816—2000 RM	=	827,50 RM	
		dazu 80 % des Betrages über	1816 RM
über 2000 RM		49 % des Gesamtlohnes	

Bemerkung:

1. Für Personen mit mehr als fünf Kindern werden alle für Steuerklasse III (5) angegebenen Steuerstufen für jedes Kind vom sechsten ab um 33 RM erhöht.

   Der Betrag des Steuerabzuges für 2000 RM monatlich übersteigende Löhne wird für jedes Kind vom sechsten ab um 1 % ermäßigt. Für Klasse III (6) gilt also z. B. folgende Tabelle:

   0—332 RM
   332—349 RM
   349—399 RM usw.

   Die auf 2000 RM übersteigende Löhne zu erhebende Steuer beträgt 48 %.

2. Wenn es sich um andere als monatliche Zeiträume handelt, wird der Steuersatz folgendermaßen berechnet:

Tageslohn	$^1/_{26}$	der Monatstabelle
Halbtagslohn . . .	$^1/_{52}$	„ „
Wochenlohn . . .	$^6/_{26}$	„ „
Halbmonatslohn . .	$^{12}/_{26}$	„ „

Anhang B

Verordnung über landwirtschaftliche Buchführung vom 5. Juli 1935

(Reichsgesetzbl. I S. 908, Reichssteuerbl. 1935 S. 955)

Auf Grund des § 12 der Reichsabgabenordnung in der Fassung des Steueranpassungsgesetzes vom 16. Oktober 1934 (Reichsgesetzbl. I S. 925) wird hiermit verordnet:

Beginn und Ende der Buchführungspflicht

§ 1

(1) Die Buchführungspflicht nach § 161 der Reichsabgabenordnung beginnt für Land- und Forstwirte mit dem Anfang des für die Gewinnermittlung bei der Einkommensteuer oder Körperschaftsteuer maßgebenden Wirtschaftsjahres, das auf den Zeitpunkt folgt, an dem erstmalig bei einer Veranlagung zur Einkommensteuer oder Körperschaftsteuer oder Umsatzsteuer oder bei einer Einheitswertfeststellung oder bei einem Rechtsmittelverfahren, das eine derartige Veranlagung oder Feststellung betrifft, festgestellt worden ist, daß eine der im § 161 Absatz 1 Ziffer 1 Buchstaben a oder c oder e der Reichsabgabenordnung bezeichneten Voraussetzungen vorliegt.

(2) Erstmalig für die Zeit vom 1. Juli 1935 ab sind Land- und Forstwirte buchführungspflichtig, die nach den Feststellungen, die zuletzt vor dem 1. Juli 1935 bei einer Veranlagung zur Einkommensteuer oder Körperschaftsteuer oder Umsatzsteuer oder bei einer Einheitswertfeststellung oder einem eine solche Veranlagung oder Feststellung betreffenden Rechtsmittelverfahren getroffen worden sind, eine der im § 161 Absatz 1 Ziffer 1 Buchstaben a oder c oder e der Reichsabgabenordnung bezeichneten Voraussetzungen erfüllen.

(3) Die Buchführungspflicht fällt wieder weg, wenn sich auf Grund einer Veranlagung zur Einkommensteuer, Körperschaftsteuer oder Umsatzsteuer oder auf Grund

einer Einheitswertfeststellung oder auf Grund eines eine solche Veranlagung oder Feststellung betreffenden Rechtsmittelverfahrens ergibt, daß bei dem Land- und Forstwirt keine der im § 161 Absatz 1 Ziffer 1 Buchstaben a oder c oder e der Reichsabgabenordnung bezeichneten Voraussetzungen vorgelegen hat. Der Wegfall der Buchführungspflicht wird wirksam mit dem Beginn des Wirtschaftsjahres, das auf den Zeitpunkt folgt, an dem die Feststellung getroffen worden ist.

(4) Eine Feststellung im Sinn der Absätze 1 bis 3 gilt dann als getroffen, wenn der Bescheid, der die Feststellung enthält (z. B. der Steuerbescheid, der Feststellungsbescheid, der Berichtigungsbescheid oder die Rechtsmittelentscheidung) bekanntgegeben worden ist, und zwar entweder dem Steuerpflichtigen oder einer Person, die berechtigt ist, den Bescheid für den Steuerpflichtigen entgegenzunehmen.

(5) Für den Beginn und den Wegfall der Buchführungspflicht kommt es nicht darauf an, ob die im Veranlagungsverfahren oder Feststellungsverfahren oder Rechtsmittelverfahren getroffenen Feststellungen bereits rechtskräftig geworden sind.

Ordnungsmäßigkeit der Buchführung

§ 2

(1) Der Gewinn ist auf Grund des Abschlusses der Bücher zu ermitteln, wenn der Steuerpflichtige nach den Vorschriften der §§ 161, 162 der Reichsabgabenordnung und nach den Vorschriften dieser Verordnung über den Betrieb der Land- und Forstwirtschaft ordnungsmäßige, den Gewinn nachweisende Bücher führt.

(2) Die Bücher gelten vorbehaltlich der sachlichen Richtigkeit als ordnungsmäßig, wenn sie

1. alle Betriebsvorgänge, insbesondere auch die Entnahmen und die Einlagen im Sinn des § 4 des Einkommensteuergesetzes, nach bestimmten Grundsätzen und nach der Zeitfolge geordnet, mit ihrem Geldwert ausweisen,

2. auf Grund einer jährlichen Bestandsaufnahme die Aenderungen im Wert und in der Zusammensetzung des Betriebsvermögens darstellen. Die Bestandsaufnahme braucht sich nicht auf das stehende Holz zu erstrecken.
3. den Vorschriften der nachfolgenden §§ 3 bis 5 dieser Verordnung genügen.

(3) Zu den Entnahmen im Sinn des Absatzes 2 gehört der Eigenverbrauch. Der Eigenverbrauch kann bei kleineren Betrieben von den laufenden Eintragungen ausgenommen und am Schluß jedes Monats in einem geschätzten Betrage aufgeführt werden, wenn er insbesondere durch die Angabe der Zahl der täglich verpflegten Personen näher erläutert wird. Die Oberfinanzpräsidenten setzen für ihre Bezirke Pauschsätze für den Eigenverbrauch fest und bestimmen nach Anhörung des Landesbauernführers, welche Betriebe im Sinn dieser Vorschrift als kleinere Betriebe anzusehen sind.

§ 3

Ein bestimmtes Buchführungssystem ist nicht vorgeschrieben. Ordnungsmäßig ist auch eine Buchführung, bei der die Bücher ganz oder zum Teil außerhalb des Betriebes geführt werden (Fernbuchführung). Liegt eine Fernbuchführung vor, so müssen die von dem Steuerpflichtigen im Betrieb selbst vorgenommenen Grundbuchungen (z. B. Eintragungen in das Tagebuch oder Kassenbuch, Aufzeichnungen für die Buchstelle, Wochenberichte usw.) den Regeln ordnungsmäßiger landwirtschaftlicher Buchführung entsprechen.

Zusammenstellungen und Verzeichnisse über das Vermögen, die Grundstücke und den Anbau

§ 4

(1) Unmittelbar nach Schluß des Wirtschaftsjahres sind zu fertigen:

1. ein Vermögensverzeichnis, in dem die Wirtschaftsgüter des Anlage- und Umlaufvermögens einschließ-

lich der Vorräte, Forderungen, Schulden, Barbestände u. dgl. aufzuführen sind,
2. eine Vermögenszusammenstellung.

(2) Die Betriebsgrundstücke sind nach der Nutzungsart geordnet außerhalb des Vermögensverzeichnisses gesondert in einem Grundstücksverzeichnis aufzuführen. In dem Grundstücksverzeichnis ist anzugeben, welche Grundstücke im Eigentum des Land- und Forstwirts stehen, welche Grundstücke gepachtet und welche Grundstücke verpachtet sind.

(3) Außer dem Vermögensverzeichnis und dem Grundstücksverzeichnis ist ein Anbau- und Ernteverzeichnis zu führen. Aus dem Anbau- und Ernteverzeichnis muß sich ergeben, mit welchen Fruchtarten usw. die selbstbewirtschafteten Flächen im abgelaufenen Wirtschaftsjahr bestellt waren und welche Mengenerträge sie gebracht haben.

(4) Vermögensverzeichnis, Grundstücksverzeichnis und Anbauverzeichnis können verbunden werden.

Viehregister, Naturalienregister und Lohnregister

§ 5

(1) Neben der fortlaufenden Aufzeichnung aller Betriebsvorgänge sind ein Viehregister, ein Naturalienregister und ein Lohnregister zu führen.

(2) Das Viehregister weist die Zug- und Nutzviehbestände zu Beginn des Wirtschaftsjahres, die Zugänge (Zukäufe, Geburten), die Abgänge (Verkäufe, Todesfälle, Schlachtungen) und alle sonstigen Veränderungen (Versetzungen) im Lauf des Wirtschaftsjahres und die Bestände am Schluß des Wirtschaftsjahres nach.

(3) Das Naturalienregister weist die Bestände an Erzeugnissen der verschiedenen Betriebszweige der Land- und Forstwirtschaft am Anfang des Wirtschaftsjahres, ihre Zu- und Abgänge unter Angabe ihrer Herkunft und Verwendung und die Bestände am Schluß des Wirtschaftsjahres nach.

(4) In dem Lohnregister sind laufend die Barlöhne und Sachbezüge (Deputate), die den im Betrieb be-

schäftigten Arbeitern und Arbeiterinnen gewährt werden, einzutragen.

§ 6

Die vorstehende Verordnung gilt erstmals für das landwirtschaftliche Wirtschaftsjahr 1935/36.

Anhang C

Verordnung über die Aufstellung von Durchschnittssätzen für die Ermittlung des Gewinns aus Land- und Forstwirtschaft vom 31. Dezember 1936

(Reichsgesetzbl. 1937 I S. 1, Reichssteuerbl. 1937 S. 33)

Auf Grund des § 12 der Reichsabgabenordnung und des § 29 des Einkommensteuergesetzes wird hierdurch verordnet:

§ 1

Grundsätzliche Regelung

Der Gewinn aus Land- und Forstwirtschaft wird auf Grund des Einheitswertes des land- und forstwirtschaftlichen Betriebes nach den folgenden Bestimmungen ermittelt, wenn

1. der Steuerpflichtige nicht zur Führung von Büchern verpflichtet ist,
2. ordnungsmäßige Bücher nicht geführt werden oder die Bücher sachliche Unrichtigkeiten vermuten lassen,
3. der Umsatz die von den Oberfinanzpräsidenten zu bestimmende Grenze, die auf höchstens 40 000 RM festgesetzt werden darf, nicht übersteigt.

§ 2

Gewinn

(1) Bei Ermittlung des Gewinns ist als Grundbetrag der achtzehnte Teil des maßgebenden Einheitswertes (§ 3) anzusetzen. Bei landwirtschaftlichen Betrieben,

für die bei der Einheitsbewertung der Mindestwert nach § 33 des Reichsbewertungsgesetzes vom 16. Oktober 1934 (Reichsgesetzbl. I S. 1035) und §§ 5 bis 7 der Durchführungsbestimmungen zum Reichsbewertungsgesetz vom 2. Februar 1935 (Reichsgesetzbl. I S. 81) angesetzt ist, ist der Grundbetrag um zwei vom Hundert des Wohnungswertes (§ 6 der Durchführungsbestimmungen zum Reichsbewertungsgesetz) zu vermindern.

(2) Dem Grundbetrag sind hinzuzusetzen:

1. der Wert der Arbeitsleistung des Betriebsinhabers und seiner im Betrieb tätigen Familienangehörigen (§ 4),
2. vereinnahmte Pachtzinsen (§ 5 Absatz 2).

(3) Abzusetzen sind verausgabte Pachtzinsen (§ 5 Absatz 1) und diejenigen Schuldzinsen und sonstigen dauernden Lasten (z. B. Altenteilslasten), die Betriebsausgaben sind und nicht bereits bei Feststellung des Einheitswertes berücksichtigt worden sind.

§ 3

Maßgebender Einheitswert

(1) Maßgebend für die Gewinnermittlung nach § 2 ist grundsätzlich der Einheitswert auf den letzten Feststellungszeitpunkt (Hauptfeststellungs-, Fortschreibungs- oder Nachfeststellungszeitpunkt), der vor dem Beginn des Wirtschaftsjahres liegt, für das der Gewinn zu ermitteln ist. Sind bei einer Fortschreibung oder Nachfeststellung die Umstände, die zu der Fortschreibung oder Nachfeststellung geführt haben, bereits vor Beginn des Wirtschaftsjahres eingetreten, in das der Fortschreibungs- oder Nachfeststellungszeitpunkt fällt, so ist der fortgeschriebene oder nachträglich festgestellte Einheitswert bereits für den Gewinn dieses Wirtschaftsjahres maßgebend. § 218 Absätze 2 und 4 und § 232 Absatz 2 der Reichsabgabenordnung sind anzuwenden.

(2) Beim Pächter ist für die Zwecke der Gewinnermittlung der Einheitswert des eigenen land- und forstwirtschaftlichen Betriebes um den Einheitswert für die zugepachteten land- und forstwirtschaftlich genutzten

Flächen zu erhöhen. Besteht für die zugepachteten Flächen kein besonderer Einheitswert, so ist die Erhöhung nach dem Hektarsatz zu errechnen, der bei der Einheitsbewertung für den eigenen Betrieb zugrunde gelegt worden ist. Sind zugepachtete weinbaumäßig genutzte oder zu Sonderkulturen genutzte Flächen zusammen nicht größer als ein Viertel Hektar und die übrigen zugepachteten Flächen nicht größer als zwei Hektar, so ist der Einheitswert des eigenen Betriebes nicht zu erhöhen (vgl. § 5 Absatz 1).

(3) Beim Verpächter ist für die Gewinnermittlung nach dieser Verordnung der Einheitswert des land- und forstwirtschaftlichen Betriebes um den Teil zu vermindern, der auf die verpachteten Flächen entfällt. Das gilt nicht, wenn die verpachteten weinbaumäßig genutzten oder zu Sonderkulturen genutzten Flächen zusammen nicht größer als ein Viertel Hektar und die übrigen verpachteten Flächen nicht größer als zwei Hektar sind (vgl. § 5 Absatz 2).

(4) Land- und forstwirtschaftlich genutzte Flächen eines Betriebes, die bei der Einheitsbewertung nach § 51 des Reichsbewertungsgesetzes dem Grundvermögen zugerechnet und mit dem gemeinen Wert bewertet worden sind (§ 53 Reichsbewertungsgesetz, § 44 der Durchführungsbestimmungen zum Reichsbewertungsgesetz), sind für die Gewinnermittlung nach den Vorschriften über die Bewertung des land- und forstwirtschaftlichen Vermögens zu bewerten.

§ 4

Bewertung der Arbeitsleistung.

(1) Als Wert der Arbeitsleistung des Betriebsinhabers ist mindestes ein Betrag von 1000 RM anzusetzen. Dieser Betrag erhöht sich, wenn der maßgebende Einheitswert (§ 3) 10 000 RM übersteigt. Für weibliche Betriebsinhaber beträgt der Wert der Arbeitsleistung zwei Drittel des für einen männlichen Betriebsinhaber anzusetzenden Betrages, wenn nicht die Leitung des Betriebes einer fremden Arbeitskraft übertragen ist.

(2) Bei den im Betrieb beschäftigten Familienangehörigen des Betriebsinhabers ist als Wert der Arbeitsleistung anzusetzen:

1. für männliche Familienangehörige mit Ausnahme der in Ziffer 3 bezeichneten ein Betrag in Höhe des halben ortsüblichen Arbeitslohns eines Knechtes,

2. für weibliche Familienangehörige mit Ausnahme der in Ziffer 3 bezeichneten und mit Ausnahme der Ehefrau des Betriebsinhabers ein Betrag in Höhe des halben ortsüblichen Arbeitslohns einer Magd,

3. für Kinder, die das 17. Lebensjahr vollendet haben und für die Kinderermäßigung gewährt wird, ein Betrag in Höhe des vollen ortsüblichen Arbeitslohns eines volljährigen Knechtes oder einer volljährigen Magd.

Die Arbeitsleistung von Kindern unter 14 Jahren bleibt außer Betracht. Maßgebend für die Frage, ob ein Kind das 17. oder das 14. Lebensjahr vollendet hat, ist der Beginn des Wirtschaftsjahres.

(3) Als Familienangehörige im Sinn des Absatzes 2 gelten Verwandte und Verschwägerte des Betriebsinhabers in gerader Linie und Stiefkinder, Adoptivkinder, Pflegekinder, Stiefeltern, Adoptiveltern und Pflegeeltern.

(4) Sind die in den Absätzen 1 und 2 bezeichneten Personen nicht voll im Betrieb beschäftigt, so ist ein der Beschäftigung entsprechender Teil des nach den Absätzen 1 und 2 maßgebenden Wertes der Arbeitsleistung anzusetzen.

(5) Die Arbeitsleistung der Ehefrau des Betriebsinhabers ist mit 400 RM zu bewerten. Dieser Betrag vermindert sich entsprechend, wenn weniger als die halbe Arbeitskraft der Ehefrau dem Betrieb gewidmet ist.

(6) Die näheren Bestimmungen über die für die Arbeitsleistung des Betriebsinhabers und seiner Familienangehörigen anzusetzenden Beträge treffen die Oberfinanzpräsidenten.

§ 5

Pachtzinsen

(1) Sind in den Pachtzinsen Steuern und sonstige bei Feststellung des Einheitswertes bereits berücksichtigte Lasten enthalten, die der Verpächter zu leisten hat, so sind nur die um diese Leistung verminderten Pachtzinsen (reine Pachtzinsen) abzugsfähig. Soweit die reinen Pachtzinsen den achtzehnten Teil des Einheitswertes des gepachteten Betriebes oder des auf die zugepachteten Flächen entfallenden Einheitswertes übersteigen, sind sie nicht abzugsfähig. Sind zugepachtete weinbaumäßig genutzte oder zu Sonderkulturen genutzte Flächen zusammen nicht größer als ein Viertel Hektar und die übrigen zugepachteten Flächen nicht größer als zwei Hektar, so dürfen Pachtzinsen nicht abgezogen werden (vgl. § 3 Absatz 2).

(2) Ist der Gewinn des Verpächters nach dieser Verordnung zu ermitteln, so sind die vereinnahmten reinen Pachtzinsen dem nach § 2, § 3 Absatz 3 für den selbstbewirtschafteten Betrieb ermittelten Gewinn nur dann hinzuzurechnen, wenn sie nach § 21 Absatz 3 des Einkommensteuergesetzes zu den Einkünften aus Land- und Forstwirtschaft gehören. Sind verpachtete weinbaumäßig genutzte oder zu Sonderkulturen genutzte Flächen zusammen nicht größer als ein Viertel Hektar und die übrigen verpachteten Flächen nicht größer als zwei Hektar, so bleiben die Pachtzinsen bei Ermittlung der Einkünfte des Verpächters außer Ansatz (vgl. § 3 Absatz 3).

§ 6

Altenteilslasten

Für Altenteilslasten können die Oberfinanzpräsidenten Pauschbeträge festsetzen.

§ 7

Zuschläge

Für nachhaltige Betriebseinnahmen, die bei Feststellung des Einheitswertes nicht oder nach den tatsächlichen Verhältnissen nicht hinreichend berücksichtigt worden sind (z. B. Einnahmen aus Fuhrleistungen, aus Sonderkulturen und Nebenbetrieben), sind Zuschläge zu dem nach den vorstehenden Bestimmungen ermittelten Gewinn zu machen, wenn diese Einnahmen jährlich insgesamt 500 RM oder mehr betragen. Die näheren Bestimmungen treffen die Oberfinanzpräsidenten.

§ 8

Geltungsbereich

(1) Die Bestimmungen dieser Verordnung sind anzuwenden auf Betriebe, die bei der Einheitsbewertung als landwirtschaftliche Betriebe bewertet worden sind. Das gilt vorbehaltlich des Absatzes 2 auch dann, wenn zu dem Betrieb außer landwirtschaftlich genutzten Flächen noch andere Betriebsteile gehören, die bei der Einheitsbewertung gesondert bewertet worden sind (z. B. forstwirtschaftlich genutzte Grundstücksflächen, weinbaumäßig genutzte Grundstücksflächen).

(2) Gehören zu einem landwirtschaftlichen Betrieb forstwirtschaftlich oder weinbaumäßig genutzte Grundstücksflächen und entfällt auf die forstwirtschaftlich genutzten Flächen mehr als 10 vom Hundert des gesamten Einheitswertes des Betriebes, mindestens aber ein Teileinheitswert von 5000 RM, oder auf die weinbaumäßig genutzten Flächen mehr als 30 vom Hundert des gesamten Einheitswertes des Betriebes, so ist der Gewinn aus den forstwirtschaftlich oder weinbaumäßig genutzten Flächen nach näherer Bestimmung der Oberfinanzpräsidenten besonders zu ermitteln. Für die anderen Teile des Betriebes gilt die Verordnung.

(3) Die Bestimmungen dieser Verordnung sind nicht anzuwenden auf Betriebe, die bei der Einheitsbewertung nicht als landwirtschaftliche Betriebe behandelt worden sind (z. B. Betriebe, die bei der Einheitsbewertung als Forstbetriebe, Weinbaubetriebe usw. behandelt sind). Gehören zu diesen Betrieben auch landwirtschaftlich genutzte Grundstücksflächen, so ist der Betriebsgewinn, der auf diese Flächen entfällt, nach den Bestimmungen dieser Verordnung zu ermitteln. Im übrigen wird der Gewinn dieser Betriebe nach näherer Bestimmung der Oberfinanzpräsidenten ermittelt.

(4) Von der Gewinnermittlung nach dieser Verordnung können nach näherer Bestimmung der Oberfinanzpräsidenten auch solche Betriebe ausgenommen werden, die bei der Einheitsbewertung zwar als landwirtschaftliche Betriebe behandelt worden sind bei denen aber infolge ihrer betriebswirtschaftlichen Eigenart die Gewinnermittlung nach dieser Verordnung zu offenbar unrichtigen Ergebnissen führen würde, z. B. die Gräserbetriebe in den Marschgebieten und die Rieselfelderbetriebe.

§ 9

Geltungsdauer der Gewinnermittlung

(1) Der nach dieser Verordnung ermittelte Gewinn ist grundsätzlich für alle Wirtschaftsjahre zugrunde zu legen, für die derselbe Einheitswert nach § 3 Absatz 1 maßgebend bleibt. Er wird bei gleichbleibendem Einheitswert nur dann neu ermittelt, wenn Veränderungen im Betrieb auftreten, die den nach dieser Verordnung zu ermittelnden Gewinn nachhaltig wesentlich beeinflussen. Wesentlich in diesem Sinn ist eine Beeinflussung nur dann, wenn der neu zu ermittelnde Gewinn von dem bisher zugrunde gelegten Gewinn um mindestens 500 Reichsmark abweicht. Veränderungen, die zu einer Herabsetzung des Gewinns führen, werden nur auf Antrag berücksichtigt. Der Antrag ist bis zum Ablauf der Frist für die Abgabe der Einkommensteuererklärung zu stellen.

(2) Betriebseinnahmen, die neben den nachhaltigen Einnahmen nur in einzelnen Jahren erzielt werden, z. B. Einnahmen für Lohnfuhren, die in andern Jahren nicht oder nur in geringer Höhe erzielt werden, sind durch Sonderzuschläge zu dem sonst nach dieser Verordnung sich ergebenden Gewinn für das einzelne Jahr zu berücksichtigen, wenn dadurch der Gewinn mindestens um 500 RM erhöht wird.

§ 10

Geltungsdauer der Steuerfestsetzung

(1) Steuerpflichtige, die nur Einkünfte aus Land- und Forstwirtschaft oder neben diesen Einkünften nur nicht-

steuerabzugspflichtige Einkünfte von nicht mehr als 500 RM beziehen, haben die Einkommensteuer, die im Anschluß an die Gewinnermittlung nach dieser Verordnung festgesetzt wird, grundsätzlich für alle Jahre zu entrichten, für die derselbe Gewinn maßgebend bleibt (§ 9). Die Steuer wird in Höhe eines Viertels der Jahressteuerschuld am 10. März und 10. Juni und in Höhe der Hälfte der Jahressteuerschuld am 10. Dezember desjenigen Jahres fällig, für das die Steuer zu entrichten ist. Sind bei der Steuerfestsetzung oder bei Aenderungen der Steuerfestsetzung (Absatz 2) hiernach bereits Steuerbeträge fällig geworden für die Zeit, für die die Steuerfestsetzung gilt, so sind zuwenig entrichtete Beträge innerhalb eines Monats nach Bekanntgabe der Steuerfestsetzung oder geänderten Steuerfestsetzung nachzuzahlen und etwa zuviel gezahlte Beträge durch Rückzahlung oder Aufrechnung auszugleichen.

(2) Die Einkommensteuer wird bei gleichbleibendem Gewinn für die im Absatz 1 bezeichneten Steuerpflichtigen nur dann neu festgesetzt, wenn Umstände eintreten, die eine höhere oder niedrigere Festsetzung der Steuer auch für die folgenden Jahre begründen, insbesondere Aenderungen im Familienstand, z. B. Verheiratung des Steuerpflichtigen und Geburt oder Tod eines Kindes. Umstände, die zu einer Herabsetzung der Steuer führen, werden nur auf Antrag berücksichtigt. Der Antrag ist bis zum Ablauf der Frist für die Abgabe der Einkommensteuererklärung zu stellen.

(3) Besondere wirtschaftliche Verhältnisse (§ 33 des Einkommensteuergesetzes), die die steuerliche Leistungsfähigkeit des Steuerpflichtigen nur für einzelne Jahre wesentlich beeinträchtigen, z. B. außerordentliche Belastung durch Krankheit, Todesfall oder Unglücksfall, werden auf Antrag nur für das in Betracht kommende Jahr durch Ermäßigung der Einkommensteuer berücksichtigt. Der Antrag ist bis zum Ablauf der Frist für die Abgabe der Einkommensteuererklärung zu stellen.

§ 11

Steuererlaß in außergewöhnlichen Fällen

Treten außergewöhnliche Umstände auf, die den Gewinn nur in einzelnen Jahren beeinflussen, z. B. Mißernten, Viehseuchen und sonstige Schäden infolge höherer Gewalt, so kann die Steuer ganz oder zum Teil erlassen werden. Die Oberfinanzpräsidenten bestimmen, ob und für welche Bezirke solche außergewöhnlichen Umstände vorliegen. Sie können auch Richtlinien über den Umfang des Steuererlasses aufstellen.

§ 12

Inkrafttreten

(1) Diese Verordnung gilt erstmalig für die Veranlagung für das Kalenderjahr 1936.

(2) Für das Saarland ist abweichend von § 3 dieser Verordnung der auf den 1. Januar 1936 festgestellte Einheitswert für die Gewinnermittlung für das Wirtschaftsjahr 1935/36 maßgebend.

Anhang D

Gesetz über die Erhebung einer Abgabe der Aufsichtsratsmitglieder vom 28. März 1934

(Reichsgesetzbl. I S. 253, Reichssteuerbl. 1934 S. 369) unter Berücksichtigung der Aenderungen auf Grund des Gesetzes zur Aenderung des Einkommensteuergesetzes vom 17. Februar 1939 (Reichsgesetzbl. I S. 283, Reichssteuerbl. 1939 S. 305).

Die Reichsregierung hat das folgende Gesetz beschlossen, das hierdurch verkündet wird:

§ 1

(1) Mitglieder des Aufsichtsrats (Verwaltungsrats) von Aktiengesellschaften, Kommanditgesellschaften auf Aktien, Berggewerkschaften, Gesellschaften mit be-

schränkter Haftung und sonstigen Kapitalgesellschaften, Genossenschaften und Personenvereinigungen des privaten und des öffentlichen Rechts, bei denen die Gesellschafter nicht als Unternehmer (Mitunternehmer) anzusehen sind, unterliegen mit Vergütungen jeder Art, die ihnen von den genannten Unternehmungen für die Ueberwachung der Geschäftsführung nach dem 31. März 1934 gewährt werden (Aufsichtsratsvergütungen), einer Abgabe in Höhe von zwanzig vom Hundert (Abgabe der Aufsichtsratsmitglieder).

(2) Die Abgabe wird nicht erhoben, wenn die Vergütung für das einzelne Aufsichtsratsmitglied den Jahresbetrag von 100 Reichsmark nicht übersteigt.

§ 2

Die Abgabe wird im Steuerabzugsverfahren erhoben. Die Verordnung über den Steuerabzug von Aufsichtsratsvergütungen vom 30. März 1933 (Reichsgesetzbl. I S. 155)*) findet Anwendung.

*) An die Stelle der Verordnung vom 30. März 1933 ist für die Aufsichtsratsvergütungen, die den Aufsichtsratsmitgliedern nach dem 31. Dezember 1934, aber vor dem 1. April 1939 zugeflossen sind, die Verordnung über den Steuerabzug von Aufsichtsratsvergütungen vom 6. Februar 1935 (Reichsgesetzbl. I S. 161, Reichssteuerbl. 1935 S. 216) und für die Aufsichtsratsvergütungen, die den Aufsichtsratsmitgliedern nach dem 31. März 1939 zufließen, die folgende Verordnung über den Steuerabzug von Aufsichtsratsvergütungen vom 31. März 1939 getreten.

§ 3

Die Abgabe der Aufsichtsratsmitglieder fließt ausschließlich dem Reich zu.

Anhang E

Verordnung über den Steuerabzug von Aufsichtsratsvergütungen vom 31. März 1939

(Reichsgesetzbl. I S. 691, Reichssteuerbl. 1939 S. 521).

Zur Durchführung des Gesetzes über die Erhebung einer Abgabe der Aufsichtsratsmitglieder vom 28. März 1934 (Reichsgesetzbl. I S. 253) in der Fassung der Vorschriften in § 3 und im § 4 Absatz 2 des Gesetzes zur Aenderung des Einkommensteuergesetzes vom 17. Februar 1939 (Reichsgesetzbl. I S. 283) und zur Durchführung des Einkommensteuergesetzes vom 27. Februar 1939 (Reichsgesetzbl. I S. 297) wird auf Grund der §§ 12 und 13 der Reichsabgabenordnung hierdurch verordnet:

§ 1

(1) Inländische Aktiengesellschaften, Kommanditgesellschaften auf Aktien, Berggewerkschaften, Gesellschaften mit beschränkter Haftung und sonstige Kapitalgesellschaften, Genossenschaften und Personenvereinigungen des privaten und des öffentlichen Rechts, bei denen die Gesellschafter nicht als Unternehmer (Mitunternehmer) anzusehen sind, und ähnliche Unternehmen haben von Vergütungen jeder Art, die sie an die zur Ueberwachung der Geschäftsführung bestimmten Personen, insbesondere an Mitglieder des Aufsichtsrats, des Grubenvorstandes, des Gewerkschaftsrats, des Verwaltungsrats (Aufsichtsratsmitglieder) gewähren (Aufsichtsratsvergütungen), einen Steuerabzug in Höhe der im § 3 bezeichneten Hundertsätze für Rechnung des Aufsichtsratsmitgliedes vorzunehmen.

(2) Inländisch sind solche Unternehmen, die ihre Geschäftsleitung oder ihren Sitz im Inland haben.

(3) Ein Steuerabzug nach dieser Verordnung ist nicht vorzunehmen, wenn die Vergütung für das einzelne Aufsichtsratsmitglied den Jahresbetrag von einhundert Reichsmark nicht übersteigt.

§ 2

(1) Dem Steuerabzug unterliegt der volle Betrag der Aufsichtsratsvergütungen ohne jeden Abzug. Werden Reisekosten (Tagegelder und Fahrtauslagen) besonders gewährt, so gehören sie zu den Aufsichtsratsvergütungen nur insoweit, als sie die tatsächlichen Auslagen übersteigen.

(2) Die Aufsichtsratsvergütungen unterliegen dem Steuerabzug ohne Rücksicht darauf, ob das Aufsichtsratsmitglied verpflichtet ist, sie an eine andere Stelle abzuführen.

§ 3

(1) Bei unbeschränkt steuerpflichtigen Aufsichtsratsmitgliedern wird durch den Steuerabzug nur die Abgabe der Aufsichtsratsmitglieder erhoben. Der Steuerabzug beträgt:

20 vom Hundert der Aufsichtsratsvergütung, wenn der Empfänger die Steuer trägt,

25 vom Hundert des an das Aufsichtsratsmitglied tatsächlich ausgezahlten Betrages, wenn das Unternehmen die Steuer übernimmt.

(2) Bei beschränkt steuerpflichtigen Aufsichtsratsmitgliedern wird durch den Steuerabzug neben der Abgabe der Aufsichtsratsmitglieder auch Einkommensteuer erhoben. Der Steuerabzug beträgt:

28 vom Hundert der Aufsichtsratsvergütung, wenn der Empfänger die Steuer trägt,

38,88 vom Hundert des an das Aufsichtsratsmitglied tatsächlich ausgezahlten Betrages, wenn das Unternehmen die Steuern übernimmt.

§ 4

Steuerschuldner ist beim Steuerabzug von Aufsichtsratsvergütungen das Aufsichtsratsmitglied. Das Unternehmen haftet aber dem Reich für die Einbehaltung und Abführung der Steuern. Das Aufsichtsratsmitglied (Steuerschuldner) wird nur in Anspruch genommen,

1. wenn das Unternehmen die Aufsichtsratsvergütung nicht vorschriftsmäßig gekürzt hat, oder
2. wenn das Aufsichtsratsmitglied weiß, daß das Unternehmen die einbehaltenen Steuern nicht vorschriftsmäßig abgeführt hat (§ 5 Absatz 3) und dies dem Finanzamt nicht unverzüglich mitteilt.

§ 5

(1) Das Unternehmen hat den Steuerabzug in dem Zeitpunkt vorzunehmen, in dem die Aufsichtsratsvergütung dem Aufsichtsratsmitglied zufließt. Das Unternehmen hat den Steuerabzug auch dann vorzunehmen, wenn das Aufsichtsratsmitglied die Aufsichtsratsvergütung nicht einfordert.

(2) Das Unternehmen hat dem für seine Einkommensbesteuerung zuständigen Finanzamt innerhalb einer Woche nach dem Zeitpunkt, in dem die Aufsichtsratsvergütung dem Aufsichtsratsmitglied zugeflossen ist, eine Anmeldung nach dem beigefügten Muster zu übersenden. Die Anmeldung muß von einem zur Vertretung des Unternehmens Berechtigten unterschrieben sein. Vordrucke zu Anmeldungen werden den Unternehmen auf Antrag vom Finanzamt kostenlos geliefert.

(3) Das Unternehmen hat die einbehaltenen Steuern unter der Bezeichnung „Steuerabzug von Aufsichtsratsvergütungen“ innerhalb der im Absatz 2 bezeichneten Frist an das Finanzamt (Finanzkasse) abzuführen.

§ 6

(1) Das Unternehmen hat die Aufsichtsratsvergütungen besonders aufzuzeichnen. Aus den Aufzeichnungen müssen ersichtlich sein: Name und Wohnung des Aufsichtsratsmitgliedes, Höhe der Aufsichtsratsvergütung, Tag, an dem die Vergütung dem Aufsichtsratsmitglied zugeflossen ist, Höhe der einbehaltenen Steuern und Zeitpunkt der Abführung der Steuern.

(2) Bei der Veranlagung zur Körperschaftsteuer und bei örtlichen Prüfungen (Betriebsprüfung, Lohnsteueraußenprüfung usw.), die bei den Unternehmen vorgenommen werden, ist auch zu prüfen, ob der Steuerabzug ordnungsmäßig vorgenommen ist und die einbehaltenen Steuern richtig und rechtzeitig abgeführt worden sind.

§ 7

(1) Die Abgabe der Aufsichtsratsmitglieder ist bei unbeschränkt und bei beschränkt steuerpflichtigen Aufsichtsratsmitgliedern durch den Steuerabzug abgegolten.

(2) Die Einkommensteuer für die Aufsichtsratsvergütung ist bei beschränkt steuerpflichtigen Aufsichtsratsmitgliedern abgegolten, wenn die von dem einzelnen Unternehmen an das beschränkt steuerpflichtige Aufsichtsratsmitglied gezahlte Aufsichtsratsvergütung im Kalenderjahr den Betrag von 5 300 RM nicht erreicht. Andernfalls ist das Aufsichtsratsmitglied zur Einkommensteuer zu veranlagen.

§ 8

(1) Im Fall der Veranlagung des Aufsichtsratsmitglieds zur Einkommensteuer wird bei der Ermittlung der Einkünfte die um die einbehaltene Abgabe der Aufsichtsratsmitglieder gekürzte Vergütung angesetzt. Das ist bei unbeschränkt steuerpflichtigen Aufsichtsratsmitgliedern der tatsächlich ausgezahlte Betrag, bei beschränkt steuerpflichtigen Aufsichtsratsmitgliedern der tatsächlich ausgezahlte Betrag zuzüglich 11,11 vom Hundert.

(2) Bei beschränkt steuerpflichtigen Aufsichtsratsmitgliedern wird die durch Steuerabzug einbehaltene Einkommensteuer (§ 3 Absatz 2) auf die veranlagte Einkommensteuerschuld angerechnet. Die anzurechnende Einkommensteuer beträgt:

8 vom Hundert der Aufsichtsratsvergütung, wenn das Aufsichtsratsmitglied die Steuer trägt,

11,11 vom Hundert des an das Aufsichtsratsmitglied ausgezahlten Betrags, wenn das Unternehmen die Steuer übernommen hat.

(3) Die Abgabe der Aufsichtsratsmitglieder wird weder bei unbeschränkt noch bei beschränkt steuerpflichtigen Aufsichtsratsmitgliedern auf die Einkommensteuerschuld angerechnet.

§ 9

Die Verordnung tritt an die Stelle der Verordnung über den Steuerabzug von Aufsichtsratsvergütungen vom 6. Februar 1935 (Reichsgesetzbl. I S. 161). Sie gilt für die Aufsichtsratsvergütungen, die den Aufsichtsratsmitgliedern von Unternehmen, deren Geschäftsleitung oder Sitz sich im Altreichsgebiet befindet, nach dem 31. März 1939 zufließen.

Anlage
(Zu § 5 Absatz 2)

Finanzamt ....
K-
Steuernummer

Anmeldung über den Steuerabzug von Aufsichtsratsvergütungen der Firma..

....
(Ort der Geschäftsleitung oder Sitz)

....
(Straße, Hausnummer)

Wir haben — gezahlt — gutgeschrieben — *):

a) Aufsichtsratsvergütungen an unbeschränkt steuerpflichtige Aufsichtsratsmitglieder für das Kalender-(Wirtschafts-)jahr 19....... die Zeit vom / 19....... bis / 19........ ....RM

b) Aufsichtsratsvergütungen an beschränkt steuerpflichtige Aufsichtsratsmitglieder für das Kalender-(Wirtschafts-)jahr 19....... die Zeit vom / 19....... bis / 19........ ....RM

zusammen ....RM

Ueber die Aufsichtsratsvergütungen der einzelnen Aufsichtsratsmitglieder sind umseitig die erforderlichen Angaben gemacht.

Die Aufsichtsratsvergütungen sind laut Beschluß.............. .... vom.................................19........ zugeflossen:
am..19.......
oder infolge einer Vorausleistung am..............................19........*).

Der Betrag von
20 v.H. (25 v.H.**)) der Aufsichtsratsvergütungen zu
28 v.H. (38,88 v.H.**)) der Aufsichtsratsvergütungen zu

a= ....RM ....Rpf.
b= ....RM ....Rpf.

zusammen ....RM ....Rpf.

ist einbehalten und am.......................................19........ an das Finanzamt (Finanzkasse) ....
(Hier ist der Zahlungsweg anzugeben)
abgeführt worden.

Der Steuerabzug ist gemäß § 1 Absatz 3 der Verordnung über den Steuerabzug von Aufsichtsratsvergütungen vom 31. März 1939 (Reichsgesetzbl. I S. 691) bei Aufsichtsratsvergütungen von insgesamt ....RM unterblieben, weil die Vergütung für das einzelne Aufsichtsratsmitglied den Jahresbetrag von 100 RM nicht überstiegen hat.

Wir versichern, die Angaben nach bestem Wissen und Gewissen gemacht zu haben.

...., ...19.......

....
(Firma)

....
(Unterschrift)

An das Finanzamt

....

*) Nichtzutreffendes ist zu streichen.
**) Bei Uebernahme der Steuer durch das Unternehmen.

Anmeldung über den Steuerabzug von Aufsichtsratsvergütungen.

Lfde. Nr.	Vor- und Zuname des einzelnen Aufsichtsratsmitgliedes	Wohnort, Straße und Hausnummer des einzelnen Aufsichtsratsmitgliedes	Höhe der gezahlten Aufsichtsratsvergütungen (ohne jeden Abzug) RM	Höhe der gezahlten Reisekosten (Tagegelder u. Fahrtauslagen), soweit sie die tatsächlichen Auslagen übersteigen*) RM	Höhe des Steuerabzuges v.H	Höhe des Steuerabzuges RM	Rpf
1	2	3	4	5	6	7	
		Insgesamt					

*) Weitere Ergänzungen und Bemerkungen auf besonderer Anlage

Anhang F

Verordnung über die Bemessung des Nutzungswerts der Wohnung im eigenen Einfamilienhaus

vom 26. Januar 1937

(Reichsgesetzbl. I S. 99, Reichssteuerbl. 1937 S. 161)

Auf Grund des § 12 der Reichsabgabenordnung und des § 29 Absatz 3 des Einkommensteuergesetzes wird hierdurch verordnet:

§ 1

Grundsätzliche Regelung

Bei der Ermittlung der Einkünfte aus Vermietung und Verpachtung (§ 21 des Einkommensteuergesetzes) wird der Nutzungswert der Wohnung im eigenen Einfamilienhaus im Sinn des § 32 Absatz 1 Ziffer 4 der Durchführungsbestimmungen zum Reichsbewertungsgesetz vom 2. Februar 1935 (Reichsgesetzbl. I S. 81) auf Grund des Einheitswerts des Grundstücks nach den Bestimmungen in den §§ 2 bis 4 bemessen.

§ 2

Nutzungswert

I. Als Grundbetrag für den Nutzungswert der Wohnung im eigenen Einfamilienhaus einschließlich der zugehörigen sonstigen Räume und Gärten (§ 21 Absatz 2 des Einkommensteuergesetzes) sind die folgenden Hundertsätze des maßgebenden Einheitswerts des Grundstücks (§ 3) anzusetzen:

1. 3 vom Hundert, wenn das Gebäude vor dem 1. Januar 1925 bezugsfertig geworden ist,
2. $3^1/_2$ vom Hundert, wenn das Gebäude nach dem 31. Dezember 1924 bezugsfertig geworden ist.

II. Von dem Grundbetrag sind bis zu seiner Höhe die Schuldzinsen abzusetzen, die mit der Nutzung des Grundstücks zu Wohnzwecken in wirtschaftlichem Zusammenhang stehen.

§ 3

Maßgebender Einheitswert

I. Maßgebend ist der Einheitswert für den letzten Feststellungszeitpunkt (Hauptfeststellungs-, Fortschreibungs- oder lenderjahrs liegt oder mit dem Beginn des Kalenderjahrs zusammenfällt, für das der Nutzungswert der Wohnung zu ermitteln ist. Ist das Einfamilienhaus erst innerhalb des Kalenderjahrs bezugsfertig geworden, für das der Nutzungswert zu ermitteln ist, so ist der Einheitswert maßgebend, der zuerst für das Einfamilienhaus festgestellt wird. § 218 Absätze 2 und 4 und § 232 Absatz 2 der Reichsabgabenordnung sind anzuwenden.

II. Dient das Grundstück teilweise eigenen oder fremden gewerblichen, beruflichen oder öffentlichen Zwecken (§ 32 Absatz 1 Ziffer 4 letzter Satz der Durchführungsbestimmungen zum Reichsbewertungsgesetz), so vermindert sich der maßgebende Einheitswert um den Teil, der auf den gewerblich, beruflich oder öffentlich genutzten Teil des Grundstücks entfällt.

§ 4

Geltungsbereich

Die Bestimmungen dieser Verordnung sind nur auf Einfamilienhäuser anzuwenden, bei denen die gesamte Grundfläche nicht größer als das Zwanzigfache der bebauten Grundfläche ist. Auch wenn hiernach die Verordnung nicht anzuwenden ist, ist der Einkommensteuer mindestens ein Betrag zugrunde zu legen, der sich bei Anwendung der Verordnung nach § 2 ergeben würde, wenn die gesamte Grundfläche nicht größer als das Zwanzigfache der bebauten Grundfläche wäre.

§ 5

Inkrafttreten

Die Verordnung gilt erstmalig für die Einkommensteuerveranlagung für das Kalenderjahr 1936.

Berlin, den 26. Januar 1937.

Anhang G

Lohnsteuerdurchführungsbestimmungen 1939 (LStDB)
vom 10. März 1939
(Reichsgesetzbl. I S. 449)

Auf Grund der §§ 12 und 13 der Reichsabgabenordnung und des § 31 Ziffer 2, § 33, § 39 Absatz 8, § 50 Absatz 4 des Einkommensteuergesetzes wird für den Steuerabzug vom Arbeitslohn (Lohnsteuer) hierdurch verordnet:

A. Arbeitnehmer, Arbeitgeber, **Arbeitslohn** (§§ 1 bis 6)

§ 1

Arbeitnehmer, Arbeitgeber (§ 1 Absatz 1, § 2 Absatz 3 Ziffer 4, § 19 EStG, § 14 Absätze 2, 3 StAnpG)

I. Arbeitnehmer, die im Inland einen Wohnsitz oder ihren gewöhnlichen Aufenthalt haben oder die wie Personen behandelt werden, die ihren gewöhnlichen Aufenthalt im Inland haben (§ 38), sind unbeschränkt lohnsteuerpflichtig. Die beschränkte Lohnsteuerpflicht richtet sich nach § 39 Absatz 1 Ziffer 2, § 40.

II. Arbeitnehmer sind Personen, die in öffentlichen oder privatem Dienst angestellt oder beschäftigt sind oder waren und die aus diesem Dienstverhältnis oder einem früheren Dienstverhältnis Arbeitslohn beziehen. Arbeitnehmer sind auch die Rechtsnachfolger dieser Personen, soweit sie Arbeitslohn aus dem früheren Dienstverhältnis ihres Rechtsvorgängers beziehen.

III. Ein Dienstverhältnis (Absatz 2) liegt vor, wenn der Angestellte (Beschäftigte) dem Arbeitgeber (öffentliche Körperschaft, Unternehmer, Haushaltsvorstand) seine Arbeitskraft schuldet. Dies ist der Fall, wenn die tätige Person in der Betätigung ihres geschäftlichen Willens unter der Leitung des Arbeitgebers steht oder im geschäftlichen Organismus des Arbeitgebers dessen Weisungen zu folgen verpflichtet ist.

IV. Arbeitnehmer ist nicht, wer Lieferungen oder sonstige Leistungen innerhalb der von ihm selbständig ausgeübten gewerblichen oder beruflichen Tätigkeit im Inland gegen Entgelt ausführt, soweit es sich um die Entgelte für diese Lieferungen und sonstige Leistungen handelt (umsatzsteuerpflichtige Entgelte).

§ 2

Arbeitslohn (§ 2 Absatz 3 Ziffer 4, §§ 8, 19, 24 EStG)

I. Arbeitslohn sind alle Einnahmen, die dem Arbeitnehmer aus dem Dienstverhältnis oder einem früheren Dienstverhältnis zufließen. Einnahmen sind alle Güter, die in Geld oder Geldeswert bestehen. Es ist gleichgültig, ob es sich um einmalige oder laufende Einnahmen handelt, ob ein Rechtsanspruch auf sie besteht und unter welcher Bezeichnung oder Form sie gewährt werden.

II. Zum Arbeitslohn gehören:

1. Gehälter, Löhne, Provisionen, Gratifikationen, Tantiemen und andere Bezüge und Vorteile aus einem Dienstverhältnis;
2. Wartegelder, Ruhegelder, Witwen- und Waisengelder und andere Bezüge und Vorteile für eine frühere Dienstleistung, gleichgültig, ob sie dem zunächst Bezugsberechtigten oder seinem Rechtsnachfolger zufließen. Bezüge, die ganz oder teilweise auf früheren Beitragsleistungen des Bezugsberechtigten oder seines Rechtsvorgängers beruhen, gehören nicht zum Arbeitslohn.

III. Zum Arbeitslohn gehören auch:

1. unbeschadet der Vorschrift des § 6 Ziffern 7 und 8 Entschädigungen, die dem Arbeitnehmer oder seinem Rechtsnachfolger als Ersatz für entgangenen oder entgehenden Arbeitslohn oder für die Aufgabe oder Nichtausübung einer Tätigkeit gewährt werden,
2. Ausgaben, die ein Arbeitgeber leistet, um einen Arbeitnehmer oder diesem nahestehende Personen für den Fall der Krankheit, der Invalidität, des Alters oder des Todes sicherzustellen (Zukunftssicherung), auch wenn auf die Leistungen aus der Zukunftssicherung kein Rechtsanspruch besteht. Voraussetzung ist, daß der Arbeitnehmer der Zukunftssicherung aus-

drücklich oder stillschweigend zustimmt. Ist bei Zukunftssicherung für mehrere Arbeitnehmer oder diesen nahestehende Personen (Sammelversicherung, Pauschalversicherung) der für den einzelnen Arbeitnehmer geleistete Teil der Ausgaben nicht in anderer Weise zu ermitteln, so sind die Ausgaben nach der Zahl der gesicherten Arbeitnehmer auf diese aufzuteilen. Nicht zum Arbeitslohn gehören Ausgaben für die Zukunftssicherung, die auf Grund gesetzlicher Verpflichtung geleistet werden oder die nur dazu dienen, dem Arbeitgeber die Mittel zur Leistung einer dem Arbeitnehmer zugesagten Versorgung zu verschaffen (Rückdeckung des Arbeitgebers),

3. besondere Zuwendungen, die auf Grund des Dienstverhältnisses oder des früheren Dienstverhältnisses gewährt werden, z. B. Krankengeldzuschüsse,
4. besondere Entlohnungen für Dienste, die über die regelmäßige Arbeitszeit hinaus geleistet werden, z. B. Entlohnungen für Ueberstunden, Ueberschichten, Sonntagsarbeit,
5. Lohnzuschläge, die wegen der Besonderheit der Arbeit gewährt werden (Gefahren-, Schmutzzulagen usw.),
6. Entschädigungen für Nebenämter und Nebenbeschäftigungen im Rahmen eines Dienstverhältnisses.

IV. Will der Arbeitgeber die auf den Arbeitslohn entfallende Lohnsteuer selbst tragen, so hat er für die Berechnung der Lohnsteuer dem Arbeitslohn (Absätze 1 bis 3) die darauf entfallende Lohnsteuer einmal hinzuzurechnen. Erst die nach dem Gesamtbetrag berechnete Lohnsteuer hat der Arbeitgeber abzuführen.

§ 3

Sachbezüge (§ 8 EStG)

I. Zu den Gütern, die in Geldeswert bestehen, gehört insbesondere der Bezug von freier Kleidung, freier Wohnung, Heizung, Beleuchtung, Kost, Deputaten und sonstigen Sachbezügen, die aus einem Dienstverhältnis gewährt werden. Für die Bewertung der Sachbezüge sind die üblichen Mittelpreise des Verbrauchsorts maßgebend.

II. Der Oberfinanzpräsident hat nach näherer Anordnung des Reichsministers der Finanzen für seinen Bezirk nach Fühlungnahme mit den benachbarten Oberfinanzpräsidenten den Wert der Sachbezüge unter Berücksichtigung besonderer örtlicher Verhältnisse festzusetzen und bekanntzugeben. Der Oberfinanzpräsident kann das Finanzamt mit der Festsetzung beauftragen. Sind in einer Tarifordnung oder im Arbeitsvertrag besondere Werte für die Sachbezüge festgesetzt, so gelten diese Werte, wenn sie höher sind, auch für die Lohnsteuer aller Arbeitnehmer, die unter die Tarifordnung oder den Arbeitsvertrag fallen. Die vom Oberfinanzpräsidenten (Finanzamt) festgesetzten Werte sind neu festzusetzen, wenn sie den Verhältnissen nicht mehr entsprechen.

§ 4

Aufwandsentschädigungen, Reisekosten, durchlaufende Gelder (§ 3 Ziffer 14, § 19 Absatz 2 EStG)

Zum steuerpflichtigen Arbeitslohn gehören nicht

1. die aus öffentlichen Kassen für öffentliche Dienste gewährten Aufwandsentschädigungen und Reisekostenentschädigungen. Zu den Aufwandsentschädigungen der im öffentlichen Dienst angestellten Personen gehört auch der ausdrücklich zur Bestreitung des Dienstaufwands bestimmte Teil des Gehalts oder einer Zulage. Im öffentlichen Dienst im Sinne dieser Vorschriften sind Personen angestellt, die sich ausschließlich oder überwiegend mit öffentlich-rechtlichen (hoheitlichen) Aufgaben befassen. Zu den öffentlich-rechtlichen Aufgaben gehören auch die Aufgaben der öffentlich-rechtlichen Religionsgesellschaften. Eine Aufwandsentschädigung liegt insoweit nicht vor, als dem Empfänger ein Aufwand offenbar nicht in der Höhe der gewährten Entschädigung erwächst. Entschädigungen, die für Verdienstausfall und Zeitverlust gezahlt werden, sind steuerpflichtiger Arbeitslohn,

2. die Beträge, die den im privaten Dienst angestellten Personen für Reisekosten (Tagegelder und Fahrtauslagen) gezahlt werden, soweit sie die tatsächlichen Aufwendungen (nach Abzug der durch die Abwesenheit des Arbeitnehmers gemachten Haushaltserspar-

nisse) nicht übersteigen. Diese Voraussetzung ist bei allen Reisekostenentschädigungen erfüllt, die die vollen Sätze der vergleichbaren Beamten nicht übersteigen. Werden diese Sätze überstiegen, so sind die tatsächlichen Reiseaufwendungen dem Finanzamt glaubhaft zu machen. Die glaubhaft gemachten tatsächlichen Reiseaufwendungen sind zur Berücksichtigung der Haushaltsersparnisse bei Ledigen um 40 vom Hundert, bei anderen Arbeitnehmern um 20 vom Hundert des Tagegeldsatzes eines vergleichbaren Beamten zu kürzen. Die Kürzung braucht nicht unter den Betrag durchgeführt zu werden, der den vollen Sätzen eines vergleichbaren Beamten entspricht. Zahlt der Arbeitgeber als Reisekostenentschädigung keinen höheren als den sich hiernach ergebenden Betrag, so gehört die Reisekostenentschädigung nicht zum steuerpflichtigen Arbeitslohn. Zahlt der Arbeitgeber als Reisekostenentschädigung einen höheren Betrag, so gehört der übersteigende Betrag zum steuerpflichtigen Arbeitslohn,

3. die Beträge, die der Arbeitnehmer vom Arbeitgeber erhält, um sie für ihn auszugeben (durchlaufende Gelder, und die Beträge, durch die Auslagen des Arbeitnehmers für den Arbeitgeber ersetzt werden (Auslagenersatz).

§ 5

Jubiläumsgeschenke (§ 13 AD)

I. Zum steuerpflichtigen Arbeitslohn gehören außerdem nicht Jubiläumsgeschenke an Arbeitnehmer, wenn sie:

1. anläßlich eines Arbeitnehmerjubiläums gegeben werden und die Höhe von

a) sechs Monatsbezügen, höchstens aber 3000 RM nicht übersteigen und deshalb gegeben werden, weil der Arbeitnehmer ununterbrochen 25 Jahre bei dem Arbeitgeber beschäftigt war,

b) neun Monatsbezügen, höchstens aber 4500 RM nicht übersteigen und deshalb gegeben werden, weil der

Arbeitnehmer ununterbrochen 40 Jahre bei dem Arbeitgeber beschäftigt war,

c) einem Jahresgehalt, höchstens aber 6000 RM nicht übersteigen und deshalb gegeben werden, weil der Arbeitnehmer ununterbrochen 50 Jahre bei dem Arbeitgeber beschäftigt war;

2. anläßlich eines Firmenjubiläums gegeben werden, bei dem einzelnen Arbeitnehmer einen Monatslohn nicht übersteigen und deshalb gegeben werden, weil die Firma 25, 50 oder ein sonstiges Mehrfaches von 25 Jahren bestanden hat.

II. Liegen nicht alle im Absatz 1 genannten Voraussetzungen vor, so ist der ganze Betrag lohnsteuerpflichtig.

§ 8

Kinderermäßigung (§ 39 Absatz 5 Ziffern 2 bis 4 EStG)

Dem unbeschränkt lohnsteuerpflichtigen Arbeitnehmer (§ 1 Absatz 1) steht für minderjährige Kinder, die zu seinem Haushalt gehören, Kinderermäßigung zu, und zwar auch dann, wenn die Kinder eigene Einkünfte beziehen. Zum Haushalt des Arbeitnehmers gehören minderjährige Kinder dann, wenn sie bei einheitlicher Wirtschaftsführung unter Leitung des Arbeitnehmers dessen Wohnung teilen oder sich mit seiner Einwilligung außerhalb seiner Wohnung nicht zu Erwerbszwecken, sondern zu Zwecken der Erziehung oder Ausbildung, im Inland oder Ausland aufhalten. Leben beide Ehegatten zusammen, so gelten die Kinder als zum gemeinsamen Haushalt gehörig. Kinderermäßigung steht dann, wenn beide Ehegatten in einem Dienstverhältnis stehen, sowohl dem Ehemann als auch der Ehefrau zu. Leben die Ehegatten dauernd getrennt oder sind sie geschieden, so steht die Kinderermäßigung dem Ehegatten zu, zu dessen Haushalt die Kinder gehören. Werden in diesem Fall die Kinder überwiegend auf Kosten des anderen Ehegatten unterhalten und erzogen, so steht auch diesem Ehegatten Kinderermäßigung zu (Absatz 2).

C. Aenderung und Ergänzung der Eintragungen auf der Lohnsteuerkarte

(§§ 17 bis 28)

§ 17

Verbot privater Aenderungen (§ 42 EStG)

I. Die Eintragungen auf der Lohnsteuerkarte dürfen nicht ohne ausdrückliche Befugnis durch den Arbeitnehmer, den Arbeitgeber oder andere Personen geändert oder ergänzt werden.

II. Eintragungen auf der Lohnsteuerkarte, die nachweislich unrichtig sind, sind jederzeit auf Antrag durch die Behörde, die die Eintragung vorgenommen hat, zu ändern.

§ 21

Mehrere Dienstverhältnisse (§ 39 Absatz 8 Ziffer 2, § 41 EStG)

Weist ein Arbeitnehmer, dem eine zweite oder weitere Lohnsteuerkarte ausgeschrieben ist, nach, daß die Werbungskosten (§ 20 Absatz 2) aus dem zweiten oder weiteren Dienstverhältnis und die nicht schon bei der ersten Lohnsteuerkarte berücksichtigten Sonderausgaben (§ 20 Absätze 3 und 4) 39 RM monatlich übersteigen, so hat das Finanzamt den übersteigenden Betrag in entsprechender Anwendung der Vorschrift des § 20 Absatz 1 auf der Lohnsteuerkarte als steuerfrei zu vermerken.

§ 22

Mitverdienende Ehefrau (§ 39 Absatz 8 Ziffer 3, § 41 EStG)

I. Weist die in einem Dienstverhältnis stehende, nicht dauernd vom Ehemann getrennt lebende Ehefrau nach, daß die Werbungskosten (§ 20 Absatz 2) aus dem Dienstverhältnis und die nicht schon bei der Besteuerung des Ehemanns berücksichtigten Sonderausgaben (§ 20 Absätze 3 und 4) 39 RM monatlich übersteigen, so hat das Finanzamt den übersteigenden Betrag in entsprechender Anwendung der Vorschrift des § 20 Absatz 1 auf der Lohnsteuerkarte als steuerfrei zu vermerken.

II. Weist die in einem Dienstverhältnis stehende Ehefrau nach, daß ihr Ehemann Einkünfte von nicht mehr als 600 RM jährlich bezieht oder daß sie vom Ehemann dauernd getrennt lebt, so hat das Finanzamt zu dem Hinzurechnungsvermerk der Gemeindebehörde (§ 14 Absatz 2) auf Antrag auf der Lohnsteuerkarte der Ehefrau folgendes hinzuzusetzen:

„Bei Berechnung der Lohnsteuer ist der in dem Hinzurechnungsvermerk der Gemeindebehörde genannte Betrag dem Arbeitslohn nicht hinzuzurechnen."

Die Ehefrau hat die Berichtigung der Lohnsteuerkarte beim Finanzamt zu beantragen, wenn die Voraussetzungen für diesen Zusatz nicht mehr vorliegen. Kommt sie dieser Verpflichtung nicht nach, so ist die Berichtigung von Amts wegen vorzunehmen. Die Ehefrau hat zu diesem Zweck die Lohnsteuerkarte dem Finanzamt auf Verlangen vorzulegen.

§ 30

Einbehaltung der Lohnsteuer (§ 38 EStG)

I. Der Arbeitgeber hat die Lohnsteuer für Rechnung des Arbeitnehmers bei der Lohnzahlung einzubehalten. Lohnzahlungen sind auch Vorschuß- oder Abschlagszahlungen oder sonstige vorläufige Zahlungen auf erst später fällig werdenden Arbeitslohn.

II. Zahlt der Arbeitgeber seinen Arbeitnehmern den im üblichen Lohnzahlungszeitraum (§ 33) verdienten Arbeitslohn nur in ungefährer Höhe aus (Abschlagszahlung) und nimmt er eine genaue Lohnberechnung erst für einen längeren Zeitraum vor, so kann ihm das Finanzamt auf Antrag gestatten, den Lohnabrechnungszeitraum als Lohnzahlungszeitraum zu betrachten und die Lohnsteuer abweichend von der Vorschrift im Absatz I erst bei der Lohnabrechnung einzubehalten. Die Genehmigung des Antrags darf nur auf Widerruf erfolgen; sie kann davon abhängig gemacht werden, daß der Arbeitgeber innerhalb der im § 41 genannten Fristen Vorauszahlungen auf die auf den Lohnabrechnungszeitraum voraussichtlich entfallende Lohnsteuer leistet.

III. Reichen die dem Arbeitgeber zur Verfügung stehenden Mittel zur Zahlung des vollen vereinbarten Arbeitslohns nicht aus, so hat er die Lohnsteuer von dem tatsächlich zur

Auszahlung gelangenden niedrigeren Betrag zu berechnen und einzubehalten.

IV. Besteht der Arbeitslohn ganz oder teilweise aus Sachbezügen und reicht der Barlohn zur Deckung der unter Berücksichtigung des Werts der Sachbezüge (§ 3) einzubehaltenden Lohnsteuer nicht aus, so hat der Arbeitnehmer dem Arbeitgeber den zur Deckung der Lohnsteuer erforderlichen Betrag, soweit er nicht durch Barlohn gedeckt ist, zu zahlen. Soweit der Arbeitnehmer dieser Verpflichtung nicht nachkommt, hat der Arbeitgeber einen dem Betrag im Wert entsprechenden Teil des Arbeitslohns (der Sachbezüge) nach seinem Ermessen zurückzubehalten und daraus die Lohnsteuer für Rechnung des Arbeitnehmers zu decken.

§ 31

Lohnkonto (§ 12 AO)

Der Arbeitgeber hat am Ort der Betriebsstätte (§ 43) für jeden Arbeitnehmer ein Lohnkonto zu führen. In dem Lohnkonto hat der Arbeitgeber nach den Eintragungen auf der Lohnsteuerkarte des Arbeitnehmers folgendes anzugeben: Name, Beruf, Geburtsdatum, Steuergruppe, Wohnsitz, Wohnung, die Gemeinde und das Finanzamt, in deren Bezirk die Lohnsteuerkarte ausgeschrieben ist, Nummer der Lohnsteuerkarte, Religionsbekenntnis und etwaige Vermerke über hinzuzurechnende (§ 14) oder abzuziehende (§ 27) Beträge. Außerdem sind anzugeben fortlaufend in Reichsmark der gezahlte Arbeitslohn ohne jeden Abzug unter Angabe des Zahltags und des Lohnzahlungszeitraums, und zwar getrennt nach laufenden und nach sonstigen Bezügen (§ 35), Barlohn, Sachbezügen und einbehaltener Lohnsteuer. Auch Bezüge, die nicht zum steuerpflichtigen Arbeitslohn gehören (§§ 4 bis 6), sind im Lohnkonto anzugeben. Das Finanzamt kann aber auf Antrag zulassen, daß die im § 4 bezeichneten Reisekosten, durchlaufenden Gelder und der Auslagenersatz und die im § 6 Ziffern 1 bis 6 und 8 bis 10 bezeichneten Bezüge im Lohnkonto nicht aufgeführt zu werden brauchen, wenn es sich um Fälle von geringer Bedeutung handelt oder wenn die Möglichkeit zur Nachprüfung (§§ 50 u. ff.) in anderer Weise sichergestellt ist. Die Aufzeichnungen sind bis zum Ablauf des dritten auf die Lohnzahlung folgenden Kalenderjahres aufzubewahren.

§ 36

Mehrere Dienstverhältnisse, mitverdienende Ehefrau (§ 26, § 39 Absatz 8 Ziffern 2, 3 EStG)

I. Bezieht ein Arbeitnehmer Arbeitslohn aus mehreren gegenwärtigen oder früheren Dienstverhältnissen gleichzeitig von verschiedenen Arbeitgebern, so ist die Lohnsteuer von jedem Arbeitslohn gesondert zu berechnen, es sei denn, daß der Arbeitslohn aus derselben öffentlichen Kasse, d. h. von demselben Arbeitgeber gezahlt wird (§ 49 Absatz 1 Satz 2). Die Lohnsteuer bei dem Dienstverhältnis, für das die erste Lohnsteuerkarte vorgelegt ist, ist nach § 39 zu berechnen. Bei Berechnung der Lohnsteuer aus dem zweiten oder weiteren Dienstverhältnis ist vor Anwendung des § 34 der Vermerk auf der zweiten oder weiteren Lohnsteuerkarte (§ 14 Absatz 1) zu beachten.

II. Bei der in einem Dienstverhältnis stehenden Ehefrau, die nicht dauernd vom Ehemann getrennt lebt, ist bei Berechnung der Lohnsteuer vor Anwendung des § 34 der Vermerk auf der Lohnsteuerkarte (§ 14 Absatz 2, § 22 Absatz 2) zu beachten.

Anhang H

Vorauszahlungen auf die Einkommensteuer und die Körperschaftsteuer

I. Vorauszahlungen

1. Nach dem Gesetz Nr. 12 des Kontrollrates sind vierteljährliche Vorauszahlungen auf die Einkommensteuer und Körperschaftsteuer für das Kalenderjahr 1946, erstmals am 10. April 1946, zu entrichten.
2. Von der Pflicht zur Leistung von Vorauszahlungen befreit sind Personen, deren Einkommen deshalb nicht veranlagt wird, weil ihr aus nicht selbständiger Arbeit stammendes Jahreseinkommen 24 000 RM nicht erreicht und deren sonstiges steuerpflichtiges Einkommen 600 RM im Jahr nicht übersteigt.
3. Die Höhe der Vorauszahlung bemißt sich nicht nach dem letzten Veranlagungsbescheid oder einem später ergange-

nen Vorauszahlungsbescheid, sondern nach dem Einkommen, das in der Zeit vom 1. Januar 1946 bis 31. März 1946 erzielt worden ist. Die Steuerpflichtigen haben unter Zugrundelegung dieses Einkommens die Vorauszahlung selbst zu errechnen und an die zuständige Finanzkasse abzuführen.

4. Eine amtliche Vierteljahresvorauszahlungstabelle für die Einkommensteuer wird Ende März erscheinen und im Einzelhandel erhältlich sein. Der Körperschaftsteuertarif ergibt sich aus der Anlage C zum Gesetz Nr. 12. Ueber Zweifelsfragen erteilen die Finanzämter Auskunft.

II. Vierteljährliche Erklärung

1. Gleichzeitig mit der Vorauszahlung haben die Steuerpflichtigen am 10. April 1946 eine vierteljährliche Erklärung abzugeben, in der sie angeben müssen, wie sie die Vorauszahlung berechnet haben.

2. Von der Verpflichtung zur Abgabe der vierteljährlichen Erklärung sind — außer den in Abschnitt 1 Ziffer 2 bezeichneten Personen — befreit

   a) nichtbuchführende Land- und Forstwirte, deren Gewinn gemäß Verordnung vom 31. Dezember 1936 (RGBl. 1937 I S. 1) nach Durchschnittssätzen zu ermitteln ist, und

   b) Personen, deren Einkommen für das vorhergehende Kalendervierteljahr 1000 RM nicht überstiegen hat.

   Die in a und b bezeichneten Personen sind zwar von der Pflicht zur Abgabe der vierteljährlichen Erklärung, nicht aber von der Pflicht zur Leistung der vierteljährlichen Vorauszahlung befreit.

3. Personen, die hiernach zur Abgabe der vierteljährlichen Erklärung verpflichtet sind, denen aber bis zum 5. April 1946 ein Erklärungsvordruck vom Finanzamt nicht zugesandt worden ist, haben sich den Vordruck bei ihrem zuständigen Finanzamt abzuholen. Dem Vordruck ist eine Anleitung zur Ausfüllung beigefügt.

III.

Ergibt die nach Ablauf des Kalenderjahres vorgenommene Jahresveranlagung, daß eine vierteljährliche Vorauszahlung 25 Prozent oder mehr unter dem Betrag liegt, der bei zutreffender Berechnung des Vierteljahreseinkommens und der Vierteljahresvorauszahlung zu entrichten gewesen wäre, so muß der Steuerpflichtige als Strafe eine zusätzliche Steuer zahlen, die sich auf 15 Prozent der endgültig für das betreffende Vierteljahr errechneten Summe beläuft.

Berlin, den 14. März 1946.

Der Magistrat der Stadt Berlin
Finanzabteilung

Anhang J

Anleitung
zur Ausfüllung der vierteljährlichen Erklärung für die Berechnung der Einkommensteuervorauszahlung am 10. April 1946

I. Vorbemerkung.

1. Nach Artikel XVI des Gesetzes Nr. 12 des Kontrollrats vom 11. Februar 1946 sind Vorauszahlungen auf die Einkommensteuer am 10. April, 10. Juli, 10. Oktober und 10. Januar zu entrichten. Die Grundlage für die Berechnung der Vorauszahlungen bildet für jedes Vierteljahr das Einkommen des vorhergehenden Vierteljahres. Gleichzeitig mit der Vorauszahlung hat der Steuerpflichtige eine „vierteljährliche Erklärung" abzugeben, in der er angeben muß, wie er die Vorauszahlung berechnet hat.

   Von der Verpflichtung zur Abgabe der „vierteljährlichen Erklärung" sind befreit

   a) nichtbuchführende Land- und Forstwirte, deren Gewinn gemäß Verordnung vom 31. Dezember 1936 nach Durchschnittssätzen zu ermitteln ist,

   b) Personen, deren Einkommen für das vorhergehende Vierteljahr 1000 RM nicht übersteigt,

c) Personen, deren Einkommensteuer deshalb nicht veranlagt wird, weil ihr aus nichtselbständiger Arbeit stammendes Jahreseinkommen 24 000 RM nicht erreicht und deren sonstiges steuerpflichtiges Einkommen 600 RM im Jahre nicht übersteigt.

Die in Absatz 2 unter a und b fallenden Personen sind zwar von der Pflicht zur Abgabe vierteljährlicher Erklärungen, aber nicht von der Pflicht zur Entrichtung vierteljährlicher Vorauszahlungen befreit.

II. Personen, Familienstand und Steuerklasse.

2. Beruf und Art der Tätigkeit sind genau anzugeben, z. B. nicht Kaufmann oder Händler, sondern Gemüsegroßhändler, Einzelhändler mit Lebensmitteln, Zigarrenfabrikant usw.

3. Kinderermäßigung kann dem unbeschränkt Steuerpflichtigen für Kinder wegen „Haushaltszugehörigkeit" oder wegen „Kostenübernahme" gewährt werden.

a) Kinderermäßigung wegen Haushaltszugehörigkeit wird gewährt, wenn das Kind im Kalenderjahr 1946 mindestens vier Monate zum Haushalt des Steuerpflichtigen gehört und in dieser Zeit das 16. Lebensjahr noch nicht vollendet hat.

b) Kinderermäßigung wegen Kostenübernahme wird gewährt, wenn das Kind im Kalenderjahr 1946

aa) während einer Zeit von mindestens vier Monaten hauptsächlich auf Kosten des Steuerpflichtigen unterhalten und erzogen wird und während dieser vier Monate das 16. Lebensjahr noch nicht vollendet,

bb) mindestens vier Monate eine vom Kontrollrat oder dem zuständigen Zonenbefehlshaber genehmigte Unterrichtsanstalt besucht, während dieser Zeit hauptsächlich vom Steuerpflichtigen unterhalten wird und im Kalenderjahre 1946 das 21. Lebensjahr noch nicht vollendet.

c) Kinder sind eheliche Kinder, eheliche Stiefkinder, für ehelich erklärte Kinder, uneheliche Kinder (jedoch nur im Verhältnis zur leiblichen Mutter) und Pflegekinder.

4. Die Steuerpflichtigen sind für die Anwendung der Einkommensteuertabelle in drei Steuerklassen eingeteilt.

a) Steuerklasse I umfaßt diejenigen Personen, die weder zu Beginn des Steuerjahres (1. Januar 1946) verheiratet waren noch im Laufe des Kalenderjahres 1946 mindestens vier Monate verheiratet sind. Personen, die unter die unten aufgeführten Steuerklassen II und III fallen, gehören nicht zur Steuerklasse I.

b) Zur Steuerklasse II gehören folgende Personen, soweit sie nicht in der Steuerklasse III einbegriffen sind:

aa) Personen, die zu Beginn des Steuerjahres (1. Januar 1946) verheiratet waren oder mehr als vier Monate im Kalenderjahr 1946 verheiratet sind,

bb) unverheiratete Personen, die mindestens vier Monate vor Ablauf des Kalenderjahres 1946 das 65. Lebensjahr erreichen.

c) Steuerklasse III umfaßt diejenigen Personen, denen Kinderermäßigung zusteht oder auf Antrag gewährt wird (siehe oben Ziffer 3).

III. Einkünfte, Einkommen.

5. Die am 10. April 1946 fällige Einkommensteuervorauszahlung ist unter Zugrundelegung des Einkommens zu berechnen, das der Steuerpflichtige in der Zeit vom 1. Januar 1946 bis zum 31. März 1946 erzielt hat.

Zu dem Einkommen des Steuerpflichtigen zählen auch die Einkünfte, die seine nicht dauernd von ihm getrennt lebende Ehefrau sowie seine zum Haushalt gehörenden Kinder bezogen haben, sofern ihm für die Kinder Ermäßigung zusteht (siehe oben Ziffer 3). Einkünfte aus nichtselbständiger Arbeit, die die Ehefrau oder die Kinder in einem dem Steuerpflichtigen fremden Betrieb aus einem gegenwärtigen Arbeitsverhältnis beziehen, bleiben außer Betracht.

6. Die in § 3 EStG aufgeführten steuerfreien Einkünfte sind nur noch dann steuerbefreit, wenn es sich um Bezüge folgender Art handelt:
   a) Bezüge aus der Sozialversicherung,
   b) Ruhegehälter,
   c) Bezüge aus der öffentlichen Fürsorge, soweit diese Bezüge von dem Kontrollrat oder dem zuständigen Zonenbefehlshaber genehmigt sind.

   Ruhegehälter, die außerhalb des Rahmens des § 3 EStG gezahlt werden, sind steuerpflichtig.

   Die aus öffentlichen Kassen gezahlten Dienstaufwandsentschädigungen sind nunmehr ebenso wie die Aufwandsentschädigungen, die Angestellte im privaten Dienst von ihrem Arbeitgeber erhalten, grundsätzlich steuerpflichtige Einkünfte aus nichtselbständiger Arbeit. Soweit den Empfängern ein dienstlicher Aufwand tatsächlich erwächst, können sie ihn als Werbungskosten geltend machen.

   Aus öffentlichen Kassen gezahlte Reisekosten sind nur insoweit steuerfreie Einnahmen, als sie die tatsächlichen Aufwendungen nicht übersteigen. Sie werden ohne weiteren Nachweis als steuerfrei anerkannt, wenn sie die Sätze des Gesetzes über die Reisekostenvergütungen der Beamten nicht übersteigen.

7. Bei der Berechnung des Einkommens dürfen Verluste, die aus folgenden Ursachen entstanden sind, weder als Gewinnminderung noch in sonstiger Weise (etwa durch Absetzung für außergewöhnliche Abnutzung) berücksichtigt werden:
   a) Wehrmachtsaufträge,
   b) öffentliche Schuld,
   c) durch den Krieg verursachte Zerstörungen oder Beschädigungen,
   d) Steuergutscheine.

8. Die in § 9 Ziffer 3 EStG angeführten Beiträge zu Berufsständen und sonstigen Berufsverbänden und die in § 9 Ziffer 4 EStG angeführten Aufwendungen für Fahrten zwischen Wohnung und Arbeitsstätte sind als Werbungskosten nicht mehr abzugsfähig.

9. Sofern Land- und Forstwirte ihren im 1. Kalendervierteljahr 1946 erzielten Gewinn in anderer Weise ermitteln als dies im Erklärungsvordruck vorgesehen ist, ist die Gewinnberechnung in einer Anlage zum Erklärungsvordruck darzustellen. Geschätzte Gewinnberechnungsposten sind als solche stets zu kennzeichnen.

   Land- und Forstwirten wird in Abweichung von § 13 Absatz 3 EStG ein Freibetrag nur noch dann gewährt, wenn ihr Jahreseinkommen 6000 RM (Vierteljahreseinkommen 1500 RM) nicht übersteigt. Der Freibetrag beträgt regelmäßig jährlich 1000 RM (vierteljährlich 250 RM), nicht mehr — wie bisher — 3000 RM.

10. Sofern Gewerbetreibende ihren im 1. Kalendervierteljahr 1946 erzielten Gewinn in anderer Weise ermitteln als dies im Erklärungsvordruck vorgesehen ist, ist die Gewinnberechnung in einer Anlage zum Erklärungsvordruck darzustellen. Geschätzte Gewinnberechnungsposten sind als solche stets zu kennzeichnen.

    Der Gewinn der Handelsmakler, Handlungsagenten, Kommissionäre, Frachtführer, Lagerhalter, Spediteure und Buchmacher wird regelmäßig als Ueberschuß der Betriebseinnahmen über die Betriebsausgaben ermittelt werden können. Das gilt auch für die Einkünfte der Bücherrevisoren, Steuerberater und Wirtschaftsprüfer unabhängig davon, ob sie nach Lage des einzelnen Falles Einkünfte aus selbständiger Arbeit oder aus Gewerbebetrieb sind.

11. Gewinne, die durch Veräußerung eines landwirtschaftlichen oder gewerblichen Betriebes (Teilbetriebes) — §§ 14, 16 EStG — oder durch Veräußerung einer wesentlichen Beteiligung — § 17 EStG — entstanden sind, sind jetzt auch dann steuerpflichtig, wenn sie die in § 14 Absatz 2, § 16 Absatz 4, § 17 Absatz 3 EStG bezeichneten Grenzen nicht überstiegen haben. Auch die bisher in § 34 Absatz 2 Ziffer 2 EStG vorgesehene tarifmäßige Begünstigung dieser Gewinne ist in Fortfall gekommen.

12. Zu den freien Berufen (Abschnitt B, Ziffer 3, Buchstabe a des Erklärungsvordrucks) gehören insbesondere

die wissenschaftliche, künstlerische, schriftstellerische, unterrichtende oder erzieherische Tätigkeit, die Berufstätigkeit der Aerzte, Rechtsanwälte und Notare, der Ingenieure, der Architekten, der Handelschemiker, der Heilpraktiker, der Dentisten, der Landmesser, der Wirtschaftsprüfer, der Steuerberater, der Buchsachverständigen und ähnlicher Berufe.

Vergütungen für die Tätigkeit als Aufsichtsratsmitglied sind in der Erklärung (Abschnitt B Ziffer 3 Buchstabe b) mit dem Bruttobetrag anzusetzen. Sie sind um den von ihnen einbehaltenen Steuerabzug, der an die Stelle der fortgefallenen Abgabe der Aufsichtsratsmitglieder getreten ist, nicht zu kürzen. Der einbehaltene Steuerabzug wird auf die zu entrichtende Einkommensteuer angerechnet.

13. Bei der Berechnung des Ueberschusses aus Vermietung und Verpachtung gilt für die Berechnung des Nutzungswertes der Wohnung im eigenen Einfamilienhaus die VO. vom 26. Januar 1937 (RGBl I S. 99) mit der Maßgabe, daß von dem daselbst vorgesehenen Grundbetrag bei in Berlin gelegenen Grundstücken die im Vorauszahlungszeitraum auf die Gebäudeinstandsetzungsabgabe tatsächlich entrichteten Beträge abzusetzen sind.

14. Die in § 10 Absatz 1 Ziffer 2 EStG aufgeführten Beiträge und Prämien zu Versicherungen sind als Sonderausgaben nur noch dann abzugsfähig, wenn es sich um Beiträge zu Sozialversicherungen handelt, deren Abzug vom Lohn gesetzlich zulässig ist. Die in § 10 Absatz 1 Ziffer 3 EStG aufgeführten Beiträge an Bausparkassen sind als Sonderausgaben nicht mehr abzugsfähig.

Zum Abzug als Sonderausgabe neu zugelassen ist bezahlte Vermögensteuer. Die Abzüge für Sozialversicherung und bezahlte Vermögensteuer dürfen jedoch zusammen den Betrag von 300 RM jährlich (75 RM vierteljährlich) nicht übersteigen. Dieser Betrag erhöht sich für die Ehefrau des Steuerpflichtigen und für jeden mit ihm zusammen zu veranlagenden Angehörigen im Sinne des § 10 Ziffer 3 bis 6 des Steueranpassungsgesetzes um je 300 RM (75 RM vierteljährlich).

IV. Berechnung des Vorauszahlungsbetrags

15. Die Vierteljahresvorauszahlung errechnet sich nach der — im Handel erhältlichen — amtlichen Einkommensteuervorauszahlungstabelle. In die Tabelle sind die Freibeträge für den Familienstand bereits eingearbeitet.

Vor Anwendung der Tabelle ist das steuerpflichtige Vierteljahreseinkommen um 10 % der Einkünfte aus freier Berufstätigkeit (B 3 a des Erklärungsvordrucks) und aus nichtselbständiger Arbeit (B 4 des Erklärungsvordrucks), höchstens aber um 250 RM zu kürzen.

16. Ergibt die nach Ablauf des Kalenderjahres vorgenommene Jahresveranlagung, daß eine vierteljährliche Vorauszahlung 25 % oder mehr unter dem Betrag liegt, der bei zutreffender Berechnung des Vierteljahreseinkommens und der Vierteljahresvorauszahlung zu entrichten gewesen wäre, so muß der Steuerpflichtige als Strafe eine zusätzliche Steuer zahlen, die sich auf 15 % der endgültig für das betreffende Vierteljahr errechneten Summe beläuft.

Das Finanzamt kann aber die Richtigkeit der vom Steuerpflichtigen in seiner vierteljährlichen Erklärung über sein Einkommen gemachten Ausgaben auch sofort nachprüfen und eine neue Berechnung der Vorauszahlung vornehmen, ohne das Jahresende und die Abgabe der jährlichen Einkommensteuererklärung abzuwarten.

Sachverzeichnis

(Die Ziffern ohne Zusatz bezeichnen die Paragraphen des Gesetzes,
die Ziffern mit dem Zusatz EStDV die Paragraphen der Einkommensteuer-Durchführungsverordnung,
die Ziffern mit dem Zusatz EStR 41 bzw. 43 die Abschnitte der Einkommensteuer-Richtlinen 1941 bzw. 1943,
die Ziffern mit dem Zusatz Erl. die Erläuterungen zu den einzelnen Paragraphen des Gesetzes.)

A

B

D

E

N

P

R

S

Kolibri 360 GmbH
Ferdinand-Jühlke-Straße 7
99095 Erfurt, Deutschland
produktsicherheit@kolibri360.de